Vorwort

Gott, sagte Anselm von Canterbury lapidar, ist nicht nur derjenige, über den hinaus Größeres nicht gedacht werden kann, er ist auch größer als gedacht werden kann. Das war und ist kein Freibrief, Beliebiges als Gott und Gott als alles mögliche zu denken oder überhaupt ganz auf den Versuch zu verzichten, Gott zu denken. Aber es deutet an, worauf man sich einläßt, wenn man wirklich Gott denken und nicht nur über ihn plaudern oder von ihm träumen will. Die in diesem Band gesammelten Abhandlungen gehen exemplarisch einigen der Schwierigkeiten nach, die sich dabei ergeben. Sie sind in den vergangenen zehn Jahren entstanden und beschäftigen sich aus verschiedenen Perspektiven vorwiegend mit Problemen des Denkens Gottes, die sich klassisch im Umkreis des sogenannten ›ontologischen Arguments‹ stellen. Daß ich der Meinung bin, die Theologie sei gut beraten, diese Probleme nicht auf dem mit dieser Denkfigur markierten Denkweg zu behandeln, wird deutlich werden.

Für den Wiederabdruck der schon publizierten Arbeiten wurden die Anmerkungsteile gekürzt, Überschneidungen getilgt, sachliche Versehen beseitigt, sprachliche Ungenauigkeiten korrigiert und die Bibliographie vereinheitlicht. Für vielfältige Hilfe bei diesen Arbeiten danke ich Frau Annegret Gleich und Herrn Philipp Stoellger, der sich auch um die Register verdient gemacht hat. Selbstverständlich schuldet jeder Text dieses Bandes dem Denken anderer mehr als durch Literaturhinweise im einzelnen deutlich gemacht werden kann. Das gilt insbesondere für viele Gespräche mit Kollegen, Freunden und Studenten, von denen ich mehr gelernt habe, als sie vermuten dürften. Ich kann sie nicht alle nennen. Aber ich möchte ihnen allen danken.

Gewidmet sei das Buch zwei Personen, die das gar nicht Selbstverständliche stets selbstverständlich zu tun wußten: meiner Mutter und meinem Schwiegervater.

Frankfurt, im Februar 1992 Ingolf U. Dalferth

Gott

Philosophisch-theologische Denkversuche

von

Ingolf U. Dalferth

J.C.B. Mohr (Paul Siebeck) Tübingen

Die Deutsche Bibliothek – CIP-Einheitsaufnahme

Dalfert, Ingolf U.:
Gott : philosophisch-theologische Denkversuche / von Ingolf
U. Dalferth. – Tübingen : Mohr, 1992
   ISBN 3-16-145981-4

© 1992 J.C.B. Mohr (Paul Siebeck) Tübingen.

Das Buch wurde von Typobauer in Scharnhausen aus der Bembo Antiqua belichtet, von Gulde-Druck in Tübingen auf säurefreies Werkdruckpapier der Papierfabrik Niefern gedruckt und von der Großbuchbinderei Heinr. Koch in Tübingen gebunden.

Inhalt

The One Who is Worshipped

Erwägungen zu Charles Hartshornes Versuch, Gott zu denken 192

Umgang mit dem Selbstverständlichen

Anmerkungen zum ontologischen Argument 213

Einleitung

I Die Schwierigkeit des Einfachsten

Nichts ist einfacher als Gott. Gerade deshalb ist nichts schwieriger, als Gott zu denken. Auch anderes macht uns Denkschwierigkeiten, die uns vor kaum lösbare Probleme stellen: die Welt etwa, oder wir selbst. Aber die Schwierigkeiten sind anderer Art. Wir leben in einer so unmittelbaren Vertrautheit mit uns, daß uns dunkel erscheinen mag, was wir eigentlich denken sollen, wenn wir uns selbst als Selbstbewußtsein zu denken versuchen: Die Vertrautheit mit uns selbst wird uns dadurch im Normalfall aber nicht fragwürdig. Wir können auch die Welt nicht denken, ohne daß unser Denken an seine Grenzen stößt, weil die Welt immer noch komplexer ist als der komplexeste Gedanke von ihr, den wir zu denken vermögen: Unsere Weltgewißheit wird dadurch aber nicht ernsthaft in Frage gestellt. Unsere Selbstgewißheit kommt uns nicht abhanden, weil wir Schwierigkeiten haben, unser Selbstbewußtsein zu denken, und unsere Weltgewißheit geht uns nicht verloren, weil wir Schwierigkeiten haben, einen adäquaten Weltgedanken zu fassen. In beiden Hinsichten werden unsere Denkschwierigkeiten durch eine fundamentale Realitätsüberzeugung unter Kontrolle gehalten, die in unseren vorbegrifflichen Lebensvollzügen verankert ist.

Bei Gott ist das anders. Daß wir ihn denken wollen, immer noch und neuerdings wieder verstärkt, mag noch damit erklärbar sein, daß unsere verunsicherte Vernunft in ihren diversen Sinnkrisen die funktionale Stabilisierung durch Religion wiederentdeckt, die sie eigentlich schon längst totgesagt hatte. Denken wir Gott aber nur als wohlfeile und von uns dringend benötigte Sinnressource, dann haben wir überhaupt noch nicht begonnen, ihn zu denken, weil wir damit noch ganz in den Vorstellungszusammenhängen unseres Wunschdenkens, Sinnsuchens, Identifikationsverlangens und religiösen Versicherungsstrebens befangen sind: In Gottesbildern maskiert denken wir dann nur unsere eigenen Probleme, und die werden dadurch um kein Haar lösbarer. Demgegenüber ist darauf zu beharren: Ist Gott der aus Freiheit Liebende, von dem der christliche Glaube spricht, derjenige also, der uns über alles Erforderliche, Erwartbare, Notwendige, Gewünschte und Gesuchte hinaus in einer Weise nahe kommt und Gutes tut, die zu erfassen wir gar nicht in der Lage sind, dann können wir Gott überhaupt nicht als Gott denken, ohne seine ganz und gar disfunktionale Differenz zu all unserem Wünschen, Wollen, Brauchen und Erklären ernst zu nehmen und ihn damit unmißverständlich von uns selbst und von der Welt zu unterscheiden.

Gerade das aber schafft Denkprobleme: Je nachdrücklicher wir uns nämlich an dieser essentiellen Differenz Gottes von unserer Selbst- und Welterfahrung und damit auch von unseren erlebnis- und erfahrungsbestimmten Gottesbildern, Gottesvorstellungen und Gottessurrogaten orientieren, desto größer werden unsere Denkschwierigkeiten; und Schwierigkeiten, Gott zu denken, führen schnell zu grundsätzlichen Schwierigkeiten im Verhältnis zu Gott überhaupt, da sie unsere Gottesgewißheit problematisieren und die Frage provozieren: Gibt es hier überhaupt etwas (zu denken) oder nicht vielmehr nichts? Anders als Versuche, uns selbst und die Welt zu denken, kann das Denken Gottes offensichtlich nicht in derselben normalen Selbstverständlichkeit auf eine vorgängige lebensmäßige Realitätsüberzeugung rekurrieren, die auch dann noch trägt, wenn das Denken Gottes in eine Sackgasse gerät.

II Der Irrweg der Unmittelbarkeit

Es ist typisch für die gegenwärtige Gesprächslage, angesichts dieses Problems die Flucht in den Begriff oder den Rückzug in die Unmittelbarkeit anzutreten, vom Denken Gottes also alles oder nichts zu erwarten. Auf der einen Seite wird dem Gottesgedanken als solchem zugemutet, die im Leben vermißte Überzeugung von der Realität Gottes zu fundieren, indem aus der Möglichkeit des Gottesgedankens die Notwendigkeit Gottes gefolgert wird. Erschlossen wird so aber bestenfalls die (bedingte) Notwendigkeit des Gottesgedankens: Wenn wirklich Gott gedacht wird, dann kann er nicht als nichtexistierend gedacht werden. Doch niemand muß Gott denken, und niemand kann Gott so denken, ohne das Denken Gottes als den Versuch mißzuverstehen, sich Gottes im Denken versichern zu müssen, um seiner gewiß sein zu können. Vom Denken Gottes wird hier mehr erwartet als es zu leisten vermag.

Viel zu wenig oder überhaupt nichts mehr wird von ihm dagegen auf der anderen Seite erwartet. Die ganze Misere der entschwindenden Gottesgewißheit wird vielmehr dem Denken in die Schuhe geschoben und dem verkopften Versuch angelastet, Gott überhaupt denken zu wollen. Nun treten zweifellos keine Denkschwierigkeiten auf, wenn gar nicht mehr versucht wird, Gott zu denken. Doch es ist wenig befriedigend, das Denken Gottes als eine Art Krankheit anzusehen, von der die Menschheit wie von einer Plage geheilt werden muß. Im Namen existentieller Betroffenheit und eigenen Erlebens werden dann Gott-Träume als Antwort auf die Aporien des Gott-Denkens propagiert und psychische Erlebnisse als Lösung der durch das Denken angeblich überhaupt erst erzeugten Probleme: Gott sei im Kopfkissen, nicht in dogmatischen Begriffen zu suchen, in den Tiefen der Seele, den Erschütterungen des Gemüts, ganzheitlichen Körpererfahrungen oder mystischem Naturerleben, nicht in den leblosen Abstraktionen des Denkens. Doch die Alternative ist im Ansatz schief. Daß Gott nicht gefunden wird, wo nur gedacht wird, heißt nicht, daß er sich nur finden läßt, wo nicht gedacht wird. Er geht gewiß nicht in unseren Denkfiguren auf. Aber er ist auch nicht einfach in unseren Erlebnissen präsent, ohne von diesen noch einmal unterschieden zu werden. Die Stärke unserer Erlebnisse spricht nicht für die Wahrheit des Erlebten, wie Nietzsche zu Recht betonte. Zu vieles ist ihnen beigemischt, was von Gott zu unterscheiden für die Klarheit unseres Glaubens und die Gesundheit unseres Gemüts nicht nur nützlich und gut, sondern unabdingbar ist. Nicht jeder religiöse Schauder ist Furcht vor Gott, nicht jede emotionale Erregtheit geistgewirkt, nicht jede Stimmung eine Stimme aus der Transzendenz und nicht jedes krampflösende Entspannungsgefühl Erlösungsgewißheit. Genau um dieser Unterscheidungen willen kann nicht darauf verzichtet werden, Gott zu denken. Zu vieles an unseren Erlebnissen ist fragwürdig und klärungsbedürftig. Wo aber nicht (mehr) gedacht wird, kann auch nichts mehr fragwürdig werden, so daß die notwendigen Klärungen statt im Spielraum des Denkens auf dem oft bitteren Weg der Lebenserfahrung eingeholt werden müssen. Es ist daher nicht nur kurzschlüssig, sondern lebensschädigend, wenn der theologische Streit nicht um die Wahrheitsfähigkeit von Gottes-Gedanken geführt wird, sondern vorwiegend oder ausschließlich um die Leistungsfähigkeit von Gottes-Symbolen, die eigenen (weiblichen oder männlichen, christlichen oder säkularen) Identitäts- und Lebensmuster zu bestätigen und zu bekräftigen. Die kritische Leistung des Gott-Denkens wird damit zum eigenen Schaden leichtfertig verspielt, ohne daß irgendeine Schwierigkeit im Verhältnis zu Gott dadurch gelöst würde, daß man das Denken attackiert.

III Drei klassische Denkwege

Der Rückzug in die Unmittelbarkeit ist keine ernsthafte theologische oder philosophische Option. Philosophie und Theologie verdanken sich vielmehr historisch und sachlich dem kritischen Protest des Denkens gegen die heillose Differenzierungsunfähigkeit unmittelbaren Erlebens. Gegen alle Scheingewißheit haben sie daher auch stets darauf insistiert, Gott zu denken. Das hat sie gegenüber der eingangs beschriebenen Problemlage nicht blind gemacht, sondern zu einer bestimmten Reaktion veranlaßt: Seit alters haben sie Gott nicht nur zu denken, sondern zugleich die dieses Denken fundierende Realitätsüberzeugung aufzuweisen versucht. Auch wenn sie dabei nicht immer davor gefeit blieben, das Denken Gottes als Versuch mißzuverstehen, sich seiner im Denken zu bemächtigen, haben sie Wege gewiesen, die bis in die Gegenwart immer wieder beschritten werden. Vor allem drei sind in der europäischen Denktradition bestimmend geworden: der offenbarungstheologische Rekurs auf Gott selbst und die erfahrene bzw. geoffenbarte Wirklichkeit Gottes; der ontotheologische Ausgang vom absolut gedachten Gottesgedanken und der dadurch erschließbaren Notwendigkeit Gottes; der erfahrungstheologische Versuch, unsere Welt- und Selbsterfahrung in einen notwendigen Zusammenhang mit Gott zu bringen, um das Denken Gottes so indirekt an unseren lebensmäßigen Realitätsüberzeugungen partizipieren zu lassen. Jeder dieser Wege markiert einen Denktyp, der unterschiedlich realisiert werden kann; jeder ist mit bekannten Gefahren verbunden; jeder hat spezifische religionskritische Einwände provoziert; und keiner kann beanspruchen, die Schwierigkeiten, Gott zu denken, ausgeräumt zu haben. Es genügt, die Positionen und ihre Probleme anzudeuten, um das zu belegen.

Erfahrungstheologisch wird etwa auf bestimmte Erlebnisse bzw. Welt- und Selbsterfahrungen verwiesen, die einzelne gemacht haben und anderen nicht prinzipiell verschlossen bleiben müßten, wenn sie sich auf entsprechende Erfahrungswege einließen. Oder es wird kosmologisch an die Erklärungsbedürftigkeit der Welt insgesamt bzw. bestimmter Weltaspekte erinnert wie etwa ihrer Ordnungsstrukturen oder der Unwahrscheinlichkeit, daß sich in ihr menschliches Leben entwickelt hat, das diese Ordnungen zu entdecken und die Welt zu beobachten vermag (anthropisches Prinzip). Oder es wird transzendentaltheologisch auf die Struktur von Subjektivität und Erfahrung überhaupt Bezug genommen, die weder von anderem her noch aus sich selbst heraus erklärbar sei. Angesichts dieser Sachverhalte, so heißt es, sei Gott zu denken nicht nur möglich, sondern notwendig. Und je nach der zum Ausgang genommenen Erfahrungsgrundlage wird Gott in Gestalt bestimmter erlebnisgetränkter (anthropomorpher, soziomorpher, kosmomorpher) Gottesbilder gedacht, in Gottesvorstellungen, die aus Modellen der Welt und des Selbst gewonnen sind (Weltbaumeister, Weltgrund, Woher des unmittelbaren Selbstbewußtseins) oder in Gotteskonzeptionen, die begrifflich daraus abgeleitet werden (die alles bestimmende Wirklichkeit; das, was mich unbedingt angeht).

Ontotheologisch bzw. theo-logisch wird demgegenüber betont, daß Erleben und Erfahren zwar Grund geben mag, Gott zu denken, einen haltbaren Gedanken Gottes aber nicht zu formen erlaube. Dazu müsse vielmehr schon vor jedem Bezug auf Erleben, Erfahren, Erfahrbares oder die Möglichkeitsbedingungen von Erfahrung allein schon die Möglichkeit des Gottesgedankens als solche die Notwendigkeit der Existenz Gottes implizieren. Denn wirklich *gedacht* werde Gott erst, wenn er nicht nur aufgrund unserer Wirklichkeitserfahrung notwendigerweise, sondern als solcher und aus sich selbst heraus als notwendig gedacht wird, weil er unmöglich nicht sein kann, wenn ihn zu denken überhaupt möglich ist.

Gegenüber solchen Versuchen, Gott faktisch aufgrund bestimmter Welt- oder Selbsterfahrung, generell aufgrund der Möglichkeit von Erfahrung überhaupt oder prinzipiell aufgrund der bloßen Denkbarkeit des Gottesgedankens zu denken, wird offenbarungstheologisch darauf insistiert, daß wirklich *Gott* und nicht nur ein partikularer oder allgemeiner Gottesgedanke nur aufgrund der erfahrenen Wirklichkeit Gottes selber gedacht werden kann. Damit muß nicht bestritten werden, daß wir aufgrund der semiotischen Konstitutionsbedingungen unserer Erfahrung Gott immer nur in Gestalt zeit-, situations- und erfahrungsbedingter Gottessymbolisierungen zu denken vermögen. Doch nicht die von uns erschlossene relative Notwendigkeit des Gottesgedankens angesichts unserer faktischen Welt- und Selbsterfahrung oder die absolute Notwendigkeit Gottes angesichts der Denkbarkeit des Gottesgedankens, sondern allein die sich selbst erschließende Wirklichkeit Gottes selbst ist die sachgerechte Grundlage, Gott so zu denken.

Jeder dieser Wege ist mit seinen eigenen, wohlbekannten Schwierigkeiten belastet. Am offenbarungstheologischen Ansatz wird kritisiert, er unterscheide sich nicht vom erfahrungstheologischen Rekurs auf partikulare Erfahrungen, die keine generelle Überzeugungskraft hätten. Gott könne so vielleicht konkret und bestimmt, aber nicht wirklich universal und allgemeinverbindlich gedacht werden. Der Gottesgedanke werde durch diese Bindung an Partikulares vielmehr depotenziert und in der Abhängigkeit von einer Vielfalt angeblicher oder wirklicher Gotteserfahrungen und ihren oft widersprüchlichen Gottesvorstellungen belassen. Demgegenüber ermögliche der erfahrungstheologische Rekurs auf Erfahrung überhaupt Gott zwar als Letzt- oder Ermöglichungsgrund unserer Wirklichkeitserfahrung universal und allgemein, aber weder bestimmt noch wirklich souverän zu denken. Einerseits nämlich werde der Gottesgedanke durch die Ablösung von bestimmten Erfahrungen inhaltlich entleert, andererseits bleibe er aufgrund der nicht aufgehobenen Bindung an unsere Selbst- und Welterfahrung überhaupt abhängig von der faktischen Welt und dem (religiösen) Bewußtsein, das ihn setzt. Der theo-logische Ansatz schließlich denke Gott zwar unabhängig von jedem Erfahrungsbezug und damit souverän und absolut, aber der Preis sei hoch. Entweder werde die Bestimmtheit des Gottesgedankens vollständig durch seine Notwendigkeit ersetzt, das ens realissimum also bloß noch als leeres ens necessarium gedacht, oder die Verbindung von Bestimmtheit und Notwendigkeit werde nur dadurch gewahrt, daß die Differenz zwischen Gott und Gottesgedanke negiert und in einen absoluten Bestimmungsprozeß aufgehoben wird, in dem Gott durch das andere seiner selbst zu einem absoluten Selbstbegriff kommt.

IV Kritik bloßer Theo-logik

Bis in die Gegenwart wird in Auseinandersetzung mit solchen Argumenten und in mehr oder weniger direktem Anschluß an Hegel die europäische Denkgeschichte Gottes immer wieder als sachlogischer Fortgang von offenbarungstheologischen (Innenperspektive) über erfahrungstheologische (Außenperspektive) zu theo-logischen (Innen- und Außenperspektive integrierenden) Ansätzen konstruiert. Leitfaden dieser Konstruktion ist die Steigerung des Denkanspruches von der partikularen Bestimmtheit zur allgemeinen Verbindlichkeit und von der relativen Unerläßlichkeit zur absoluten Notwendigkeit des Gottesgedankens. Dies kulminiert in der theo-logischen Forderung, höchste Bestimmtheit und absolute Notwendigkeit im Gottesgedanken des Absoluten zusammenzudenken. Nur dieser Gottesgedanke – so argumentiert etwa Falk Wagner – verbürge einen haltbaren Begriff Gottes, denn nur er erlaube, Gott als absolutes Selbstbestimmen zu denken, das sich selbst so setzt, daß die Differenz von Gott und Gottesgedanke als notwendiges Moment seines sich selbst differenzierenden Selbstbestimmens durch das andere seiner selbst hindurch begreifbar wird. Der Gedankenstaub, den diese absolute Selbstbestimmungsdialektik aufwirbelt, braucht sich aber nur ein wenig zu legen, um erkennen zu lassen: Mit diesem Absolutheitsverständnis wird Gott in nicht mehr zu steigernder Weise unter dem Leitgedanken der Selbsterhaltung und Selbstbehauptung mit dem Ziel der Selbstwerdung begriffen. Gott zu denken heißt, nichts denkbar zu lassen, was Gott gefährden könnte, vielmehr alles Kontingente, selbst das Kreuz Jesu Christi, als notwendiges Moment der Selbstexplikation Gottes zu begreifen, Gott selbst dagegen jenseits aller gefährdenden Kontingenz als absolute Einheit von Kontingenz und Notwendigkeit. Damit wird Gott nicht etwa unter der Signatur höchster Kontingenz, sondern energisch unter der absoluter Notwendigkeit gedacht. Daß Gott mehr als notwendig ist (Jüngel), daß Gott zu denken das intrinsisch Zwecklose zu denken heißt (Kodalle), daß Gott nicht die raffinierteste Form der Selbsterhaltung und Selbstbehauptung ist, die selbst aus der Selbsthingabe an andere und Selbstgefährdung durch andere noch für die eigene Selbstentwicklung profitiert, daß Gott sich nicht in allem immer schon vermittelt, sondern ganz und gar überraschend zu-fällt, wenn er sich vergegenwärtigt, daß Gott eben so als schöpferische Freiheit erfahren wird, die jenseits aller Wirklichkeit, Notwendigkeit und gesetzmäßigen Regelhaftigkeit wahrhaft Neues zu schaffen vermag, daß Gott dazu nicht in der Lage wäre, wenn ihm nicht die widerspenstige Widerständigkeit des Unverrechenbaren eignete, daß Gott deshalb nicht erst dann, sondern dann ganz gewiß nicht mehr gedacht wird, wenn das Denken sich seiner begrifflich zu versichern versucht, daß dergleichen Einwände keineswegs mit dem Vorwurf zu erledigen sind, diastatisch in bloßer Antithese zu verharren, sondern unaufhebbare Bestimmungen von Gottes Verhältnis zu seiner Schöpfung zur Sprache bringen – all das kommt damit aber nicht oder nicht hinreichend in den Blick. Gott in dieser Weise theo-logisch als Absolutes denken zu wollen, heißt die ursprüngliche Einfachheit Gottes nicht mehr denken zu können: Als absolute Einheit von Einheit und Differenz wird Gott als Integral von allem, nicht als uneinholbare und unverrechenbare Differenz zu allem gedacht.

Doch an dieser Differenz hängt die Möglichkeit, Gott als den zu denken, der nicht in der Bindung an die Wirklichkeiten und Notwendigkeiten dieser Welt aufgeht, sondern der Welt und uns über alles welthaft Mögliche, Wirkliche und Notwendige hinaus in immer wieder überraschender Weise zugute kommt, indem er die erfahrungsgegebenen Selbstverständlichkeiten durchbricht und fundamental Neues schafft. So wenig daher Gottes ursprüngliche Kreativität als Initiierung von Kausalabläufen überhaupt zureichend begriffen ist, so wenig wird Gottes schöpferische Einfachheit sachgemäß gedacht, wenn sie absolutheitstheoretisch als die Einheit höchster Komplexität chiffriert wird. Gott ist nicht so komplex, daß über ihn hinaus Komplexeres nicht gedacht werden kann – das würde ihn zur Totalität der Wirklichkeit verkürzen und zu einem – und sei es dialektischen – Inbegriff der Welt verharmlosen. Wir sind auch nicht alle immer schon in Gott oder permanent im Begriff, in ihn einzugehen, wie es der gegenwärtig populäre panentheistische Gottesgedanke zu denken versucht. Gott ist nicht in dem Sinn unser Gegenüber, daß er uns immer schon vorausgeht und uns und alles übrige umfaßt, so daß nicht nur alles durch ihn ist, sondern auch nichts ist, was außer ihm wäre. Was außer ihm sonst noch ist, ist nicht deshalb, weil es in irgendeinem ontologisch interessanten Sinn in ihm wäre, sondern weil es nicht ohne ihn sein könnte: nicht nur in dem Sinn, daß es Gott sein Werden verdankt, sondern vor allem so, daß in seinem Werden Gott aus freien Stücken bei ihm, mit ihm und für es (da) ist, indem er ihm in einer Weise näher kommt als es sich selbst, die schlechthin unerwartet alles neu macht und immer wieder für überraschend Neues gut ist. Nehmen wir die biblisch bezeugte Gotteserfahrung ernst, wie sie die christliche Theologie in Christologie, Pneumatologie und Trinitätslehre entfaltet, dann ist Gott gerade deshalb allem unendlich nahe, weil er seine schöpferische, rettende und vollendende Differenz nicht nur zu jedem, sondern auch zum Ganzen niemals aufgibt: Er ist und wird nicht ein und alles, sondern er ist und bleibt der Gott von allem und jedem – ἀσυγχύτως, ἀτρέπτως, ἀδιαιρέτως, ἀχωρίστως. Nur in diesem Sinn ist er absolut gegenwärtig, und nur in diesem Sinn kann der Gedanke des Absoluten für die Entfaltung des Gottesgedankens tauglich sein: Nicht als Begriff der dialektischen Einheit des Ganzen in seiner teleologischen Entwicklung, sondern als Hinweis auf die einzigartige Einfachheit dieses Gottes, der sich zu allem verhält, indem er dieses von sich und sich von ihm unterscheidet.

Zu Recht wird Gott nur dann der Absolute genannt, wenn dieser Gedanken keine bei aller Differenz immer noch größere Einheit chiffrieren soll, sondern Gottes in keinen Begriff, keiner Theorie und keiner Funktion aufhebbare Differenz von allem, dem er ohne jedes Warum, Wozu und Weshalb aus freien Stücken nahe ist und nahekommt. Um es mit einer zentralen neutestamentlichen Kategorie zu sagen: Die Differenz zwischen Gott und seinem Reich läßt sich in keine höhere Einheit aufheben, ohne beides, Gott und das Reich Gottes, zu negieren. Die Nähe Gottes wird deshalb schöpfungstheologisch trivialisiert und soteriologisch verharmlost, wenn sie panentheistisch gedacht wird.

V Fremdheit und schöpferische Nähe Gottes

Gottes Nähe bedeutet deshalb auch nicht, daß Gott uns aus unseren Lebensvollzügen immer schon so unmittelbar vertraut wäre, daß sich jede Frage nach ihm erübrigte. Gott ist uns offensichtlich nicht zweifelloser und inniger bekannt als irgendetwas sonst. Er ist uns aber auch nicht immer schon implizit und anonym bekannt, insofern er uns als elementar mitvertrautes Moment unseres unmittelbaren Selbstbewußtseins so fraglos gewiß wäre, daß jede Frage nach ihm müßig und abwegig erscheinen müßte. Nein, Gott ist uns wesentlich unbekannt, und zwar nicht, weil er so ferne von uns ist oder uns in der Neuzeit so fremd geworden wäre, sondern weil er uns immer schon so nahe ist, daß wir ihn überhaupt nicht bemerken, wenn wir nicht ausdrücklich auf ihn hingewiesen und mittelbar mit ihm vertraut gemacht werden: Gott ist uns zu nahe, um unmittelbar vertraut mit ihm zu sein. Er ist uns näher als wir uns selbst.

Das ist mehr als eine rhetorische Floskel: Gott kann uns näher sein als wir uns selbst, weil er wesentlich einfach ist – einfach freilich nicht im Sinne des abstrakten Gegensatzes zu aller Unterschiedenheit oder der faden Leere dessen, was in abstrakter Negation aller Beziehung beziehungslos in sich selbst verharrt, sondern gerade umgekehrt im Sinne dessen, was schlechterdings produktiv und in keinem Sinn produziert, unablässig wirksam und nicht gewirkt, ganz und gar sich selbst vergegenwärtigend und niemals einfach da, schlechthinniges Ereignis der Nähe und niemals bloß vorhandenes Dasein ist. Versuchen wir diese schöpferische Einfachheit göttlicher Nähe zu denken, sind wir auf Vorstellungs- und Denk-Modelle aus unserer Welt- oder Selbsterfahrung angewiesen, die mit der semiotischen Differenz zwischen Darstellung und Dargestelltem immer auch die sachliche Differenz zwischen ihrer eigenen Komplexität und der Einfachheit Gottes implizieren. Wir können Gottes Einfachheit daher zur Sprache, aber nicht auf einen modell- und vorstellungsfreien Begriff bringen: Begreifen läßt sie sich nur als Grenzbegriff, der nicht diese Einfachheit als solche, sondern ihre

Differenz zu allem übrigen und damit einen Kontrastzusammenhang zwischen ihr und anderem denkt.

Die klassische metaphysische Tradition hat in diesem Sinn Gottes Einfachheit (auf der Basis unserer Welterfahrung) mit Hilfe des Gegensatzpaars von Elementarem und Zusammengesetztem, die neuzeitliche Metaphysik (auf der Basis unserer Selbsterfahrung) mittels der Denkfigur der Synthesis von Mannigfaltigem zur Einheit zu denken versucht: Gott ist wesentlich einfach, weil er nicht nur selbst nicht zusammengesetzt ist, sondern schlechthin Einheit von anderem stiftet. Gerade so unterscheidet er sich von der individuellen und kollektiven Komplexität alles von ihm Verschiedenen als der ganz und gar Einfache, ohne daß diese Einfachheit mit dem unterschiedslosen Einerlei abstrakter Ununterschiedenheit verwechselt werden könnte. Die Pointe der Einfachheit Gottes ist vielmehr seine ursprüngliche Kreativität: Alles von Gott Verschiedene verdankt ihm seine je individuelle Einzelheit (Singularität), seine konkrete Einheit als Vereinigung von Verschiedenem zu einem Neuen (Besonderheit) und seine Verbindung mit dem übrigen Vielen zum Zusammenhang der Schöpfung (Einheitlichkeit). In allen drei Hinsichten stiftet er die Einheit des von ihm Verschiedenen genau dadurch, daß er es schöpferisch mit sich selbst in Beziehung setzt, indem er es von sich als Schöpfung und sich von ihm als Schöpfer unterscheidet. Der Zusammenhang der von ihm unterschiedenen Schöpfung ist dementsprechend nicht direkt und reduzierbar auf die in Allgemeinbegriffen faßbaren (kausalen) Regelmäßigkeiten zwischen Besonderem, sondern indirekt und vermittelt über den dazwischentretenden Bezug zu Gott: Nicht das gesetzmäßige Allgemeine, sondern die individualisierende Nähe Gottes ist das, was die Schöpfung im Innersten zusammenhält.

Auch wenn an Argumentationen dieser Art mancherlei auszusetzen sein mag, so wird mit den unzulänglichen Mitteln problematischer Denkmodelle doch versucht, Gottes Einfachheit als die Kraft seiner schöpferischen Nähe bei anderem zu denken, in der Gott nicht nur dem nahe kommt, was schon ist, sondern ursprünglich setzt, dem er sich nähert, und neu macht, dem er seine Nähe erschließt. Ohne die Aporien der metaphysischen Explikationsmodelle der Einfachheit Gottes bestreiten zu müssen, können wir an ihnen ablesen: Gerade weil Gott wesentlich einfach ist, kann er von uns nur komplizierter gedacht werden, als er ist. Deshalb ist es so leicht, ihn im Denken zu verfehlen und ihn mit (einem Aspekt von) uns selbst oder der Welt zu verwechseln. Doch wie läßt sich das vermeiden, wenn Gott uns näher ist als wir uns selbst, und einfacher als alles, was wir denken können?

VI Selbstidentifikation Gottes und Gottesgedanke

Zumindest muß er uns bekannt werden, sich also von uns und der Welt so unterscheiden, daß er davon nicht nur *an sich* unterschieden ist, sondern als so Unterschiedener *für uns* überhaupt in Erscheinung tritt und thematisierbar wird. Der prinzipiell sich von allem Unterscheidende muß in dem, wovon er sich unterscheidet, als der sich davon Unterscheidende in Erscheinung treten, wenn er von uns soll gedacht werden können. Um Gott denken zu können, genügt es also nicht, das immer schon in vielfältigem Gebrauch befindliche Wort ›Gott‹ zu kennen und zu verstehen. Die Frage ist, ob es in seinem jeweiligen (etwa christlichen) Gebrauch etwas Wahrheitsfähiges zu denken gibt, das sich nicht allein dem Gebrauch dieses Wortes verdankt und sich auch nicht auf etwas reduzieren läßt, das ohne dieses Wort (oder irgendeines seiner Äquivalente) zur Sprache gebracht werden kann; und die Antwort auf diese Frage entscheidet sich daran, ob es etwas gibt, geben kann oder geben muß, worauf ›Gott‹ in dem zur Debatte stehenden Gebrauch zu Recht designatorisch, prädikativ oder wie auch immer angewandt wird. Das läßt sich nicht abstrakt und ohne Rekurs auf die diesen Gebrauch von ›Gott‹ steuernde Rahmentheorie feststellen, in der die Kriterien verankert sind, mit deren Hilfe wir das, worauf wir mit ›Gott‹ Bezug nehmen, von dem wir ›Gott‹ prädizieren oder das wir als Gott ansprechen, identifizieren können. Ist Gott für uns nicht identifizierbar, können wir also ihn und uns nicht reziprok in einem Verweisungszusammenhang der Erfahrung oder des Denkens lokalisieren, in dem er und wir voneinander unterschieden und jeweils auch von allem anderen kognitiv unterscheidbar sind, können wir ihn nicht denken, weil wir nicht wissen, was wir unter dem Titel ›Gott‹ denken sollen.

Ist Identifizierbarkeit eine Grundbedingung des Denkens Gottes und heißt ›identifizieren‹, daß jemand etwas (mit Hilfe von etwas) für jemanden als etwas bestimmt, dann steht das Denken Gottes vor folgenden Alternativen: Entweder ist Gott als Gott für uns identifizierbar oder er ist es nicht. Im ersten Fall kann er gedacht werden, im zweiten nicht. Wenn er identifizierbar ist, dann ist er es entweder durch anderes oder durch sich selbst. Im ersten Fall wird er gedacht, wie wir ihn uns denken, weil wir das denken, was wir uns als Gott bestimmen; im zweiten dagegen wird er so gedacht, wie er sich unserem Denken erschließt, so daß wir ihn so denken (können), wie er sich uns als Gott bestimmbar macht. Die Nichtidentifizierbarkeit, Fremdidentifikation oder Selbstidentifikation Gottes sind somit die drei Möglichkeiten, mit denen das Denken Gottes konfrontiert ist.

Im Fall der Nichtidentifizierbarkeit Gottes können wir aufgrund der Natur unseres Denkens Gott überhaupt nicht denken, weil er in keiner Weise für uns bestimmbar und von anderem unterscheidbar in Erscheinung tritt: ›Gott‹ bleibt ein bloßes Wort. Im Fall der Fremdidentifikation dagegen identifizieren wir Gott im Unterschied zu Gegebenheiten unserer Welt- und Selbsterfahrung als ›Gedankending‹ (Kant) mittels nominaler Bestimmungen wie ›das allumfassende Absolute‹, ›die alles bestimmende Wirklichkeit‹, ›das, was von allem schöpferisch unterschieden ist‹, ›das, was uns unbedingt angeht‹ usf., bei denen wir unterstellen oder zu zeigen versuchen, daß sie mehr sind als bloße Worte, insofern sie etwas bezeichnen, bezeichnen können oder bezeichnen müssen. In diesem Fall denken wir etwas als Gott und Gott damit als etwas (oder versuchen das zumindest), wissen aber zugleich, daß diese begrifflich konstruierten Gottesgedanken Gott nicht wahrhaft begreifen können, weil dieser durch eine immer noch größere Differenz von dem unterschieden ist, als was wir ihn denken: Gott wird gedacht wie gedacht, aber der Gottesgedanke ist ein bloßer Grenzgedanke, legitimiert durch seine Funktion für anderes. Im Fall der Selbstidentifikation Gottes schließlich wird davon ausgegangen, daß sich uns Gott selbst in dem von ihm Unterschiedenen als der sich davon Unterscheidende zur Erscheinung bringt. Auf Seiten Gottes setzt das voraus, daß dieser das vermag, ohne seine schöpferische Einfachheit und damit seine Differenz zur Welt aufzugeben, ohne die er uns nicht als unser Heil nahe kommen könnte; und die Trinitätslehre entfaltet, wie sich das denken läßt. Auf unserer Seite dagegen bedeutet das, daß wir ihn denken können, weil und insofern er sich in unserer Welt identifizierbar macht. Gott zu denken heißt dementsprechend, ihn nicht per impossibile so denken zu wollen, wie er an sich selbst ist, aber auch nicht so, wie wir ihn uns (faktisch ja immer schon auf irgendeine Weise) vorstellen, sondern so, wie er sich selbst für uns identifizierbar, vorstellbar und denkbar macht bzw. gemacht hat: Der Gottesgedanke ist nicht Gott, sondern Gottes Offenbarung in Gedanken gefaßt; er ist die denkende Rekapitulation der Selbstidentifikation Gottes in dem, wovon er sich als Schöpfer, Versöhner und Vollender unterscheidet.

VII Gottes konkrete Universalität

Die folgenden Überlegungen argumentieren auf verschiedenen Wegen dafür, im theologischen Denken Gottes nicht von einer begrifflichen Fremdidentifikation, sondern von der eschatologischen Selbstidentifikation Gottes auszugehen. Gott kann entweder gar nicht gedacht werden oder nur so, daß er die formale Bedingung und inhaltliche Bestimmung seines Gedachtwerdens in seinem sich selbst verständlich machenden Sich-Zeigen selbst eröffnet. Und die christliche Theologie folgt dem christlichen Glauben in der Überzeugung, daß eben das in Jesus Christus in vollgültiger Weise geschehen ist. Das als offenbarungstheologische Engführung anzuprangern, gegen die man die Weite und Allgemeinheit religiösen, philosophischen oder metaphysischen Gott-Denkens ins Feld führen zu müssen

meint, belegt, daß man die Pointe des Rekurses auf Gottes Selbstidentfika-
tion mißversteht und sein Gewicht für das Denken Gottes unterschätzt:
Dieser Rekurs ist gerade um der Universalität und Wahrheit des Gottesgedankens willen unerläßlich. Gott wird nicht dann universal gedacht, wenn
der Ausdruck ›Gott‹ als allgemeine Kennzeichnung verstanden und Gott als
Allgemeinbegriff begriffen wird, der durch christliche und andere Gottes-
Rede jeweils partikular bestimmt wird; und die Allgemeingültigkeit biblischer oder christlicher Rede von Gott ist nicht dadurch gewährleistet, daß
sie an einem metaphysischen Gottesbegriff partizipieren, in den die Einheit
des einen Ursprungs der einen Welt schon eingezeichnet ist (Pannenberg,
Lønning). Der Bezug auf Gottes eschatologische Selbstidentifikation
(Selbstoffenbarung) in Jesus Christus ist vielmehr Bezug auf eben den Ort,
an dem sich gegenüber aller polytheistischen Pluralität, nationalen Partikularität und abstrakten metaphysischen Allgemeinheit die _konkrete Universa-_
lität Gottes ausdrücklich zur Geltung gebracht hat und immer wieder zur
Geltung bringt, insofern sich hier Gott selbst als derjenige erschließt, der
jedem seiner Geschöpfe Heil schaffend nahe kommt und eben so die Einheit
ihres individuellen Lebens und die Einheit ihrer gemeinsamen Welt überhaupt erst stiftet. Der dort sich erschließende Gott ist in strengem Sinn
universal, weil er nicht der Gott einer bestimmten Gruppe von Menschen
(Gott von . . .) oder abstrakt aller Menschen (Gott allgemein) ist, sondern
konkret der Gott eines jeden Menschen (mein Gott, dein Gott), ja eines
jeden Geschöpfs, weil er jedem in seiner individuellen Existenz näher
kommt, als es selbst es kann. Der aber, der jedem von uns als je unser Gott
näher kommt als wir uns selbst, ist nicht bei jedem von uns ein anderer
Gott, sondern eben derjenige, der in Kreuz und Auferstehung Jesu Christi
die Kraft und den Charakter seiner bedingungslosen Nähe und damit das
Wesen seines Gottseins so selbst verständlich gemacht hat, daß diese als
Liebe des Vaters zu seinem einzigen Kind sachgemäß symbolisiert und
gedacht werden können, als eine Liebe wohlgemerkt, die jedem einzelnen
erlaubt, sich wie das einzige Kind dieses Vaters von ihr betroffen, gemeint
und ausgezeichnet zu wissen. Jeder einzelne von uns ist damit derjenige, der
er ist, weil er durch Gottes Nähe gerade bei ihm Adressat dieser individuie-
renden Liebe des Vaters ist; und keiner kann sich dessen bewußt werden,
ohne damit auch zu erkennen, daß ihn genau diese Liebe mit allen anderen
verbindet, die ebenfalls durch sie als Adressaten der Vaterliebe Gottes individuiert und ausgezeichnet sind: Die tiefste Gemeinsamkeit zwischen uns ist
nicht das, was wir an abstrahierbaren Allgemeinmomenten gemeinsam in
je besonderer Weise besitzen, sondern genau umgekehrt das, was uns als
Individuen am intimsten voneinander unterscheidet: die Liebe Gottes gerade zu mir. Entsprechend ist Gott auch nicht einer, weil er der eine Grund
der einen Welt ist, vielmehr wird die Welt in ihrer unendlichen Vielfalt erst
dadurch eine, daß Gott nichts von ihm Verschiedenes aus seiner es indivi-

duierenden Nähe entläßt, nicht einmal im Tod. Die Einheit der Welt ist nicht das Gegebene, sondern angesichts der Vielfalt unserer Welterfahrungen, der Denkbarkeit anderer Welten und der Wünschbarkeit einer besseren Welt gerade das Problem; sie ist deshalb auch keine unproblematische Basis für einen allgemeingültigen Gottesgedanken, sondern von diesem her überhaupt erst zu begründen. Hegel wußte das. Der einzig zuverlässig gangbare Denk-Weg führt von Gott zur Welt und zu uns, nicht umgekehrt. Wirklich universal und damit für jeden relevant und gültig wird Gott erst gedacht, wenn er von ihm selbst, und das heißt für uns: von seiner Selbstidentifikation für uns her gedacht wird.

Es ist also, um es mittels der theologischen Kategorien von Gesetz und Evangelium zu formulieren, ein gründlicher Irrtum zu meinen, die Allgemeingültigkeit biblischer Rede von Gott sei dann gewährleistet, wenn man Gott im Modus des Gesetzes denkt, das dem Volk Israel ausdrücklich gegeben, allen Menschen irgendwie bekannt und ins Herz geschrieben und der Natur eingeprägt sei, sie werde aber problematisiert, partikularisiert und geradezu in Frage gestellt, wenn Gott im Modus des Evangeliums und damit wesentlich im Bezug auf Jesus Christus, den Geist und den Glauben gedacht wird. Es ist gerade umgekehrt. Solange Gott im Modus des Gesetzes gedacht wird, wird er – sei es national beschränkt, sei es (in Gestalt des Moralgesetzes) anthropologisch oder (in Gestalt des Naturgesetzes) kosmologisch entschränkt – partikular gedacht, da die Allgemeingültigkeit des Gottesgedankes an die Relevanz des Gesetzes für bestimmte Menschen, für alle Menschen oder für erwartungsgeregelte Vorgänge in unserer faktischen Welt gebunden, durch diese Relativierung aber zugleich eingeschränkt, als Antwort auf eine Weshalb-, Wodurch-, Woher- oder Wozu-Frage domestiziert und von anderem als Gott abhängig gemacht wird: Im Modus des Gesetzes gedacht erscheint Gott notwendig und in bestimmter Weise erwartbar und berechenbar zu sein, gerät eben damit aber als das Mehr-als-Notwendige und ganz und gar unerwartbar Überraschende aus dem Blick. Das Evangelium dagegen – die trinitarische Entfaltung des Wortes vom Kreuz als Geschehen zwischen Vater, Sohn und Geist hebt das mit Recht ausdrücklich hervor – bringt Gott gerade dadurch in universaler Gültigkeit zur Sprache, daß es ihn auf nichts als ihn selbst relativiert: Das Heil ist seiner Möglichkeit und seiner Wirklichkeit nach ihm und nur ihm allein zu verdanken. Diese trinitarische Selbstrelativierung heißt keineswegs, daß Gott dadurch nur auf sich selbst beschränkt würde. Erst so kann vielmehr seine Nähe bei jedem einzelnen als seine freie und befreiende Selbstvergegenwärtigung gedacht werden, die sich jedem vorbehaltlos in gleicher Weise erschließen will und im Glauben auch erschließt. Durch die trinitarische Selbstrelativierung von Vater, Sohn und Geist wird das Heilsverhältnis Gottes zu seinen Geschöpfen also nicht etwa negiert, sondern gerade umgekehrt universalisiert; und entsprechend bedeutet Gott wesentlich im Bezug

auf das Glaubensgeschehen zu denken keine Partikularisierung und Einschränkung des Gottesgedankens, sondern gerade umgekehrt dessen
strenge Universalisierung, da Glaube nicht das Privileg einzelner, sondern
die gottgestiftete Möglichkeit eines jeden ohne Ansehen von Geschlecht,
Nationalität, Stand oder Vermögen ist, so daß deutlich wird: Das Heil ist
uneingeschränkt für jeden bestimmt. Indem Gott im Modus des Evangeliums in dieser zweifachen Hinsicht universal gedacht wird (das Heil ist
allein durch ihn – für jeden), wird er als der bestimmt, der von nichts von ihm
Verschiedenem als dessen Grund oder Ziel, Ursprung oder Telos ableitbar,
erschließbar oder abhängig ist, sondern gerade aufgrund seiner absoluten
Unabhängigkeit von allem und Einfachheit gegenüber allem die Freiheit
hat, sich ihm so zu nähern und zu vergegenwärtigen, daß er sich ganz frei
und ungeschuldet zu ihm in Beziehung setzen und als unableitbarer und
unerwartbarer Überschuß zugute kommen kann: Gott kann gerade deshalb ganz und gar für uns da sein, weil er ganz und gar unabhängig von uns
ist; und er ist genau dann universal und mit Anspruch auf universale
Gültigkeit gedacht, wenn jedes Verhältnis zu anderem ganz und ausschließlich von ihm allein hergestellt und unterhalten wird, so daß er in keinem
Verhältnis notwendiges Implikat, in jedem Verhältnis vielmehr der frei sich
Vergegenwärtigende ist – wie es das Evangelium im Blick auf den Sünder
in der Verkündigung der Rechtfertigung des Gottlosen propter Christum
per fidem zur Sprache bringt. Das pro nobis und das extra nos (in Christo),
auf denen die reformatorische Theologie auch in der Lehre von Gott
nachdrücklich insistierte, sind also keine relativierende Partikularisierung
des Gottesgedankens, sondern dessen *strengste Universalisierung*: Indem der
Gottesgedanke von vornherein auf Jesus Christus und auf den vom Geist
gewirkten Glauben bezogen, also trinitarisch bestimmt wird, wird unterstrichen, daß der Anspruch christlicher Rede von Gott auf Allgemeingültigkeit sich gerade keinem ›Rahmenbegriff‹ von Gott verdankt, der über
anthropologische oder kosmologische Erfordernisse und Postulate fundiert
ist, sondern ausschließlich der freien, zweck-losen, ungeschuldeten, super-
erogatorischen Selbstvergegenwärtigung Gottes. Nur von hier aus ist Gott
wirklich universal und in seinem unbedingten Wahrheitsanspruch für jeden
einzelnen, nicht nur in einer durch den Gesetzesgedanken vermittelten,
bedingten Partikularität und hypothetischen Allgemeinheit für alles zu
denken. Wird Gott im Modus des Gesetzes gedacht, wird er im Zusammenhang der für unsere Welterfahrung brauchbaren Kategorien des
Besonderen und Allgemeinen zu bestimmen gesucht, gerät eben dadurch
aber als der von der Welt ganz und gar differente und sich ihr frei vergegenwärtigende Gott aus dem Blick. Um ihn so zu thematisieren, muß er im
Modus des Evangeliums gedacht werden, das ihn in seiner freien Individualität und Kreativität, damit aber auch jenseits alles Generalisierbaren in der
konkreten Universalität seines individuellen Gegenwärtigwerdens in den

Blick faßt. Die Universalität Gottes und nicht nur die Allgemeinheit unserer in Gottesgedanken kondensierten Sinnfragen, Legitimationsprobleme, Welterklärungsbemühungen, Sicherungswünsche oder Kontingenzbewältigungsversuche wird im Modus des Evangeliums, nicht dem des Gesetzes gedacht.

VIII Die Aporie begrifflichen Gott-Denkens

Daß wir gut beraten sind, Gott von seiner Selbstidentifikation und nicht von irgendeiner begrifflichen Fremdidentifikation her zu denken, läßt sich auch vom Denken selbst her verdeutlichen. Um etwas denken zu können, müssen wir es in dreifacher Hinsicht symbolisch differenzieren. Einerseits müssen wir das Gedachte vom Gedanken unterscheiden, also das, was wir denken, von dem differenzieren, wie bzw. als was wir es denken. Im begrifflichen Denken unterscheiden wir dazu nicht nur semantisch zwischen Gegenstand und Begriff, sondern auch semiotisch zwischen Gegenstand und damit Vergegenständlichtem bzw. Begriff und damit Begriffenem und wahren so im Denken die ontologische Fundamentaldifferenz zwischen Denken und Sein. Andererseits müssen wir Gedachtes von anderem Gedachten bzw. Denkbaren unterscheiden, also das, was wir denken, von dem differenzieren, was wir sonst noch denken (können). Indem wir das tun, beachten wir im Denken den ontologischen Differenzzusammenhang des möglichen und wirklichen Seienden. Schließlich müssen wir jeden Gedanken, um ihn zu bestimmen, von anderen Gedanken sowohl desselben Gedachten als auch von anderem Gedachten unterscheiden, also das, als was wir etwas denken, von dem differenzieren, als was wir es sonst noch denken (können) bzw. als was wir anderes denken (können). Im Denken beachten wir so den kognitiven Differenzzusammenhang unserer wirklichen oder möglichen Gedanken. Entsprechend ist ein Gedanke dann bestimmt, wenn er in allen drei Hinsichten symbolisch differenziert ist, wenn sich also der Gedanke so von dem Gedachten unterscheidet, daß deutlich wird, in welcher besonderen Weise er dieses spezifiziert, wenn das mit ihm Gedachte im Unterschied zu anderem Denkbarem identifiziert ist, und wenn jede gedankliche Bestimmung dieses Gedachten von anderen Bestimmungen desselben und von jeder entsprechenden Bestimmung in anderen Zusammenhängen so unterschieden wird, daß dieser Gedanke in Unterscheidung von anderen Gedanken im Gedankenzusammenhang verortet und damit fortbestimmt werden kann. Im begrifflichen Denken ist das dann der Fall, wenn durch Identifikation eines Gegenstands, seine Subsumption unter einen Begriff(skomplex) und dessen Subordination unter einen Begriffszusammenhang der Bezugsgegenstand eines Gedankens identifiziert, begrifflich charakterisiert und als so Begriffener in den Begriffszusammenhang des

Begreifbaren eingeordnet ist. Orientieren wir uns an diesem Modell begrifflichen Denkens, dann können wir wirklich Einfaches – und sofern Gott das ursprünglich Einfache ist: ihn vor allem – überhaupt nicht denken, weil wir es in keiner dieser drei Differenzierungshinsichten bestimmen können: Wir können es nicht identifizieren, wir können es nicht begrifflich spezifizieren und im Zusammenhang des Besonderen und Allgemeinen lokalisieren, und wir können es dementsprechend mit den Mitteln des Begriffs und den darauf aufbauenden Denkformen des Urteils und Schlusses nicht thematisieren. Unsere Begriffsnetze sind nicht in der Lage, es einzufangen.

Der Versuch, Gott zu denken, scheint damit an der prinzipiellen Unvereinbarkeit von Gott und Denken scheitern zu müssen. Will man dabei nicht stehen bleiben, sind zwei Reaktionen möglich. Die eine ist, in metatheoretischer Reflexion Gott selbst zum Inbegriff unserer Begriffsnetze zu erklären, also nicht einen einzelnen Gedanken oder Begriff, sondern den Gesamtweg und Totalzusammenhang des Denkens als Gottesbegriff zu begreifen: Das ist der Weg theo-logischer Versuche mit ihren bekannten Aporien. Der andere, hier vorgeschlagene Weg ist, das Denken (und damit auch die damit verbundenen Begriffe der Vernunft und Rationalität) differenzierter zu begreifen. Begriffliches Denken ist nicht die einzige Art zu denken: Statt in den Modi von Begriff, Urteil und Schluß können wir auch in den Modi metaphorischer Erschließung, symbolischer Darstellung, bildhafter Konkretion, eindeutiger Vieldeutigkeit, narrativer Vergegenwärtigung, exemplarischer Erzählung usf. denken und kommunizieren, ja das sind die in den praktischen Vollzügen und Zusammenhängen unseres Lebens üblichen Denk- und Kommunikationsweisen. Theologisches Denken steht solchen praktischen, kontextsensiblen und bereichsspezifischen Denk- und Verfahrensformen praktischer Rationalität aber näher als der auf Generalisierung und Gesetzmäßigkeit angelegten theoretischen Rationalität des neuzeitlich-(natur)wissenschaftlichen Denkens.

Daß sich Gott in seiner Einfachheit dem begrifflich-theoretischen Zugriff entzieht, muß daher nicht heißen, daß er überhaupt undenkbar ist. Allerdings muß er in irgendeiner Weise im Unterschied zu anderem identifiziert und in Unterscheidung von anderem symbolisch (metaphorisch, narrativ, kennzeichnend) thematisiert werden können. Möglich ist das nur unter zwei Bedingungen: Er muß erstens in seiner Differenz von der Welt und uns selbst in unserer Welt *bezeichenbar* werden, uns also in irgendeiner Weise als Zeichen(komplex), Wort, Vorstellung, Erinnerung, Erwartung, Erzählung, Gedanke, Konzept, Prinzip oder in sonstiger Form *symbolisch distanziert* gegenübertreten. Und er muß zweitens dabei nicht nur irgendwie, sondern tatsächlich *als Gott* bezeichenbar werden, also als derjenige, der sich zwar von allem in unserer Welt und Erfahrung unterscheidet, aber darum keineswegs einfach nichts ist, sondern sich in seiner begrifflich unfaßbaren Einfachheit als Schöpfer, Versöhner und Vollender auf die Welt bezieht, die er eben dadurch von sich als eigene Wirklichkeit unterscheidet. Das erste ist eine notwendige, das zweite eine hinreichende Bedingung dafür, Gott denken zu können. Beide müssen verbunden sein, wenn Gott wirklich soll gedacht werden können.

Für sich genommen führt die erste Bedingung nämlich in eine Aporie, aus der unser Denken allein keinen Ausweg finden kann. Ohne irgendwelche naiven oder hochreflektierten Symbolisierungen bleibt Gott uns dunkel, durch jede Symbolisierung aber wird er in einer Weise von uns distanziert, die bei noch so großer Nähe Gottes zu uns eine immer noch größere Ferne von uns ihm gegenüber hervorbringt: Wann immer wir Gott im Unterschied von uns selbst und von der Welt thematisieren, treten Gottessymbolisierungen zwischen ihn und uns, die sich prinzipiell von dem unterscheiden, was sie zu symbolisieren suchen: Gott. Ist Gott für uns aber nur thematisierbar, indem wir uns auf etwas beziehen, was sich von ihm unterscheidet, können wir Gott nur denken, insofern wir immer zugleich auch etwas denken, was nicht Gott ist. Selbst der einfachste Gottesgedanke, den wir zu denken imstande sind, ist deshalb weiter von Gottes Wirklichkeit entfernt als unser flachster oder auch komplexester Weltgedanke von der Wirklichkeit der Welt. Unsere Weltgedanken gehören als solche zu der Welt, die sie zu denken suchen. Unsere Gottesgedanken dagegen sind nicht Gottes Gedanken, sondern unsere Denkversuche Gottes. Wir können deshalb zwar näherungsweise die Welt, nicht einmal ansatzweise dagegen Gott in Gedanken begreifen: Gott ist nicht nur derjenige, über den hinaus Größeres nicht gedacht werden kann, sondern er ist größer als gedacht werden kann, wie Anselm von Canterbury mit Recht eingeschärft hat.

Zwischen Gott und unseren Gottesgedanken herrscht also in der Tat eine für uns unüberwindliche Differenz. Anders als die lange Tradition von Descartes über Hegel bis zu Hartshorne hat Anselm daher auch nicht den aporetischen Versuch unternommen, die für uns unüberbrückbare Differenz zwischen Gott und Gottesgedanke doch mit Hilfe eines ›ontologischen Argumentes‹ zu überbrücken. Er hat vielmehr argumentativ einen Weg in die Situation gewiesen, in der Gott sich selbst identifizierbar vergegenwärtigt und verständlich macht. Nicht die Differenz zwischen Denken und Sein ist das Grundproblem des Denkens Gottes, sondern die ursprüngliche Einfachheit Gottes in seiner schöpferischen, versöhnenden und vollendenden Nähe bei seiner Schöpfung. Denn aufgrund dieser Nähe läßt Gott sich von uns weder im Denken als cogitabile noch in der Erfahrung als datum direkt identifizieren. Als den, der uns näher ist als wir uns selbst, können wir Gott nicht identifizieren, ohne auf den Ort zu rekurrieren, an dem er sich in der Schöpfung selbst so identifizierbar macht, indem er seine schöpferische Nähe und deren Heil schaffenden Charakter ausdrücklich erschließt und so in der Schöpfung seine Differenz von seiner Schöpfung präzis zur Erscheinung bringt. Dieser Ort der geschöpflichen Selbstidentifikation Gottes ist nach christlicher Überzeugung die in Jesus Christus kulminierende und dabei eschatologisch universalisierte Geschichte seiner Gegenwart bei seinem Volk, die im Glauben, den der Geist wirkt, von jedem, Juden und Heiden, als Gottes Heil schaffende Nähe bei seiner ihn ignorierenden Schöpfung wahrgenommen wird. Ist es aber wahr, daß die Tatsache und der Charakter der Nähe Gottes dort in dieser Weise universal erschlossen wird, dann kann Gott nicht gedacht werden, ohne die protologische Differenz zwischen Schöpfer und Geschöpf, die soteriologische Differenz zwischen Sünder und rettendem Richter und die eschatologische Differenz zwischen altem und neuem Sein im Gottesgedanken selbst zu berücksichtigen, diesen also von vornherein trinitarisch zu entfalten.

IX Trinitarisches Denken Gottes

Diese zu trinitarischem Denken Gottes nötigenden Differenzen sind an den identifizierenden Zugang zu Gott über Jesus Christus und den heiligen Geist gebunden und erschließen sich nicht dadurch, daß man auf unmittelbar Vertrautes rekurriert, im welthaft Gegebenen von Natur oder Geschichte sucht oder das eigene Denken durchdenkt. Denken wir Gott auf der Basis unserer Selbsterfahrung, Welterfahrung oder Denkerfahrung als transzendentales Implikat unseres Selbstbewußtseins oder ontologisches Postulat unseres Weltbewußtseins, denken wir nicht wirklich Gott, wie er sich in Jesus Christus dem Glauben erschließt, sondern allenfalls einen problematisierbaren, die Einheit und den Ursprung der Welt oder des Selbst chiffrierenden Gottesgedanken. Das hat Hegel zu Recht moniert. Doch sein Versuch, das Argumentationsgefälle umzukehren, Gott als spekulativen Grund der Wahrheit unseres Selbst-, Welt- und Gottesbewußtseins zu denken und unser Denken Gottes dementsprechend als Moment der Selbstentfaltung des Absoluten durch das andere seiner selbst zu begreifen, hebt die Differenz zwischen Gott und Gottesgedanken im Begriff des Absoluten dadurch auf, daß er die Einfachheit Gottes durch die Einheit des Absoluten ersetzt und die Einzigkeit Gottes als in sich differenzierte Ganzheit denkt: Gott ist einer als die Einheit des Einen und des Vielen, er ist der Eine als das Ganze. Das erklärt zwar, daß sich Gott in der Welt nicht identifizieren läßt und dennoch nicht nichts ist. Diese absolutheitstheoretische Aufhebung der Einfachheit Gottes impliziert aber, daß Gott gänzlich ins Denken eingeholt werden muß, um wahrhaft gedacht zu werden und damit selbst überhaupt erst wahrhaft zu werden. Ist der Eine das Ganze, dann ist auch nur das Ganze das Wahre und Gott deshalb erst dann wahrhaft gedacht und selber wahr, wenn er ganz ins Denken aufgehoben ist. Gott verliert damit mehr als nur seine Anstößigkeit für unser Denken: Er verliert jegliche Widerständigkeit ihm gegenüber. Gott wird vollständig in den Gottesgedanken des Absoluten aufgelöst.

Als Totalvermittlung alles Wahren ist dieser Gottesgedanke aber auch dann keine gelungene Chiffrierung der absoluten Einfachheit Gottes, wenn er in trinitarischem Gewand entwickelt wird. Gottes Einfachheit steht für die prinzipielle Uneinholbarkeit Gottes in den Gottesgedanken und damit für die unaufhebbare Differenz zwischen Gott und unserem Gott-Denken. Genau das versucht die Trinitätslehre zu wahren. Sie ist keine eigenartige Begriffstheorie Gottes im Modus religiöser Vorstellung, die zudem erst in begrifflicher Transformation ihre ganze Wahrheit erschlösse, und sie wird mehr als mißverstanden, wo sie zur begrifflichen Bestimmung und inhaltlichen Fassung des Gottesgedankens im Sinn einer Aufhebung Gottes in den Gottesgedanken herangezogen wird, um so die Selbstbewegung Gottes theo-logisch als notwendig zu konstruieren. Ihre Vorstellungs-Semantik ist nicht dadurch zu erhellen, daß man sie begrifflich rekonstruiert, sondern daß man sie von der pragmatischen Pointe ihres Gebrauchs her interpretiert: Die Lehre von Gott Vater, Sohn und Geist fungiert als Kurzformel der Grammatik christlicher Gottesrede und christlichen Glaubenslebens, insofern sie die christliche Gotteserfahrung und ihre vielfältigen sprachlichen Artikulationen in Gebet, Bekenntnis und Verkündigung in einer Sprach- und Denkregel summiert, die das, was Christen mit ›Gott‹ ansprechen, an die Selbstidentifikation Gottes in Jesus Christus und durch den heiligen Geist bindet. Der grammatischen Entfaltung dieser Regel, nicht der begrifflichen Enthüllung des Wesensgeheimnisses Gottes dient die Lehre von der immanenten Trinität, und der Summierung der Erfahrungs- und Redegrundlagen, auf die sich diese Regel stützt und bezieht, dient die Lehre von der ökonomischen Trinität. Die Trinitätslehre bietet also keine Theorie Gottes, sondern fixiert den Bezugspunkt und Erfahrungshorizont christlicher Gottesrede. Sie sucht Gott nicht in den Gedanken aufzuheben, sondern verweist permanent auf die Situation der Verkündigung des Evangeliums und seiner Rezeption im Glauben, in der sich Gott selbst als Vater Jesu Christi durch den Geist in Differenz zu allem übrigen zur Geltung gebracht hat und immer wieder zur Geltung bringt. Auch dort, wo sie im Modus der dritten Person redet, denkt und thematisiert sie Gott daher als personales Gegenüber im Modus der zweiten Person, wie er vom Glauben doxologisch bekannt und gepriesen wird.

Indem sie Gott in diesem Modus thematisiert, denkt und redet die Trinitätslehre konkret und mit dem Anspruch universaler Gültigkeit, aber gerade nicht begrifflich generalisierbar von Gott. Sie beharrt auf dem Bekenntnismodus der zweiten Person in der Rede von Gott, weil Gott nur dort konkret in seiner von allem unterschiedenen Einfachheit als Gott gedacht wird, wo er so thematisiert wird, wie er sich in seinem Wort als Gott für mich vergegenwärtigt und verdeutlicht und in Glaube, Gebet und

Doxologie als mein Gott angesprochen wird. Nicht das Ganze ist also das Wahre, sondern – mit Johannes formuliert – der Eine ist die Wahrheit: Jesus Christus. Nur hier wird Gott so symbolisiert, daß er in seiner prinzipiellen Differenz zu allem Geschaffenen von mir als Gott konkret ansprechbar wird, weil er sich selbst im Geschaffenen als von allem Unterschiedener in konkreter Weise zur Sprache und Darstellung bringt. Damit wird nicht etwa die Differenz zwischen Gott und Gottesgedanke eingezogen, sondern das Denken Gottes aufgrund seiner präzisen Differenz von Gott selbst überhaupt erst wahrheitsfähig.

Gott in dieser Weise konkret zu denken, heißt aber, ihn nicht über eine Kaskade begrifflicher Bestimmungen generalisierend in Gedanken zu fassen, sondern seine Selbstidentifikation in Gedanken als seine Selbstidentifikation zu rekapitulieren, ohne sie in eine Fremdidentifikation des Denkens zu überführen. Das erfordert, die Differenz zwischen Gott und Gottesgedanke im Denken Gottes selbst zur Geltung zu bringen, und zwar sowohl semantisch am Gottesgedanken als solchem als auch pragmatisch in Hinsicht auf seine Funktion für den, der ihn denkt. Beides ist dadurch zu erreichen, daß der Gottesgedanke als inhaltlich präzis bestimmte Regel gefaßt wird, die den, der sich ihrer bedient, aufgrund ihrer semantischen Bestimmtheit konkret in die Situation einweist, in der sich Gottes Selbstidentifikation ereignet hat und, sofern es ihm gefällt, immer wieder ereignet. Trinitarisches Denken leistet beides. Es erzielt die semantische Bestimmtheit des Gottesgedankens durch dessen christologische Fassung, und es gewährleistet seine pragmatische Funktion durch die pneumatologische Restriktion, daß die Wahrheit der Selbstidentifikation Gottes in Jesus Christus nicht theoretisch in der christologischen Lehrbildung zu erweisen ist, sondern nur praktisch für den gewiß wird, der sie im Glauben für sich gelten läßt. Der trinitarische Gottesgedanke bringt Gott also nicht auf den Begriff, sondern fungiert als Regel, die zur (erzählenden) Rekapitulation und eigenen Aneignung der Selbstidentifikation Gottes anleitet, indem sie christologisch auf die Geschichte Jesu Christi und die dort erschlossene Nähe Gottes des Schöpfers, Versöhners und Vollenders verweist, und pneumatologisch dazu anhält, diese Geschichte biographisch in die je eigene Lebensgeschichte hinein fortsetzen zu lassen. Entsprechend entfaltet die Trinitätslehre keine Theorie Gottes, sondern – auf der Basis der christlichen Grundbekenntnisse – die Grammatik seiner nur praktisch einholbaren Selbstidentifikation, indem sie dem Gottesgedanken den Bezug zu Jesus Christus, zum Geist und zum Glauben einzeichnet und so daran erinnert, daß Gott sich selbst in dem, wovon er sich grundsätzlich unterscheidet, für uns identifizierbar, erfahrbar und ansprechbar gemacht hat und immer wieder macht. Sie denkt Gott konkret als Differenz von allem, indem sie diejenigen Differenzen thematisiert, in denen Gott sich in Jesus Christus und durch den Geist selbst in seiner Heil schaffenden Nähe zur Darstellung gebracht hat und im Glauben an das Evangelium von Jesus Christus immer wieder zur Darstellung bringt. Als Grammtik dieses Offenbarungsgeschehens geht sie über dessen christologische, biographische, ekklesiologische oder sonstige Nacherzählung zwangsläufig hinaus. Muß sie doch nicht nur dieses Geschehen in den Gesamtzusammenhang von Gottes Handeln in Schöpfung, Versöhnung und Vollendung stellen und seine Implikationen für die Schöpfungslehre, Soteriologie und Eschatologie in den Blick rükken, sondern dabei vor allem auch die Prinzipien ausdrücklich explizieren, die jede sachlich adäquate Nacherzählung dieses Geschehens beachten muß. So wäre nicht mehr von dieser konkreten Selbstidentifikation Gottes, sondern von etwas anderem die Rede, wenn der Bezug auf Jesus Christus ausfiele, oder wenn sein Kreuz nur noch symbolisch, aber nicht mehr in seinem geschichtlichen Zusammenhang mit Pilatus zur Sprache käme, oder wenn das Bekenntnis zu seiner Auferweckung keine Rolle mehr spielte, oder wenn nicht mehr von Gott und den Gotteserfahrungen Israels die Rede wäre, oder wenn von Gott und Jesus Christus gesprochen würde, ohne auch vom Glauben zu sprechen, oder wenn der Bezug zu uns Menschen und zur übrigen Schöpfung ausgeblendet würde. Doch nicht nur diese und andere historische, anthropologische, christologische usf. Bedingungen und ihre Implikationen sind zu explizieren, sondern auch spezifisch theologische (d. h. Gott betreffende) Prinzipien. So wäre eine solche Selbstdarstellung Gottes im Horizont des Geschaffenen unmöglich, wenn dadurch die Fundamentaldifferenz zwischen Gott und Geschaffenem aufgehoben würde: Gott würde dann nicht als Gott bzw. als der von allem differente Einfache verständlich, sondern sich als Nichts erweisen. Um im andern seiner selbst überhaupt darstellbar zu sein, muß sich Gott daher – wie die Trinitätslehre aufgrund der Tatsache dieser Selbstdarstellung betont – von sich selbst als Wort Gottes von Gott bzw. als Sohn vom Vater unterscheiden und so, ohne seine Einfachheit im Vollzug dieser Unterscheidung aufzuheben, in sich selbst eine Differenz produzieren, die es ihm erlaubt, sich uns durch das andere seiner selbst – die endliche Schöpfung – zu vermitteln, ohne dabei aufzuhören, als Schöpfer von dieser unterschieden und unser Gegenüber zu bleiben. Wäre Gott in begrifflichem Sinne einfach, ließe sich diese Einfachheit nicht in dieser Weise differenziert denken, ohne sie als Gedanken aufzulösen. Die Trinitätslehre denkt Gottes Einfachheit aber nicht begrifflich, sondern grammatisch im Rekurs auf das narrativ entfaltete Bekenntnis von Gottes Selbstidentifikation und seiner sich selbst verdeutlichenden Selbstunterscheidung von allem anderen in Jesus Christus und durch den heiligen Geist. Sie kann nur so gedacht werden, weil die Differenz zwischen Vater und Sohn bzw. Gott und Wort Gottes keine generalisierbare Begriffsdifferenz, sondern eine konkrete Selbstunterscheidung ist, die benannt, bekannt und erzählt, aber auf keinen zureichenden, der Einzigartigkeit und Einfachheit dieser Selbstunterschei-

dung genügenden Begriff gebracht werden kann. Auch benennbar und
erzählbar wird diese Selbstunterscheidung nur deshalb, weil Gott sich nicht
durch die Schöpfung insgesamt, sondern durch ganz bestimmte, von ihm
selbst gewählte Mittel *in* der Schöpfung – insbesondere und vollgültig
durch Jesus Christus und das ihn vergegenwärtigende Wort des Evangeliums – als der ihr schöpferisch nahe und eben dadurch präzis von allem und
jedem unterschiedene Schöpfer, Versöhner und Vollender verdeutlicht.
Diese Verdeutlichung verstehen wir nicht dadurch, daß wir sie begrifflich
konstruieren können, sondern weil er selbst durch seinen Geist dafür sorgt,
daß wir diese geschöpflichen Mittel auch tatsächlich als Medien seiner
göttlichen Selbstverdeutlichung für uns, also als geschöpfliche Mittel der
Selbstverdeutlichung des Schöpfers verstehen; und wir können dies nicht
verstehen, ohne zugleich uns als Geschöpfe zu verstehen, die Gott ignorieren und doch von Gott gesucht und geliebt werden, und dieses Verständnis
dem Geist Gottes selbst als Wirkung zuzuschreiben.

Damit ist der Zusammenhang angedeutet, in dem die folgenden Versuche stehen. Sie beschäftigen sich aus verschiedenen Perspektiven mit Problemen des Denkens Gottes, die klassisch im sogenannten ›ontologischen
Argument‹ bedacht wurden; und sie versuchen zu zeigen, daß die Theologie gut beraten ist, diese Probleme nicht auf dem mit dieser Denkfigur
eingeschlagenen absolutheitstheoretischen Reflexionsweg, sondern mit
ihren eigenen trinitätstheologischen Mitteln zu behandeln. Diese trinitätstheologischen Erörterungen selbst werden in diesem Band nicht geboten;
insofern präsentiert dieser nur Prolegomena. Die Gedankengänge führen
aber jeweils zu dem Punkt, an dem deutlich sein müßte, inwiefern Gott
trinitarisch zu denken ist, wenn er konkret und universal gedacht werden
soll.

Existenz und Identifikation

Erwägungen zum Problem der Existenz Gottes im Gespräch mit der Analytischen Philosophie

I Das Problem

1. Daß Gott existiert, ist dem christlichen Glauben ausgesprochen selbstverständlich. Es kommt ihm in der Regel nicht in den Sinn, Gottes Existenz ausdrücklich zu thematisieren. Das heißt aber nicht, daß er ihr gegenüber gleichgültig wäre oder sein könnte. Daß Gott existiert, ist die Grundvoraussetzung all seines Redens zu, von und über Gott. Ohne die Wahrheit dieser Voraussetzung stünde es schlecht um seine Rationalität und die Echtheit und Tragfähigkeit seines Wahrheitsanspruchs.

Mit gutem Grund hat sich daher die Religionskritik der Analytischen Philosophie in ihren verschiedenen Phasen im Verlauf dieses Jahrhunderts immer wieder auf diese Grundvoraussetzung konzentriert. Ihre Argumente galten und gelten dabei weniger dem Nachweis, daß Gott nicht existiere, als vielmehr dem Aufweis, daß er überhaupt nicht existieren könne, da ›Gott‹ ein widersprüchlicher Begriff und ›Gott existiert‹ eine inkonsistente Aussage sei. Denn ist ›Gott‹ ein *Name*, dann sei es sinnlos, ihn mit dem Existenzprädikat zu verbinden. Ist ›Gott‹ aber ein *Begriff*, dann müsse zuerst die Konsistenz der ihn definierenden Merkmale aufgezeigt werden, ehe sich sinnvoll behaupten lasse, daß dieser Begriff instantiiert sei. Solange dies aber nicht gezeigt sei – so lautet die These der analytischen Religionskritik – sei es nicht falsch, sondern sinnlos (d.h. weder wahr noch falsch), Gottes Existenz zu behaupten oder zu bestreiten.

2. Wer nun erwartet, die Theologie sei aufgrund dieser auf ihre Weise doch radikalen Kritik verunsichert, der irrt. Die neuere evangelische Theologie zumindest scheint sich durch diesen Sinnlosigkeitsvorwurf in ihrer eigenen Auffassung geradezu bestätigt zu sehen. Vertritt sie doch zum Thema der Existenz Gottes, einem traditionell wesentlichen Lehrstück christlicher Gotteslehre, weithin eine Ansicht, die von Paul Tillich prägnant in der These resümiert wurde: »Man kann die Frage nach der Existenz Gottes weder stellen noch beantworten ... Es ist ebenso Atheismus, die Existenz Gottes zu behaupten, wie es Atheismus ist, sie zu leugnen« (1956, 274f; vgl. Bultmann, 1933, 27).

Die Begründung für diese These Tillichs ist in dem ihr zugrundeliegenden Verständnis von Existenz zu suchen. Dieses ist wesentlich geprägt durch die im deutschen Idealismus entwickelten und in theologischem Kontext wohl am pointiertesten von J.G. Fichte und L. Feuerbach vertretenen Existenzauffassungen. So betont Fichte: »Das Wort Seyn bedeutet unmittelbar immer ein Object des Denkens, ein Gedachtes. Nun kommt ihm entweder auch eine Existenz, ein Bestehen und Dauern, außer dem Denken zu, in der sinnlichen Wahrnehmung: dann ist ein reelles Seyn bezeichnet, und man kann vom Gegenstande sagen: er ist. Oder es kommt ihm außer dem Denken kein anderes Seyn zu; dann ist die Bedeutung des Seyns bloss die logische« (1845 c, 359). Auf Gott angewandt bedeutet dies: »Der Begriff Gottes lässt sich überhaupt nicht durch Existentialsätze, sondern nur durch Prädicate eines Handelns bestimmen« (371). Denn »der Begriff von Gott, als einer besonderen Substanz« ist »unmöglich und widersprechend« (1845 a, 188). »Substanz nemlich bedeutet notwendig ein im Raum und der Zeit sinnlich existierendes Wesen ...« (1845 b, 216; vgl. Jüngel, 1978, 180 ff). Und ähnlich betont Feuerbach: »Nur die Existenz in Raum und Zeit ist ... Existenz« (1959, 232). Spätestens seit ihren Ausführungen ist der Existenzbegriff theologischem Denken suspekt geworden. Kann Existenz sinnvoll nur von möglichen Erfahrungsgegenständen in Raum und Zeit behauptet oder bestritten werden, dann ist alle Rede von Gottes Existenz oder Nichtexistenz sinnlos. Denn Gott ist kein Seiendes, sondern – wie Tillich sagt – »Das Sein-Selbst« (1956, 275).

Die in dieser Argumentation zum Ausdruck kommende theologische These, Gott sei kein Erfahrungsgegenstand unter anderen, kein Seiendes unter anderem Seienden, ist freilich nur die halbe Wahrheit. Mindestens ebenso nachdrücklich ist zu betonen, daß Gott, obschon nicht Erfahrungsgegenstand in Raum und Zeit, dennoch nach dem Selbstverständnis des christlichen Glaubens von Menschen in Raum und Zeit erfahren wurde und immer wieder erfahren wird. Kann ihm dann aber Existenz wirklich kategorisch und in jeder Weise abgesprochen werden?

Tillich und vielen anderen zufolge ist der Existenzbegriff auf Gott weder positiv noch negativ anwendbar und darin kommen sie mit der Religionskritik der Analytischen Philosophie überein. Dennoch aber wollen auch sie daran festhalten, daß sie von etwas und nicht von nichts reden, und zwar nicht nur von etwas Erdachtem, Fiktivem, Möglichem, dem – wie die Tradition sagte – formale Existenz (d.h. Widerspruchsfreiheit in seiner begrifflichen Bestimmung) (Menne, 1962, 94 f) zukommt, sondern von etwas Wirklichem, dessen Begriff nicht nur nicht widersprüchlich, sondern nicht leer ist. Terminologisch schlägt sich dies darin nieder, daß statt von Gottes Existenz von Gottes Leben, Gottes Sein oder Gottes Wirklichkeit gesprochen wird. Doch wenn man von Gott nicht sagen kann, daß er existiert, wie kann man dann von ihm sagen, daß er lebt, daß er ist oder daß er wirklich ist? Ist das Leben nicht ein »Sonderfall des Existierens«, nämlich »derjenige, in dem in dem betreffenden Wesen ein Prozeß erforderlich ist, um sich an der Existenz zu erhalten, also ein Prozeß der Selbsterhaltung« (Tugendhat, 1979, 175; vgl. Tschauder, 1979, 69)? Und wenn es gleichermaßen Atheismus ist, Gottes Existenz zu behaupten und zu bestreiten, ist es dann nicht auch Atheismus Gottes Sein, Leben und Wirklichkeit zu behaupten oder zu bestreiten?

3. Die Situation scheint aporetisch zu sein. Um den Schein der Aporie aufzuklären, sind wir zu einer theologischen Neuverhandlung der Existenzproblematik genötigt. Diese kann die Arbeit der Analytischen Philosophie schon deshalb nicht ignorieren, weil dieselbe – ganz abgesehen von ihrer spezifischen religionsphilosophischen Auseinandersetzung mit den Argumenten für oder gegen die Existenz Gottes oder der Diskussion um das Modalproblem notwendiger Existenz – in ihren fundamentalphilosophischen Bemühungen um die Analyse von Existenzaussagen die *allgemeine Redeform* zu erhellen sucht, deren sich auch der Glaube bedient, wenn er Gottes Existenz zur Sprache bringt. Denn indem der Glaube öffentlich und nicht in einer Sondersprache von Gott redet, begibt er sich zwangsläufig in den Horizont philosophischer Anfragen und Kritik.

Diese Kritik – das soll im folgenden an dem zuletztgenannten fundamentalphilosophischen Problemkomplex vorgeführt werden – ist keine Einbahnstraße. Gerade die christliche Rede von Gottes Existenz kann zum Prüfstein der Adäquatheit philosophischer Existenzanalyse werden. Exemplarisch läßt sich so verdeutlichen, daß beide, Philosophie und Theologie, vom Gespräch miteinander profitieren können.

Ich werde meine Argumentation an vier Thesen orientieren und dabei folgendermaßen verfahren: In einem ersten Schritt ist die Funktion und Struktur der christlichen Behauptung der Existenz Gottes zu charakterisieren, damit klar wird, was eigentlich Gegenstand der analytischen Bemühung ist (II). In einem zweiten und zentralen Schritt soll dann gezeigt werden, daß das Instrumentarium und die Ansätze der kanonischen Existenzanalyse der Analytischen Philosophie unzureichend sind, die christliche Behauptung ›Gott existiert‹ ihrer eigenen Intention gemäß adäquat zu analysieren (III). Daraus ergibt sich drittens das Postulat eines Neuansatzes, der auch der Behauptung ›Gott existiert‹ gerecht wird, ohne dabei ein theologisches Sonderverständnis der Rede von Existenz und der dabei gebrauchten Sprachform nahezulegen, aber auch ohne die Differenz zwischen dem mit ›Gott‹ intendierten Schöpfer und der geschöpflichen Wirklichkeit zu ignorieren (IV). Das soll dann abschließend am Problem der Identifizierbarkeit Gottes exemplarisch verdeutlicht werden (V).

II Gott existiert

Die Behauptung ›Gott existiert‹ ist die sprachlogisch nicht eliminierbare Grundvoraussetzung aller christlichen Rede. Diese Voraussetzung ist logisch als singulärer Existenzsatz zu konstruieren und entsprechend zu analysieren. Meine Argumentation für diese erste These wird sich auf vier Punkte konzentrieren, nämlich den Aufweis der Notwendigkeit, der Nichttrivialität, der Irreduzierbarkeit und der logischen Struktur dieser Voraussetzung.

1. Christliche Rede von Gott ist wesenhaft assertorisch und stellt in metaphorischer, parabolischer und narrativer Form Behauptungen auf, die einen spezifischen *Wahrheitsanspruch* erheben (Dalferth, 1981, bes. 473 ff. 648 ff.). Sofern sich diese in Behauptungen der prädikativen Struktur ›Gott ist F‹ transformieren lassen, fungiert ›Gott‹ in ihnen als Designator und ›F‹ als Prädikator. Mit ›Gott‹ wird dabei ein Akt der Referenz vollzogen, bei dem präsupponiert wird, daß Gott existiert. Diese Präsupposition ist mit dem assertorischen Sprechakt gesetzt und nicht speziell an die Rede von Gott gebunden. Wer Prädikationen der Form ›a ist F‹ behauptet, setzt voraus, daß a existiert, da es sonst nichts gäbe, von dem F ausgesagt würde. Und so behauptete Prädikationen sind nur dann wahr oder falsch, wenn ›a existiert‹ wahr ist.

Daß Gott existiert, ist somit eine ebenso notwendige Voraussetzung aller assertorischen Rede über ihn wie seine Existenz eine notwendige Bedingung der Wahrheit der über ihn aufgestellten Behauptungen ist. Existiert er nicht, ist nichts von dem wahr oder falsch, was der christliche Glaube ihm zuschreibt und von ihm aussagt. Umgekehrt wäre die Wahrheit auch nur einer dieser Aussagen und Behauptungen eine hinreichende Bedingung seiner Existenz und damit der Wahrheit der Behauptung ›Gott existiert‹.

2. Gottes Existenz ist eine notwendige Bedingung der *Wahrheit*, nicht des *Sinns* der über ihn aufgestellten Behauptungen. Auch von Nichtexistierendem kann sinnvoll geredet werden, ja es ist geradezu einer der grundlegenden Charakterzüge der Sprache, dies möglich zu machen. Man muß sich daher vor der falschen sprachlogischen Theorie hüten, alles, von dem man reden könne, müsse auch in irgendeiner Weise existieren. »Existenz«, so heißt es dann, sei »niemals radikal und absolut zu negieren. Allein eine bestimmte existenziale Zuordnung kann bestritten werden« (Marten, 1972, 28), denn »von etwas, dem kein Sein zukommt, kann man nicht reden«. (Keller, 1974, 1293). Muß aber allem, von dem man reden kann, auch Sein zukommen, dann ist der »Seinsbegriff ... auch auf Nichtexistentes anwendbar« (1292f) ja »selbst dem Nichts, sofern wir davon reden, müssen wir noch Sein zuerkennen, nämlich das Gedachtsein oder das (in der Aussage) Intendiertsein« (1294). Damit aber werden einerseits der Begriff des Seins

und der Begriff des Gegenstands ununterscheidbar, andererseits wird der Begriff der Existenz auf raumzeitliches Wirklichsein eingeschränkt: Wir nennen »das existent, was nicht nur als Wunschbild, als angezielter Plan, als Inhalt oder apriorische Form des Denkens und Vorstellens oder als in unserem Sprechen Gemeintes vorkommt, sondern wirklich ist«, und zwar so wirklich ist, wie man nicht sagen kann, »daß es eine Zahl gibt oder nicht gibt« (1292). Wird ›sein‹ und ›existieren‹ so unterschieden, ist die Feststellung, daß Gott existiert, falsch und das uns beschäftigende Problem noch nicht einmal adäquat thematisierbar.

Die skizzierte Theorie ist keineswegs nur ein Relikt der sprachphilosophischen Prähistorie, sondern tief in unserem Sprachdenken und seiner gegenstandstheoretischen Bedeutungsauffassung verwurzelt. Seit Platos *Sophistes* (236 eff; vgl. Th 189 aff) wird sie immer wieder mit dem Paradox negativer Existenzsätze begründet: Wer sagt, daß etwas nicht existiert, sagt, daß es etwas gibt, was es nicht gibt. Das aber ist ein Widerspruch. Folglich existiert alles (Quine, 1951, 150; 1964, 1 ff; Frege, 1969 a, 73; Ayer, 1946, 42 ff; Specht, 1967, §§ 9–13). Doch zu sagen, daß es Gott gibt, heißt nicht, daß es Gott gibt, sondern nur, daß die Existenz Gottes behauptet wird; und das kann, wie alle Behauptungen, wahr oder falsch sein. Und entsprechend ist die Bestreitung der Existenz Gottes nichts anderes als die Behauptung, daß es Gott nicht gibt, und nicht die selbstwidersprüchliche, doppelte Behauptung, daß es ihn gibt und daß es ihn nicht gibt.

Die Behauptung ›Gott existiert‹ ist also ebensowenig tautologisch und damit selbstverständlich wahr wie die Behauptung ›Gott existiert nicht‹ selbstwidersprüchlich und damit selbstverständlich falsch ist, vielmehr ist in beiden Fällen ein unterschiedlicher und keineswegs mit der jeweiligen Behauptung schon entschiedener Wahrheits*anspruch* erhoben. Daß von Gott geredet wird, ist kein Beweis dafür, daß er existiert.

3. Eben das hat nun aber immer wieder zu dem Verdacht Anlaß gegeben, daß von Gott in der Tat nur *geredet* wird. Handelt es sich bei der Grundannahme christlicher Rede ›Gott existiert‹ tatsächlich um ein irreduzibles »ontological commitment« (Quine, 1960; 1964; 1975, 129 ff; vgl. Stevenson, 1976, aber auch die Kritik von Cartwright, 1954, und Scheffler/Chomsky, 1959) und nicht nur um eine ontologisch irreführende façon de parler, die sich durch sprachlogische Reduktion beseitigen läßt (Quine, 1960, 260 f)? Anders gefragt: Muß in christlicher Rede tatsächlich von *Gott* geredet werden oder kann nicht ihr ganzer Wahrheitsanspruch ausgedrückt werden, ohne von ihm zu reden?

Entmythologisierungsprogramme dieser Art haben nicht nur in der jüngsten theologischen Vergangenheit eine beachtliche Rolle gespielt (Braithwaite, 1974; Braun, 1964; 1967a; 1967b; Gollwitzer, 1968; van Buren, 1968; Hepburn, 1966). In der Regel werden dabei zwei Verfahren

benützt. Das erste sucht den Ausdruck ›Gott‹ explizit zu definieren, so daß
er durch sein Definiens systematisch ersetzt und damit aus christlicher Rede
eliminiert werden kann. Beispiele für dieses Verfahren sind die altprotestan-
tischen Bestimmungen von ›deus‹ als ›essentia spiritualis infinita‹ (Gerhard,
Loci, III, 287; Hutter, 1610, 4) oder als ›spiritus independens‹ (Hollaz, 1707,
I, 323, der seine Bestimmung allerdings im Sinn einer descriptio, nicht einer
logisch perfekten definitio verstanden wissen will). Das andere Verfahren
sucht Transformationsregeln anzugeben, die jeden Zusammenhang, in dem
von Gott die Rede ist, in einen anderen zu übersetzen erlauben, in dem
dieser Ausdruck nicht mehr vorkommt. Das geschieht etwa in Brauns
Rede von der Mitmenschlichkeit (1964), in van Burens Ansatz, christliche
Rede als Rede über »the goal of human existence«, über »[t]he truth about
man and the world« oder über »the key to the meaning of life« zu paraphrasieren (1968, 151) oder in Kambartels Versuch, Grundtermini christlicher
Rede von Gott synkategorematisch durch ein System definierter Begriffe
zu ersetzen, die nicht mehr von Gott, sondern ausschließlich von einem in
bestimmter Weise qualifizierten Leben und dessen Konsequenzen reden
(1971). Die Problematik dieser Eliminationsversuche besteht darin, daß es
ihnen entweder nicht gelingt, das mit der Rede von Gott verbundene
»ontological commitment« aufzulösen, indem sie nur einen anderen Aus-
druckskomplex an die Stelle von ›Gott‹ setzen, ohne auch seine sprachlogische Funktion zu verändern, oder aber, daß sie das tun, ihre Transformationsregeln dann aber zentrale Bereiche christlicher Rede, insbesondere ihre
eschatologischen Wahrheitsbehauptungen, überhaupt nicht erfassen und
damit wesentlich reduktionistisch sind. Denn selbst wenn von Gott nicht
geredet werden müßte und die Bezugnahme auf ihn systematisch durch
Bezugnahme auf andere Gegenstände ersetzt werden könnte, würde nicht
folgen, daß er nicht existierte: Die ersetzende Übersetzung wäre nicht
adäquat, würde bei einer solchen Elimination nicht die Identität der Be-
zugsgegenstände angenommen, so daß die Existenz der letzteren die Existenz Gottes implizierte (vgl. dazu in anderem Zusammenhang Mellor,
1973, 112f). Doch die Frage, ob mit ›Gott existiert‹ eine irreduzible ontologische Grundannahme christlicher Rede artikuliert wird, entscheidet sich
nicht am Wort ›Gott‹ und dessen definitorischer Ersetzbarkeit, sondern an
der *Funktion* dieses Wortes und seiner Äquivalente in Prädikationen der
Form ›Gott ist F‹. Nimmt man den Wahrheitsanspruch christlicher Rede
aber ernst, dann ist die designatorische Funktion von ›Gott‹ und der damit
intendierte referentielle Akt wesentlich für sie und kann nicht systematisch
durch Bezugnahme auf andere Gegenstände ersetzt und so eliminiert werden.

4. Ist die Behauptung ›Gott existiert‹ irreduzierbar, wie ist sie dann logisch
zu analysieren? Die Antwort auf diese Frage entscheidet sich daran, ob man

›Gott existiert‹ als einen *generellen* oder als einen *singulären Existenzsatz* auffaßt, also als Fall von ›F existiert‹ oder von ›a existiert‹.

Das ist keineswegs nur ein sprachlogisches Problem, sondern eine Frage von erheblicher theologischer Relevanz. Impliziert sie doch eine Entscheidung darüber, ob ›Gott‹ in christlicher Rede als singulärer oder als genereller Term, als Name oder als Begriff verwendet wird. Nicht wenige Theologen sehen hier ein sprachlogisches Kriterium, das grundsätzlich zwischen christlicher und metaphysischer, theologischer und philosophischer Rede von Gott zu unterscheiden erlaubt. Grundsätzlich, weil die Verwendung von ›Gott‹ als Name oder als Begriff H.G. Geyer zufolge keine logische Disjunktion, sondern eine totale Alternative darstellt (1968, 258), eine Ansicht, die auch W. Elerts Postulat zugrundeliegt, wir dürften (als Theologen) das Wort ›Gott‹ nur gebrauchen, »wenn wir ›Gott selbst‹ meinen. Es kann also niemand und nichts und in keinerlei Sinn als Prädikat beigelegt werden« (1960, 201).

Diese Position wird keineswegs von allen Theologen geteilt. Thomas von Aquin z.B. argumentiert, daß die »propositio ... *Deus est*« eine als wahr behauptete Proposition darstelle, insofern »*esse*« hier »significat compositionem propositionis, quam anima adinvenit coniungens praedicatum subjecto« (S.th. I, q 3, a 44, ad 2). Das aber bedeutet, daß ›deus‹ hier nicht als Eigenname im logischen Sinn fungieren kann, sondern als nomen naturae oder, wie Geach sagt, als »a descriptive, predicable, term« (1969, 57) verstanden werden muß. Denn es müßte sonst nicht nur ›esse‹ in dieser Prädikation ein semantisches Prädikat sein, sondern der Ausdruck ›deus‹ wäre in seinem Sinngehalt gänzlich inkommunikabel (Thomas, S.th. I, q 13, a 9 crp), und man könnte darüber hinaus nicht fragen, ob es einen Gott oder mehrere Götter gebe. Geach faßt diese Ansicht des Aquinaten dahingehend zusammen, daß in »›God exists‹ we are not predicating something of God, but predicating the term ›God‹ itself; ›God exists‹ means ›something or other is God‹« (1969, 57)[1].

Diese Interpretation von ›Gott‹ als eines Prädikators und damit generel-

---

[1] Thomas orientiert seine Analyse an einem doppelten Gebrauch von esse: Einerseits dient es substantiell gebraucht zur Bezeichnung des actus essendi, andererseits akzidentell gebraucht zur Bildung eines Subjekt-Prädikat-Satzes (S.th. I, q 3, a 4, ad 2). Insofern es in ›deus est‹ in letzterem Sinn gebraucht ist, ist dieser Satz nach dem Modell von ›caecitas est‹ zu analysieren: »dicimus quod caecitas est, quia verum est hominem esse caecum« (Pot, q 7, a 2, ad 1). Sein fungiert hier als akzidentelles Prädikat, das klarstellt, daß es sich bei caecitas um kein leeres Prädikat handelt. In dem Satz ›Socrates est‹ hingegen ist esse ein substantielles Prädikat, insofern das Sein »quod in sui natura unaquaeque res habet, est substantiale« (In Met 9 [896]). Gemäß Aristoteles (Met 1017a 22–35) kann man ›sein‹ also »entweder gebrauchen, um das Sein auszudrücken, das einem Seienden in dem Sinn zukommt, daß es einer der zehn Kategorien gemäß verwirklicht ist, oder man kann es gebrauchen, um das Sein auszudrücken, das einem Satz in dem Sinne zukommt, daß die mit ihm gemachte Aussage wahr ist« (Weidemann, 1981, 753; vgl. 1979).

len Terms ist zwar eine sprachlogisch mögliche, aber *christliche* Rede von Gott nicht adäquat explizierende Auffassung. Denn diese verwendet mit dem Ausdruck ›Gott‹ zwar einen auch anderweitig und durchaus auch anders gebrauchten Ausdruck, auf den sie kein Monopol besitzt, sie verwendet ihn aber in einem ganz präzisen Sinn und zur Bezugnahme auf ein ganz bestimmtes Wesen. Gerade das aber kann im Horizont der von Geach vorgeschlagenen Analyse nicht einsichtig gemacht werden. Mindestens drei Gründe lassen sich dafür anführen:

a) Wird ›Gott‹ als Prädikat verstanden, müßte er entweder *exemplarisch* oder *deskriptiv* eingeführt werden können. Versucht man aber ›Gott‹ durch Beispiel und Gegenbeispiel einzuführen, dann wird sofort deutlich, daß man zwar eine unbegrenzte Zahl von Gegenständen nennen kann, auf die er prädikativ nicht zutrifft, daß man aber nicht anzugeben vermag, worauf er positiv zutrifft (Gatzemeier, 1975, 33). Da die Verwendung von ›Gott‹ damit rein negativ geregelt ist, bleibt offen, ob er überhaupt auf irgend etwas und nicht vielmehr auf nichts zutrifft. Christliche Rede von Gott läßt dies aber gerade nicht offen, so daß die Grammatik ihre Verwendung des Ausdrucks ›Gott‹ damit nicht adäquat erfaßt ist.

b) Wird ›Gott‹ nicht exemplarisch, sondern deskriptiv über eine Liste von ihn definierenden Merkmalen eingeführt, dann ist zunächst die Konsistenz dieser Merkmale untereinander aufzuweisen. Wie aber lassen sich – um ein Anselm in *Cur deus homo?* beschäftigendes Beispiel zu nennen – Gottes Gerechtigkeit und Barmherzigkeit bzw. Liebe vereinbaren? Oder: Kann der Gottesbegriff zugleich durch die Merkmale ›Allmacht‹, ›Allwissenheit‹, ›Güte‹ und ›Schöpfer dieser Welt‹ definiert sein, wie im sogenannten Theodizeeproblem angefragt wird (Mackie, 1955, 200–212; Flew, 1966, 48 ff)? J. N. Findlay hat aufgrund solcher Konsistenzüberlegungen 1948 seinen berühmten ontologischen Beweis für die notwendige Nichtexistenz Gottes zu führen gesucht (1955, 47–56). Und umgekehrt konzentriert sich die Hauptlinie der apologetischen Argumentation in der gegenwärtigen Analytischen Religionsphilosophie auf den Konsistenzerweis des traditionellen (theistischen) Gottesbegriffs, um so wenigstens die Möglichkeit der Wahrheit von ›Gott existiert‹ zu garantieren (Swinburne, 1977). Doch angenommen, die Konsistenz dieses Gottesbegriffs ließe sich erweisen, dann wäre damit noch keineswegs entschieden, daß mit ihm der Gott begriffen ist, von dem der christliche Glaube spricht. Läßt sie sich aber nicht erweisen, dann folgt nicht, daß Gott nicht existieren kann, sondern nur, daß *ein so begriffener Gott* nicht existieren kann. Nicht Rede von *Gott* wäre dann aber sinnlos, sondern der in dieser Rede verwendete Gottes*begriff*, und christliche Theologie müßte sich dementsprechend darum bemühen, die christliche Erfahrung Gottes begrifflich adäquater zur Darstellung zu bringen.

c) Doch selbst wenn man von all dem absieht, ist die ›Gott‹ als Prädikat verstehende Analyse mit dem grundlegenden Einwand konfrontiert, die Differenz zwischen der *Singularität eines ganz bestimmten Individuums* und der *Besonderheit genau eines Individuums* nicht wahren zu können (vgl. Miller, 1975; Schleiermacher, 1843, 17; Frank, 1980, bes. 190 ff). Dieser Unterschied aber ist in allen Fällen, in denen wir nicht nur von fiktionalen Wesen reden, entscheidend. Doch wenn wir christlich von Gott reden, dann meinen wir ein ganz bestimmtes Individuum und nicht irgendeines, und sei es nur eines, das einer Liste von uns spezifizierter Beschreibungen genügt. Dieses singuläre, in christlicher Rede mit ›Gott‹ intendierte Wesen ist – kurz gesagt – das Subjekt der rettenden und neuschaffenden Anrede, als die Jesus von Nazareth erfahren wurde und immer wieder erfahren wird. Sofern in christlicher Rede auf dieses bestimmte Wesen Bezug genommen wird, wird der auch anderweitig verwendete Ausdruck ›Gott‹ zu einem neuen Gebrauch gesetzt, der dazu nötigt, ihn nicht mehr länger als generellen, sondern als singulären Term zu charakterisieren. Denn die Charakterisierung eines Ausdrucks als generell oder singulär ist eine Auskunft über *seine sprachlogische Funktion in einem bestimmten Redekontext* und nicht die Konstatierung eines ihm inhärenten Wesenszugs. Die Tatsache, daß ›Gott‹ im Deutschen sowohl prädikativ als auch designatorisch verwendet wird, spricht nicht im geringsten gegen die aus der Explikation des christlichen Glaubens resultierende theologische These, daß ›Gott‹ in *christlicher* Rede ausschließlich als Designator zur Bezugnahme auf ein ganz bestimmtes singuläres Wesen fungiert. Denn wie Frege (1969 c, 75) betont, man »muß sich nicht dadurch täuschen lassen, daß die Sprache manchmal dasselbe Wort teils als Eigennamen, teils als Begriffswort gebraucht«, aber ebensowenig darf man sich darüber täuschen, daß der sprachlich teils auch als Begriffswort gebrauchte Ausdruck ›Gott‹ in christlicher Rede ausschließlich wie ein Eigenname gebraucht wird. Ich komme daher zu dem Schluß, daß ›Gott‹ in christlicher Rede als *singulärer Term* fungiert und ›Gott existiert‹ dementsprechend als *singulärer Existenzsatz* verstanden werden muß.

III Aporie der kanonischen Existenzanalyse

Meine zweite These lautet: *Die gängigen Ansätze zur Analyse von Existenzsätzen bieten keine Möglichkeit zur adäquaten Analyse des singulären Existenzsatzes ›Gott existiert‹.* Ich charakterisiere zunächst den Grundansatz der kanonischen Existenzanalyse und gehe dann in drei Schritten exemplarisch auf die wichtigsten Positionen zur Analyse singulärer Existenzsätze ein.

1. Daß ›Gott existiert‹ theologisch als singulärer Existenzsatz zu verstehen ist, macht seine logische Analyse problematisch. Denn singuläre Existenz-

sätze der Form ›a existiert‹ werfen im Horizont der schon von I. Kant (AA II, 63 ff) und B. Bolzano (1981, §§ 137.171–173) vertretenen und von G. Frege (1961, 64 f; vgl. 1969 a, 74 f) und B. Russell (ders./Whitehead, 1927, 174 f; ders., 1971, 228 ff) zu kanonischer Geltung gebrachten Existenzanalyse grundsätzliche Probleme auf. Diese geht davon aus, daß Existenzsätze im Unterschied zu Sätzen der Form ›a ist F‹ keine Subjekt-Prädikat-Sätze sind. Als Grund dafür werden in der Regel die Paradoxien angegeben, die sich angeblich aus negativen Existenzsätzen und aus der Auffassung der Existenz als einer Eigenschaft ergeben.

Das Paradox negativer Existenzsätze läßt sich als eine Konsequenz der seit Frege und Russell üblichen hypothetischen Interpretation affirmativer Sätze wie ›Tiger sind gestreift‹ einführen, bei denen an Subjektstelle ein genereller Term auftritt. Denn Sätze dieser Form werden in der kanonischen Logiksprache paraphrasiert als ›Für jedes x gilt: wenn x ein Tiger ist, dann ist x gestreift‹ oder kurz ›Wenn es ein x gibt, das ein Tiger ist, dann ist x gestreift‹. Diese Analyse führt bei negativen Existenzsätzen wie ›Tiger existieren nicht‹ zu einem Widerspruch, da dieser nunmehr lauten würde ›Wenn es ein x gibt, das ein Tiger ist, dann existiert x nicht‹. Folglich können Existenzsätze nicht von derselben logischen Form wie Prädikationen sein (Moore, 1959, 115–126; Pears/Thomson, 1967, 97–102.102–106).

Der Widerspruch tritt aber offensichtlich erst in der logischen Paraphrase auf und läßt sich bei genauerem Zusehen auf die Pointe reduzieren, daß ›es gibt‹ und ›existiert‹ nicht gleichbedeutend sind. Aus der Tatsache, daß der Existenzquantor kein Prädikat (erster Ordnung) ist, folgt aber nicht, daß auch ›existiert‹ kein Prädikat (erster Ordnung) sein könnte. Der negative Existenzsatz ›Tiger existieren nicht‹ läßt sich vielmehr durchaus so verstehen, daß von Tigern prädiziert (wenn auch nicht affirmativ behauptet) wird, daß sie existieren, und daß die Prädikation ›Tiger existieren‹ dann negiert und damit affirmativ behauptet wird, daß es nicht der Fall sei, daß Tiger existieren. Man muß sich daher nur klar machen, daß bei Prädikationen nicht immer schon eine Behauptung vorliegt, da sie auch als Antecedentia in hypothetischen Konditionalsätzen und damit nicht affirmiert vorkommen können. Denn auch bei hypothetischen Sätzen wird der *gesamte* Satz und nicht Vorder- und Hintersatz getrennt behauptet, so daß sich das angebliche Paradox negativer Existenzsätze als Schein auflöst, da man nicht zuerst behauptet, was dann bestritten wird (Geach, 1972, 254–269; Frege, 1969 a, 201–203). Ganz entsprechend ist auch die Auffassung zurückzuweisen, Existenz könne nicht als Eigenschaft verstanden werden, weil man dann dazu gezwungen sei, auch Nichtexistenz als Eigenschaft anzuerkennen. Denn wer behauptet ›Cäsar existiert nicht‹, schreibt diesem selbst dann keine Eigenschaft Nichtexistenz zu, wenn man ›existieren‹ als Prädikat auffaßt, da er nichts anderes feststellt, als daß es nicht der Fall sei, daß das

Prädikat ›existieren‹ auf Cäsar zutrifft (Miller, 1982, 181–188; Williams, 1982, 189 f).

Doch die Fragwürdigkeit der in der Regel gegebenen Begründungen bedeutet nicht, daß deshalb auch die Grundthese der kanonischen Existenzanalyse, Existenzsätze seien entgegen ihrer grammatischen Oberflächenstruktur in ihrer logischen Tiefenstruktur nicht prädikativ, falsch sein müßte. Ihr liegt vielmehr eine durchaus richtige Einsicht zugrunde. Kant hat diese Einsicht pointiert in der These formuliert, daß ›existieren‹ bzw. ›sein‹ zwar ein logisches, aber kein »reales Prädikat« sei (AA II, 69 ff). Denn im Unterschied zu anderen Prädikaten kann es bei der »Bestimmung eines Dinges«, und d.h. bei seiner Beschreibung und der Definition seiner Sachhaltigkeit (Realität) grundsätzlich keine Rolle spielen. Einem Gegenstand, der durch eine Liste von Eigenschaften charakterisiert ist, wird keine weitere charakterisierende Eigenschaft zugesprochen, wenn man von ihm behauptet, daß er existiert, wie Kants berühmtes Beispiel von den hundert Talern illustrieren will. Zwar weiß man mehr, wenn man mitgeteilt bekommt ›Pegasus ist ein geflügeltes Pferd und Pegasus existiert‹, als wenn man nur erfährt ›Pegasus ist ein geflügeltes Pferd‹. Doch dieses Mehr besteht nicht in der Information über eine zusätzliche *Bestimmung* von Pegasus, sondern darin, daß man über seine Position in Kenntnis gesetzt wird und damit nicht nur weiß, *was*, sondern auch, *daß* Pegasus ist. Anders gesagt: Man bekommt nicht nur einen *Begriff* von Pegasus mitgeteilt, sondern erhält die Versicherung, daß dieser Begriff *nicht leer* sei. Dann aber besteht ein prinzipieller Unterschied zwischen den Bestimmungsprädikaten (realen Prädikaten) eines Gegenstands und dem Positionsprädikat ›existiert‹. Letzteres informiert uns nicht über Pegasus, sondern über den Begriff ›Pegasus‹ und ist – wie Kant an anderer Stelle formuliert – »nicht sowohl ein Prädicat von dem Dinge selbst, als vielmehr von dem Gedanken, den man davon hat« (72). In Existenzsätzen wie ›Gott existiert‹ wird also nicht so sehr etwas von Gott, als vielmehr (unser Begriff) ›Gott‹ von etwas prädiziert und damit gesagt: »Etwas Existierendes ist Gott, das ist, einem existierenden Dinge‹ kommen diejenigen Prädicate zu, die wir zusammen genommen durch den Ausdruck: Gott, bezeichnen« (74).

Es ist eben diese Existenzauffassung, die im Anschluß an Kant auch G. Frege (1961, 64 f)[2] und B. Russell (1971, 232) vertreten, wenn sie Existenz als ein Prädikat zweiter Ordnung und damit als eine Eigenschaft nicht von Gegenständen, sondern von Begriffen bzw. Satzfunktionen charakteri-

---

[2] Frege ist sich dessen durchaus bewußt. In einem undatierten Brief an Peano bemerkt er, daß »bei den meisten Logikern große Unklarheit über das Wesen dieser Existentialurteile zu herrschen scheint, und zwar bei den Nachfolgern Booles ebenso wie bei den psychologischen Logikern, obwohl schon Kant in seiner Kritik des ontologischen Beweises vom Dasein Gottes auf der richtigen Fährte gewesen zu sein scheint« (1976, 176).

sieren. Der Sinn des Existenzprädikates wird damit faktisch auf das reduziert, was der Existenzquantor ausdrückt, und da dieser prinzipiell nicht
prädikativ gebraucht wird, scheint Kants Einsicht, daß ›existieren‹ kein
reales Prädikat ist, in präzisierter Weise gewahrt[3].

Aus dieser kanonisch gewordenen Existenzauffassung ergibt sich nun
aber eine folgenreiche Aporie. Ist nämlich Existenz ein Prädikat zweiter
Ordnung und sind damit alle Existenzsätze generelle Sätze der Form ›Es
gibt ein x und x ist . . .‹, *wie kann man dann von einem individuellen Gegenstand*
überhaupt sinnvoll sagen, daß er existiert? Grundsätzlich bieten sich auf dem
Boden dieser Existenzauffassung nur zwei mögliche Antworten an, die
auch beide ihre Vertreter haben:

– Entweder man bestreitet die Existenz singulärer Existenzsätze, indem
  man sie entweder für sinnlos erklärt oder indem man sie als verkappte
  generelle Sätze erweist, die sich in Sätze der kanonischen Auffassung
  transformieren lassen.

– Oder man akzeptiert ihre Existenz und schränkt den universalen Anspruch der kanonischen Auffassung, alle Existenzsätze seien generelle
  Sätze, kritisch ein, indem man unterstellt, daß ›existieren‹ ein mehrdeuti-
  ger Ausdruck ist, der manchmal auch als Prädikat erster Ordnung und
  nicht immer nur als Prädikat zweiter Ordnung fungiert.

Betrachten wir diese Alternativen kurz genauer.

2. Immer wieder wird behauptet, Existenzsätze der Form ›a existiert‹ seien
trotz ihrer grammatikalischen Korrektheit sprachlogisch falsch gebildet und
daher sinnlos. Frege etwa argumentiert: »Der Satz ›es gibt Julius Cäsar‹ ist
weder wahr noch falsch, sondern sinnlos«, weil er die sprachlich-gramma-
tisch zwar oft verwischte, sprachlogisch aber entscheidende prinzipielle
Differenz zwischen Begriff und Gegenstand mißachtet (1969 c, 75; vgl.
Russell 1970, 165: »a exists‹ (where a is a term satisfying x) is a mere noise or
shape, devoide of significance.«). Der Sinnlosigkeitsvorwurf richtet sich
aber – das will beachtet sein – nicht gegen den Satz ›Julius Cäsar existiert‹,
sondern gegen den Satz ›Es gibt Julius Cäsar‹ (Tschauder, 1979, 107 ff
argumentiert vom Sprachgebrauch her genau umgekehrt). Der Inhalt von
›es gibt‹ und von ›existiert‹ aber ist wohl zu unterscheiden, denn die durch
den Existenzquantor und damit »durch das Wort ›es gibt‹ ausgedrückte
Existenz ist nicht in dem Worte ›existieren‹, sondern in der Form des

---

[3] Das ist nur zum Teil richtig. Denn mit der seit Frege und Russell kanonischen These,
daß Existenz kein Prädikat erster, sondern zweiter Stufe oder Ordnung sei, ist allenfalls ein
sekundärer, nicht aber der primäre Aspekt von Kants Existenzanalyse logisch präzisiert,
wie insbesondere gegenüber Morscher (1974) kritisch zu betonen ist. Das zeigt sich am
klarsten an der Behandlung singulärer Existenzsätze der Form ›a existiert‹. Im Horizont
der kantischen Konzeption stellen diese kein prinzipielles Problem dar.

partikulären Urteils enthalten« (Frege, 1969a, 69). Der Sinnlosigkeitsvorwurf reduziert sich dann aber auf die Feststellung, daß der singuläre Existenzsatz ›Julius Cäsar existiert‹ nicht als partikuläres Urteil verstanden werden kann. Frege unterscheidet damit faktisch zwei Vorkommensweisen des Ausdrucks ›existieren‹, nämlich einmal seine Funktion »als ein bloßes Formwort« (ebd.), das bei Sätzen wie ›Menschen existieren‹ deren Form als partikuläre Urteile signalisiert, zum anderen aber sein Vorkommen in singulären Existenzsätzen, wo es »etwas vollkommen Selbstverständliches bedeutet« (74), nämlich »die selbstverständliche Voraussetzung bei allen unseren Worten ..., daß die gebrauchten Worte nicht leer sind«, daß also der Ausdruck ›Julius Cäsar‹ kein »leerer Schall« ist, »sondern etwas bezeichnet« (67; vgl. Redmon, 1973, 64; Gombocz, 1974, 45f; zu Freges Auffassung vgl. Sluga, 1980, 87ff). Singuläre Existenzsätze wie ›Cäsar existiert‹ sind daher nicht als partikuläre Urteile, sondern als semantische Regeln zu behandeln, die uns über den Gebrauch des Ausdrucks ›Cäsar‹ aufklären.

Diese Unterscheidung zweier verschiedener Funktionsweisen des Ausdrucks ›existieren‹ wird von B. Russell zu überwinden gesucht, indem er Freges Position radikalisiert. Er behauptet, daß ›a existiert‹ ein bloßer leerer Schall sei, nur für den Fall, daß ›a‹ ein logischer Eigenname ist, also etwas, das näherungsweise durch die Demonstrativpronomina ›dies‹ oder ›das‹ ausgedrückt werden kann (vgl. Pears, 1972, 46ff.119ff; Dalferth, 1981, 78f). Für alle übrigen Fälle und damit auch für Sätze wie ›Cäsar existiert‹ oder ›Pegasus existiert nicht‹ schlägt er mit seiner Theorie der Beschreibung (Dalferth, 1981, 87ff.260f) einen technisch genialen Ausweg vor, der nicht nur der grammatikalisch untadeligen Korrektheit solcher Sätze Rechnung trägt, sondern sie auch als partikuläre Urteile im Sinne der kanonischen Auffassung und nicht nur als semantische Regeln zur Geltung zu bringen vermag (Russell, 1971, 241ff). Denn wird z.B. ›Pegasus‹ nicht als Eigenname, sondern als eine Beschreibung interpretiert, die sich als eine Liste von Eigenschaften spezifizieren läßt, durch die wir Pegasus charakterisieren (also: ›geflügeltes Pferd‹), dann läßt sich der negative Existenzsatz ›Pegasus existiert nicht‹ im Rahmen der kanonischen Analyse problemlos formulieren als ›Es gibt (unter allen Gegenständen) keinen Gegenstand, dem die Eigenschaften eines geflügelten Pferdes zukommen‹. Russells Theorie der Beschreibung läuft also darauf hinaus, daß wir in solchen Sätzen ›Pegasus‹ bzw. die diesen Ausdruck ersetzende Menge von Beschreibungen von etwas und nicht Existenz von Pegasus prädizieren. Er muß dabei freilich in Kauf nehmen, offensichtliche Namen wie ›Pegasus‹ oder ›Cäsar‹ als Kurzformeln für Beschreibungen auszugeben und damit als Namen zu eliminieren, obgleich er nicht soweit geht, damit die logische Funktion von Namen überhaupt zu bestreiten, wie seine Theorie der logischen Eigennamen belegt. Diese, wie er meint, Inkonsequenz beseitigt Quine, indem er Russells Ansatz im Rahmen der durch die Identität erweiterten kanonischen Prädikatenlogik radikalisiert und für alle Sätze der Form ›a existiert‹ konsequent durchführt, indem er diese als ›(Ex) (x = a)‹ paraphrasiert. Scheinbar singuläre Existenzsätze wie ›Cäsar existiert‹ lassen sich so durch Quantifikation und Identität mittels des Prädikators › = Cäsar‹ (d. h. ›ist identisch mit Cäsar‹) als generelle Sätze erweisen und damit in die kanonische Existenztheorie integrieren (1964, 7 f). Doch das ist hier nicht weiter zu verfolgen. Entscheidend ist, daß so verschieden die Verfahren der erwähnten Autoren auch sind, das Ziel doch immer dasselbe bleibt: Singuläre Existenzsätze sollen als Scheinsätze eliminiert werden, indem man sie entweder in die kanonische Auffassung integriert oder gar nicht als echte Existenzsätze akzeptiert.

Wäre das generell richtig und durchführbar, hätte das erhebliche und theologisch relevante Konsequenzen für das Verständnis der Existenz Gottes. Denn entweder wäre die Behauptung ›Gott existiert‹ ein Satz, der im Horizont der kanonischen Existenzanalyse als Existenzsatz fragwürdig bleibt. Oder aber sie läßt sich in einen Existenzsatz im kanonischen Sinn auf einem der vorgeschlagenen Wege paraphrasieren, käme dann aber mit dem fundamentalen theologischen Interesse in Konflikt, den Ausdruck ›Gott‹ als Name und nicht nur als Begriff oder Beschreibung zu gebrauchen (Russell, 1970, 250) bzw. von Gott als einem ganz bestimmten Wesen und nicht nur von einem bestimmten Wesen als Gott zu reden. Die von Kant, Frege und Russell vertretene Auffassung, ›Gott existiert‹ bedeute, »einem existierenden Dinge kommen diejenigen Prädikate zu, die wir zusammen genommen durch den Ausdruck, Gott, bezeichnen«, ist theologisch inakzeptabel, weil sie den für christliche Rede von Gott unaufhebbaren Unterschied zwischen einem möglichen Begriff Gottes und dem Begriff eines möglichen Gottes und damit zwischen der Einzigartigkeit eines ganz bestimmten Wesens und der Besonderheit genau eines, einer Liste von uns spezifizierter Bedingungen genügenden Wesens als des Bezugsgegenstands ihres Redens nicht zu wahren weiß. Tendenziell geschieht damit aber nichts anderes, als daß unsere *Vorstellung* von Gott an die Stelle *Gottes* gesetzt wird. Doch die von der kanonischen Existenzanalyse vertretene Explikation ›Es gibt ein x und x ist das, was wir durch den Ausdruck ›Gott‹ bezeichnen‹ kann falsch sein und Gott dennoch existieren, weil seine Existenz nicht dadurch tangiert wird, daß dem, was *wir* unter ›Gott‹ verstehen, nichts entspricht; sie kann aber auch wahr sein und unserer Vorstellung von Gott etwas entsprechen, ohne daß dies Gott sein müßte. Sie ist folglich in jeder Hinsicht unbefriedigend.

3. Die zweite Alternative geht davon aus, daß es Existenzsätze gibt, die nicht nur scheinbar, sondern irreduzibel singulär sind. Das Prädikat ›existieren‹ ist folglich nicht in jedem Fall Indikator der partikulären Urteilsform und fungiert nicht durchgängig im Sinne des Existenzquantors.

Das haben im englischen Sprachraum exemplarisch P. Geach (1969, 55–65) und B. Miller (1974, 123–128; 1975, 338–354; 1982, 181–188), in Deutschland E. Tugendhat (1975, 14–33; 1976, 105 f. 377 f. 464 ff; 1979, 173 ff; 1977, 161–176) gezeigt. Tugendhat zufolge ist es bei »materiellen Gegenständen, die entstehen und vergehen und eine Dauer in der Zeit haben, durchaus erforderlich, von ihrer Existenz als einzelner zu sprechen, sonst könnten wir nicht sagen, daß sie zu sein anfangen, zu sein aufhören und von dann bis dann existieren« (1979, 174). Existenz wird solchen Gegenständen allerdings nicht schlechthin, sondern »immer im Zusammenhang mit einem Zeitbezug und gegebenenfalls mit einem Ortsbezug« (175) zugesprochen. Mit Existenzsätzen wird folglich die Anwesenheit materieller Gegenstände in Zeit und Raum behauptet. ›Anwesenheit‹ wird dabei »als ein relationales Prädikat mit Bezug auf Raum- und Zeitstellen« (175) verstanden. Tugendhat kommt somit zu dem – im übrigen schon von Newton und Locke ausdrücklich vertretenen – Schluß, »daß ein materieller Gegenstand ist, existiert, heißt, daß er während einer bestimmten Zeit irgendwo im Raum anwesend ist« (175). Dieser relationale Existenzbegriff raumzeitlicher Anwesenheit ist aber von dem durch den Existenzquantor zum Ausdruck gebrachten ›Es gibt‹ zu unterscheiden. Tugendhat folgert daher, daß es »zwei Existenzbegriffe mit zwei verschiedenen Grammatiken« (176) gibt.

Gegen diese Argumentation sind aber zwei Einwände geltend zu machen. Zum einen ist es keineswegs selbstverständlich, daß »the existence of an individual ... is the fact that something is present in space for some time« (1975, 33). Es ist nicht analytisch wahr, daß jeder Gegenstand, der ist, irgendwann und irgendwo sein muß, wie schon Kant kritisierte (AA I, 12 f). Und es ist auch nicht analytisch wahr, daß die Gesamtheit aller Gegenstände die Gesamtheit der materiellen Gegenstände ist. Deshalb folgt auch daraus, daß das System von Raum und Zeit das umfassende System zur Identifizierung materieller Gegenstände ist, nicht, daß es das umfassende System zur Identifizierung aller Gegenstände ist (Henrich, 1979, 162 ff). Tugendhats Gegenstandsbegriff ist unbegründet eng gefaßt.

Zum andern führt der Vorschlag, singuläre Existenzsätze im Fall materieller Gegenstände mittels des Begriffs der raumzeitlichen Anwesenheit zu analysieren, tendenziell in eine gefährliche Richtung. Symptomatisch dafür ist Tugendhats Rede von einer besonderen raumzeitlichen bzw. temporalen Existenz (1975, 33; 1976, 468.471), derzufolge ›Cäsar existiert‹ als ›Cäsar existiert in Raum und Zeit‹ zu interpretieren ist. Besteht aber wirklich eine Nötigung, mit Tugendhat von einer besonderen temporalen Existenz zu reden und diese eben dadurch gegen andere Arten oder Weisen der Existenz abzugrenzen?

Genau genommen läßt sich Tugendhats Analyse nicht mehr entnehmen, als daß er ›materielle Gegenstände‹ als ›raumzeitlich anwesende Gegenstände‹ versteht. Daß aber ein raumzeitlicher Gegenstand in Raum und

Zeit existiert (wenn er existiert), ist trivial und zwingt in keiner Weise dazu, ihm eine besondere Existenzweise zuzuschreiben. Nicht durch ihre temporale Existenz, sondern durch ihre besonderen Eigenschaften als raumzeitliche Gegenstände unterscheiden sich materielle Gegenstände von Zahlen oder von Gott; und daß man aufgrund ihrer unterschiedlichen Eigenschaften auf verschiedene Methoden zum Aufweis ihrer Existenz zurückgreifen muß, berechtigt nicht dazu, ihnen wie Reichenbach (1966, 274) unterschiedliche Weisen der Existenz zuzuschreiben. Selbst von Pegasus unterscheidet sich ein materieller Gegenstand nicht durch seine temporale Existenz, sondern schlicht und einfach durch seine Existenz, da auch Pegasus aufgrund seiner Eigenschaften in Raum und Zeit existieren würde, wenn er überhaupt existierte. Es ist daher nicht der »Existenzbegriff«, der einen Zeit- und gegebenenfalls Ortsbezug impliziert (Tugendhat, 1979, 176), sondern der Begriff des materiellen Gegenstands. Die Behauptung der Existenz eines solchen Gegenstands ist dann aber als ›(a in Raum und Zeit) existiert‹ zu analysieren und nicht als ›a (existiert in Raum und Zeit)‹.

Diese Formulierung ist zwar holprig, doch sie bewahrt davor, die Existenz materieller Gegenstände mit Existenz generell gleichzusetzen und damit ›Gott existiert‹ von vornherein zu einem sinnlosen Satz werden zu lassen oder der falschen sprachlogischen Theorie zu verfallen, alles, von dem man reden kann, müsse auch irgendwie existieren (Tschauder, 1979, 80).

4. R. W. Trapp und W. Carl haben dies geradezu zum Prinzip erhoben, und zwar u. a. deshalb, um mit dem Problem singulärer Existenzsätze fertig zu werden, ohne den Boden der kanonischen Existenzanalyse verlassen, aber auch ohne diese Sätze als Scheinsätze einfach eliminieren zu müssen (Carl, 1974; Trapp, 1976). So stellt Trapp die Grundregel auf, es sei prinzipiell nicht zuzulassen, »daß eine Entität *absolut* nicht existiert. Sie existiert immer nur *relativ* zu dem einen oder anderen Bereich nicht«. Man kann daher von keinem Gegenstand sagen, daß es ihn nicht gibt, denn die »Leugnung der Existenz in bezug auf einen Bereich bedeutet geradezu die Einweisung in einen anderen Bereich« (Trapp, 1976, 46). Im Rahmen dieser relativistischen Ontologie lassen sich dann singuläre Existenzsätze wie ›a existiert‹ problemlos analysieren, da aus der Grundregel folgt, »daß ein Eigenname nicht absolut, sondern immer nur relativ zu bestimmten Bereichen leer bzw. nichtleer ist« (129). Ganz entsprechend vertritt auch Carl die Ansicht, »daß in jedem Fall eine Existenz-Aussage auf einen Gegenstandsbereich zu beziehen ist, mit Bezug auf den zu prüfen ist, ob dasjenige, dessen Existenz behauptet wird, zu diesem Bereich gehört« (Carl, 1974, 193; vgl. 83 ff. 136 ff. 148 ff. 153 ff. 167 f). Denn bei allem, also auch bei »Romanfiguren, mythischen Wesen, etc. müssen wir annehmen, daß dasjenige, dem Prädikate zu- oder abgesprochen werden, in einer bestimmten Weise existiert«

(212). Der Satz ›Pegasus existiert‹ ist diesem Ansatz zufolge also immer als ›Pegasus existiert in der griechischen Mythologie‹ bzw. als ›Pegasus existiert als mythologische Figur‹ zu analysieren, oder allgemein: ›a existiert in einem bestimmten Bereich‹.

Durch diese Argumentation wird aber nicht nur das ontologische Problem trivialisiert, sondern es werden eine ganze Reihe von Scheinproblemen geschaffen. Denn welche Bereiche dieser Art gibt es denn und in welchem Sinn von ›es gibt‹ gibt es sie? Trapp unterscheidet (ohne Anspruch auf Vollständigkeit) den durch Widerspruchslosigkeit ausgezeichneten Bereich des Möglichen, den Bereich raumzeitlicher Dinge, mathematischer und logischer Entitäten, abstrakter Entitäten, Träume, Gedanken, Vorstellungen aller Art usf. (1976, 43f). Welchen »ontischen« Status haben diese Bereiche? Welche von ihnen sind aus welchem Grund »ontisch inferior« (46) oder auch ontisch höherwertig? In welchem Verhältnis stehen sie zueinander? Auf all diese Fragen erhält man keine Antwort (zur Problematik der ›Welten-Theorie‹ vgl. Gabriel, 1975, 78ff; Tschauder, 1979, 81ff; Dalferth, 1981). Doch wer wissen will, ob Pegasus existiert, wird sich nicht mit der Antwort begnügen, daß Pegasus in der griechischen Mythologie existiert, ohne darüber aufgeklärt zu sein, in welchem Verhältnis dieser Bereich zu ihm selbst steht, da er nur dann die Relevanz einer solchen Antwort abzuwägen vermag. Und wer behauptet, daß Gott existiert, stellt nicht die banale Behauptung auf, daß Gott in seinem Gegenstandsbereich existiert, sondern erhebt einen Wahrheitsanspruch, der Freude hervorruft oder Ärgernis erregt, weil er die Wirklichkeit von Hörer und Sprecher tangiert.

5. Fassen wir zusammen: Daß es singuläre Existenzsätze gibt, die sich im Rahmen des kanonischen Ansatzes nicht zureichend analysieren lassen, liegt auf der Hand. Zu diesen Sätzen gehören sicher die von Tugendhat und anderen hervorgehobenen Behauptungen über die Existenz bzw. Nichtexistenz (Nicht-mehr-Existenz oder Noch-nicht-Existenz) von Gegenständen in Raum und Zeit. Doch es ist keineswegs klar, daß nur diese dazugehören, wie Tugendhats vom Verifikationismus infizierter Analysevorschlag suggeriert. Umgekehrt hilft es aber auch nicht weiter, durch inflationäre Rede von Gegenstandsbereichen die Analyse singulärer Existenzsätze zu trivialisieren. Bewirkt das eine eine Verengung (Tugendhat), so das andere eine Entleerung (Carl, Trapp) des Problems singulärer Existenzsätze, und beides ist ebenso unbefriedigend wie der Versuch ihrer sprachlogischen Eliminierung (Frege, Russell, Quine). Ebenso unbestreitbar wie die Existenz singulärer Existenzsätze ist daher die Insuffizienz der diskutierten Analysevorschläge, und um so dringlicher ist das Problem ihrer adäquaten und überzeugenden Analyse.

Eine solche Analyse wird es freilich nicht geben – und damit komme ich zum Kern des Problems –, solange man im Bann der kanonischen Existenzanalyse die falsche Auffassung, in Sätzen wie ›Cäsar existiert‹ werde etwas von dem Namen ›Cäsar‹ ausgesagt, dadurch zu korrigieren sucht, daß man das Existenzprädikat doch wieder als reales Prädikat behandelt. Betrachtet man den Satz ›Cäsar existiert‹ in der üblichen sprachlogischen Manier, scheint sich in der Tat nur die Möglichkeit zu bieten, entweder ›Cäsar‹ oder ›existiert‹ als das aufzufassen, was prädiziert wird. Für beides lassen sich Gründe und Gegengründe anführen, ohne daß einer der beiden Analyse-ansätze völlig überzeugte. Denn ob man wie Frege, Russell oder Quine bestreitet, daß ›existiert‹ als Prädikat erster Ordnung fungieren könne, oder dies wie Miller, Geach und Tugendhat nicht nur als möglich, sondern für bestimmte Fälle geradezu als notwendig belegt – ob man nun mit Tugend-hat der Ansicht ist, daß es dann nicht als »ein einstelliges, sondern ein zweistelliges Prädikat (x existiert an t_n)« (1976, 468) zu betrachten ist oder nicht –: Position und Gegenposition stehen sich letztlich aporetisch gegen-über.

    In solchen Fällen empfiehlt es sich, die Voraussetzungen kritisch zu be-fragen, unter denen die Aporie zustande kommt. Da zeigt es sich nun vor allem, daß sich beide Seiten der Debatte auf den Existenz*satz* und seine semantische Analyse konzentrieren. Doch wie die analytische Aporie unter Beweis stellt, läßt sich ein überzeugendes Verständnis des Sinns von Sätzen der Form ›a existiert‹ nicht einfach aus einer Bestimmung des semantischen Verhältnisses zwischen ›a‹ und ›existiert‹ gewinnen. Doch wie kann ihr Sinn dann entschlüsselt werden?

IV Reale Relationen

1. Dazu soll in einem dritten Schritt ein Vorschlag skizziert werden, der sich auf drei Beobachtungen stützt.

    a) Die erste ist der Befund linguistischer Untersuchungen verschiedener Sprachen, die zeigen, daß die Verwendung von ›sein‹ oder ›existieren‹ in wesentlicher Hinsicht lokalisierend ist (Lyons, 1975, 61–83; 1977, 723f; Kahn, 1973, Kap. 5). Wie sich am englischen there is/are, am französischen il y a, am italienischen ci sono oder am deutschen dasein ablesen läßt, sind Existenzsätze »implicitly locative« und orten den Gegenstand, von dem sie reden (Lyons, 1968, 390).

    b) Die zweite Beobachtung betrifft den Kernpunkt der scholastischen Existenztheorie, die ›esse‹ zusammen mit den Ausdrücken ›unum‹, ›verum‹ und ›bonum‹ als einen transkategorial gebrauchten Ausdruck bestimmte. Damit rückte sie zwei Momente von Existenzsätzen in den Blick, nämlich ihre *semantische Unbestimmbarkeit* und ihre *pragmatische Funktion*. Semantisch unbestimmbar sind solche Sätze, weil ›existieren‹ bzw. ›sein‹ – wie schon Aristoteles notierte – wesentlich in vielfältiger Weise ausgesagt wird, und zwar vielfältig gemäß der verschiedenen Kategorien (Met 1003 a 33, 1017 a 22–24). Der Sinn von ›existieren‹ ist folglich irreduzibel analog und taugt nicht zur generischen Charakterisierung eines Gegenstandes. Andererseits sind die Transzendentalien unverzichtbare Ausdrücke, da wir nicht sprechen können, ohne von ihnen Gebrauch zu machen (vgl. vor allem Burrell, 1973). Sie werden also nicht nur (semantisch) *vielfältig* gebraucht, sondern sie werden in dieser semantischen Vielfalt *gebraucht* und signalisieren eben so die pragmatisch-relationale Rückbindung der Sprache überhaupt und des je konkret Gesprochenen an das Sprechersubjekt. Die semantische Unbestimmbarkeit von ›existieren‹ erweist sich so nur als Kehrseite seiner essentiell pragmatischen Funktion. Und entsprechend lassen sich Existenzsätze nicht verstehen, ohne ihre Relation zum Sprechersubjekt mitzureflektieren.

c) Die genannten Aspekte von ›existieren‹ finden sich in Kants Existenzkonzeption verbunden. Deren negative These, daß ›sein‹ kein reales Prädikat sei und zur »Bestimmung eines Dinges« nicht tauge (KdrV B 626), trägt der semantischen Unbestimmbarkeit und transkategorialen Funktion von ›existieren‹ Rechnung. Mit ihrer positiven These dagegen bringt sie den lokativen und relationalen Aspekt dieses Ausdrucks zur Geltung. Denn in positiver Hinsicht ist ihre Pointe, daß ich in Existenzsätzen einen Gegenstand mit allen seinen Prädikaten im Verhältnis zu mir setze bzw. lokalisiere, und zwar als einen Gegenstand, dessen »Erkenntnis . . . auch a posteriori möglich sei« (B 629). Kant gerät damit zwar in gefährliche Nähe einer falschen Gleichsetzung von ›a existiert‹ und ›a ist erfahrbar‹. Doch er schränkt diese Gleichsetzung vorsichtig auf Gegenstände der Sinne ein und fügt hinzu, daß »eine Existenz außer diesem Felde . . . zwar nicht schlechterdings für unmöglich erklärt werden kann«, aber doch eine Annahme darstellt, «die wir durch nichts rechtfertigen können» (ebd.). Wie immer es um diese Rechtfertigung stehen mag, Kant stellt damit klar, daß zwar Erfahrbarkeit Existenz, Existenz aber nicht Erfahrbarkeit impliziert und deshalb gesondert bestimmt werden muß.

2. Berücksichtigt man diese Beobachtungen, dann scheint sich die Aporie der am Existenz*satz* orientierten semantischen Analysen nur über eine *pragmatische Analyse von Existenzbehauptungen* überwinden zu lassen, die deren lokativen, relationalen und Sprecher-involvierenden Zug zureichend berücksichtigt. Meine dritte These versucht dem Rechnung zu tragen:

Wer sagt ›a ist F‹, vollzieht mit ›a‹ einen Akt der Referenz und prädiziert von dem so identifizierten Gegenstand a die Eigenschaft F. Wer dagegen sagt ›a existiert‹, vollzieht keinen Akt der Referenz, sagt primär auch weder etwas über den Ausdruck ›a‹ noch über den Gegenstand a, sondern lokalisiert a in Beziehung zu sich selbst, ohne a durch diese Lokalisierung erst zu konstituieren. Er behauptet damit, daß es a geben könne, ohne daß es auch ihn selbst geben müsse und daß sich a von ihm so identifizieren lasse, daß damit zugleich er selbst identifiziert sei.

Der relationale und pragmatische Charakter von Existenzbehauptungen
wird dabei so berücksichtigt, daß derjenige, der ›a existiert‹ behauptet, im
Unterschied zu ›a ist F‹ keine Aussage über das Subjekt der Prädikation,
sondern – so könnte man zugespitzt sagen – über das Subjekt des Prädizie-
rens (also sich selbst) macht, indem er sich in Beziehung zu a und a in
Beziehung zu sich setzt und damit das Bestehen eines realen Zusammenhangs zwischen sich und a behauptet. Ihre prinzipielle semantische Unbestimmtheit dagegen kommt darin zum Zuge, daß die konkrete Gestalt
dieses Zusammenhangs und der inhaltliche Charakter des zwischen ihnen
behaupteten Verhältnisses mit der Art von Gegenstand variiert, als die sich a
und als die sich der die Existenz von a Behauptende jeweils charakterisieren
lassen. Denn mit der Existenzbehauptung ist nicht beansprucht, daß sich a
und der Sprecher als dasselbe identifizieren lassen, sondern nur, daß sie sich
auf dieselbe Weise identifizieren lassen, insofern a vom Sprecher nicht
identifiziert werden kann, ohne daß sich dieser dabei selbst identifizierte.
Nicht die gleiche Gegenstandsart, sondern gleiche Gegenständlichkeit der
Relate wird mit Existenzbehauptungen unterstellt. Wer z. B. die Existenz
eines Wesens im nächsten Zimmer behauptet, läßt offen, ob es sich um
einen Menschen oder um ein Tier und damit im Vergleich mit ihm um ein
Wesen gleicher oder verschiedener Gegenstandsart handelt. Er unterstellt
aber, daß sie beide von gleicher Gegenständlichkeit sind und damit gemeinsam identifiziert werden können, insofern dieses Wesen als eindeutiger
Bezugsgegenstand von Rede nur dadurch gegeben ist, daß er es im Bezug
auf sich (›im nächsten Zimmer‹) und so sich selbst im Bezug auf es unmißverständlich lokalisiert hat. Diese reziproke Lokalisierung wird häufig, muß
aber nicht notwendig raumzeitlichen Charakter haben. Denn die Identifikation der Relate des zur Debatte stehenden Zusammenhangs kann auch
durch relationale Charakterisierungen wie ›mein Onkel‹ oder ›der Freund
meines Freundes‹ erfolgen, also durch Angabe der Relation des als existierend behaupteten Gegenstands zu einer Instanz, zu der der Sprecher selbst
in eindeutiger Relation steht.

Die pragmatische Analyse von Existenzbehauptungen erweist so die
Identifikationsproblematik als Kern des Existenzproblems. Die Analyse der
mit Existenzbehauptungen aufgeworfenen Identifikationsproblematik aber
führt aufgrund der Reziprozität des Lokalisierens zu einem anthropologisch zentrierten Realitäts- und Ontologiekonzept.

Verdeutlichen wir uns die Pointe dieser These im Vergleich mit einer
Auffassung, die Josef Simon in seinem Aufsatz »Zum wissenschaftsphilosophischen Ort der Theologie« vorgetragen hat (1980). Ihm zufolge lautet der
»Grundsatz aller Ontologie«, »daß es alles, von dem man sagen kann, daß es
es ›gebe‹, nur im Zusammenhang einer Geschichte gibt« (449). Die relative
Richtigkeit dieses »holistischen Ontologiebegriff[s]« wird aber durch die
gefährliche Irrtümlichkeit des ihm inhärenten ontologischen Relativismus

bei weitem überboten. Denn damit, daß man »immer, wenn man sagt, daß es etwas ›gibt‹, eine *ganze* Geschichte ›holistisch‹ für wahr halten« muß (449), ist noch in keiner Weise entschieden, welche aus der damit sich ergebenden Mannigfaltigkeit von Geschichten denn dann selbst für wahr zu halten sind.

Um das entscheiden zu können, ist die umfassendere Geschichte zu spezifizieren, in der es diese Geschichten gibt, und eben diese ergibt sich »für uns erst von der Tatsache her, daß *wir* uns in ihr vorfinden« (451, Hervorhebung von mir). So ist es beispielsweise ontologisch ganz unzureichend festzustellen, »Götter oder Dämonen ›gibt‹ es, wenn man darunter Gegenstände versteht, nur ›in‹ Götter- oder Dämonengeschichten, wie z.b. im griechischen Mythos« (449), wenn man nicht sofort präzisiert, daß es dann gerade nicht sie, sondern nur ihre Geschichten gibt, da es nur diese, nicht aber sie im Zusammenhang unserer Geschichte gibt. Nicht Zeus, sondern das homerische Werk ist Gegenstand in der Geschichte, in der wir als Gegenstände existieren. Ist es aber unsere Existenz, die einer Geschichte ontologische Relevanz verleiht, dann kann von allem und nur dem zu Recht gesagt werden, daß es es ›gebe‹, was es im Zusammenhang *unserer* Geschichte gibt. Nicht der holistische, sondern dieser anthropologische Ontologiebegriff ist der Grundsatz aller Ontologie. Alles andere, wie die Rede von der »*Existenz* anderer möglicher Welten als der unseren … ist eine Mystifikation: Ein Mann, der ein möglicher Papst ist, erfreut sich keiner doppelten Staatsbürgerschaft – in einer Welt, in der er Papst ist, und in einer Welt, in der er es nicht ist« (Geach, 1980, 205).

3. In der Terminologie Simons und im Anklang an den bekannten Slogan Quines könnte dieser Grundsatz auf die Formel gebracht werden: *to be is to be related to our story*. Offensichtlich erläuterungsbedürftig sind hier allerdings die Wendungen ›to be related to‹ und ›our story‹. Letzteres meint uns als Menschen, und zwar in der zweifachen Weise der konkreten Geschichte, die uns macht und die wir machen (Dalferth/Jüngel, 1981, 69ff). Ersteres meint die Art von Beziehungen, in denen etwas zu dieser zweifach konkreten Geschichte steht und stehen kann.

Geht man davon aus, daß diese Beziehungen unter einem wesentlichen Gesichtspunkt grundsätzlich in *reale* und *intentionale* Relationen unterschieden werden können, scheint all demjenigen Sein zuzusprechen zu sein, das real oder intentional in Beziehung zu uns steht. Doch während das Intendiertsein eines Gegenstands nur dessen Möglichkeit (sofern er widerspruchsfrei angenommen werden kann), nicht aber seine Existenz belegt, existiert im eigentlichen Sinn nur das, was in realer Relation zu uns steht; und während wir uns auf alles, was real auf uns bezogen ist, auch intentional beziehen können, ist nicht alles, auf das wir uns intentional beziehen und beziehen können, auch real auf uns bezogen. In solcher Relation zu uns stehen nur Gegenstände, die es so gibt, daß es sie geben kann, ohne daß es auch uns geben muß; die also als *Gegenstände* von uns zwar intendiert und identifiziert werden können, deren *Existenz* sich aber nicht diesem von uns Intendiertsein bzw. Identifiziertsein verdankt, so daß Gegenständlichkeit und Existenz bei ihnen auseinandertreten. Berücksichtigt man zudem, daß Gegenstände immer als Gegenstände einer bestimmten Art bestimmbar sind, dann lassen sich reale Relationen als Beziehungen charakterisieren, deren Relate den Bedingungen der *Existenz*, der *Identifizierbarkeit* und der *Spezifizierbarkeit* genügen. Das heißt:

– Die Relate realer Relationen *existieren*: Sie stehen in einem *realen* Zusammenhang.

– Sie sind Gegenstände *derselben Gegenständlichkeit*, d.h. sie lassen sich prinzipiell auf dieselbe Weise und damit gemeinsam identifizieren: Sie stehen in einem realen *Zusammenhang*.

– Sie können als Gegenstände einer bestimmten *Gegenstandsart* näher charakterisiert werden. Durch diese generische Charakterisierung wird ein Horizont möglicher Beziehungen zwischen ihnen abgesteckt, der ihren konkreten Zusammenhang als Realisierung einer ihrer Möglichkeiten zu bestimmen erlaubt: Es besteht ein realer Zusammenhang *einer bestimmten Art* zwischen ihnen.

Diese drei Bedingungen – das ist zu betonen – lassen sich zwar analytisch an jeder realen Relation, in der wir zu anderem und andere Gegenstände zu uns stehen, unterscheiden, aber nicht sachlich voneinander isolieren. Es ist also insbesondere nicht so, daß es reale Relationen gäbe, die durch nichts anderes ausgezeichnet wären als dadurch, daß ihre Relate existieren. Die Realität einer Relation ist immer die Realität einer *in bestimmter Weise qualifizierten Relation*. Und die Rede von Realität an und für sich ist nichts als eine abstrahierende *Betrachtungsweise* der das Leben konstituierenden und durch das Leben konstituierten realen Verhältnisse, wie Schleiermacher (1814/15, 20–22; § 110–114) sagen würde.

Berücksichtigt man dies, dann gilt im Sinne der obigen Formel, daß alles und nur das existierend genannt zu werden verdient, was diesen drei Bedingungen genügt und damit mit der Geschichte, die wir sind und die wir machen, in einem näher spezifizierbaren realen Zusammenhang steht, sei es, daß es in diese Geschichte integriert ist, sei es, daß diese Geschichte in seine Geschichte integriert ist.

V Identifizierbarkeit Gottes

Betrachten wir im Licht dieses Ansatzes die christliche Grundbehauptung
›Gott existiert‹ und versuchen wir, sie im Sinn der ihr eigenen Intention
pragmatisch-relational zu analysieren, dann läßt sich folgende These auf-
stellen:

*Christen behaupten mit ›Gott existiert‹ einen realen Zusammenhang einer
bestimmten Art zwischen sich als Geschöpfen und Gott als ihrem Schöpfer. Sie
beanspruchen damit, daß Gott auf spezifische, nämlich christologisch zu explizierende Weise in ihre Geschichte und ihre Geschichte auf spezifische, nämlich
soteriologisch zu explizierende Weise in Gottes Geschichte integriert ist. Da mit
diesem Anspruch der Kern des christlichen Glaubens zur Sprache kommt, ist die
Behauptung ›Gott existiert‹ als komprimierte Kurzformel des christlichen Glaubens
zu begreifen und dogmatisch entsprechend umfassend zu entfalten. Denn ›Gott
existiert‹ ist kein unvermeidlicher ›natürlicher‹ Satz, sondern wird erst auf dem
Boden des Glaubens zu behaupten unumgänglich, da allein im Glauben Gott als
Gott identifiziert werden kann.*

Wenigstens zwei Aspekte dieser These müssen abschließend kurz kommentiert werden.

1. Zunächst ist noch einmal darauf hinzuweisen, daß Christen Gottes Existenz in der Regel nicht explizit behaupten. Der Grund dafür ist nicht, daß
die Wahrheit dieser Behauptung sowieso jedermann, der zu sehen vermag,
offen vor Augen liegt, da »Gott, aller Dinge Grund und Ziel, mit dem
natürlichen Licht der menschlichen Vernunft aus den geschaffenen Dingen
mit Sicherheit erkannt werden kann« (DS 3004). Der Grund dafür ist
vielmehr die Selbstverständlichkeit, mit der der christliche Glaube die
Wahrheit dieser Behauptung in Anspruch nimmt und bei all seinen Reden
zu, von und über Gott präsupponiert. Zwei Dinge sind dabei allerdings zu
beachten.

Zum einen gilt diese Selbstverständlichkeit der *Wahrheit*, nicht der Be-
weisbarkeit oder Verifizierbarkeit der Behauptung von Gottes Existenz.
Christliche Rede erhebt einen Wahrheits*anspruch*, der wie alle solche Ansprüche bestritten und in Frage gestellt werden kann und den sie aufgrund
seines eschatologischen Charakters nicht selbst zu verifizieren vermag: Daß
Gott existiert, kann nur Gott selbst als wahr erweisen. Die christliche
Erfahrung und das autoritative Zeugnis der Schrift geben zwar gute
Gründe an die Hand, einen solchen Anspruch zu erheben, doch taugen
diese Gründe nicht dazu, die Wahrheit des Beanspruchten allgemeinverbindlich zu sichern. Sie haben subjektive, keine objektive Überzeugungskraft.

Zum andern behaupten Christen ›Gott existiert‹ deshalb in der Regel
nicht explizit, weil sie primär am spezifischen Charakter der Beziehung

Gottes mit ihnen interessiert sind und nicht an der daraus nur abstrahierend
erhebbaren bloßen Realität dieser Relation. Ihnen geht es um die spezifische Qualität dieser Relation als Schöpfung, Versöhnung und Erlösung und
die Implikation dieser Verhältnisse für ein adäquates Verständnis Gottes und
der Menschen samt ihrer Welt, nicht um die dabei stets selbstverständlich
mitgesetzte, aber für sich genommen ganz leere Realität dieses Zusammenhangs. Zwar können sie diese Realität nicht ignorieren, weil sie der Zusammenhang interessiert. Ihre Aufmerksamkeit gilt aber nur insofern, als
sie die materiale Qualität dieses Zusammenhangs interessiert. Für sich genommen ist die Frage nach der Existenz Gottes eine den christlichen Glauben nicht ernsthaft interessierende Frage. Denn für sich genommen ist die
Behauptung ›Gott existiert‹ gänzlich abstrakt, weil sie von allem außer der
Realität des Zusammenhangs zwischen Gott und Menschen abstrahiert. Da
sich eine solche Abstraktion aber nicht vor, sondern nur aufgrund der
Kenntnis dieses Zusammenhangs vollziehen läßt, kann die Frage nach der
Existenz Gottes einerseits nicht vor und ohne Bezugnahme auf diesen
Zusammenhang beantworten werden, andererseits stellt sie sich aber überhaupt nicht mehr ernsthaft, wenn dieser Zusammenhang zum Ausgangspunkt genommen wird. Denn dann zeigt sich, daß sie zwar gesondert
thematisiert, von allem übrigen aber nicht isoliert werden kann und deshalb
entweder überhaupt nicht oder nur als immer schon beantwortete Frage
theologisch in den Blick kommt.

2. Christen behaupten mit ›Gott existiert‹ einen als Schöpfung, Versöhnung
und Erlösung, und d.h. als Rechtfertigung spezifizierbaren *realen Zusammenhang* zwischen sich und Gott. Diese Behauptung ist berechtigt,
wenn sie den oben genannten Realitätsbedingungen genügt. Wir haben im
Hinblick auf diese Behauptung also das *Existenzproblem*, das *Identifikationsproblem* und das *Spezifikationsproblem* zu bedenken. Das erste fragt:
›Existiert Gott?‹. Das zweite fragt: ›Wer ist Gott?‹ bzw. ›Wie läßt sich Gott
als Gott von uns identifizieren?‹. Das dritte fragt: ›Was ist Gott?‹ bzw. ›Als
was ist Gottes Wesen zu spezifizieren?‹. Diese letztgenannte Frage wirft das
epistemische Problem auf: ›Wie und als was läßt sich Gott erkennen?‹. Denn
wir vermögen Gottes Wesen nur zu spezifizieren, wenn wir auf Erfahrung
gegründete Kenntnis von ihm haben. Können wir doch von realen Individuen nur aposteriorisches Wissen haben, das uns einen Stereotyp und Begriff dieses Wesens hypothetisch zu formulieren erlaubt. Das epistemische
Problem differenziert sich seinerseits wieder systematisch in drei zu unterscheidende, aber aufeinander bezogene Fragen: ›Wo wird bzw. wo wurde
Gott von uns erfahren?‹; ›Als was wird bzw. als was wurde Gott von uns
erfahren?‹; ›Wie sind unsere verschiedenen Erfahrungen Gottes systematisch adäquat zu integrieren?‹. Die erste dieser Fragen fragt nach der *Erfahrungssituation*, in der christliche Rede von Gott gründet; die zweite fragt

nach der für diese Situation charakteristischen Art der *Erfahrungsinterpretation*; die dritte wirft das Problem der adäquaten *dogmatischen Darstellung* des christlichen Erfahrungszeugnisses auf. Alle drei Fragen zusammen markieren drei wesentliche Dimensionen des hermeneutischen Problems in der Theologie und lassen sich nicht ohne Rekurs auf die Schrift und ihre Auslegungstradition, die Bekenntnisse und ihre Reflexionstradition und die Dogmen und ihre Darstellungsgeschichte beantworten.

Damit ist der Kontext angedeutet, in welchem die Fragen nach der Existenz, Identifikation und Spezifikation Gottes zu bedenken sind. Nun läßt sich weder die dritte Frage noch die erste Frage ohne Antwort auf die zweite Frage beantworten, da man wissen muß, wessen Wesen zu spezifizieren ist bzw. nach wessen Existenz gefragt ist, ehe man einen Antwortversuch unternehmen kann. Da zudem in dem besonderen Fall Gottes mit der Identifikation Gottes als Gott auch das Existenzproblem gelöst ist, können wir uns auf diesen Punkt beschränken. Das aber heißt, *daß das Identifikationsproblem, nicht das Existenzproblem die die christliche Theologie wesentlich interessierende Frage ist.*

3. ›Identifizieren‹ läßt sich logisch als eine vierstellige Relation beschreiben, insofern immer jemand etwas für jemanden als etwas identifiziert. Der Vorgang des Identifizierens kann dementsprechend als ›spezifizierendes Lokalisieren‹ definiert werden – ›spezifizierend‹, insofern es etwas *als etwas* einer bestimmten Art im Unterschied zu allem anderen anderer Art, ›Lokalisieren‹, insofern es etwas als gerade dieses der spezifizierten Art *für jemanden* festzulegen gilt. Für den uns beschäftigenden Fall folgt daraus:

– Gott kann nur identifiziert werden, wenn er sich im Verhältnis zum Menschen, der ihn zu identifizieren sucht, eindeutig lokalisieren läßt. Da ›Lokalisieren‹ aber ein reziproker Vorgang ist, heißt dies, daß sich Gott und Mensch im Horizont eines gemeinsamen Identifikationssystems lokalisieren lassen müssen, so daß mit Gott auch der Mensch eindeutig geortet ist.

– Eindeutig ist diese Lokalisierung aber nur, wenn dabei Gott und Mensch nicht nur voneinander unterschieden werden, sondern jeder auch von allem übrigen differenziert wird. Neben die mit ihrer Unterscheidung ein Verhältnis zwischen ihnen setzende Lokalisierung Gottes und des Menschen muß daher eine jede von ihnen von allem übrigen differenzierende Spezifikation treten.

Nun stellt sich aber schon im Hinblick auf die gemeinsame Lokalisierbarkeit von Gott und Mensch ein fundamentales Problem. Während für uns Menschen Raum und Zeit das allgemeinste Identifikationssystem darstellen, in dem wir uns und andere zu orten vermögen, läßt sich Gott im Horizont dieses Systems gerade nicht lokalisieren. Gott ist kein raumzeitlicher Gegenstand, keiner hat ihn je gesehen (Joh 1,18), er ist kein Seiendes unter anderem Seienden, wie Tillich und die durch ihn repräsentierte Tradition betonen, aber er ist auch nicht einfach die Totalität alles Seienden, wenn anders zwischen Welt und Gott noch unterschieden und kein spinozistisches *deus sive natura* behauptet werden soll. Wer aber ist dann der, den der christliche Glaube als Gott erfahren zu haben behauptet?

Soll christliche Rede von Gott am Identifikationsproblem nicht scheitern, muß sie den *eschatologischen* Charakter ihrer Grunderfahrung ernst nehmen und sowohl hinsichtlich des zu identifizierenden Gottes als auch des identifizierenden Menschen eine Differenz denken, die ihre gemeinsame Lokalisierung überhaupt erst möglich macht:

– Einerseits muß *Gott* so gedacht werden, daß er für uns als raumzeitliches Wesen eindeutig identifizierbar ist, ohne dadurch zu einem raumzeitlichen Gegenstand zu werden oder sich von raumzeitlichen Gegenständen überhaupt nicht mehr unterscheiden zu lassen.

– Andererseits ist dies unmöglich, ohne daß *wir uns selbst* so denken, daß wir uns als mehr als nur als raumzeitliche Wesen begreifen, nämlich solche, die sich auch in Gottes eschatologischem Identifikationssystem lokalisieren lassen, ohne deshalb von Gott und voneinander ununterscheidbar zu werden.

Der christliche Glaube denkt diese doppelte Differenz zwischen Gott und Mensch einerseits und in bezug auf Gott und Mensch andererseits, damit zugleich aber auch die gemeinsame Lokalisierung Gottes und des Menschen, indem er *christologisch* denkt. Seinem Anspruch zufolge wird Gott in Jesus Christus unter der Dialektik von raumzeitlicher Verborgenheit und eschatologischer Erschlossenheit so erfahren, daß er in Raum und Zeit als eschatologische *persona loquens in Christo* identifizierbar wird. Andererseits – und das ist entscheidend – gründet es in eben dieser Dialektik, daß niemand in Jesus Christus Gott zu identifizieren vermag, der ihn dort als *eschatologische* persona loquens erfährt, d. h. an Jesus Christus *glaubt* und damit weiß, daß er selbst nicht nur als Wesen in Raum und Zeit existiert, sondern als ein solches durch die πίστις Ἰησοῦ Χριστοῦ über und in Christus im Horizont der eschatologischen Herrlichkeit Gottes lokalisiert ist. Weil er Gott und Mensch so christologisch konkret denkt, kann der Glaube auch ihre Bezogenheit und ihre Differenz als Verhältnis zwischen rechtfertigendem Schöpfer und gerechtfertigtem Sünder präzisieren und inhaltlich konkret explizieren, ohne bei der leeren Konstatierung ihres Bezugs stehen bleiben zu müssen.

Die reformatorische Einsicht in den unlöslichen Zusammenhang von *cognitio Dei* und *cognitio hominis* bewährt sich im Kontext der Identifikationsproblematik damit so, daß Christen mit ›Gott‹ das trinitarische Wesen meinen, das sie durch Gott den Geist als Gott den Vater im Bezug auf Jesus als Christus erfahren zu haben beanspruchen; daß sie diesen Anspruch aber nicht erheben können, ohne sich als Glaubende im Bezug auf diesen in Jesus

Christus erfahrenen Gott selbst eschatologisch neu, nämlich als durch Gott gerechtfertigte Sünder zu verstehen. Gott und Mensch lassen sich somit christologisch sowohl im Verhältnis zueinander lokalisieren als auch voneinander und von anderem differenzieren, weil sie jeweils selbst christologisch konkret, und d.h. eschatologisch differenziert gedacht werden.

4. Der Verweis auf Jesus Christus löst das Problem der Identifikation Gottes dementsprechend auf eine wohl zu unterscheidende zweifache Weise. Einerseits legt er die Referenz des als Namen gebrauchten Ausdrucks ›Gott‹ so fest, daß jeder wissen kann, vom wem Christen reden, wenn sie ›Gott‹ sagen. Diese Festlegung geschieht aber nicht deiktisch, sondern deskriptiv durch eine sprachliche Kennzeichnung wie z.B. ›derjenige, dessen ankommendes Reich von Jesus verkündigt wurde‹ oder ›derjenige, dessen Anrede wir in Jesus Christus erfahren haben‹ oder narrativ durch Erzählung der im Neuen Testament bezeugten Geschichte Jesu Christi. Sowohl die deskriptive als auch die narrative Kennzeichnung lassen jedoch grundsätzlich die Frage offen, ob ihnen auch tatsächlich etwas entspricht oder ob sie nur leere Beschreibungen bzw. fiktionale Erzählungen sind. Denn sie lokalisieren Gott nicht einfach durch Verweis auf Jesus von Nazareth und damit auf einen bestimmten raumzeitlichen Ort, auf den jedermann real bezogen ist, sondern durch Verweis auf das, was Jesus sagte und was über ihn gesagt wurde und wird, damit aber durch Bezugnahme auf ein bestimmtes Verhältnis einiger zu Jesus, nämlich ihrer Erfahrung Jesu als des Christus, auf die man sich allenfalls epistemisch beziehen kann. Damit aber erlauben sie dem, der Gott zu identifizieren sucht, sich real gerade nicht im Bezug auf Jesus Christus selbst, sondern nur im Bezug auf Jesu Verkündigung und das christliche Bekenntnis Jesu als des Christus zu lokalisieren; und diese Lokalisierung setzt mich niemals in ein reales Verhältnis zu Gott, sondern nur zu dem, was Menschen von ihm und über ihn sagen. Kennzeichnungen und Geschichten von Gott vermitteln daher allenfalls, reformatorisch formuliert, *fides historica*, die für sich genommen keine Identifizierung *Gottes*, sondern nur der von Christen für diese Identifizierung in Anspruch genommenen *Erfahrung* Gottes erlaubt. Beanspruchte Gotteserfahrung anderer aber legt im Unterschied zu eigener Erfahrung Gottes den Bezugspunkt christlicher Rede von Gott zwar eindeutig, aber nicht unbestreitbar fest.

Die deskriptiv oder narrativ vorgenommene Festlegung der Referenz von ›Gott‹ – und damit komme ich zum anderen – ist bestreitbar, weil sie Gott zwar im Sprachzusammenhang spezifizierend zu lokalisieren vermag, im Unterschied zur Deixis den Identifizierenden und das zu Identifizierende aber nicht im demonstrativen Kontext derselben Situation ortet. Sie leistet damit eine zwar intentionale, aber keine reale Lokalisierung Gottes. Erst wo Gott und Mensch so lokalisiert werden, daß sie sich kopräsent sind und der Mensch darum weiß, vermag sich dieser real im Bezug auf Gott und nicht nur intentional im Bezug auf eine bestimmte Rede von Gott zu lokalisieren. In solcher Weise kopräsent aber sind sich Gott und Mensch gerade und nur in Jesus Christus. Diese christologische Kopräsenz läßt sich nach dem Verständnis des christlichen Glaubens nicht durch ein Handeln des Menschen, sondern allein durch ein Handeln Gottes herstellen, und zwar, wie CA V formuliert, »ubi et quando visum est Deo, in his, qui audiunt evangelium«. Wo sie aber der Fall ist, ist mit der Festlegung des Namens ›Gott‹ zugleich dessen Existenzerweis erbracht, weil man sich nicht in der Präsenz Gottes lokalisieren kann, ohne um dessen Präsenz und damit Existenz zu wissen. Eben deshalb gilt: *Wer weiß, wer Gott ist, der weiß, daß Gott ist.* Im ontologischen Gottesbeweis wurde dieser Wahrheit freilich eine irreführende Darstellung gegeben. Denn Identifikation und Nachweis der Existenz Gottes fallen nicht im Begriff Gottes, sondern nur für den zusammen, der sich im Glauben an Jesus Christus und damit in der *fides iustificans* Gott tatsächlich eschatologisch kopräsent weiß. Für jeden anderen, der nur aufgrund dessen, was Christen von ihrer Erfahrung mit Christus erzählen, wissen kann, wen diese mit ›Gott‹ meinen, treten sie wieder auseinander, da er es mit deren Erzählung von Gott und nicht mit Gott selbst zu tun hat. Erzählte Erfahrung aber ist nicht eigene Erfahrung, erzählter Glaube ersetzt nicht eigenen Glauben, und ein Gottesbegriff ist nicht Gott.

Fassen wir zusammen: Der Verweis auf Jesus Christus identifiziert Gott eindeutig, aber nur problematisch, wenn er als Hinweis auf eine Erfahrung Gottes gegeben wird, die im Horizont von Raum und Zeit nur assertorisch vertreten und deshalb auch durchaus bestritten werden kann. Er liefert mit der Identifikation Gottes aber zugleich dessen Existenzerweis, wenn er von uns als eschatologische Lokalisierung in der christologischen Gegenwart Gottes erfahren wird. Zwischen diesen Alternativen gibt es kein Drittes. Entsprechend kann Gottes Existenz nur problematisch oder assertorisch behauptet, nicht aber bewiesen werden. Als problematische Behauptung hat sie die Form »Wenn es die von Christen behauptete Erfahrung Jesu als des Christus gibt, dann existiert Gott«. Als assertorische Behauptung hat sie die Form ›Weil ich bzw. wir Jesus als Christus erfahren habe(n), existiert Gott‹. Beides sind aber Behauptungen, die ihren Wahrheitsanspruch nicht selbst verifizieren, sondern auf eschatologische, d.h. durch Gott selbst vollzogene Verifikation angewiesen sind.

Fides quaerens intellectum

Theologie als Kunst der Argumentation in Anselms Proslogion

I Theologische Wahrheitserkenntnis und ihre Kommunizierbarkeit

Wer als Theologe in der Universität ans Katheder tritt, erhebt mit seinem bloßen Auftritt zwei ganz und gar nicht selbstverständliche Ansprüche: Er unterstellt, daß es theologische Wahrheitserkenntnis gibt. Und er geht davon aus, daß sich diese Erkenntnis auch kommunizieren, lehrend vermitteln läßt.

Nicht erst dort, wo sie auf theologiekritische Skepsis stößt, wird diese doppelte Unterstellung als Problem empfunden. Die Theologie selbst kann nicht ignorieren, daß mit dem Verhältnis beider Ansprüche zueinander ihre eigenen Möglichkeiten und Grenzen auf dem Spiel stehen. Denn was ist theologische Wahrheitserkenntnis anderes als die Erkenntnis der Wahrheit des Glaubens? Wie aber läßt sich solche Erkenntnis methodisch erwerben, wenn der intellectus fidei, die Glaubenserkenntnis, nicht weniger als die fides, der Glaube selbst, Gabe Gottes, Ereignis des Heiligen Geistes ist, das herbeizuführen prinzipiell nicht im Vermögen von Menschen steht? Und wenn der intellectus fidei methodisch nicht herbeigeführt werden kann, wie kann er dann methodisch vermittelt, gelehrt werden?

Das sind die Fragen, die ich im folgenden erörtern möchte. Und zwar will ich dies anhand der Auslegung eines theologischen Textes tun, der wie wohl kein anderer Text der Theologie- und Philosophiegeschichte bis in die Gegenwart kontrovers diskutiert wird: Anselms Proslogion[1]. Ihre Prominenz verdankt diese vermutlich im Jahre 1078 im Kloster Bec in der

---

[1] Ich zitiere die Schriften Anselms unter Verwendung folgender Abkürzungen: M = Monologion; P = Proslogion; G = Quid ad haec respondeat quidam pro insipiente; R = Quid ad haec respondeat editor ipsius libelli; GR = De Grammatico; V = De Veritate; E = Epistola de incarnatione verbi; CDH = Cur deus homo; C = De concordia praescientiae et praedestinationis et gratiae dei cum libero arbitrio; A = Fragment über aliquid.

Normandie abgeschlossene Schrift (vgl. Schmitt, 1932) der scheinbar un-
ausrottbaren Legende ideengeschichtlicher Archäologen, in ihr finde sich
der »zuerst von Anselm von Canterbury geführte und von Kant als ›ontologischer‹ bezeichnete Gottesbeweis« (Gabriel, 1974, 833). Das ist so –
ich verweise nur auf Untersuchungen wie die von Barth (1981), Campbell (1976, die bislang gründlichste Analyse) oder Kienzler (1981) – weder sachlich noch historisch haltbar. Doch profitabler als die Widerlegung
falscher Interpretationen dürfte der Versuch sein, der particula veri, die
auch in dieser Legende steckt, durch eine erneute Lektüre dieser Schrift gerecht zu werden, die nicht nur ihren Inhalt, sondern vor allem auch ihre
Form ernst nimmt – und zwar systematisch-theologisch und nicht nur
literarisch.

Leitgedanke meiner Lektüre ist die These, daß die Größe dieses kurzen
Traktats nicht in der erstmaligen Formulierung eines dort so gar nicht
auffindbaren ontologischen Gottesbeweises liegt, sondern darin, daß er
durch seine Form und seinen Inhalt eine klassische Antwort sowohl auf das
Problem theologischer Wahrheitserkenntnis als auch auf das *Problem der Kom-
munizierbarkeit theologischer Wahrheitserkenntnis* gibt.

Um diese These plausibel zu machen, werde ich mich Anselms Text in
drei Schritten nähern und von einer Analyse seines *Titels* über eine Betrachtung seiner *Form* zur – wenigstens anfangs- und andeutungsweisen – Rekonstruktion seines *Inhaltes* fortschreiten. Ich orientiere mich dabei an den
Fragen:

(1) Welchen Sinn hat der ursprüngliche Titel dieser Schrift, die Formel
fides quaerens intellectum (III)?

(2) Warum präsentiert Anselm die unter diesem Titel vorgetragene
theologische Argumentation genau in der Form, die er ihr im Proslogion
gibt (IV)?

(3) Was ist eigentlich das Problem, das diese Argumentation zu beantworten, und die Antwort, die sie auf dieses Problem zu geben beansprucht
(V)?

Zunächst aber ist der hermeneutische Ansatzpunkt klarzustellen, von
dem ich bei meiner Auseinandersetzung mit diesen Fragen ausgehe (II).

II Das Interpretationsverfahren

Eine Lektüre des Proslogion, die nicht von vornherein inadäquat sein will,
hat nicht nur den tatsächlichen Gedanken- und Argumentationsgang dieser
Schrift zur Kenntnis zu nehmen, sondern vor allem die abstrakte und
hermeneutisch ganz unhaltbare Isolierung der Kapitel 2–4 aufzugeben, in
denen ein ›ontologischer‹ Gottesbeweis in einer oder auch in mehrfacher
Version zu finden beansprucht wird. Diese Textabschnitte sind im weiteren

Kontext des Proslogion, die ganze Schrift aber im Zusammenhang des theologischen Programms zu verstehen, das ihr ursprünglicher Titel prägnant formulierte: fides quaerens intellectum. Ohne Verständnis dieses Programms sind weder das Proslogion im allgemeinen noch die kontroversen Kapitel 2–4 im besonderen adäquat interpretierbar.

Wie aber ist der Sinn dieser Formel und die Pointe des damit formulierten Programms zu verstehen? Karl Barth, der die genannten hermeneutischen Selbstverständlichkeiten als einer der ersten konsequent beachtete (1981, 3.186; vgl. aber schon Koyré, 1923), versuchte sie aus einer Zusammenschau aller Schriften Anselms zu gewinnen, insbesondere anhand des Verfahrens, das Anselm in Cur deus homo praktiziert. Ganz ähnlich unternimmt auch Klaus Kienzler in seiner großen Anselm-Studie den »Versuch, das Denken Anselms aus seinem Gesamtwerk und seine Methode im Ganzen zu begreifen« (1981, 12). Doch eine solche synoptische, immer auch aus der Perspektive von Cur deus homo und anderer späterer Schriften Anselms vorgetragene Interpretation der programmatischen Formel fides quaerens intellectum hat einen harmonisierenden Effekt, der die eigentümlichen Konturen des *Proslogion* verwischt. Es ist zwar richtig, daß Anselm wie kaum ein anderer ein theologisches Gesamtwerk vorgelegt hat, das konsequent die jeweils erarbeiteten Einsichten zur nunmehr in Anspruch genommenen Voraussetzung neuer Überlegungen machte (McIntyre, 1959, 98), so daß das Spätere ohne das Frühere so hätte nicht geschrieben werden können und dementsprechend ohne jenes auch nicht verstanden werden kann. Doch diese beeindruckende Einheit und systematische Konsequenz seiner Theologie darf die hermeneutische Einsicht nicht verdrängen, daß – um bei dem genannten Beispiel zu bleiben – Cur deus homo zwar das Proslogion, das Proslogion aber nicht Cur deus homo als primären Interpretationshorizont zu seinem Verständnis voraussetzt.

Was das Proslogion seinerseits voraussetzt, wird von Anselm im Prooemium dieser Schrift unmißverständlich klargestellt: das Monologion. Beide Werke stehen historisch in einem unmittelbaren Entstehungszusammenhang, ihre Zusammengehörigkeit wurde von Anselm durch eine ihre ursprünglichen Titel nachträglich verändernde Titelangleichung unterstrichen, und sie bilden auch inhaltlich ein systematisch, und zwar spiegelbildlich aufeinander bezogenes Paar – das einzige derartige Paar in Anselms Gesamtwerk (Evans, 1978, 39 f.55).

Daraus folgt die hermeneutische Maxime, daß sich eine sachgemäße Interpretation des mit fides quaerens intellectum ausgesprochenen theologischen Programms maßgeblich an zwei Bezugspunkten zu orientieren hat: am *Text des Proslogion* selbst und am *Kontext des Monologion*. Ohne Beachtung dieses Kontexts läßt sich das Problem nicht verstehen, dessen Lösung das Proslogion darzustellen beansprucht. Ohne Betrachtung jenes Textes aber bleibt unklar, warum diese Lösung unter dem Titel fides quaerens intellectum vorgetragen wird. Proslogion-Text und Monologion-Kontext konkretisieren und interpretieren wechselseitig den Sinn der Formel fides quaerens intellectum.

Einige grundsätzliche Bemerkungen zur Interpretation des Proslogion seien angefügt. Um Kriterien für eine kritische Lektüre seiner diversen und kontroversen Rezeptionsgeschichte zu gewinnen, sind hermeneutisch zwei Unterscheidungen zu beachten. Zum einen ist bei der Rekonstruktion des Sinns des Proslogion zwischen dem Sinnpotential dieses Textes und den Sinnaktualisierungen oder »Konkretisationen« (vgl. Grimm, 1977, 49–60) seiner Rezeptionsgeschichte zu unterscheiden; zum andern ist bei der Analyse seines Sinnpotentials zwischen der (durch Kontextanalyse erschließbaren) Sinnpotentialität dieses Textes in seiner zeitgenössischen Kommunikationssituation (Textsinn) und der von Anselm mit diesem Text verfolgten Intention (Autorintention) zu differenzieren. Das Sinnpotential des Proslogion wird durch die Geschichte seiner Rezeptionen nicht konstituiert, sondern ist die Voraussetzung seiner mannigfaltigen Rezeption. Autor und Rezipient sind also in unterschiedlicher Weise an der Sinnkonstitution beteiligt, denn das Verhältnis von Autor und Text ist im Unterschied zum Verhältnis von Rezipient und Text keine externe, sondern eine interne Relation; jener eröffnet durch den Text einen Horizont potentiellen Sinnes, dieser aktualisiert aufgrund des Textes eine konkrete Sinnmöglichkeit. Diese extern auf den Text bezogenen Konkretisationen sind um so adäquater, je mehr sie der internen Relation entsprechen. Dabei ist freilich zu beachten, daß diese interne Relation selbst eine Differenz zwischen dem vom Autor intendierten Sinn und der darüber hinausgehenden Sinnpotentialität des Textes konstituiert, die diesem durch die Verwendung allgemeiner Zeichen zur Kommunikation eines spezifischen Sinns zuwächst. Nicht jede Rezeption des Textes ist daher auch schon eine Interpretation desselben, vielmehr ist von Interpretation erst dann zu reden, wenn nach der Autorintention gefragt und die potentielle Rezeption des Textes im Rahmen seines historischen Kontexts zu rekonstruieren versucht wird. Die mit einem Text verfolgte Intention des Autors kann sich explizit in textinternen Äußerungen, textbezogenen Kontexten wie Einleitungen, Vorworten und Kommentaren und textexternen Kontexten wie Äußerungen des Autors zu diesem Text in anderen Schriften manifestieren, aber auch implizit in der spezifischen Form und Beschaffenheit des Textes selbst und ist dann dessen »aus der Textbeschaffenheit zu erschließende Kommunikationsabsicht« (Link, 1976, 29).

Damit ergibt sich folgendes Programm für eine methodisch überprüfbare Interpretation des Proslogion. Einzusetzen ist mit den expliziten und impliziten Kommentaren Anselms zu seinem Werk, die sich als eine Reihe von gleichsam konzentrisch angeordneten Kontexten verstehen lassen, in die der Text des Proslogion eingebettet ist und die seine verschiedenen Interpretationshorizonte darstellen. Ich unterscheide drei solcher Interpretationshorizonte.

Zum ersten gehören alle Texte, aus denen das aus mehreren Texten komponierte Proslogion in seiner ihm von Anselm gegebenen Gestalt gehört. Seinen Kern bilden die 26 Kapitel des *Haupttextes* (1) samt den ihnen später (Schmitt, 1962, 12) vorangestellten *Kapitelüberschriften* (2). Diese werden durch zwei Texte kommentiert, nämlich den *Titel*, und zwar in seiner ursprünglichen (Fides quaerens intellectum) und endgültigen (Proslogion) Gestalt (3), und das ihnen später von Anselm vorangestellte *Prooemium* (4). Die Titel und das Prooemium des Proslogion verweisen ausdrücklich auf den Kontext des *Monologion* und damit auf die Vorgeschichte des Proslogiontextes als des entscheidenden Schlüssels zum Verständnis seines Sinns (5). Daß dieser nicht unmißverständlich ist, zeigt seine unmittelbare Nachgeschichte, die in dem auf Anselms Anweisung (Eadmer, 1979, 31) dem Text des Proslogion beigefügten und stets mit ihm zu publizierenden *Appendix* faßbar ist, der die Kritik Gaunilos an der Argumentation von Kapitel 2–4 (G: I, 125–129) (6) und Anselms Auseinandersetzung mit dieser Kritik (R: I, 130–139) (7) enthält.

Zum zweiten Interpretationshorizont sind diejenigen Texte zu rechnen, die sich ihrerseits explizit oder implizit auf das Proslogion beziehen. Dazu gehören Anselms explizite Verweise auf das Proslogion in seinen späteren Schriften (E 6: I, 20.16–21) und in seinen Briefen (Epist. 109.112: III, 241f.244–246) (8); diejenigen Texte, die bei der Behandlung der im Proslogion thematisierten Probleme vorausgesetzt werden oder diese wieder aufgreifen und fortführen (neben M vor allem V, GR und A, das Schmitt, 1936, 42f veröffentlicht hat) (9); und schließlich die Art und Weise, in der die in Monologion und Proslogion erarbeitete theologische Einsicht in die Voraussetzungen späterer Werke eingeht (z.B. CDH I, 12: II, 70, 7) (10).

Einen dritten Interpretationshorizont bilden schließlich die zum Teil wohl auf Anselm selbst zurückgehenden Hinweise seines Biographen Eadmer auf das, was er im Proslogion intendierte (Eadmer, 1979, 29–31).

Ein Vorschlag zur Interpretation des Proslogion ist dementsprechend als Hypothese zunächst im primären Interpretationshorizont zu entwickeln und zu bewähren und dann bezüglich der übrigen Interpretationshorizonte auf seine Adäquatheit hin zu prüfen. Im folgenden sind nicht mehr als erste Schritte in dieser Richtung intendiert. Meine Lektüre des Textes wird sich auf seine Interpretation im Lichte seines Titels und – vor allem – des Prooemium konzentrieren, das von den meisten Auslegern unverständlicherweise vernachlässigt wird (Ausnahmen sind Dangelmayr, 1975, 203; Stolz, 1933, 2f und Kienzler, 1981, 220ff.306ff). Doch Interpretationen, die mit Anselms Aussagen im Prooemium in Konflikt stehen, zeichnen sich durchweg dadurch aus, daß sie weder den ganzen Text noch das Vorwort in ihre Analyse einbeziehen, selbst wenn sie, wie La Croix (1972, Kap. 1), das Problem sehen.

III Der Titel

1. Folgen wir der genannten hermeneutischen Maxime, dann zeigt sich als erstes, daß diese Formel eine methodische, keine thematische Differenz zwischen Monologion und Proslogion markiert. Das läßt sich nicht nur Anselms Auskunft entnehmen, er habe nichts gesagt, was nicht auch schon Augustin und andere vor ihm gesagt hätten (M Prologus: I, 8, 8–14), sondern wird vor allem auch durch die Titel beider Werke belegt.

Anselm nannte das 1077 vollendete und zunächst ohne Titel und Angabe des Verfassers an Lanfranc gesandte Monologion (Epistola ad Lanfrancum archiepiscopum: I, 5f) ursprünglich ein Exemplum meditandi de ratione fidei (P Prooemium: I, 94, 7), änderte diesen Titel gegen 1083/84 in Monoloquium de ratione fidei und verkürzte ihn wenig später auf die sprachlich elegantere Form Monologion (vgl. Epist. 100: III, 131 [richtig: 231], 12; 232, 30–32; Epist. 109: III, 242, 9f). In ähnlicher Weise war das vermutlich 1078 vollendete Proslogion zunächst anonym unter dem Titel Fides quaerens intellectum in Umlauf (P Prooemium: I, 94, 7), ehe er es gegen 1083 ein Alloquium de ratione fidei und kurze Zeit später einfach Proslogion nannte (Epist. 109: III, 242, 10f). Die endgültige Benennung beider Schriften als Monologion bzw. Proslogion stand dabei im Zusammenhang mit der ihm von Hugo, dem Erzbischof von Lyon und apostolischen Legaten in Burgund und Frankreich, verordneten Voranstellung seines Namens (P Prooemium: I, 94, 8–13).

Wie vor allem der beiden Werken vorübergehend gegebene, parallel gebaute Titel Monoloquium de ratione fidei und Alloquium de ratione fidei belegt, geht es in beiden Schriften thematisch um dasselbe: die ratio fidei. Diese wird einmal in Form eines soliloquium (zu den augustinischen Hintergründen vgl. Flasch, 1970, 41), das andere Mal in Form eines alloquium bedacht. Das Neue des Proslogion gegenüber dem Monologion verbirgt sich in dieser Formdifferenz zwischen Selbstgespräch und Ansprache. Entsprechend ist der Sinn der Formel fides quaerens intellectum von dieser Formdifferenz her zu erschließen. Daraus folgt: *Die Beachtung der Form des Proslogion ist der Schlüssel zum Verständnis seines Inhalts.*

Um diesen Schlüssel richtig zu gebrauchen, ist allerdings ein Zweites zu beachten. Nicht nur im Thematischen kommen beiden Schriften überein, sondern auch darin, daß es sich bei beiden um Vollzüge *theologischer Reflexion* handelt. Die ratio fidei wird in beiden – wenn auch in verschiedener Form – argumentativ bedacht. Beide sind Denkprozesse, Vollzüge des cogitare und damit Operationen der mens, des menschlichen Verstandes.

Alles Denken aber fängt nach Anselm mit sich selber an (vgl. Kienzler, 1981, 27–46), es hat in eigener Verantwortung und ohne Berufung auf Autoritäten zu geschehen und ist daher nur an einem Prinzip orientiert: sola ratione. Auch die Theologie muß, sofern sie überhaupt denkt, diesem Gesetz der cogitatio folgen und sola ratione verfahren[2]. Das wird auch dort nicht außer Kraft gesetzt, wo sie den Weg der fides quaerens intellectum einschlägt. (Man kann also das sola ratione nicht wie Barth [1981, 40–59] dem intelligere einfach unterordnen.)

Theologie läßt sich so geradezu definieren als die Reflexion der ratio fidei sola ratione. Doch mit dieser Definition ist zwar über Gegenstand und Verfahrensweise der Theologie, nicht aber über deren konkrete Form entschieden. Anselm belegt das exemplarisch dadurch, daß er neben die Meditatio de ratione fidei des Monologion die Fides quaerens intellectum des Proslogion stellt. Wodurch unterscheiden sich diese beiden Konkretionsformen von Theologie?

2. Im Prooemium des Proslogion macht Anselm dazu präzise Angaben. Das Monologion, sagt er dort, ist geschrieben »in der Rolle eines, der still mit sich überlegend nach dem forscht, was er nicht weiß« (P Prologus: I, 93, 3f). Das Proslogion hingegen »in der Rolle eines, der es unternimmt, seinen Geist zur Kontemplation Gottes zu erheben, und der zu verstehen sucht, was er glaubt« (P Prologus: I, 93, 21–94, 2. Die von Hödl, 1978, 767, 35–39 aufgestellten Behauptungen sind nicht einmal durch flüchtige Lektüre zu entschuldigen).

Das meditative Selbstgespräch hat demnach den Charakter einer *Erkundung dessen, was man noch nicht weiß.* Es ist der sola ratione vorgenommene Vorstoß in ein Gebiet theologischen Nichtwissens. Glückt die meditatio, weiß man am Ende mehr als am Anfang. Man hat dazugelernt. Dieses

---

[2] Das ist kein überzogener Rationalismus, wie Anselm immer wieder vorgeworfen wird, so gewiß damit ein am Zitat von Autoritäten orientiertes biblizistisch-historisches Argumentieren in der Theologie überwunden wird. Es ist vielmehr der Ausdruck eines pointiert trinitarischen Denkens, das mit der ratio und den Wechselbegriffen cogitatio, locutio, intelligentia und verbum immer schon die zweite Person der Trinität thematisiert (vgl. Evans, 1978, 62). Sola ratione zu verfahren heißt für Anselm, in geschöpflicher Entsprechung zum dreieinigen Gott trinitarisch-christologisch zu denken. Dieser trinitarische Denkansatz ist allerdings nicht geschichtlich-christologisch begründet (und insofern trifft sich das sola ratione des M mit dem remoto Christo von CDH), sondern schöpfungstheologisch konzipiert, und zwar unter Berufung auf die im Sinn der augustinischen vestigia-Lehre interpretierte imago-Dei-Struktur des Menschen (P 1: I, 100, 12f). Damit aber wird trinitarisches Denken tendenziell Implikat einer metaphysischen Anthropologie und nicht mehr Explikat der konkreten Geschichte Jesu Christi. Hierin und nicht in einem übersteigerten Rationalismus liegt die Problematik von Anselms Auffassung über Wesen und Funktion der ratio.

Dazulernen läßt sich präzis charakterisieren: Man hat Antworten auf bestimmte Fragen gefunden. Die Frage artikuliert auf der Basis schon vorhandenen Wissens das, was man noch nicht weiß. Und die Antwort zeigt, daß
die investigatio des Denkens an ihr Ziel, die Beseitigung des Nichtwissens
durch Erweiterung des Wissens, gekommen ist.

Anselms Monologion zeigt so exemplarisch den Zusammenhang der
quaestio-Methode, die in der späteren Schultheologie zur Perfektion ausge-
baut werden sollte, mit der meditatio. Diese ist die introvertierte Form des
dialogischen Lehrbetriebs in Katechese und Unterricht. Im Prozeß des
Fragens und Antwortens vollzieht sich die meditative Erkundung der ratio
fidei und die dialogische Vermittlung und Reflexion des so Erkundeten.
Die quaestio ist die Denk-Methode, vom Nichtwissen zum Wissen zu
gelangen.

Das Proslogion und der Prozeß der fides quaerens intellectum werden
anders charakterisiert. Nicht um die Erkundung dessen, was man noch
nicht weiß, geht es hier, sondern um den *Versuch zu verstehen, was man
glaubt.* Nicht die Erkundung von Unbekanntem, sondern die Verständi-
gung über Bekanntes ist das Ziel. Das Bekannte ist die fides, das Verständi-
gungsziel der intellectus fidei, der Weg von der fides zum intellectus fidei
aber ist der Denkweg des intelligere und damit sola ratione zu begehen.
Glückt das intelligere, weiß man am Ende freilich nicht mehr als am
Anfang. Man weiß das, was man im Glauben schon wußte, vielmehr
besser, weil man weiß, daß es wahr ist, weil man seinen Grund erkannt hat,
weil man sich die Wahrheit dessen angeeignet hat, was man glaubt. Auch
hier lernt man also dazu. Doch dieses Dazulernen ist keine Wissenserweiterung, sondern eine Wissensvertiefung, kein Erwerb neuen Wissens, sondern
die Transformation von Wissen in *Erkenntnis.*

Drei Dinge sind an dieser Transformation bemerkenswert. Zum einen ist
Erkenntnis im Unterschied zu Wissen wesentlich eine personrelative Kategorie. Wissen (scire) ist ausschließlich durch die Wahrheit des Gewußten
definiert und dadurch gegen bloßes Denken (cogitare) abgegrenzt. Nur
was wahr ist, kann gewußt werden, aber auch Falsches kann gedacht, wenn
auch nicht erkannt (intelligere) werden (R 4: I, 133, 24–134, 13). Wir
können deshalb zwar dasselbe wissen und erkennen, aber meine Erkenntnis
der Wahrheit dieses gemeinsamen Wissens ist nicht die anderer und umgekehrt. – Zum anderen ist Erkenntnis eine den Gehalt unseres Wissens nicht
verändernde Kategorie. Wir könnten sonst vielleicht dasselbe wissen, aber
niemals dasselbe erkennen. Wissen und Erkenntnis unterscheiden sich nicht
im Gehalt des Gewußten bzw. Erkannten, sondern im Modus, in dem es
gewußt wird. Wer die Wahrheit dessen erkennt, was er zuvor schon wußte,
weiß nichts anderes, sondern weiß dasselbe anders, nämlich sicher. Erkenntnis, so können wir sagen, ist verifiziertes Wissen. Und wer sein Wissen
verifiziert, eignet es sich als Erkenntnis an. – Zum dritten ist Erkenntnis im

Unterschied zum Wissen grundsätzlich an Erfahrung (experientia) gebunden. So wird Erkenntnis als verifiziertes Wissen unter anderen Bedingungen erworben als Wissen. Während Wissen aus dem Hören kommt und deshalb in Abwesenheit dessen, wovon es handelt, vermittelt und erworben werden kann (vgl. C 3, 6: II, 271, 6–8), gibt es Erkenntnis nicht ohne die Kopräsenz von Erkenntnissubjekt und Erkenntnisgegenstand und damit nicht ohne die je eigene Erfahrung dieses Gegenstandes (E 1: II, 9, 6–8). Erkenntnis, so müssen wir daher präzisieren, ist durch eigene Erfahrung verifiziertes Wissen. Ohne solche Erfahrung bleibt es bloßes Wissen.

Das gilt grundsätzlich und deshalb auch für das theologische Denken. War das Monologion ein Vorstoß in ein Gebiet theologischen Nichtwissens, so hat das Proslogion den ganz anderen Charakter, sich dieses im Glauben gegebenen und im Monologion erkundeten Wissens so zu versichern, daß es in seiner Wahrheit erkannt und damit auf der Basis eigener Erfahrung als Erkenntnis sicher gewußt wird. Das Proslogion setzt also genau da ein, wo das Monologion geendet hatte. Ging das theologische Denken dort vom Nichtwissen aus, um zum Wissen zu führen, so geht es hier vom Wissen aus, um zur Erkenntnis zu führen. An die Stelle des *monologischen Reflexionszusammenhangs theologischen Wissens* tritt damit aber der *proslogische Verifikationszusammenhang theologischen Erkennens.*

3. Was das heißt, verdeutlichen wir uns, indem wir fragen: Wie kommt es zum intellectus fidei, zur Erkenntnis der Wahrheit des Glaubens und damit zur Verifikation des vom Glauben erhobenen Wahrheitsanspruchs? Anselm gibt den entscheidenden Hinweis dadurch, daß er das Unternehmen, sich die Wahrheit dessen, was man glaubt, erkennend anzueignen, ausdrücklich in den Kontext des Versuchs stellt, seinen Geist zur Kontemplation Gottes zu erheben. Der Übergang vom Wissen zur Erkenntnis ist anders als der Übergang vom Nichtwissen zum Wissen konstitutiv an die kontemplative Konzentration auf Gott, ans *Gebet,* gebunden. Während die fides als Wissen katechetisch gelernt und dialogisch gelehrt werden kann, kommt es zum intellectus fidei, zur Einsicht in die Wahrheit des Glaubens, nur im Gebet zu Gott. Eben darin liegt das Neue gegenüber der Methode monologischen Meditierens: Theologische Erkenntnis ist anders als theologisches Wissen nur im Gebet zu gewinnen.

Man muß sich die polemische Spitze dieser Auffassung des Benediktinermönchs Anselm gegen einen sich damals gerade etablierenden und für Jahrhunderte die theologische Szene beherrschenden Ansatz universitärer Theologie klarmachen: Nicht im dialektischen Sic et Non, nicht im Abwägen der Gründe und Autoritäten, die für oder gegen das sprechen, was der Glaube glaubt und behauptet, kommt es zum intellectus fidei, zur Erkenntnis seiner Wahrheit, sondern allein im Gespräch mit Gott. Denn wie allein Gott den Glauben schenkt, ist es auch allein Gott, wie Anselm betont, der zur Erkenntnis der Wahrheit des Glaubens verhilft (P 2: I, 101, 3f; P 4: I, 104, 5f): fides und intellectus fidei sind beides – freilich wohl zu unterscheidende – Gnadengaben Gottes (C 3, 6: II, 271, 11–13).

Das quaerere in der Formel fides quaerens intellectum ist deshalb in ganz präzisem Sinn zu verstehen. Der Glaube ist nicht einfach auf der Suche nach Einsicht, er fragt auch nicht einfach nach der Erkenntnis seiner Wahrheit, er fragt vielmehr ganz dezidiert *jemanden*, nämlich *Gott*, ihm zu dieser Erkenntnis zu verhelfen. Das ist der Sinn des ursprünglichen Titels des Proslogion: *Der Glaube, der Gott im Gebet um Erkenntnis seiner Wahrheit ersucht.* Ist das monologische quaerere die Methode, vom Nichtwissen zum Wissen zu gelangen, so ist das proslogische quaerere ex Deo die Methode, vom Glaubenswissen zur Glaubenserkenntnis fortzuschreiten.

Anselms im Proslogion praktiziertes Theologieprogramm fides quaerens intellectum impliziert drei theologisch relevante Grundsituationen: die Verkündigungssituation, die Lehrsituation und die Gebetssituation.

– Die Vermittlung der fides und die Zueignung des Glaubens haben ihren Ort in der Verkündigungssituation der Kirche.

– Die quaestio und cogitatio und damit die Aneignung und die Prüfung theologischen Wissens haben ihren Ort in Katechese und Unterricht, d.h. in der dialogischen Lehrsituation von Lehrer und Schüler.

– Der intellectus fidei aber hat seinen Ort in der Gebetssituation, in der allein es zur Verifikation des katechetisch erworbenen Glaubenswissens kommen kann.

In jedem dieser drei fundamentalen Zusammenhänge wird der Glaube anders vergegenwärtigt, nämlich – formelhaft gesprochen – entweder narrativ als Glaube oder argumentativ als Wissen oder kontemplativ als Erkennen. Diese Vergegenwärtigungsweisen des Glaubens stehen aber nicht einfach nebeneinander, sondern sind so aufeinander bezogen, daß die Argumentation die Erzählung, die Kontemplation aber die Argumentation und die Narration des Glaubens voraussetzt.

So ist nach Anselm vor und unabhängig von jedem theologischen Wissen und Erkennen der Glaube da. Der Glaube aber ist nicht voraussetzungslos, sondern hat eine doppelte Vorgeschichte (vgl. Kienzler, 1981, 51–53). Einerseits ist er Gabe Gottes und hat als solche Gott allein zum Urheber. Andererseits kommt er konkret aus der Predigt (C 3, 6: II, 271, 5–19.)[3] und

---

[3] Zu Anselms Glaubensbegriff ist zu beachten, daß er den Glauben im Bezug auf das Handeln bestimmt, und zwar als »fides quae per dilectionem operatur« (M 78: I, 85, 6:). Obgleich daher im Anschluß an Röm 10, 13–15 gilt: »fides esse nequit sine conceptione«, ist das aus dem Hören der praedicatio resultierende Wissen als solches noch kein Glaube. Dazu wird es vielmehr erst, wenn man auch glaubt, was man hört, und das ist unmöglich ohne die rectitudo volendi, die selbst reine Gnadengabe Gottes ist (C 3, 6: II, 271, 6–9. 12f).

wird als menschlich vermittelte Gabe Gottes aufgrund der Autorität der Schrift (C 3, 6: II, 271, 26–272, 7; M 1: I, 14, 1–4; CDH I, 3: II, 50, 16–22), der Tradition (M 1: I, 14, 1–4), der Väter (M Prologus: I, 8, 8f) und der Kirche (E 1: II, 6, 10–7, 4) übernommen und praktiziert. Dieser Glaube wird narrativ vergegenwärtigt, indem das kirchliche Credo, das die biblisch bezeugte Geschichte und Vorgeschichte des Glaubens stilisiert rekapituliert, memoriert und rezitiert wird.

Die narrative Vergegenwärtigung des Glaubens ist also nicht zu verwechseln mit der Erzählung der eigenen Lebens- und Glaubensgeschichte. Damit würde nicht der Glaube, sondern allenfalls die eigene private Rezeption des Glaubens in Erinnerung gerufen. Der Glaube selbst wird erst dort vergegenwärtigt, wo wir unsere eigene Glaubensgeschichte als Geschichte des Glaubens überhaupt erzählen, eben in der Einstimmung in das kirchliche Bekenntnis, wie es das erste Kapitel des Proslogion demonstriert.

Der so in konkreter Gestalt angeeignete und narrativ vergegenwärtigte Glaube provoziert das Denken, seine Implikationen und Konsequenzen, vor allem aber seine ratio zu erforschen und ihn so als Wissen zu thematisieren. Das Denken aber hat im Unterschied zum Glauben nur sich selbst zur Voraussetzung und gehorcht nur einem Gesetz: sola ratione. Auch Gott, die ratio fidei, ist sola ratione zu denken (M 1: I, 13, 5–11). Als Wissen läßt sich der Glaube daher nur argumentativ und sprachlich, im Für und Wider theologischer Argumente vergegenwärtigen. Der so vergegenwärtigte Glaube aber bleibt stets nur problematisches Wissen. Denn das Denken ist zwar der Ort der Wahrheit, an dem allein es zur claritas veritatis kommen kann (M Prologus: I, 7, 8f). Doch es vermag diese claritas veritatis nicht selbst zu produzieren. Als Ort der Wahrheit ist es eben auch der Ort der Falschheit und damit auf die Wahrnehmung ihm vorgegebener Wahrheit angewiesen. Zum intellectus fidei kommt es daher erst, wo der Reflexionszusammenhang des cogitare zum Verifikationszusammenhang des intelligere hin überschritten wird, in dem die fides nicht mehr nur argumentativ reflektiert, sondern im Gebet kontemplativ zu verifizieren gesucht und durch Gottes gnädige illuminatio auch verifiziert wird.

Solche kontemplative Vergegenwärtigung und Verifikation des Glaubens kann die Theologie freilich niemandem abnehmen. Stellvertretende Verifikation des Glaubens ist ebenso ein Unding wie ein überpersönlicher, nicht immer schon konkret personal bezogener intellectus fidei. Theologische Argumentation im Sinne des Programms fides quaerens intellectum muß daher personal und pragmatisch pointiert sein. Denn der intellectus fidei kann im Unterschied zum Inhalt der fides nur so vermittelt werden, daß der Leser oder Hörer in die Situation des Gebets, der Kontemplation Gottes, verwiesen wird. Die Kommunikation theologischer Wahrheitserkenntnis ist nicht Resultat der Generalisierung des Glaubens, die von dessen personalem Charakter abstrahiert und ihn in begrifflich faßbare und diskursiv verfügbare Wahrheiten auflöst, die allenfalls durch ihre Herkunft als Glaubenswahrheiten ausgezeichnet sind. Sie kann sich vielmehr nur als argumentative Einladung zur eigenen Verifikation des erworbenen Glaubenswissens in der praxis pietatis, und d.h. vor allem: im Gebet vollziehen.

IV Die Form des Proslogion

Die Gott anredenden Passagen – und damit komme ich zum zweiten Teil –, denen das Proslogion seinen Titel verdankt, sind also keine bloß »literarische Zutat«, wie behauptet wurde, »in denen das Herz zu seinem Rechte« und »die Spekulationsarbeit zum Ausruhen kommt« (Schmitt, 1962, 18f). Sie sind vielmehr integrales Moment der in diesem Text mit Kopf *und* Herz in Argumentation *und* Kontemplation vollzogenen theologischen Denkbewegung (vgl. – ohne im Detail zuzustimmen – Herrera, 1972, 142–144). Nur im Kontext der kontemplativen Konzentration auf Gott kommt es zum intellectus fidei. Aber – und das ist ebenso entscheidend – es kommt zu ihm gerade in diesem Kontext nicht ohne Argumentation. Denn so gewiß der intellectus fidei als *Wahrheits*erkenntnis ganz und gar Gabe Gottes, Resultat göttlicher illuminatio, ist, so gewiß ist er als Wahrheit*serkenntnis* Resultat des sola ratione vollzogenen intelligere des Menschen.

Diese für den intellectus fidei konstitutive Spannung, ganz von Gott her und ganz durch den Menschen zu sein, stellt Anselms Theologie methodisch vor ihr zentrales Problem. Denn wie sind diese beiden Momente miteinander vermittelt? Und wie läßt sich der so konstituierte intellectus fidei anderen vermitteln?

Beide Fragen lassen sich mit einem Wort beantworten: *sprachlich*. Die Sprache – und das ist für Anselm schöpfungstheologisch begründet (vgl. Evans, 1978, Kap. 1; Torrance, 1971) – ist das Medium nicht erst der Kommunikation, sondern schon der Konstitution theologischer Wahrheitserkenntnis. Durch seine Sprachlichkeit unterscheidet sich theologisches Erkennen grundsätzlich von der intuitiven Schau Gottes. Hat es doch nicht Gott selbst, sondern dessen Wahrheit zum Gegenstand: Deshalb steht der intellectus fidei zwischen fides und species (CDH Commendatio: II, 40, 10–12; vgl. P 1: I, 100, 15–18). Diese Wahrheit vermag es aber immer nur in geschöpflicher Entsprechung (similitudo und dissimilitudo: M 11: I, 26, 6f; M 31: I, 49, 7–11.20–23; M 66: I, 77, 7–24; vgl. vor allem Kohlenberger, 1972; Vuillemin, 1971, 281.288–291; Schmitt, 1969, 60f) und damit allenfalls näherungsweise (aliquatenus) zu erfassen, und solche sich der Wahrheit nähernden Entsprechungen sind dem Erkennen allein in der

Sprache möglich. Die Sprache, so könnte man sagen, ist diejenige res, in der die similitudo und dissimilitudo zwischen geschöpflicher und schöpferischer Wahrheit zur Darstellung kommen kann und sich damit wahrnehmen und erkennen läßt. Hinter dieser Ansicht steht eine Reihe aus dem Erbe Augustins und des Boethius stammender (vgl. Evans, 1978, 20–23; Flasch, 1970) und für Anselms gesamte Theologie fundamentaler Annahmen, nämlich:

(1) die trinitätstheologische These, daß Gott selbst das Wort (intima locutio, verbum) ist, durch das er alles schafft und sich selbst in seiner Wahrheit wahrnehmbar macht (M 12: I, 26, 28 f; M 29: I, 47, 4–7; M 30: I, 48, 8–12; vgl. Kohlenberger, 1976, 158–165).

(2) die schöpfungstheologische These, daß alle rationalen Geschöpfe mit der Fähigkeit zur Sprach- und Zeichenverwendung ausgestattet sind und die von Gottes Wort wahrnehmbar gemachte Wahrheit in diesem Wort entsprechenden Wörtern wahrzunehmen vermögen (M 10: I, 24, 24 -25, 27; M 11: I, 26, 3–23).

(3) die sprachtheoretische These, daß die Sprache, mit der das Problem von Wahrheit und Falschheit auf den Plan tritt, als Medium der Vermittlung von Gott und Mensch auf vier Ebenen zu analysieren ist, nämlich:
- auf der Ebene der Archetypen in Gottes Geist (exemplum, forma, similitudo, regula), die die Wahrheit selbst darstellen (M 9: I, 24, 14–16; vgl. Berlinger, 1976);
- auf der Ebene der verba naturalia, die als universale Sprache aller Menschen aufgrund ihrer similitudo-Relation zu den göttlichen Archetypen zwar notwendig wahr sind, aber eben nur gemäß der Differenz von Schöpfer und Geschöpf (M 10: I, 25, 11–15; P 24: I, 118, 2f; vgl. Warnach, 1962, 165 f);
- auf der Ebene der voces significativae, die als bedeutungsvolle, aber konventionelle Zeichen der Menschen wahr oder falsch sein können (M 10: I, 24, 27 f; 25, 2–5);
- und schließlich auf der Ebene der sinnlichen signa, die als solche weder wahr noch falsch sind (M 10: I, 24, 30–25, 2).

Kommunikationsprobleme entstehen offenbar nur auf der Ebene der voces significativae. Die verba naturalia braucht man nicht zu kommunizieren, weil jeder sie schon weiß (M 10: I, 25, 13f), die signa aber, ohne die man nicht kommunizieren kann, kann man selbst nicht kommunizieren, weil sie nichts zu verstehen geben.

Damit steht die Theologie vor der Frage, wie sie mittels der voces significativae, deren Wahrheit nicht garantiert ist, den intellectus fidei unter Wahrung der für ihn konstitutiven Spannung vermitteln kann. Anselm versucht dies im Proslogion dadurch, daß er nicht nur dessen Inhalt, sondern auch seiner Form theologische Funktion und Aussagekraft verleiht. Das aber heißt: So wesentlich die innere Entsprechung zwischen dem Wort und den Wörtern für die Konstitution theologischer Wahrheitserkenntnis ist, so wesentlich ist die äußere Entsprechung zwischen dem Inhalt und der Form der Wörter für die Kommunikation dieser Wahrheitserkenntnis.

Ein Punkt, auf den G. R. Evans hingewiesen hat, mag dies verdeutlichen (1978, 61 f): Die im Monologion ausdrücklich thematisierte Trinitätslehre wird im Proslogion nicht etwa übergangen, wie ein oberflächlicher Textvergleich vermuten lassen könnte: In P 23 wird sie zwar erwähnt, aber nicht selbst zum Thema. Sie wird vielmehr von einem besonderen inhaltlichen Thema zur Form der gesamten theologischen Reflexion: Das ganze Proslogion ist memorierende Anrede an Gott den Vater, die durch argumentative, Gott dem Sohn entsprechende, und kontemplative, Gott dem Geist entsprechende Passagen vollzogen wird. Die Trinitätslehre wird so vom Gegenstand zum Medium der Vermittlung theologischer Wahrheitserkenntnis. Theologie wird – trinitarische – Methode.

Diese theologische Aufwertung der Form entspricht der Einsicht, daß der intellectus fidei als unverfügbare Gabe Gottes durch bloße Argumentation weder generierbar noch kommunizierbar ist. Er ist methodisch nicht generierbar, da für Anselm kein Weg vom Glaubenswissen zur Erkenntnis der ratio fidei führt, der nicht durch Gottes illuminatio unterbrochen würde. Diese illuminatio deckt die durch die Sünde verschüttete Struktur der Gottebenbildlichkeit unserer mens auf, die dadurch in ihren Vollzügen als memoria, cogitatio und amor als ein vestigium trinitatis, als eine geschöpfliche Entsprechung des dreieinigen Gottes, begreifbar wird (P 1: I, 100, 12–15). Ohne eine solche, uns über uns selbst aufklärende Unterbrechung unseres Denkens gibt es keinen intellectus fidei, kann die Wahrheit Gottes nicht erkannt werden. Gotteserkenntnis ist auch für Anselm nicht möglich ohne Selbsterkenntnis.

Erkenntnis der Wahrheit Gottes ist freilich etwas anderes als Konfrontation mit Gott selbst, intellectus fidei nicht dasselbe wie die eschatologische visio dei. Theologische Erkenntnis ist denkende Einsicht in die Wahrheit Gottes, die wir glauben und lieben (P 1: I, 100, 17), nicht direkte Begegnung mit Gott selbst. Gottes *Wahrheit* aber kann nur gedacht werden, indem man nicht nur einen Gottesgedanken, sondern einen wahren Sachverhalt über Gott denkt. Das folgt aus der Struktur des Denkens. Wahrheit wird nicht in Begriffen, sondern durch Begriffe in Propositionen gedacht. Theologisches Denken hat es daher niemals nur mit Gott, sondern immer damit zu tun, wie und was Gott ist. Andererseits kann die Wahrheit *Gottes* nicht gedacht werden, ohne die konstitutive Differenz zwischen dem Geschöpf, das denkt, und dem Schöpfer, der gedacht wird, zu berücksichtigen. Indem die Theologie als wahr zu denken sucht, daß Gott ist und was Gott ist, muß sie die immer noch größere Unbegreiflichkeit des Schöpfers im

Horizont der Schöpfung bedenken. Ihr Erkennen der Wahrheit Gottes ist daher immer nur ein näherungsweises Erkennen, ein aliquatenus intelligere (ebd.). Sie kann die Wahrheit Gottes nicht auf den Begriff bringen, sondern sich nur selbst auf den Weg zur immer besseren Erkenntnis seiner Wahrheit bringen lassen[4].

Auf diesen Weg gebracht zu werden ist mit Freude verbunden (P Prooemium: I, 93, 20; vgl. Eadmer, 1979, 30). Denn wenn Gott sich finden läßt, indem er seine Wahrheit menschlichem Denken wahrnehmbar macht, dann verursacht das beim Finder Freude. Diese Freude ist nicht nur die Freude dessen, der nach langem Suchen das Gesuchte endlich gefunden hat. Es ist – wie Kapitel 1 des Proslogion darstellt – die Freude des Sünders, dem sich Gott gnädig erschließt, und die deshalb aus der renovatio und reformatio seiner imago-Dei-Struktur resultiert (P 1: I, 100, 12–15). Denn nur im Wissen um seine eigene Geschöpflichkeit vermag er Gottes Wahrheit unter den Bedingungen der Differenz von Schöpfer und Geschöpf wenigstens aliquatenus zu erkennen.

Die Freude, wenigstens etwas von Gottes Wahrheit erkannt zu haben – und kein äußerer Anlaß wie beim Monologion (M Prologus: I, 7, 2–8, 7; P Prooemium: I, 93, 3) –, veranlaßte Anselm zur Abfassung des Proslogion (P Prooemium: I, 93, 20f). Andere sollen an dieser Freude teilhaben, sollen dieselbe Freude erfahren. Doch die Freude würde nicht kommuniziert, wenn er nur seinen eigenen intellectus fidei mitteilte: Der Prozeß des Suchens und Nicht-Findens muß nachvollzogen werden, um die Freude des Findens mitvollziehen zu können. Die Freude ist an die illuminatio gebunden, und diese ist ein Ereignis, das sich nicht unabhängig von jenem Prozeß einstellt.

Den intellectus fidei zu vermitteln stellt somit subtilere Anforderungen an die theologische Lehre als die monologische oder dialogische Erweiterung theologischen Wissens. Denn nicht neues Wissen, sondern einen neuen Wissen*modus* gilt es zu kommunizieren. Durch inhaltliche Explikation des Glaubens, wie es in Katechese und Unterricht geschieht, ist das nicht zu leisten, weil diese die modale Differenz zwischen fides und intellectus fidei überhaupt nicht in den Blick bekommt, sondern bei dem beiden gemeinsamen Wissen*gehalt* stehen bleibt. Daß dieses Wissen wahr ist, kann theologisch nur behauptet werden. Es läßt sich weder aus unumstrittenen

---

[4] Anselm bestätigt so auf seine Weise die Feststellung: »Die Erkenntnis theologischer Wahrheit hat . . . niemals den Charakter einer Entdeckung, die man ein für allemal macht, sondern die Gestalt eines Weges, den man geht. Sie ist die Erkenntnis des ›Mitspielers‹, des an der Sache selbst Beteiligten, nicht das Wissen dessen, der von einem dritten Ort aus der Sache zuschaut. Denn einen solchen dritten Ort Gott gegenüber gibt es für den Menschen nicht« (Link, 1982, 526).

Prämissen zwingend beweisen, noch lassen sich hinreichende Bedingungen spezifizieren, unter denen es zwangsläufig zu seiner Verifikation und damit zum intellectus fidei kommen muß. Die Theologie würde ihre Kompetenz gleich zweifach überschreiten, wollte sie leisten, was allein Gott gibt, und stellvertretend vollziehen, was sich nicht anders als in je konkreter existentieller Erfahrung ereignet. Sie kann nur eines, nämlich die Situation angeben, in der es zu solcher Verifikation kommen *kann*, weil es in ihr schon dazu gekommen *ist*: das Gebet.

Die Pointe des Proslogion ist, daß es über diese Gebetssituation nicht nur redet, sondern in kunstvoller Verbindung von Kontemplation und Argumentation in sie einführt. Vom Leser wird dementsprechend nicht das Memorieren eines Beweisganges erwartet, sondern der Mitvollzug des dort in Gebet und Argumentation beschrittenen Denk-Weges. Er soll nicht die theologische Erkenntnis des Anselm rezipieren, sondern sich selbst im Ich dessen entdecken, der im Proslogion redet, und so dessen Weg vom Wissen zum Erkennen als seinen eigenen Weg beschreiten. Die Möglichkeit dafür ist für Anselm selbst theologisch begründet: Jeder Mensch kann auf seine imago-Dei-Struktur angesprochen und mit Gottes Hilfe durch sola ratione vollzogene Argumentation über deren trinitarischen Charakter aufgeklärt werden.

Anselm demonstriert das eindrücklich im ersten Kapitel des Proslogion, das unter dem Titel Excitatio mentis ad contemplandum Deum den kontemplativen Kontext der folgenden Argumentation konstituiert. Dieses Kapitel fordert zur Lektüre auf drei Ebenen heraus und fungiert so als hermeneutische Einweisung in die vom Autor gewünschte Lektüre des folgenden Textes. In Gestalt eines Gebetes wird vom redenden Ich des Beters die Geschichte des gefallenen Menschen erzählt, der von Gott getrennt ist und doch Gottes Geschöpf bleibt und dessen Gegenwart ersehnt. Doch das Ich des Beters ist nicht nur das kollektive Ich der Menschen. Es ist zugleich Anselms Ich, der im Erzählen dieser Geschichte seine eigene Geschichte des Gott-Suchens und -Nichtfindens, seines Nicht-mehr-suchen-Wollens und unerwarteten Findens typologisch universalisiert und als Geschichte der Gottsuche des Menschen präsentiert. Und dieses doppelt bestimmte Ich wird in der Lektüre ein drittes Mal präzisiert, insofern es das Ich eines jeden wird, der dieses Gebet mitvollzieht und so in dieser den Glauben überhaupt repräsentierenden Glaubensgeschichte Anselms seine eigene Glaubensgeschichte exemplarisch repräsentiert findet.

Zu solcher, den Leser selbst involvierenden Lektüre provoziert das Proslogion insgesamt durch seine Form. Es will nicht nur gelesen, sondern mitvollzogen werden. Damit hat es wesentlich eine *pragmatische* Pointe, die bei aller logischen Stringenz auch seine argumentativen Passagen dominiert. Denn gerade indem es nicht *für* den, sondern *mit* dem Leser theologisch denkt, wahrt es sowohl das sola ratione theologischen Denkens als

auch die Unverfügbarkeit des intellectus fidei. An die Stelle der monologischen und dialogischen Wissensvermittlung theologischer Lehre tritt so die
proslogische Erkenntnisprovokation theologischen Lehrens: Theologie
wird zur Kunst argumentativer Anleitung zum eigenen Erkenntnisvollzug
im Gebet.

Daß dies gerade in der Doppelform von Gebet und Argumentation
geschieht, dürfte auch biographisch motiviert sein. Transponiert Anselm
doch hier seine eigene Glaubenserkenntnis, um die er sich – wie er im
Prooemium berichtet – lange und vergeblich bemüht hatte und die sich
ihm erst, als er die Hoffnung schon aufzugeben begann, unwiderstehlich
aufdrängte (P Prooemium: I, 93, 10–19) – und zwar, wenn wir eine Notiz
seines Biographen Eadmer glauben können, eines Nachts während des
Frühgebets (Eadmer, 1979, 30) –, transponiert er doch diese ganze Erfahrung in eine Argumentation, in der die konkrete Erfahrungssituation, in
der sich diese Erkenntnis bei ihm einstellte, strukturell typologisiert (Gebet)
und damit so präsent gehalten wird, daß jeder durch den Mitvollzug der
Argumentation in diese Erfahrungssituation eingewiesen und so zum
Nachvollzug jener Erkenntnis angeleitet wird.

Das geschieht höchst kunstvoll – darin auf seine Weise wohl nur Descartes' Meditationen vergleichbar (vgl. Williams, 1979, 19f) –, indem der
Prozeß des Suchens und Nichtfindens, der »Streit der Gedanken« (P Prooemium: I, 93, 17f) bis hin zur schließlich sich einstellenden Erkenntnis dem
Leser kontemplativ und argumentativ vergegenwärtigt wird. Entsprechend ist diese Schrift nicht als theologischer Traktat zur Gotteslehre, sondern als exercitium zu lesen, dessen Mitvollzug jedem den Nachvollzug
entsprechender Glaubenserkenntnis in der Situation des Gebets ermög-
lichen soll. Denn nur dort kommt es nach Anselm zur Verifikationserfah-
rung unseres katechetisch erworbenen und theologisch durchdachten Glaubens, ohne die es keine Erkenntnis seiner Wahrheit gibt.

V Argument und Argumentation

Sind diese Beobachtungen zur *Form* des Proslogion richtig, dann müssen sie
sich an dessen *Inhalt* ausweisen lassen. Wir fragen daher in einem dritten
Teil, wie die pragmatische Pointe des Proslogion in seiner inhaltlichen
Argumentation zur Geltung kommt.

Meine Antwort lautet: Sie prägt sowohl Anselms *Argument* (A) als
auch seine *Argumentation* mit diesem Argument (B). Beides ist zu betrachten.

A. Wie Anselm im Prooemium berichtet, drängte sich ihm nach Abschluß des Monologion die Frage auf (coepi mecum quaerere), ob dessen komplizierte Verkettung vieler Argumente nicht durch *ein* Argument (unum argumentum) ersetzt werden könnte, ob sich also die komplexe Vielfalt der dort vorgetragenen Argumentation nicht auf *ein Grundargument* reduzieren ließe (I, 93, 5 f).

1. Warum stellt sich Anselm diese Frage? Im Unterschied zum Monologion waren es nicht die zwingenden Bitten seiner Mitbrüder im Kloster Bec, die ihm diese Frage und ihre Behandlung aufnötigten. Sie ergab sich ihm vielmehr aus seinem eigenen, ihn nicht befriedigenden Verfahren im Monologion (I, 93, 3–10). Kein neues Sachproblem, sondern die theologische Methode des Monologion provozierte die Frage nach dem unum argumentum. Und ihre Antwort bzw. genauer: die Entdeckung ihrer Antwort und kein äußerer Anlaß bewog ihn zur Abfassung des Proslogion.

Die Entdeckung dieser Antwort beurteilte Anselm nicht als seinen eigenen methodischen Fund, sondern als Gott selbst zu verdankendes Ereignis. Aber auch schon die Problematisierung der Methode des Monologion war für ihn theologisch motiviert. Wie sich dem ursprünglichen Titel des Proslogion entnehmen läßt, war das dort Erreichte aus mindestens drei theologischen Gründen methodisch unzureichend.

a) Dem intelligere geht es im Unterschied zum meditativen investigare um die denkende Aneignung der Wahrheit des Glaubens durch Erkenntnis der ratio fidei. Diese Wahrheit des Glaubens aber ist eine und einfach. Sie ist daher erst dann theologisch adäquat thematisiert, wenn sie nicht nur in ihrem ganzen Umfang erkundet ist, sondern wenn ihr auch die theologische Darstellungsform entspricht – und d.h. eben, wenn sie in *einem* Argument begriffen ist, das begriffliches Pendant der Einheit Gottes und zugleich so einfach und für jeden nachvollziehbar und verständlich ist, daß es ihm die aneignende Vergegenwärtigung der ratio fidei ermöglicht (Kienzler, 1981, 307 f).

b) Die ratio fidei, der Grund des Glaubens, um dessen Erkenntnis es geht, ist nichts anderes als Gott selbst. Diese einfache Wahrheit wird verdunkelt, wenn zwischen den Glauben und seinen Grund eine komplizierte theologische Argumentation tritt, hinter der Gott in die Ferne entschwindet, anstatt durch sie in seiner Nähe einsichtig zu werden. Die Einsicht von Gottes Nähe zeigt sich für Anselm in der dadurch ausgelösten Freude. Wo sich keine Freude einstellt, hat Gott noch keine Entsprechung im Denken gefunden. Die Kompliziertheit der concatenatio multorum argumentorum des Monologion aber stand der Freude über die Einfachheit der Wahrheit Gottes geradezu im Weg. Anselm sah das und suchte es zu korrigieren. Die Frage nach dem unum argumentum ist das Bemühen, Gott im Denken so zu entsprechen, daß sich Freude an Gott einstellt[5]. Während gaudium daher kein Thema im Monologion ist, wird es das um so unübersehbarer im Proslogion (P 25: I, 120, 12–20; P 26: I, 120, 23–122, 2).

c) Der intellectus fidei ist reine Gabe Gottes. Diese Gabe stellt aber immer zugleich die Aufgabe dar, die erkannte Wahrheit des Glaubens argumentativ zu rekonstruieren und so anderen kommunizierbar zu machen. Die Qualität eines Theologen bemißt sich dementsprechend nicht daran, zu welchen theologischen Einsichten er es bringt, da er wie jeder andere um solche Einsicht im Gebet nur bitten kann. Seine Qualität zeigt sich vielmehr daran, wie er die mit der Gabe der Einsicht gestellte Aufgabe zu meistern weiß. Anselm meistert sie, indem er die Komplexität einer komplizierten Argumentation durch ein Argument zu ersetzen sucht. Ein Argument ist nicht nur besser im Kopf zu behalten als eine Kette von Argumenten, es kann auch jedem zugemutet werden. Um die Argumentationsstruktur des Monologion oder auch von Cur deus homo zu wiederholen, muß man eine ganze Reihe von Sätzen und Argumenten im Gedächtnis behalten – nicht zuletzt das erklärt die Schwierigkeit, sich diese argumentatio einzuprägen. Im Blick auf den Stoff und die Argumentation des Monologion aber hat Anselm im Proslogion ein Grundargument vorgelegt, das erlaubt, mit Hilfe eines gewissen dialektischen, d.h. logischen Trainings jene Argumentation in ihren Grundzügen zu rekonstruieren. Es ist eine Merkformel. Wer sie sich gemerkt hat, kann sich das Memorieren vieler Detailargumentationen ersparen. Er muß nur denken können bzw. – wie Anselm im Monologion sagt – von mediokrer Begabung sein (M 1: I, 13, 10).

Eine Merkformel ist kein allgemeines Prinzip. Sie gilt für einen bestimmten Bereich, einen bestimmten Kontext von Fragen. Anselm ist höchst präzis in der Angabe dessen, wofür dieses unum argumentum als

---

[5] Hier dürfte auch der theologische Grund dafür zu suchen sein, daß sich Anselm wie kaum ein anderer in seinen theologischen Schriften um einfache Sprache und gedankliche Klarheit bemüht. (Daß diese gedankliche Klarheit in genauen sprachanalytischen Reflexionen gründet, zeigen GR [vgl. Henry, 1964] und die philosophischen Fragmente [Schmitt, 1936].) An diesem Punkt unterscheidet er sich sowohl von der augustinischen Rhetorik als auch von der technischen Verwissenschaftlichung der Sprache in der späteren Scholastik. Nicht das Erfordernis eines Wissenschaftsbegriffs, sondern ein ursprünglich theologisches Interesse steht hinter seiner Bemühung um Klarheit. Seine Argumentation – das gilt nicht nur, aber in ganz besonderem Maße auch für das P – ist immer einfach, mit einleuchtenden Beispielen illustriert und daraufhin ausgerichtet, jedermann (und nicht nur den theologischen Spezialisten) unmittelbar zu überzeugen. Kaum ein anderer Theologe hat so bewußt seine Worte gewählt. Jedes Pronomen, jede Partikel ist mit Bedacht gesetzt. Anselm will wörtlich genommen werden, und je wörtlicher wir ihn nehmen, desto besser werden wir ihn verstehen.

Merkformel dienen und was es leisten soll[6]. Das zeigt sich an den Forderungen, die er an das gesuchte Grundargument stellt[7]:

(1) Es muß sich um *ein* Argument handeln.

(2) Dieses Argument soll keines Beweises durch ein anderes Argument bedürftig sein.

(3) Es soll aber durch sich selbst bewiesen werden können.

(4) Seine Funktion soll sein, daß es als solches – d.h. ohne Hilfe weiterer und anderer Argumente – darüber in Kenntnis zu setzen vermag,

(5) daß Gott in Wahrheit existiert, und

(6) daß er das höchste Gut ist und überhaupt alles, was wir von der divina substantia glauben.

Diese 6 Postulate zeigen zweifelsfrei, daß Anselm nach einer Entsprechung Gottes im Denken sucht (vgl. Vignaux, 1959, 39):

– Wie Gott einer ist, so hat auch der ihm entsprechende Gedanke einer zu sein;

– wie Gott keines anderen bedarf, um zu sein, was er ist, so soll auch dieses Argument keines anderen zum Beweis seiner selbst bedürfen;

– wie Gott sich selbst begründet, so soll auch dieses Argument durch sich selbst begründet werden können;

– wie Gott sich selbst zur Erkenntnis bringt, so soll auch dieses Argument selbst über seine Wahrheit in Kenntnis setzen können;

– wie Gott, wenn er sich zur Erkenntnis bringt, klarstellt, daß er ist und was er ist, so soll auch dieses Argument über Gottes Sein und Gottes Wesen Klarheit schaffen.

Anselm fordert also einen Gottes*gedanken*, der sich gerade dadurch als Gedanke *Gottes* ausweist, daß er durch dieselben Grundcharakteristika wie Gott selbst ausgezeichnet ist. Dabei droht freilich eine Gefahr, die es zu vermeiden gilt: die Verwechslung des Gedankens Gottes mit Gott selbst, die Vergottung des Gottesgedankens. Das gesuchte Argument – das können wir als siebtes Postulat notieren – hat daher mit der Denkbarkeit Gottes

---

[6] Weniger präzis sind dagegen die Angaben seiner Interpreten. Anselm beansprucht nicht, sein Argument »would enable him to show three things: that God exists; that he is the highest good, and needs nothing else to make him so; that he is whatever else we believe about the divine substance« (Evans, 1978, 61; vgl. 47 f; ähnlich Hendley,1981, 840). Dieser Angabe eines dreifachen Themenbereichs widerspricht nicht nur die grammatische Konstruktion von P Prooemium (I, 93, 7–9): »... ad astruendum quia deus vere est, et quia est summum bonum ... et quaecumque de divina credimus substantia«, sondern auch die anderen Stellen, an denen der Gültigkeitsbereich des unum argumentum spezifiziert wird (P 2: I, 101, 4; R 10: I, 139, 1 f), sprechen von einer Zwei- und keiner Dreiteilung.

[7] Ich analysiere im folgenden den Text P Prooemium (I, 93, 6–10). Warum in diesem Text »vom Programm des Proslogion nicht die Rede« sein soll, wie Stolz (1933, 10) behauptet, ist nicht einzusehen. Zumindest hätte man eine Begründung dieser Behauptung erwartet.

zugleich die Differenz zwischen Gott und Gottesgedanke unmißverständlich zu wahren.

2. Anselm beansprucht, ein Argument, das diesen Postulaten genügt, gefunden zu haben. Wie lautet es?

Fest steht, daß es im Gegensatz zur concatenatio multorum argumentorum des Monologion *ein* Argument sein muß. Aber mit dieser Einsicht endet auch die Einigkeit der Interpreten. Einige verstehen den Ausdruck »unum argumentum« als Bezeichnung des ganzen kontinuierlichen Argumentationszusammenhangs des Proslogion, in dem sukzessiv aus Prämissen Konklusionen gewonnen werden, die dann als Prämissen für weitere Argumentationen verwendet werden (La Croix, 1972, 9f.26). Doch diese Auffassung ist aus mehreren Gründen unhaltbar. Zum ersten wäre damit der Unterschied zwischen Monologion und Proslogion ignoriert, da auch letzteres in diesem Sinn einen einheitlichen Argumentationszusammenhang bildet. Zum anderen ließe sich Anselms Forderung nach Selbstbegründbarkeit des unum argumentum kein Sinn mehr abgewinnen (vgl. Campbell, 1976, 10). Denn worin sollte diese Selbstbegründung im Hinblick auf das Proslogion als Ganzes bestehen? Schließlich hätte Anselm seinem Sprachgebrauch zufolge eher von argumentatio als von argumentum gesprochen, wenn er einen Argumentationszusammenhang gemeint hätte (vgl. Evans, 1978, 48.73). Aus all diesen Gründen scheidet diese Interpretation aus.

Damit sind zugleich zwei weitere Auffassungen zurückgewiesen, die Anselms unum argumentum entweder mit Kapitel 2 oder mit Kapitel 3 des Proslogion identifizieren (vgl. La Croix, 1972. 5–9; Evans, 1978, 46–49). Wiederum handelt es sich um Argumentationen und nicht um ein Argument, das sich selbst zu begründen vermag.

K. Barth sieht das richtig und identifiziert das unum argumentum mit der Formel: id quo maius cogitari nequit (1981, 9). Er übersieht damit allerdings die entscheidende Differenz zwischen id und aliquid (Barth, 1981, 75; ebenso Schmitt, 1972, 82; Kienzler, 1981, 222.224 und passim) und beschränkt so den Geltungsbereich des Arguments auf das, was in den Kapiteln 2–4 verhandelt wird. Doch Anselm war mindestens ebenso (wenn nicht noch mehr; vgl. Eadmer, 1979, 29) an dem interessiert, was im Rest des Proslogion zur Verhandlung steht. Zu dessen Erkenntnis aber ist die von Barth gewählte Form der Formel unzureichend.

G. Evans hat diese Schwierigkeit gesehen und geschlossen, diese Formel sei »merely the first statement of the argument's application« (1978, 46). Sie folgert daraus vor allem im Blick auf den zweiten Teil des Proslogion, daß wir in Anselms Text nicht das Argument selbst, sondern nur eine Reihe verschiedener Formulierungen dieses Arguments vorliegen haben. Ihr zufolge läßt sich das unum argumentum grob als das Prinzip formulieren »that, for whatever *a* we can imagine, God is $a + x$«. »This axiom«, sagt sie, »is never explicitly stated by Anselm, but it underlies every piece of demonstration in the *Proslogion* in a way that ›God is that than which nothing greater can be thought‹ does not« (ebd.). Doch warum sollte Anselm ausgerechnet das unum argumentum, dessentwegen er das Proslogion überhaupt verfaßt hat, gar nicht ausdrücklich konstatieren? Im Prooemium jedenfalls notiert er ausdrücklich, daß es im ganzen Werk um dieses Argument gehe und daß er »de hoc ipso et de quibusdam aliis« (P Prooemium: I, 93, 21)[8] geschrieben habe, um seine Freude über seine Entdeckung auch anderen mitzuteilen. Das Argument muß daher nicht nur explizit konstatiert sein, es muß auch so bedacht werden, daß deutlich wird, inwiefern es den in den Postulaten 1–6 erhobenen Forderungen genügt.

Beides trifft nur auf die zu Beginn der Argumentation in Kapitel 2 konstatierte Formel »aliquid quo nihil maius cogitari possit« und die ihr sprachlich äquivalenten Formulierungen zu: Diese Formel ist *ein* (wenn auch komplexes) Argument (Postulat 1) – das »Urargument«, wie Söhngen zu Recht sagte (1952a, 30; vgl. 1952b, 146f). Sie – und zwar nur sie, wie Anselm in der Auseinandersetzung mit Gaunilo noch einmal betont (G 6: I, 128, 14–32; R 3: I, 133, 3–9; vgl. Campbell, 1976, 184f) – läßt sich durch sich selbst beweisen und bedarf keines Beweises durch ein anderes Argument, wie Anselm in den Kapiteln 2 und 3 zeigt (Postulat 2 und 3). Sie vermag in der Form »id quo maius cogitari non potest« darüber zu instruieren, daß Gott in Wahrheit existiert, wie die Argumentation von Kapitel 2–4 zu belegen sucht (Postulat 4 und 5). Und sie begründet die Formel »quidquid melius esse quam non esse«, mit deren Hilfe im zweiten Teil des Proslogion gezeigt wird, daß wahr ist, was wir von Gottes Wesen glauben (Postulat 4 und 6). Schließlich wahrt dieses Argument auch die Differenz zwischen Gott und Gottesgedanke (Postulat 7). Ist es doch seiner Struktur nach weder ein Gottesbegriff noch ein Name Gottes[9], sondern eine Regel, eine Anweisung, wie man *denken* muß, wenn man *Gott* denken will. Dem

---

[8] Stolz (1933) interpretiert: »de hoc ipso (d.h. über dieses gefundene argumentum) et de quibusdam aliis (also nicht nur über das, was das argumentum erschließt)« (10) und leitet daraus seine Gliederung des Traktats in Kap. 1–13 und 14–26 ab (11f). Angemessener, weil kompatibler mit den übrigen Angaben Anselms scheint es aber zu sein, »de hoc ipso« auf die argumentative Konstitution des Arguments in Kap. 2 und 3 zu beziehen, durch welche die Postulate 3 und 2 eingelöst werden, »de quibusdam aliis« dagegen auf die Funktion bzw. Anwendung dieses Arguments, die in den Postulaten 4–6 gefordert und in den Argumentationszusammenhängen Kap. 2–4 und Kap. 5–26 zu realisieren gesucht wird.

[9] Das ist sowohl gegen Barth (1981, 75–91) als auch gegen Vuillemin (1971, 13f) einzuwenden. Eine gewisse Berechtigung für diese Interpretation ergibt sich erst, wenn klargestellt ist, daß es um die Analyse des Gebrauchs dieser Formel, nicht dieser Formel und ihrer semantischen Struktur geht. Doch daß sie wie ein Name referentiell (und nicht prädikativ) verwendet wird, heißt nicht, daß sie selbst ein Name wäre, da nicht nur Namen, sondern auch Beschreibungen und Indikatoren so verwendet werden können.

Leser wird also kein Gottesgedanke mitgeteilt, der die Wahrheit Gottes auf den Begriff bringt und sie damit diskursiv verfügbar macht. Er wird vielmehr auf einen Denkweg verwiesen, der ihn zu eigener Erkenntnis der Wahrheit Gottes führen soll. Das läßt sich in zweifacher Hinsicht zeigen.

a) Zum einen müßte das Argument, um die *Wahrheit* Gottes begrifflich zu fassen, eine Proposition, und zwar eine wahre Proposition sein, die zudem – um die Wahrheit *Gottes* zu erfassen – nicht nur Wahres, sondern die Wahrheit, d.h. den Grund alles Wahren, zu artikulieren hätte. Seiner sprachlogischen Struktur nach aber ist das unum argumentum eine unbestimmte Beschreibung (vgl. Campbell, 1976, 31–34. 41), die als solche noch jenseits der Ambivalenz von Wahrheit oder Falschheit steht. Um wahrheitsfähig zu werden, ist dieses Argument zu einem vollständigen Satz zu erweitern; und um die spezifische, ihm zugedachte Funktion erfüllen zu können, muß dies ein Satz sein, der zur Instruktion über Gottes Sein und Wesen taugt.

Diese notwendige propositionale Erweiterung des unum argumentum vollzieht Anselm in einer Reihe aufeinander aufbauender Schritte. Zunächst zeigt er in den Kapiteln 2 und 3, daß dieses Argument nicht nur von semantisch sinnvoller Binnenstruktur ist (P 2: I, 101, 7–15), sondern nicht referentiell verwendet werden kann, ohne etwas Wahres zu sagen (P 2: I, 101, 15–102, 3) und zwar etwas so Wahres, daß es nicht einmal als falsch gedacht werden kann (P 3: I, 102, 6–103, 2). Schon seine propositionale Erweiterung durch das abstrakteste aller Prädikate, das Existenzprädikat (vgl. oben 23ff), zu einem unbestimmten Satz über ein aliquid erweist dieses Argument also nicht nur als wahrheitsfähig, sondern als unfähig, anderes als Wahres zum Ausdruck zu bringen.

Mit Hilfe dieses Resultats beantwortet Anselm dann in wiederum komplexer Argumentation in den Kapiteln 3 und 4 zunächst die Frage »*Wer* ist Gott?« (P 3f: I, 103, 3–104, 4) und mit der darauf gegebenen Antwort in Kapitel 5 die Frage »*Was* ist dieser Gott?« (P 5: I, 104, 11–17). Seine erste Antwort lautet: »Gott ist das, demgegenüber Größeres nicht gedacht werden kann« (P 4: I, 104, 2), seine zweite: »Gott (derjenige, demgegenüber Größeres nicht gedacht werden kann) ist alles, was besser ist zu sein als nicht zu sein« (P 5: I, 104, 16; R 10: I, 139, 3f; an der letztgenannten Stelle I, 139, 6f wird auch die Regel zum Übergang von der ersten zur zweiten Antwort ausdrücklich konstatiert).

Beide Antworten bestechen durch ihre Inhaltslosigkeit. Sie formulieren keine ewigen Wahrheiten über Gott, sondern statuieren theologische Regeln, wie Gott zu denken ist, damit tatsächlich der Gott, den wir bekennen und zu dem wir beten, und nicht etwas ganz anderes gedacht wird. Sie sind damit das, was Wittgenstein *grammatische Sätze* nannte. Der erste Satz formuliert eine *Identifikationsregel*, welche die Referenz des Ausdrucks »Gott« festlegt, also sagt, von wem wir sprechen, wenn wir »Gott« sagen.

Der zweite Satz formuliert eine *Prädikationsregel,* die uns sagt, was wir von diesem Gott denken und sagen können bzw. müssen, um ihn tatsächlich als Gott und nicht als einen Götzen zu thematisieren. Beide Sätze geben uns also keine inhaltlich-dogmatische Auskunft darüber, *wer* und *was* Gott ist. Da müßte ganz anderes gesagt werden. Sie formulieren vielmehr kritische Regeln, *wie* Gott und über Gott zu denken ist, damit auch in der theologischen Reflexion tatsächlich der gedacht wird, den wir bekennen und zu dem wir beten. Inhaltliche Antworten ergeben sich erst, wie Anselm ab Kapitel 6 demonstriert, wenn wir diese Regeln in unserem eigenen Versuch, den Glauben theologisch zu denken, anzuwenden beginnen.

b) Auch ein zweiter Aspekt des unum argumentum zeigt dessen pragmatische Pointe. Der komplexe Prädikatsausdruck »demgegenüber Größeres nicht gedacht werden kann«, mit dem dieses Argument gebildet ist, hat eine semantische Struktur, die das Verstehen eine Denkbewegung zu vollziehen nötigt. Seine Funktion ist, alles, worauf er zutreffen kann, relativ zu einer mentalen Operation, dem Denken, zu lokalisieren[10]. Durch diese Relativierung auf das Denken bekommt Anselms Argument in zweifacher Weise universale Applikation. Zum einen ist es für jeden nachvollziehbar, der denken kann, selbst für den Toren. Theologisches Erkennen, das sich dieses Arguments bedient, kann daher von jedem Denkenden mitvollzogen werden. Zum anderen ist es durch den Inhalt seines Prädikats nicht auf Gegenstände einer bestimmten Art oder in einem bestimmten Bereich eingeschränkt, sondern – sofern Denken immer Denken von etwas ist – auf das Denken von Gegenständen überhaupt. Wir können denken, was wir wollen, wir befinden uns immer im Bezugsbereich dessen, wovon das unum argumentum spricht.

Das ist allerdings sofort zu präzisieren. Wir können zwar denken, was wir wollen, aber wir dürfen bei dem von uns jeweils Gedachten nicht stehen bleiben, sondern müssen weiter denken, um das zu denken, wovon das unum argumentum spricht. Der Bezugsbereich dieses Arguments ist nicht einfach das Denken überhaupt, sondern die *Bewegung des Weiterdenkens.* Theologisches Denken, das mittels der mit diesem Argument formulierten Regeln Wahres über Gott denken will, wird somit auf einen Weg gebracht, der es nötigt, bei nichts, was es denkt, stehen zu bleiben und zu sagen »Das ist Gott« oder »So ist Gott«. Der als aliquid quo maius cogitari nequit gedachte Gott erweist sich dem Denken als »quiddam maius quam cogitari possit« (P 15: I, 112, 14f).

Damit ist zweifellos jeder Vergottung eines Gottesgedankens vorgebeugt. Aber es ist auch noch völlig offen, ob mit Hilfe dieses Arguments

---

[10] Schon deshalb ist Gaunilos Formel »aliquid omnibus maius« (G 4: I, 127, 11f) ganz untauglich, das zu leisten, was Anselms Argument leisten soll. Vgl. aber Hopkins (1976, 26–28), der Gaunilo an diesem Punkt zu verteidigen sucht.

Gott, ja ob überhaupt etwas gedacht wird. Denn der Weg, auf den das Denken so verwiesen wird, könnte ja durchaus auch ins Nichts führen.

B. Um das auszuschließen – und damit komme ich zum zweiten Punkt, Anselms *Argumentation* mit diesem Argument – zeigt Anselm in den beiden thematischen Gedankenkreisen des Proslogion in streng aufeinander aufbauenden Schritten, die vor allem in den Kapiteln 2–5 in dichter logischer Textur die Konklusion des einen jeweils sofort als notwendige Prämisse des nächsten Schritts in Anspruch nehmen,

(1) daß man den Gedanken aliquid quo maius cogitari nequit nicht denken kann, ohne *Wahres* zu denken (P 2: I, 101, 5–102, 3);

(2) daß dieser wahre Gedanke nicht einmal als falsch gedacht werden kann, so daß mit ihm nicht nur Wahres, sondern die *Wahrheit* gedacht wird (P 3: I, 102, 6–103, 2);

(3) daß mit dieser Wahrheit *Gott* und nichts anderes gedacht wird (P 3f: I, 103, 3–104, 4)

(4) daß dieser Gottesgedanke Gottes *Wesen* zu denken erlaubt (P 5);

(5) daß mit dem so gedachten Wesen Gottes das als wahr erkannt werden kann, *was* wir von der divina substantia *glauben* (P 6–13);

(6) daß das Wesen Gottes so zu denken, aber auch zu erkennen gibt, daß Gottes Wesen das *übersteigt*, was wir zu denken vermögen (P 14–21);

(7) daß eben das den so gedachten dreieinigen Gott allein als das *summum bonum* erweist, nach dem wir alle streben und suchen (P 22–26).

Mit welch logischer Subtilität Anselm dabei verfährt, haben die neueren (sprach)analytischen Untersuchungen (von Teilen) seines Argumentationsganges eindrücklich vor Augen geführt (vgl. etwa: Hartshorne, 1962, Kap. 2; 1965; Vuillemin, 1971a; 1971b; Adams, 1971; Barnes, 1972, bes. 2–15.88f; La Croix, 1972; Campbell, 1976). Ich muß mich hier auf einige plakative Bemerkungen zur Gesamtstruktur seiner Argumentation und insbesondere zum Argumentationsgang in Teil 1 und zu den drei Schritten seiner Argumentation in diesem Teil beschränken.

1. Anselms Argumentation im Proslogion gliedert sich thematisch in zwei Teile, die sich mit Gottes Sein (Schritt 1–3) und Gottes Wesen (Schritt 4–7) befassen. Das konstatiert er nicht nur im Prooemium (I, 93, 7–9), sondern auch resümierend in seiner Replik an Gaunilo (R 10: I, 139, 1–3), vor allem aber zu Beginn des zweiten Kapitels, in dem die eigentliche Argumentation beginnt. Dort bittet er Gott um die Erkenntnis »quia es sicut credimus, et hoc es quod credimus« (P 2: I, 101, 4). Analysiert man diese Programmangabe im Zusammenhang der übrigen Stellen, dann zeigt sich, daß jeder der beiden Themenkreise in spezifischer Weise komplex ist und zu differenzierender Argumentation nötigt.

Die im zweiten Teil thematische Erkenntnis, daß Gott das ist, was wir glauben, beinhaltet nicht nur, daß die verschiedenen Attribute, die der Glaube der divina substantia zuspricht, dieser wahrhaft zukommen, sondern auch die Einsicht, daß Gottes Wahrheit mehr ist als von einem Geschöpf erkannt werden kann (P 14: I, 112, 10f). Erlaubt das unum argumentum daher überhaupt Gottes Wesen zu denken (Schritt 4), dann muß es nicht nur zu zeigen in der Lage sein, daß wahr ist, was der Glaube von Gottes Wesen sagt (Schritt 5), sondern auch, daß damit immer noch mehr ungesagt bleibt (Schritt 6) und daß Gott gerade so das summum bonum ist (Schritt 7). Der Inhalt des zu erkennenden Glaubens selbst zwingt so zu einer mehrstufigen Argumentation.

Anders im ersten Teil: Hier ist nicht der Inhalt, sondern die Voraussetzung des Glaubens Ursache für eine Argumentation in mehreren Schritten. Anselms an Gott gerichtete Bitte um die Erkenntnis »quia es sicut credimus« setzt voraus, daß Gott ist, und fragt danach, wie er ist. Das Wie seiner Existenz[11], nicht seine Existenz ist dementsprechend das eigentliche Thema dieses Teils. Natürlich kann man nicht erkennen (intelligere), wie Gott existiert, ohne die Erkenntnis, daß er existiert, auch wenn man sich durchaus denken kann (cogitare), wie er als Gott existieren muß, obgleich man nicht weiß, ob er existiert. Doch der Akzent liegt unübersehbar auf der Frage nach der Eigenart seiner Existenz, nicht auf der Frage nach seiner Existenz: Es geht um die spezifische Weise seines vere esse, nicht spezifisch um sein esse. Das belegt am klarsten Anselms Antwort, die in Kapitel 3 formuliert (P 3: I, 103, 3f) und am Ende von Kapitel 4 als wahr erkannt ist: Gott existiert so wahrhaft, daß er als nichtexistierend nicht einmal gedacht werden kann (P 4: I, 104, 3f).

Dennoch könnte er sich für diese Erkenntnis nicht als einen von Gott geschenkten intellectus fidei bedanken (P 4: I, 104, 5–7), wenn er damit nicht auch erkannt hätte, daß Gott existiert. Diese Erkenntnis ist aber nicht Gegenstand eines besonderen Argumentationsganges und wird auch in keiner Konklusion ausdrücklich konstatiert. »Von einem Gottesbeweis findet sich nicht die Spur« (Stolz, 1933, 21), ohne daß daraus folgte, daß das Dasein Gottes kein Gegenstand der Erkenntnisbemühung Anselms wäre. Diese Erkenntnis wird vielmehr ganz beiläufig im Verlauf der ersten drei

---

[11] Existenz muß nicht mit esse in re gleichgesetzt werden. Die Differenz zwischen dem vere esse Gottes und dem esse in re der Dinge ist keine Differenz zwischen Existenz und Sein, sondern zwischen verschiedenen Weisen des Seins von Existierendem. Denn alles, was existiert, existiert nur aufgrund des für es spezifischen vere esse, durch das es an der summa veritas partizipiert (V 7: I, 185, 15). Während aber alles von Gott verschiedene Existierende sowohl für sich als auch in seinem Bezug zu Gott thematisiert werden kann und sich deshalb zwischen seiner Existenz und seinem Sein unterscheiden läßt, können im Fall Gottes, der selbst die höchste Wahrheit ist (V 1: I, 176, 4), die Wendungen »Gottes Sein« und »Gottes Existenz« austauschbar verwendet werden, da sich Gott nicht unabhängig von seinem Bezug zu sich selbst thematisieren läßt.

Argumentationsschritte erworben und erst nachträglich als solche vermerkt, und zwar – wie der erst später hinzugefügte Titel von Kapitel 2 »Quod vere sit deus« belegt – in einem erst von dem im dritten Schritt (P 3 f: I, 103, 3–104, 4) erzielten Resultat her möglichen Rückblick auf den ersten Schritt (P 2: I, 101, 5–102, 3). In der Argumentation von Kapitel 2 ist weder von deus noch von vere esse die Rede, sondern allein vom esse et in intellectu et in re des aliquid quo maius cogitari nequit. Erst nachdem im zweiten Argumentationsschritt (P 3: I, 102, 6–103, 2) dessen vere esse Thema war und es im dritten mit Gott identifiziert und diese Identifikation gerechtfertigt wurde (P 3: I, 103, 3–9), kann rückblickend gesehen werden, daß es schon im zweiten Schritt um das Wie der Existenz Gottes und im ersten um seine Existenz ging. Anders gesagt: Nur unter Voraussetzung der Stichhaltigkeit der im dritten Schritt vollzogenen Identifikation des aliquid quo maius cogitari nequit mit Gott kann die Argumentation des ersten Schrittes als Beweis seiner Existenz verstanden werden; doch da die Identifikation »Deus ... est id quo maius cogitari non potest« (P 4: I, 104, 2) gerade das Ziel der in den ersten drei Schritten vollzogenen Argumentation ist, läßt sich nur um den Preis einer petitio principii im ersten oder auch im zweiten Schritt ein Beweis der Existenz Gottes finden (gegen Schmitt, 1962, 49; Vuillemin, 1971 a, 15 f; Henry, 1972, 106.108). Weit entfernt, aus einem Begriff Gottes dessen Existenz zu folgern, belegt Anselms Argumentation gerade, daß sich Gottes Existenz nicht durch einen besonderen Beweis erkennen, sondern nur im Bemühen um die Erkenntnis der Eigenart seiner Existenz miterkennen läßt. In Kenntnis Gottes bemüht sich Anselm mittels des unum argumentum um Erkenntnis der Wahrheit des Inhalts, damit aber auch der Voraussetzungen seines Glaubens, indem er nicht vom Begriff zur Existenz Gottes, sondern von der im Glauben gewußten Eigenart seiner Existenz zu deren Erkenntnis in einem adäquaten Gottesbegriff argumentiert. Die Adäquatheit dieses Gottesbegriffs besteht dabei darin, daß er als Begriff eines *existierenden* (und nicht nur problematischen) Gottes, als Begriff eines existierenden *Gottes* (und nicht von irgend etwas anderem), und als Begriff des *einzigen* existierenden Gottes argumentativ konzipiert wird. Dieser Gottesbegriff selbst wird im Proslogion aber nicht formuliert oder definiert, vielmehr wird durch die sukzessive Klärung seiner Momente im Verlauf der Gesamtargumentation, vor allem aber durch deren Duktus klar gemacht, daß ein solcher Gottesbegriff immer nur ein *Unterwegssein zu immer besserem Begreifen Gottes* sein kann.

Diese Argumentation vollzieht Anselm mit Hilfe des unum argumentum in drei Schritten, und zwar so, daß er zunächst die Realität des durch dieses Argument thematisierten Gegenstands aufzeigt (Schritt 1), dann die spezifische Eigenart dieses realen Gegenstandes im Unterschied zu anderen realen Gegenständen (Schritt 2), und schließlich, nachdem er ihn mit Gott identifiziert hat, die Singularität dieses unverwechselbaren realen Gegenstands (Schritt 3)[12]. Die besondere Kunst dieser Argumentation besteht dabei darin, daß er nicht nur mit allen drei Schritten zusammen das Postulat 5, sondern mit den ersten beiden Schritten zugleich die Postulate 3 und 2 einzulösen beansprucht, indem er zeigt, daß das unum argumentum durch sich selbst bewiesen werden kann (Schritt 1) und keines Beweises durch ein anderes bedürftig ist (Schritt 2). Der neuralgische Punkt dieser Argumentation dagegen ist die im dritten Schritt vollzogene Identifikation mit Gott, da ohne deren Stichhaltigkeit problematisch bleibt, ob der Gegenstand, dessen spezifische Realität in den beiden ersten Argumentationsschritten erwiesen wurde, tatsächlich Gott ist oder nicht etwas ganz anderes. Und diese Problematik wird auch durch den nachgeschobenen Nachweis nicht entschärft, daß ein und nur ein Gegenstand das ist, worauf mit dem unum argumentum Bezug genommen wird (P 3: I, 103, 4–9), da auch dieser singuläre Gegenstand etwas anderes sein könnte als Gott.

Diese Skizze des in Teil 1 vollzogenen Argumentationsganges setzt eine Entscheidung über die kontroverse Frage voraus, wo die Argumentation Anselms beginnt. Nach der Konstituierung des kontemplativen Kontexts der fides quaerens intellectum im ersten Kapitel setzt die eigentliche Argumentation im zweiten Kapitel *nicht* mit dem zweiten Satz ein, in dem die oft beschworene »Glaubensdefinition« konstatiert wird: »credimus te esse aliquid quo nihil maius cogitari possit« (P 2: I, 101, 5). Dieser Satz gehört immer noch zur kontemplativen Anrede, in der Anselm – anknüpfend an das vorangehende Kapitel – das Thema seiner Erkenntnisbemühung formuliert[13]. Er ist also *nicht die erste Prämisse oder Voraussetzung der folgenden Argumentation, sondern die These, die es im folgenden zu begründen gilt*[14]. Das aber heißt: Anselm argumentiert nicht von einer Definition Gottes aus, wie der Großteil seiner Interpreten seit Johannes Peckham unterstellt[15]. Er setzt vielmehr mit dem unum argumentum ein, um über eine Explikation von dessen significatio auf argumentativ einleuchtende Weise zu einem adäqua-

[12] Auch Kienzler (1981, 298f) erkennt nicht die Eigenständigkeit dieses dritten Argumentationsschritts und seine entscheidende Bedeutung für die Gesamtargumentation.

[13] Das belegt auch – nach dem von Schmitt dem Proslogion beigegebenen Faksimile zwischen I, 122 und 123 – der Codex Oxoniensis Bodleian. Bodley 271 fol. 30^v, der nach »possit« (I, 101, 5) einen Absatz macht.

[14] Das nicht zu sehen ist nicht nur der entscheidende Mangel von Barths Analyse (1981, bes. 75–91.103–105), sondern auch von Scholz (1969, 65–68). Auch Evans (1978), die um die Eigenart Anselmischer Argumentation weiß (10), rekonstruiert Kap. 2 dennoch in der klassisch falschen Form (44).

[15] Peckham spricht von einem »argumentum a definitione sumptum« (nach Daniels, 1909, 44). Denselben Fehler begehen u.a. Nink (1948, 133–136), Scholz (1981, 179; 1969, 65), Charlesworth (1965, 54f), Schmitt (1972, 81. 93f), Holzey (1968, 54), Gombocz (1976, 92f.95), Hendley (1981, 840f), Härle (1982, 240f [vgl. aber 230 Anm. 38]). Doch bei Anselms Formel kann es sich schon deshalb um keine Definition von ›Gott‹ handeln, weil Anselm – wie seine kontemplative Anrede an Gott belegt – den Ausdruck ›Gott‹ als Name gebraucht, aber nur Begriffe definiert werden können. Vgl. Barnes (1972, 69).

ten Begriff des Gottes zu kommen, den er im Gebet um die Erkenntnis seiner Wahrheit bittet. Jede Analyse des Proslogion, die das übersieht, begeht den Fehlschluß der Verwechslung von Prämisse und Konklusion und resultiert zwangsläufig in einer falschen Rekonstruktion seines Argumentationsganges.

Die Fehlinterpretation legt sich nahe, wenn nicht bemerkt wird, daß Anselms Gedankengang in Teil 1 bewährter rhetorischer Praxis folgt (vgl. Lausberg, 1967, 25 f.118 f). Er stellt zunächst die *propositio* auf, die das Ziel der folgenden Argumentation angibt, und zwar im Zusammenhang mit einer *partitio*, die den Inhalt dessen, wofür argumentiert werden soll, detaillierter gliedert (P 2: I, 101, 3−5). Darauf folgt die *argumentatio*, die Anselm mit Hilfe des Kunstmittels eines fiktiven Dialogs mit dem Toren von Ps 13 bzw. 14 durchführt (P 2−4: I, 101, 3−104, 4). Das Ganze kommt zum Abschluß in der *peroratio*, die das als erkannt konstatiert, was zunächst problematisch war (P 4: I, 104, 5−7). Die Formulierung der propositio und peroratio geschieht dabei im Gebet zu Gott, von dem die Glaubenserkenntnis erbeten wird; die argumentatio dagegen, in der es zur erkennenden Aneignung der von Gott gegebenen Einsicht kommen soll, wird in streng argumentativer Sprache durchgeführt. Die klare Struktur des rhetorischen Schemas wird dadurch etwas unübersichtlich, daß die Erkenntnis der Undenkbarkeit der Nichtexistenz Gottes, zu der die argumentatio zunächst führt und die zu einer peroratio Anlaß gibt (P 3: I, 103, 3−9), ihrerseits die Frage aufwirft, warum der Tor das Sein Gottes überhaupt bestreiten konnte, und damit einen neuen Argumentationsgang erforderlich macht, in dem die Möglichkeit der vom Toren eingenommenen Position im Lichte des erzielten Resultats reflektiert wird (P 3f: I, 103, 9−104, 4). Das rhetorische Grundschema jedoch bleibt gewahrt und wird nicht nur in der Gesamtargumentation, sondern auch in einzelnen ihrer Schritte befolgt (vgl. P 3: I, 102, 6 mit 103, 1f).

In jedem dieser Fälle markiert die vorangestellte propositio nicht den Beginn der Argumentation, sondern deren Aufgabenstellung. Sie nimmt das Resultat nicht vorweg, sondern stellt das anvisierte Ergebnis *als Problem* vor. Der zur Debatte stehende Glaubenssatz »Gott ist etwas, demgegenüber Größeres nicht gedacht werden kann« formuliert somit die fides als Problem, die es im folgenden in der sofort genannten zweifachen Hinsicht, also im Blick auf Gottes Sein und Gottes Wesen zu erkennen gilt. Dieses rhetorische Verfahren ist ein genereller Grundzug der Anselmischen Argumentationsmethode. Von Anfang an hat er die zunächst problematische Konklusion im Blick und sieht seine theologische Aufgabe genau darin, diese Konklusion argumentativ einsichtig zu machen und die Problematik damit zu beseitigen. Man darf sich daher nicht dadurch irreführen lassen, daß terminus a quo und terminus ad quem seiner Argumentation ein und dieselbe propositio sind (vgl. Evans, 1978, 10).

2. Das Gesagte ist nunmehr an den einzelnen Argumentationsschritten zu bewähren. Um Anselms ersten, ebenso berühmten wie kontroversen Schritt im zweiten Kapitel mitvollziehen zu können, haben wir uns zwei seiner dort operativen, aber nicht ausdrücklich dargelegten sprach- und erkenntnistheoretischen Prinzipien klarzumachen.

a) Alles, was wir denken können, ist Anselms Fragment über aliquid[16] zufolge entweder ein objektsprachliches oder ein metasprachliches aliquid, also entweder etwas, was wir in der Sprache denken, oder etwas, was wir in der Sprache im Bezug auf Sprache denken (A: 43, 14–23). Unter dem Gesichtspunkt möglicher Erkenntnis von Wahrem ist allein das objektsprachlich Gedachte von Interesse. Jedes objektsprachliche aliquid aber läßt sich daraufhin befragen, ob es ein bloßer Sprachausdruck ist (vox, nomen) (A: 42, 31–43, 13) oder ob es ein Sprachausdruck ist, der einen Begriff (conceptio mentis) bezeichnet (vox significans) (A: 42, 27–30) oder ob es ein Sprachausdruck ist, der durch den von ihm bezeichneten Begriff eine Sache (res) zur Sprache bringt (A: 42, 23–25).

Wer nur ein Wort denkt – Anselm nennt Beispiele wie »Nichts«, »Unrecht« oder »Nichtmensch« –, hat strenggenommen noch gar nichts gedacht, sondern nur einen Ausdruck gebraucht: Er operiert mit einem Zeichen, das selbst nichts bedeutet, sondern nur durch eine Negationsoperation an einem bedeutungsvollen Zeichen entstanden ist. Denken im eigentlichen Sinn beginnt erst dort, wo wir nicht nur an, sondern mit bedeutungsvollen Zeichen, mit Begriffen, operieren. Aber erst, wenn wir mit diesen Begriffen auch eine Sache denken, haben wir nicht nur gedacht, sondern Wahres gedacht und damit, wenn wir das wissen, erkannt.

Anselm unterscheidet also zwei Modi des Denkens: das Denken des Begriffs einer Sache (vox rem significans) (P 4: I, 103, 18f; vgl. GR 17: I, 162, 25f; GR 18: I, 163, 21–164, 14) und das Denken der Sache selbst (id ipsum quod res est) (P 4: I, 103, 19). Wissen wir, daß letzteres der Fall ist, dann spricht er von intelligere, erkennen.

Als Modus des cogitare ist auch das intelligere intentional, d.h. Erkennen von etwas. Entsprechend den verschiedenen Modi des (objektsprachlichen) aliquid kann Anselm daher verschiedene Arten des Erkennens unterschei-

---

[16] Der Terminologie und Argumentation zufolge dürfte dieses Fragment nach der Auseinandersetzung mit Gaunilo entstanden sein. Die Differenz zwischen »constituere intellectum« und »constituere aliquid in intellectu« (A: 43, 5f) geht – im Gegensatz zur Anmerkung Schmitts zu Z. 5–6 – über das in P 2 Gesagte insofern hinaus, als nicht der Gegensatz zwischen »rem esse in intellectu« und »intelligere rem esse« (P 2: I, 101, 10) reproduziert, sondern die erste Seite dieses Gegensatzes differenziert wird, indem durch die Unterscheidung von Sprach-Verstehen (constituere intellectum) und Sinn-Verstehen (constituere aliquid in intellectu) die Regel »quod intelligit in intellectu eius est« (P 2: I, 101, 8f) präzisiert wird. Damit wird dem Einwand Gaunilos Rechnung getragen, er könne das unum argumentum, selbst wenn er es höre, nicht verstehen (»in intellectu habere non possum«: G 4: I, 126, 29–127, 2).

den, die man als *Sprach—Verstehen, Sinn—Verstehen* und *Wahrheits—Verstehen* bezeichnen könnte. Ist das zu erkennende aliquid nur eine vox, gilt es die Operation zu verstehen, die der Sprecher mit diesem Sprachausdruck vollzieht. Gelingt dies, dann versteht man, was man hört (intelligit quod audit), wie Anselm sagt (P 2: I, 101, 8). Ist das aliquid eine vox significans, ein Begriff, gilt es die conceptio mentis zu verstehen, die der Sprachausdruck bezeichnet. Sofern dies gelingt, spricht Anselm vom esse in intellectu, vom Sein im Verstand (P 2: I, 101, 9; A: 43, 6). Ist das aliquid aber eine res, gilt es zu verstehen, daß und was diese res ist, die durch den Begriff zur Sprache gebracht wird. Anselm spricht in diesem Fall vom intelligere rem esse, vom Erkennen der Sache (P 2: I, 101, 10). Dieses Erkennen ist als Modus des Denkens nicht nur intentional, sondern auch propositional strukturiert, erkennt also nicht einfach die res, sondern daß, was und wie diese res ist, also: id ipsum quod res est (P 4: I, 103, 19). Anselms Verwendung von intelligere und cogitare ist daher terminologisch genau geregelt, und die beiden Begriffe sind keineswegs so beliebig austauschbar, wie manche Ausleger unterstellen (vgl. Hopkins, 1972, 74—76).

Wir können uns die von Anselm intendierte Differenz zwischen Denken und Erkennen folgendermaßen verdeutlichen. Während das cogitare als Operieren mit Begriffen *Wahres oder Falsches* denkt (im Unterschied zum bloßen Operieren mit Zeichen, bei dem *weder Wahres noch Falsches* gedacht wird), ist das intelligere als Denken, das weiß, daß es die Sache selbst denkt, ein Denken, das *Wahres und nicht Falsches* denkt[17]. Die Sache selbst und nicht nur einen Begriff der Sache zu denken heißt aber nicht, daß man es unmittelbar mit der zur Debatte stehenden res an sich zu tun hätte. Auch Denken, das Wahres und nicht Falsches denkt, operiert mit Begriffen und weiß, daß die res nicht an sich, sondern so begriffen ist, wie sie sich der mens darbietet. Das aber, was die res dem Verstand darbietet, nennt Anselm ihre Wahrheit, ihre »rectitudo mente sola perceptibilis« (V 11: I, 191, 19f). Diese wahrnehmbare Wahrheit der Sache kann vom Verstand zwar immer auch verfehlt werden, weil Wahrheitswahrnehmung für Anselm Tun der Wahrheit ist und damit unter das Alternativprinzip aller Praxis fällt (vgl. Torrance, 1968; Kienzler, 1981, 135—155). Erfaßt er sie aber, dann denkt er die res selbst, weil er sie so denkt, wie sie in ihrem Sein und Wesen tatsächlich ist. Und weiß er, daß er sie so denkt, dann hat er id ipsum quod res est erkannt.

b) Wie läßt sich nun aber im konkreten Fall entscheiden, ob man *Wahres oder Falsches* oder *Wahres und nicht Falsches* denkt? Als Ort der Wahrheit ist das Denken ja immer auch der Ort der Falschheit. Aus dieser Ambivalenz

---

[17] Das gilt für das Sprach-Verstehen einer vox nicht weniger als für das Sinn-Verstehen einer vox significans und das Wahrheits-Verstehen der res selbst. In jedem Fall muß id ipsum quod res est und damit Wahres und nicht Falsches verstanden werden, soll es zum intelligere kommen, auch wenn die dabei zu verstehende res von je anderer Art ist und deshalb das Erkennen in je anderem Verstehen resultiert.

kann es nur die Wahrnehmung (perceptio) der ihm vorgegebenen Wahrheit führen. Ist Wahrheit aber die rectitudo *mente sola* perceptibilis, dann
muß es im Denken selbst zur Entscheidung darüber kommen, ob es im
konkreten Fall bloßes Denken (von Wahrem oder Falschem) oder eben
Erkennen (von Wahrem) ist. Das Denken ist also zwar nicht Schöpfer, wohl
aber iudex der Wahrheit: Es vollzieht sich wesentlich als *ur-teilen*, als Unterscheiden von Wahrem und Falschem.

   Doch wie kann es das? Anselm antwortet, indem er dieses Urteilen als
einen Prozeß des Prüfens charakterisiert, ob ein vom Denken thematisierter
Gedanke nur eine vox, eine vox significans oder eben der Gedanke einer res
ist. Dabei kann das Denken auf keine außer ihm liegenden Kriterien zurückgreifen. Es kann nur so verfahren, daß es argumentativ zeigt, daß der
zur Debatte stehende Gedanke *weder* bloße vox *noch* bloße vox significans
ist und deshalb – die Vollständigkeit dieser semiotischen Alternativen vorausgesetzt – Gedanke einer res sein muß. Anders als etwa Descartes kennt
Anselm kein positives Wahrheitskriterium, sondern nur ein negatives Aus-
scheidungsverfahren. Nicht als Feststellen, ob etwas clare et distincte gedacht wird, vollzieht das Denken sein urteilendes Unterscheiden von Wahrem und Falschem, sondern als argumentatives Ausscheiden der Möglichkeiten, daß es nur ein Wort oder bloß einen Begriff denkt. Anselms
Methode ist daher nicht zufällig, sondern zwangsläufig die des indirekten
(apagogischen) Arguments, das aus der Unhaltbarkeit angenommener Prämissen auf die Geltung von deren Gegenteil schließt (vgl. Enslin, 1969,
162 f.167.174 f; 1975; Scholz, 1981, 179; Vuillemin, 1971, 15.120–122;
Söhngen, 1952, 43–49).

   c) Genau diesen ausschließenden Urteilsprozeß führt Anselm im zweiten
Kapitel des Proslogion durch. Gegenstand des Prüfverfahrens ist das aliquid, demgegenüber Größeres nicht gedacht werden kann, und zur Debatte steht sein Charakter als vox, als vox significans oder als res.

   Daß es keine bloße vox, sondern eine vox significans, also ein (sinnvoller) Begriff ist, zeigt Anselm in einem ersten Schritt (P 2: I, 101, 7–9)
dadurch, daß jemand (der insipiens von Ps 13 bzw. 14), der dieses unum
argumentum hört, versteht, was er hört (intelligit quod audit), und zwar so
versteht, daß er einen Begriff von dem Gehörten hat (in intellectu eius
est)[18]. Wäre das aliquid des Arguments nur eine vox, gäbe es nichts zu
verstehen, wovon man sich einen Begriff machen könnte.

---

[18] Gerade hier widerspricht Gaunilo, daß er nichts verstehe, wenn er das unum argumentum höre: G 4 (I, 126, 29–127, 2). Anselms Replik auf diesen Einwand (R 1: I, 130,
12–19; 132, 3–9; R 8: I, 137, 11–138, 3) betont nochmals, daß das Argument in einer
lingua nota formuliert (R 2: I, 132, 10–13) und deshalb verständlich sei und daß man auf
jeden Fall die Wörter (quod auditur) verstehen könne, auch wenn die damit ausgesagte res
nicht verstanden werde bzw. werden könne (R 9: I, 138, 4–19). – Doch diese ganze
Diskussion bewegt sich auf einem Nebengleis. Das Entscheidende ist nicht, ob diese

Als vox significans könnte diese Formel das Denken allerdings immer noch der Ambivalenz überlassen, bei ihrer Anwendung in Sätzen Wahres oder Falsches zu denken. In einem zweiten Schritt zeigt Anselm daher, daß man diese semantisch sinnvolle Formel nicht konkret denken, d.h. zur Bezugnahme auf einen bestimmten Gegenstand – er spricht hier bezeichnenderweise nicht mehr von aliquid, sondern von id (P 2: I, 101, 15f)! – verwenden kann, ohne etwas *Wahres und nicht Falsches* zu denken. Wäre das anders, hätte man nicht das gedacht, worauf man mit dieser Formel Bezug zu nehmen beansprucht: das, demgegenüber Größeres nicht gedacht werden kann. Denn zweifellos ist es etwas Größeres, nicht etwas *Wahres oder Falsches*, sondern etwas *Wahres und nicht Falsches* zu denken. Wahres zu denken aber heißt für den Realisten Anselm immer, die rectitudo einer res zu denken. Daraus folgt: Das aliquid, auf das im konkreten Gebrauch des unum argumentum Bezug genommen wird, ist ohne Zweifel nicht nur ein Begriff, sondern eine Sache, es existiert et in intellectu et in re (P 2: I, 102, 3).

Das ist keine Paralogie, sondern – akzeptiert man die Prämissen – logisch stringent und nicht betroffen von Kants bekanntem Gegenargument – jedenfalls solange man zugesteht, daß sich das Argument überhaupt referentiell verwenden läßt. Es ist aber kein ontologischer Gottesbeweis (Henry, 1967, 147). Nicht daß Gott existiert, wird hier aus einem Begriff Gottes deduziert, nicht einmal, daß es ein und nur ein Gegenstand ist, auf den mit aliquid quo maius cogitari nequit Bezug genommen werden kann, sondern nur, daß man diese Formel nicht referentiell verwenden kann, ohne Wahres und damit die Wahrheit einer res zu denken. Mehr sollte hier aber auch gar nicht gezeigt werden. Denn damit ist etabliert, daß das Denken nicht hoffnungslos in die Ambivalenz von Wahrheit *oder* Falschheit verstrickt ist, sondern – in actu betrachtet – in der Tat *Wahres* zu denken vermag und das auch wissen kann: Es gibt intellectus, Wahrheitserkenntnis.

Mit diesem ersten Schritt seiner Argumentation löst Anselm das Postulat

---

Formel aus sinnvollen Wörtern sinnvoll konstruiert ist und damit verstanden werden kann (Campbell, 1976, 41), sondern ob sie zu der Funktion taugt, die Anselm ihr zuweist: zur referentiellen Bezugnahme auf ein aliquid. Eben das aber versäumt Anselm zu zeigen, indem er sich ganz auf die Explikation ihrer semantisch sinnvollen Struktur konzentriert. Doch nicht diese, sondern ihre referentielle Verwendbarkeit ist das Problem; und diese wird nicht dadurch aufgewiesen, daß die Verständlichkeit der Formel erwiesen wird, wie Anselm im Fortgang seiner Argumentation anzunehmen scheint. Recht verstanden bestreitet Gaunilo nicht die Verständlichkeit der Formel, sondern die Verständlichkeit ihrer referentiellen Verwendung. Doch eben dieser Punkt bleibt auch in Anselms Replik ungeklärt. Will man die sich hier andeutende Aporie vermeiden, wird man das unum argumentum nicht einfach semantisch als unbestimmte Beschreibung interpretieren dürfen, sondern – wie oben geschehen – pragmatisch als Regel begreifen müssen, die das Denken auf einen Weg zur adäquaten Identifizierung und Charakterisierung Gottes verweist und nicht eine Kennzeichnung oder gar einen Begriff Gottes an die Hand gibt.

der Selbstbegründung des unum argumentum ein, indem er nur unter Verwendung dieser Beschreibung beweist, daß mit ihr Wahres gedacht wird, sobald man sie referentiell verwendet bzw. auch nur durch das abstrakteste aller Prädikate, das Existenzprädikat, zu einem vollständigen Satz erweitert.

3. Mit dem zweiten, im dritten Kapitel vollzogenen Schritt löst er in entsprechender Argumentation das Postulat ein, daß dieses Argument keines Beweises durch ein anderes Argument bedürftig ist, weil sich das mit ihm thematisierte aliquid überhaupt nicht anders denn als wahr denken läßt und deshalb keiner Fremdbegründung seiner Wahrheit bedarf: Wer etwas denkt, demgegenüber Größeres nicht gedacht werden kann, denkt nicht nur Wahres und nicht Falsches, sondern *so Wahres, daß es nicht einmal als Falsches gedacht werden kann*[19].

Mit dem Übergang von Kapitel 2 zu Kapitel 3 verlagert sich der Fokus der Argumentation vom Denken des *aliquid* auf das *Denken* dieses aliquid, von der Klärung der mit dem unum argumentum gedachten Sache auf die Klärung der Modalität, in der diese Sache zur Wahrung ihrer Identität gedacht werden muß. Ging es dort um den Nachweis, daß mit diesem aliquid nicht nur ein Wort oder ein Begriff, sondern eine res und damit etwas Wahres gedacht wird, so geht es hier um den Aufweis der Art und Weise, in der diese (vgl. das anaphorische quod, P 3: I, 102, 6) res gedacht werden muß, damit sie das ist, was von ihr gesagt wird: quo maius cogitari nequit. Es geht *nicht* – das ist gegenüber Hartshorne und den sich ihm anschließenden Interpreten zu betonen – um die Modalität dieser res, sondern um die Modalität des Denkens dieser res. Thema dieses zweiten Argumentationsschrittes ist also nicht die Frage, ob diese res notwendig oder nur kontingent existiert, sondern wie diese res zu denken ist, damit tatsächlich sie und nicht etwas anderes gedacht wird; und entsprechend operiert Anselm nicht mit der seinsmetaphysischen Regel »To exist necessarily is better than to exist contingently« (Hartshorne, 1968, 322; 1962, 99), sondern mit dem erkenntnismetaphysischen Prinzip, daß das, was nicht als nichtexistierend gedacht werden kann, größer ist als das, was als nichtexistierend gedacht werden kann (P 3: I, 102, 6–8).

a) Um die Pointe dieser neuen Fragestellung zu verstehen, sind wiederum einige Grundsätze des Anselmischen Denkens explizit zu machen, die an dieser Stelle verwandt, aber nicht genannt werden.

Nachdem das esse in re des zur Verhandlung stehenden aliquid erkannt ist, stellt sich die Frage nach seinem vere esse (vgl. Stolz, 1934; Campbell,

[19] Kap. 3 ist also keineswegs »nur eine Wiederholung von Prosl. 2 und eine Unterstreichung, eine Verdeutlichung des Ergebnisses von Prosl. 2« (Enslin, 1969, 174). Es stellt einen neuen und notwendigen Gedankenschritt dar, soll das erklärte Ziel der Argumentation erreicht werden.

1976, 122f; Brecher, 1974; Johnson, 1978). Denn nichts kann in re sein, ohne in der ihm eigenen Weise auch vere zu sein, da nach Anselm der Grundsatz gilt: »Quidquid . . . est, vere est, inquantum est hoc, quod ibi [i. e. in summa veritate] est« (V 7: I, 185, 15; zur Kontroverse um den darin implizierten Partizipationsgedanken vgl. Flasch, 1970, 21–25; Schmitt, 1969, 39–41). Jede res steht über ihr Wesen und der diesem eigenen rectitudo im Bezug auf die summa veritas und kann in Wahrheit nichts anderes sein als das, was sie in diesem Bezug ist (V 7: I, 185, 11–13).

Nicht alles Wahre aber ist auf die gleiche Weise auf die höchste Wahrheit bezogen, vielmehr existiert es Anselm zufolge in diesem Bezug entweder per aliud oder per se (P 12: I, 110, 6)[20]. Per aliud existiert alles, was ist, außer Gott; per se existiert Gott und sonst nichts (P 3: I, 103, 7–9). Soll das unum argumentum zur Identifikation Gottes taugen, muß sich im Blick auf das vere esse des als wahr etablierten aliquid quo nihil maius cogitari nequit zeigen lassen, daß es per se und nicht per aliud wahr ist[21]. Doch wie kann das Denken dies leisten?

Anselms These, daß dieses aliquid »*sic* vere est, ut nec cogitari possit non esse« (P 3: I, 102, 6; Hervorhebung von mir), beinhaltet faktisch einen Kriterienvorschlag zur Entscheidung dieser Frage: Alles Wahre, was wir denken, läßt sich daraufhin befragen, ob sich denken läßt, daß das dabei gedachte aliquid nicht existiert (cogitari posse non esse) oder ob dies nicht gedacht werden kann (non posse cogitari non esse) (P 3: I, 102, 6f); im ersten Fall existiert es per aliud, im anderen per se[22]. Anders gesagt: Bei jedem wahren Gedanken können wir fragen, ob es denkbar ist, daß er auch

---

[20] Dieser Gegensatz ist nicht gleichbedeutend mit dem aristotelischen Gegensatz zwischen Kontingenz (d. h. der Möglichkeit zu sein oder nicht zu sein) und Notwendigkeit (der Unmöglichkeit nicht zu sein). Denn in aristotelischem Sinn gibt es auch unter dem, was per aliud ist, solches, das notwendig ist, wie z. B. den Lauf der Gestirne (CDH II, 17: II, 125, 13f). Vgl. Thomas v. Aquin, S.th., I, q 2, a 3 crp (tertia via), der zwischen necessaria per aliud und dem necessarium per se unterscheidet. Anselm dagegen gebraucht den Begriff necessarium im Proslogion nur an einer Stelle (P 23: I, 117, 20) und da für Gott (vgl. Hopkins, 1972, 78f). Er spricht aber von anderen aeterna neben Gott (P 20: I, 115, 26f), von denen im Unterschied zu diesem gilt: »cogitari possunt habere finem« (115, 23). Vgl. Henry (1972, 108–111).

[21] Das ist deshalb erforderlich, weil die Identifikation des mit dem unum argumentum thematisierten aliquid mit Gott nur vollzogen werden kann, wenn feststeht, daß beide dasselbe Proprium haben. Für Gott aber gilt: »proprium est deo non posse cogitari non esse« (R 4: I, 134, 16f). Eben das ist infolgedessen auch von dem zur Debatte stehenden aliquid zu zeigen.

[22] Kriterienvorschläge sind empirisch durch Rekurs auf Erfahrung zu begründen. Denn wir nennen das ein Kriterium von x, von dem wir aufgrund von Erfahrung wissen, daß es ein verläßliches Zeichen der Gegenwart oder Existenz von x ist. Anselm begründet seinen Vorschlag durch das indirekte und daher primär kritische Erfahrungsargument, daß alles außer Gott »potest cogitari non esse« (P 3: I, 103, 6f; vgl. R 4: I, 134, 1f), da es im Unterschied zu ihm analytisch dekomponiert werden kann (R 4: I, 134, 2–6). Vgl. Campbell (1976, 140–146).

nicht wahr sein könnte, oder ob das undenkbar ist, und nur im letzten Fall haben wir nicht nur etwas Wahres, sondern die Wahrheit gedacht.

Dieses Kriterium, das ist zu beachten, erlaubt keine Entscheidung darüber, *ob* mit einem aliquid Wahres gedacht wird. Es ist vielmehr gerade Voraussetzung der Anwendung dieses Kriteriums, daß Wahres gedacht wird, und das Kriterium soll entscheiden helfen, ob es per se oder per aliud wahr ist. Die Denkbarkeit der Nichtexistenz und die Undenkbarkeit der Nichtexistenz eines Gegenstands sagen daher nichts über dessen Existenz bzw. Nichtexistenz aus, sondern – vorausgesetzt es existiert – über den Charakter seiner Existenz als geschöpflicher oder schöpferischer Existenz. Das Kriterium »(non) posse cogitari non esse« erlaubt keinen Schluß auf das esse, sondern nur auf das esse per se bzw. esse per aliud eines aliquid. Es berechtigt also nur zu dem Urteil: »Wenn es undenkbar ist, daß es nicht existiert, dann existiert es per se, *wenn es existiert*«. Ob es existiert, ist anders und unabhängig davon zu entscheiden. Eben deshalb fehlt der Argumentation von Kapitel 3 ohne ihre von Anselm durch das anaphorische quod ausdrücklich hervorgehobene Bezogenheit auf die Argumentation von Kapitel 2 die entscheidende Pointe. Anselm verficht nicht die falsche These: »Wenn das, demgegenüber Größeres nicht gedacht werden kann, nicht als nichtexistierend gedacht werden kann, dann ist es«. Er sagt vielmehr richtig: »quo maius cogitari nequit‹: *si est*, non potest cogitari non esse« (R 1: I, 131, 32 f; Hervorhebung von mir). *Daß* es ist, läßt sich mit dieser Argumentation allein nicht zeigen, muß von ihr aber auch gar nicht gezeigt werden, da es im ersten Argumentationsschritt schon gezeigt wurde[23].

Die Alternative zwischen cogitari posse non esse und non posse cogitari non esse läßt sich also nicht auf die Alternative von posse non esse und non posse non esse reduzieren (gegen Henry, 1967, 146). Sie gilt ebenso für – in nichtanselmischem Sinn – notwendig wie kontingent existierende Dinge. Können wir doch nicht nur das als nichtexistierend denken, von dem wir wissen, daß es existiert, obgleich es (wie z. B. unsere eigene Existenz) auch nicht existieren könnte (R 4: I, 134, 7–9), sondern auch das, was so existiert, daß es (wie nach der Anschauung der Zeit etwa die Gestirne) nicht nichtexistieren kann (Henry, 1972, 109; Hopkins, 1972, 79 f). Denn die Denkbarkeit der Nichtexistenz einer Sache hängt Anselm zufolge einzig davon ab, ob sie Anfang oder Ende hat, Teile besitzt und nicht in ihrer Totalität immer und überall existiert (R 4: I, 134, 2–4; vgl. R 1: I, 131, 18–132, 2; P 18: I, 114, 18–115, 4; P 22: I, 116, 15–21; vgl. Henry, 169, 103 f). Ist das der Fall, dann kann sie selbst dann als nichtexistierend gedacht werden, wenn sie nicht

---

[23] Das ist der entscheidende Unterschied zwischen Anselm und denjenigen seiner neueren Interpreten, die wie Hartshorne (1962, 168) und Malcolm (1960) in Kap. 3 das eigentliche und wirklich stichhaltige Argument Anselms zu finden meinen. Für Anselm ist dies ein Schritt in einem komplexen Argumentationsgang, der nicht die ganze Beweislast allein zu tragen hat.

nichtexistieren kann – schon deshalb ist Gaunilos Gegenbeispiel der insula perdita (G 6: I, 128, 14–32) ganz unzutreffend (vgl. R 3: I, 133, 3–9). Das, demgegenüber Größeres nicht gedacht werden kann, erlaubt aber keine solche analytische Dekomposition, so daß Anselm behaupten kann: »si vel cogitari potest esse, necesse est illud esse« (R 1: I, 131, 1–5). Ist es überhaupt denkbar, dann ist es notwendig, daß es existiert (R 1: I, 131, 6–11). *Daß* es denkbar ist, läßt sich freilich nicht daraus ableiten, daß nicht gedacht werden kann, daß es nicht existiert, da dies überhaupt erst dann zu denken möglich ist, wenn es denkbar ist. Die Unmöglichkeit, die Nichtexistenz des aliquid quo maius cogitari nequit zu denken, setzt dessen Denkbarkeit voraus und etabliert sie nicht. Wiederum zeigt sich damit, daß die Argumentation des zweiten Schrittes ohne die des ersten in der Luft hinge.

b) Nach diesen Klärungen läßt sich Anselms zweiter Argumentationsschritt folgendermaßen resümieren: Ist, wie er behauptet, der Gedanke einer Sache, die nicht als nichtexistierend gedacht werden kann, denkbar (P 3: I, 102, 6f) und wird, wie im ersten Argumentationsschritt gezeigt wurde, mit dem aliquid des unum argumentum nicht nur etwas Denkbares, sondern etwas Wahres gedacht[24], dann kann dieses aliquid nicht ohne Selbstwiderspruch als nichtexistierend gedacht werden. Denn – so lautet die Begründung – nicht als nichtexistierend gedacht werden zu können ist größer als so gedacht werden zu können (P 3: I, 102, 7f). Anders gesagt: Ließe sich mit dem unum argumentum etwas Falsches denken und kann etwas gedacht werden, das sich nicht als Falsches denken läßt, dann wäre das mit diesem Argument Gedachte nicht das, was mit ihm zu denken vorgegeben wird. Denn zweifellos ist es etwas Größeres, nicht nur etwas *Wahres, das sich auch als Falsches denken läßt*, zu denken, sondern etwas *Wahres, das sich nicht als Falsches denken läßt*. Wird mit dem zur Verhandlung stehenden aliquid aber so etwas gedacht, dann wird nicht nur die rectitudo einer res, sondern die Wahrheit selbst gedacht. Denn nur die Wahrheit selbst ist »sic vere, ut nec cogitari possit non esse« (P 3: I, 102, 6; 103, 1f).

Wir können Anselms Position aufgrund der ersten beiden Argumentationsschritte damit so zusammenfassen: Das cogitare als Operieren mit Begriffen denkt immer Wahres oder Falsches; weiß es, daß es Wahres und nicht Falsches denkt, wird es zum intelligere; weiß es, daß es Wahres denkt, das nicht einmal als Falsches gedacht werden kann, erkennt es – aliquatenus – die Wahrheit, d.h. den Grund alles Wahren. Mit dem unum argumentum

---

[24] Beschränkt man diese Prämisse auf die Denkbarkeit des unum argumentum, kann nur geschlossen werden, daß der Gedanke aliquid quo maius cogitari nequit etwas denkt, das nicht als nichtexistierend gedacht werden kann, und mehr läßt sich auch einer isolierten Lektüre von Kap. 3 nicht entnehmen. Erst wenn in die Prämisse nicht nur die Denkbarkeit, sondern die – Anselm zufolge – in Kap. 2 etablierte Wahrheit dieses Gedankens aufgenommen wird, kann geschlossen werden, daß dies nicht als nichtexistierend zu denkende aliquid auch wahrhaft ist.

denkt es aber nicht nur Wahres und nicht Falsches (Schritt 1), sondern etwas
so Wahres, ut nec cogitari possit non esse (Schritt 2): Es denkt die Wahrheit
selbst. Damit ist gezeigt, daß das Denken in diesem spezifischen Fall nicht
nur Wahres zu erkennen, sondern die Wahrheit zu denken vermag.

4. Es ist nun bemerkenswert, daß Anselm für diese beiden und nur für diese
beiden Argumentationsschritte die logische Unerbittlichkeit des Beweises
in Anspruch zu nehmen scheint. Nur für sie verwendet er im Prooemium
den Terminus *probatio*[25]. In ihnen aber ist von Gott explizit überhaupt noch
nicht die Rede. Im Hinblick ausschließlich auf die probative Argumentation dieser beiden Schritte von einem Gottesbeweis zu sprechen ist deshalb
sprachlich und sachlich unzutreffend (La Croix, 1972, Kap. 1) – das gilt für
die an Kapitel 2 anschließende traditionelle Ansicht (vgl. Henry, 1967, 148f;
Enslin, 1969, passim; Brechtken, 1975; 1979) ebenso wie für die von Kapitel
3 ausgehende neuere Auslegung von Hartshorne (1962, 168; vgl. Pailin,
1969; Messner, 1975) und Malcolm (1960) bis zu Hubbeling (1970; 1981,
78ff.176ff) und Härle (1982, 240f). Wo Anselm beweist, geht es (noch)
nicht um Gott. Wo es um Gott geht, wird nicht mehr bewiesen. Gott
kommt erst ab dem dritten Schritt ins Spiel, und er kann vorher streng

---

[25] Barth behauptet, daß die »Bezeichnung des in Prosl. 2–4 Geleisteten als ›Beweis‹
(*probare*, probatio) ... zuerst von Anselms Widersprecher Gaunilo gebraucht wurde«,
»aber von Anselm selbst aufgenommen worden« sei (1981, 10). Dabei übersieht er, daß
Anselm im Prooemium ausdrücklich, wenn auch in spezifischer Weise von probare
spricht, und zwar dort, wo er die Selbstbegründbarkeit des unum argumentum fordert:
»quod nullo alio ad se probandum quam se solo indigeret« (I, 93, 6f). Barth bemerkt das
nicht und kann es nicht bemerken, weil er diesen Teil der Aufgabenstellung Anselms bei
seiner Angabe des im Proslogion verhandelten Problems großzügig wegläßt. Ihm zufolge
geht es in dieser Schrift nur um ein »unum argumentum ad astruendum quia Deus vere
est, et quia est summum bonum«(1981, 9, vgl. 87). Damit hat er die entscheidende Pointe
der Anselmischen Bemühung im Ansatz verfehlt, der über diese beiden Themenbereiche
gerade mit einem Argument instruieren will, das seine eigene Wahrheit zu beweisen in
der Lage ist. – Anselm selbst verwendet die Wortgruppe probare/probatio außer an dieser
Stelle noch 14mal in seiner Replik an Gaunilo: R 1 (I, 130, 18); R 5 (134, 27f; 135, 8. 21f.
25); R 6 (136, 5); R 7 (136, 28; 137, 3f); R 8 (137, 6); R 10 (138, 29; 139, 2), ohne daß die
Akzente anders gesetzt würden als im Prooemium. An den einschlägigen Stellen bezieht
er sich stets auf das, was er in den ersten beiden Schritten geleistet zu haben beansprucht,
nämlich (1) »re ipsa existere aliquid, quo maius cogitari non possit« (138, 29f) und (2) »id
ipsum esse quidquid de divina substantia oportet credere«, i. e. »quidquid absolute cogitari
potest melius esse quam non esse« (139, 2–4). Er verwendet den Terminus probare nicht –
und das ist entscheidend – im Blick auf die im dritten Schritt vollzogene Identifikation
dieses aliquid mit Gott, und zwar zu Recht nicht, weil dies wenigstens den Nachweis
voraussetzte, *daß* es ein und nur ein *solches* aliquid gibt. – Diese differenzierende Betrachtung, das sei angemerkt, findet sich nicht in seinem pauschalen Rückblick auf das Monologion und Proslogion in E 6 (II, 20, 18f); und auch Eadmer (1979, 29) bezieht Anselms
differenzierende Formel probare et astruere auf das Monologion und nicht auf das
Proslogion.

genommen noch gar nicht Thema sein, da um Gott zu denken, von dem wir glauben, daß er die Wahrheit ist (V 1: I, 176, 4), ja nicht nur etwas Wahres, sondern der Grund und Ursprung alles Wahren, die Wahrheit selbst gedacht werden muß. Für die aber gilt auf jeden Fall (was immer sonst noch zu sagen sein mag), daß sie sich nicht als beliebig denken läßt. Man kann, wenn man sie überhaupt denkt, konsistent nicht einmal denken, daß sie auch falsch sein könnte. Erst nachdem im zweiten Schritt gezeigt ist, daß eben das für das mit dem unum argumentum Gedachte gilt, wird daher von Gott zu reden ernsthaft möglich (vgl. Campbell, 1976, 122). Doch im Blick auf die Schritte 3–7, in denen das geschieht und mit denen Anselm die Postulate 5 und 6 einzulösen beansprucht, spricht er nicht mehr von probare, sondern von *astruere* bzw. *instruere* (Codex C) (Postulat 4). Astruere aber ist nicht mit demonstrativem Beweisen (probare) gleichzusetzen, wie fast alle Ausleger unterstellen (Charlesworth, 1965, 103; Kienzler, 1981, 307; richtig dagegen Hendley, 1981, 839). Es bezeichnet die pragmatische Instruktionsfunktion des Arguments, die nicht primär sachorientiert, sondern personorientiert ist. Sie kann nicht auf den formalen Gesichtspunkt der logisch korrekten Ableitung einer Konklusion aus (wahren) Prämissen reduziert werden, sondern impliziert »ein kommunikatorisches Verständniselement« (Thomas, 1976, 304). In den so charakterisierten Argumentationsschritten wird denn auch nicht deduziert, sondern es werden die schon genannten, durch das unum argumentum formulierten Identifikations- und Prädikationsregeln aufgestellt und zur Instruktion über das Sein und Wesen Gottes angewandt. Die Argumentation dieser Schritte hat es nicht mehr mit der Konstitution, sondern mit der Anwendung von Anselms Argument zu tun und ist dementsprechend nicht unter dem logisch-apersonalen Gesichtspunkt strikt probativer Demonstration, sondern unter dem pragmatisch-personalen Gesichtspunkt der zur eigenen Verifikation des gemeinsamen Glaubenswissens provozierenden Instruktion zu lesen[26].

---

[26] Die von Evans (1978) vorgeschlagene Charakterisierung dieses Arguments als eines Axioms und des von Anselm im Proslogion praktizierten Verfahrens als einer »axiomatic method« (44) ist daher in doppelter Weise fragwürdig. Zum einen ist die axiomatische Methode eine Demonstrations-, keine Instruktionsmethode. Evans muß astruere daher als »beweisen« interpretieren (45). Zum andern sieht sie zwar völlig richtig den Unterschied des unum argumentum vom Axiombegriff Euklids: »Anselm provides only a single axiom, not a series« (45), während Euklid eine ganze Reihe von Axiomen festsetzte, aber sie glaubt, daß Anselms Argument einer der beiden von Boethius unterschiedenen Arten von Axiomen entspricht, nämlich der »which is immediately comprehensible to everyone: quam quisque probat auditam« (ebd.). Doch dem ist nicht so. Anselm erwartet keineswegs, daß die Wahrheit seines Arguments von allen beim bloßen Hören anerkannt und nicht in Zweifel gezogen wird. Er gesteht diese Möglichkeit in Gestalt des insipiens vielmehr ausdrücklich zu und fordert deshalb, daß mit dem Argument selbst ein Beweis für seine Wahrheit zu führen sei. Es ist gerade die Pointe seines Arguments, daß mit seiner Konstatierung das Argumentieren nicht zu Ende kommt und

5. Ich belege dies abschließend am dritten Schritt und damit an der Einführung der Identifikationsregel: »Gott ist das, demgegenüber Größeres nicht gedacht werden kann.«

Daß Gott das ist, ist nicht selbstverständlich, jedenfalls nicht für Anselm. Andernfalls hätte er für die Identifikation Gottes mit diesem id quo maius cogitari nequit nicht ausdrücklich argumentieren müssen. Genau das aber tut er, wie als einer der wenigen Ausleger Campbell (1976, 126–150) bemerkt hat. Nachdem in den ersten beiden Schritten seiner Argumentation bewiesen wurde, daß mit dem unum argumentum ein wahrer, und zwar so wahrer Gedanke gedacht wird, daß er sich nicht einmal als falsch denken läßt, geht es im dritten Schritt um den Aufweis, daß mit der damit gedachten Wahrheit Gott und sonst nichts gedacht wird, daß also mit beidem, dem unum argumentum und dem Namen »Gott«, auf genau denselben Referenten Bezug genommen wird[27]. *Diese referentielle Identität aber läßt sich remoto Deo nicht beweisen.* Um sie begründet vornehmen zu können – und Anselm nennt Gründe, wenn auch bezeichnenderweise erstmals im bisherigen Argumentationsgang theologische Gründe, die nur für den Überzeugungskraft haben, der Gott als seinen Schöpfer und sich als Gottes Geschöpf kennt[28] –, muß man nicht nur Anselms Argument verstehen, sondern vor allem auch Gott kennen. Nur dann kann man beurteilen, ob mit dem unum argumentum tatsächlich auf Gott, und ob damit nur auf

---

man sich auf die Selbstevidenz eines Axioms verlassen müßte, um Einsicht in seine Wahrheit zu bekommen. Vielmehr soll dieses Argument durch Argumentation als wahr einsichtig gemacht werden können, und zwar durch eine Argumentation, in der nur es selbst verwendet wird. Das stellt eine solche Abweichung vom Axiombegriff sowohl der Tradition als auch der Gegenwart dar, daß von einem Axiom in diesem Fall nicht geredet werden sollte. Anselms Argument ist weder eine selbstevidente Wahrheit noch eine praktische Festsetzung zur argumentativen Organisation eines Wissensgebietes. Es ist ein durch sich selbst von seiner Wahrheit argumentativ überzeugendes Argument, und nur als solches, nicht aber als Axiom fungiert es in der Argumentation des Proslogion.

[27] Man kann kaum sagen, daß Anselm »den im Denken gefundenen Gottes-Begriff ausdrücklich mit dem Gott seines Glaubens identifiziert« (Kienzler, 1981, 298). Anselm bleibt sich auch hier der Differenz von Gott und Gottesbegriff bewußt.

[28] Anselm nennt zwei theologische Gründe (P 3: I, 103, 4–7): 1. Kein Geschöpf kann sich über seinen Schöpfer erheben und etwas Besseres denken als ihn (103, 4–6). (Zum unvermittelten Auftreten von »melius« an dieser Stelle vgl. Brecher, 1974, 98 f.) 2. Alles geschöpfliche, nicht aber das schöpferische Sein kann als nichtexistierend gedacht werden (103, 6 f.). – Diese Gründe sollen die exklusive Identifikation des zur Debatte stehenden aliquid mit Gott rechtfertigen. Bisher war erst gezeigt worden, daß es mindestens einen Gegenstand gibt, demgegenüber Größeres nicht gedacht werden kann (Schritt 1) und der sich nicht als nichtexistierend denken läßt (Schritt 2). Noch offen ist, ob es mehr als nur einen solchen Gegenstand gibt und ob Gott dieser Gegenstand ist. Eben diese Unklarheiten sollen die beiden Gründe beheben. So belegt der erste, daß Gott, der zweite aber, daß nur Gott das aliquid des unum argumentum ist; und erst daraufhin schließt Anselm: »Deus ... est *id* quo maius cogitari non potest« (P 4: I, 104, 2; Hervorhebung von mir).

ihn Bezug genommen wird. Remoto Deo jedenfalls läßt sich die exklusive Gültigkeit des Satzes »*Gott* ist *das*, demgegenüber Größeres nicht gedacht werden kann« nicht verifizieren. Anselm ist sich dessen bewußt. Er vollzieht die Identifikation nicht durch einen argumentativen Schluß aus seinem bisherigen Gedankengang, sondern in der Anrede an Gott: »Und das bist Du, unser Gott« (P 3: I, 103, 3). Die Identifikation wird also kontemplativ, nicht argumentativ vollzogen, auch wenn dieser kontemplative Akt dann argumentativ gerechtfertigt wird. Diese schöpfungstheologisch argumentierende Rechtfertigung wird freilich nur den überzeugen, der die Identifikation kontemplativ mitvollzieht; und nur für den, der sie so mitvollzieht, wird auch die im folgenden Kapitel konstatierte argumentative Konklusion »Gott ist das, demgegenüber Größeres nicht gedacht werden kann« (P 4: I, 104, 2) als wahr akzeptierbar sein. Das aber heißt: Es ist durchaus möglich – und eben deshalb redet Anselm zu Recht nicht mehr von einer probatio –, dieser Identifikation zu widersprechen. Sie ist nicht logisch zwingend. Aber es ist Anselm zufolge unmöglich, an der Kontemplation zu partizipieren und diese Identifikation zu verweigern oder ihre theologische Rechtfertigung zu bestreiten. Das ist die Instruktion, die seine Argumentation an dieser Stelle durch Form und Inhalt vermittelt: Man kann nicht zu Gott beten und so tun, als ob man sich auf eine nur problematische Wahrheit bezöge – in diesem Sinn wird das Resultat des ersten Schrittes aufgenommen. Und man kann auch nicht zu Gott beten und so tun, als richte man seine Gedanken auf jemanden, den man auch ignorieren könnte – in diesem Sinn wird das Resultat des zweiten Schrittes aufgenommen. Anselm vollzieht die Identifikation also so, daß ihre Zurückweisung einen pragmatischen, keinen logischen Widerspruch darstellt.

Pragmatische Widersprüche sind vermeidbar – durch Praxisverweigerung oder durch entsprechenden Mitvollzug der Praxis. Im vorliegenden Fall hängt am Mitvollzug der kontemplativ vollzogenen Identifikation die Plausibilität der von Anselm vorgeschlagenen Regel zur Identifikation Gottes und damit die Überzeugungskraft der ganzen folgenden Argumentation. Anselm versucht diesen Mitvollzug argumentativ nahezulegen, indem er sich bemüht, die epistemologische und theologische Adäquatheit dieser Regel aufzuweisen. Denn zur *Identifikation* taugt diese Regel nur, wenn sie hinsichtlich ihrer Funktion der Bedingung der Lokalisierung (A) und hinsichtlich ihres Gegenstands der Bedingung der Eindeutigkeit (B) genügt; zur Identifikation eines *realen Gegenstands* taugt sie nur, wenn sie dazuhin die Bedingung der Realität (C), und zur Identifikation *Gottes*, wenn sie schließlich auch die Bedingung der Glaubensadäquatheit (D) ihres Gegenstands erfüllt. Sie muß also in epistemologischer Hinsicht

A. überhaupt zu identifizieren erlauben, d.h. bei ihrer Anwendung den zu identifizierenden Gegenstand in bezug auf den, der ihn zu identifizieren sucht, auch tatsächlich lokalisieren;

B. eindeutig zu identifizieren erlauben, d.h. einen und nur einen Gegenstand auf unverwechselbare Weise lokalisieren. Das aber schließt ein,

B.1 daß sie überhaupt etwas,

B.2 daß sie etwas von anderem eindeutig Unterschiedenes,

B.3 daß sie etwas ganz Bestimmtes und nur das identifiziert und damit den Bedingungen der Spezifität (B.1 und B.2) und der Singularität (B.3) ihres Gegenstands genügt.

Sie muß darüber hinaus – und dem gilt Anselms besonderes Interesse -

C. Wahres und nicht nur Wahres oder Falsches zu identifizieren erlauben, also einen realen und nicht nur einen als real gedachten Gegenstand unzweideutig lokalisieren.

Und sie muß schließlich in theologischer Hinsicht

D. Gott zu identifizieren erlauben, also dasjenige Wesen, von dem wir im Glauben wissen und zu dem wir beten.

Anselm löst A dadurch ein, daß seine Regel den von ihr thematisierten Gegenstand bezüglich einer mentalen Operation (cogitare) lokalisiert und damit für jeden Denkenden anwendbar wird. Er weist die Erfüllung von B.1 durch den Nachweis der Denkbarkeit des mit dem unum argumentum thematisierten aliquid nach (P 2: I, 101, 7–9), die Erfüllung von B.2 durch den Nachweis der Undenkbarkeit seiner Nichtexistenz (P 3: I, 102, 6–103, 2), die Erfüllung von C durch den Nachweis seiner Existenz et in intellectu et in re (P 2: I, 101, 15–102, 3). *Diese Argumentationen sind alle logisch unabhängig von der Erfüllung von D* und damit unabhängig von theologischen Überlegungen gültig oder nicht gültig. Das gilt nicht für Anselms Nachweis der Erfüllung von B.3. Denn für die Singularität dieses aliquid argumentiert er damit, daß alles andere außer Gott als nichtexistierend gedacht werden kann (P 3: I, 103, 6f), und das setzt die Identifizierung Gottes mit diesem aliquid voraus (P 3: I, 103, 3f). Doch daß Gott etwas ist, demgegenüber Größeres nicht gedacht werden kann, ist durch die Verbindung der Argumentationen für B.1, B.2 und C zwar vorbereitet, aber es folgt nicht aus ihnen. *Diese Identifikation ist logisch unabhängig von der Erfüllung von B.1, B.2 und C* und wird von Anselm dementsprechend kontemplativ und nicht argumentativ vollzogen. Damit ist sie, wie durch das irreduzible Zusammenspiel von Kontemplation und Argumentation vermittelt wird, pragmatisch durch die Situation und nicht allein logisch durch Argumentation begründet. Im Unterschied zu seinen Argumentationen für B.1, B.2 und C entscheidet über die Stringenz seiner Argumentation für B.3 nicht allein die logische Konsistenz der vom Denken vorgebrachten Argumente, sondern die pragmatische Konsistenz von Denken und Handeln, von theologischer Reflexion und Glaubenspraxis. Und dasselbe gilt auch für Anselms Nachweis der Erfüllung von D. Erst nachdem er gezeigt hat,

- daß etwas, demgegenüber Größeres nicht gedacht werden kann, et in intellectu et in re, und d.h. wahrhaft ist (Realität),
- daß dieses Etwas so wahrhaft ist, daß es als nichtexistierend nicht einmal gedacht werden kann (Spezifität),
- daß Gott dieses Etwas (aliquid!) ist (Identifikation),
- daß alles andere außer Gott als nichtexistierend gedacht werden kann (Singularität),

zieht er die als intellectus gepriesene (P 4: I, 104, 5–7) Folgerung, daß Gott das (id!) ist, demgegenüber Größeres nicht gedacht werden kann (P 4: I, 104, 2), und daß er deshalb als einziger (P 3: I, 103, 6–9) nicht einmal als nichtexistierend gedacht werden kann (P 4: I, 104, 3f)[29].

Nicht gefolgert, zumindest nicht ausdrücklich, wird Gottes Existenz, vielmehr ist seine Realität als selbstverständliche Voraussetzung der Identifikation auch selbstverständliches Implikat des ganzen Gedankengangs. Ist dieser auf der pragmatischen Konsistenz von Denken und Handeln basierende und durch Argumentation und Kontemplation vollzogene Gedankengang dann aber ein Gottesbeweis? Wohl kaum – auch wenn sozusagen beiläufig (und damit auf die wohl einzig angemessene Weise!) für den Betenden durch die Situation und ihre (schöpfungs)theologische Reflexion in rückblickender Beurteilung seines Denkweges unzweideutig feststeht, daß Gott in Wahrheit ist.

Was Anselm damit durch Form und Inhalt des Proslogion gezeigt hat, ist die schlichte und doch profunde Wahrheit: *Wer erkannt hat, wer Gott ist, der hat erkannt, daß Gott ist. Wer* Gott ist, hat freilich nur der erkannt, der ihn für sich selbst zu identifizieren weiß. Wissen wir Gott so zu identifizieren?

VI Jenseits von Deixis und Deskription

Diese Frage formuliert das dogmatische Grundproblem, an dem sich die Differenz von Glaubenswissen und Glaubenserkenntnis entscheidet, der

---

[29] Dieses Ergebnis erlaubt ihm dann in Kap. 5 unmittelbar die genannte Prädikationsregel zu formulieren. Denn derjenige, demgegenüber größeres nicht gedacht werden kann, muß – soll ein Widerspruch zwischen der identifizierenden Festlegung der Referenz des Ausdrucks »Gott« und der prädizierenden Rede über diesen Gott vermieden werden – alles sein, was besser ist zu sein als nicht zu sein; und dazu gehört alles und nur das »quidquid absolute *cogitari* potest melius esse quam non esse« (R 10: I, 139, 3f; Hervorhebung von mir). Wiederum ist diese Regel so formuliert, daß sie aufgrund ihres Bezugs auf die mentale Operation des Denkens universale Applikation und uneingeschränkte Anwendbarkeit besitzt. Und wiederum erhalten wir damit keine positive inhaltliche Auskunft über das, was von Gott zu prädizieren ist, sondern ein Kriterium bzw. eine Regel, das bzw. die uns diese Frage selbst zu entscheiden erlaubt.

wir in diesen Überlegungen im Anschluß an Anselm nachgegangen sind. Denn sie führt theologisches Denken an die Grenze, an der es von der Reflexion auf die Praxis des Glaubens zurückverwiesen wird. Inwiefern? Wir kennen zwei Verfahrensweisen, einen Gegenstand zu identifizieren und so die Frage zu beantworten »Wovon redest Du?«: Entweder wir weisen auf ihn hin (deiktische Identifikation) oder wir stellen durch eine Beschreibung oder Erzählung klar, wovon wir sprechen (deskriptive bzw. narrative Identifikation). Während aber die Deixis aufgrund der dafür notwendigen Kopräsenz von dem, der zu identifizieren sucht, und dem, was identifiziert werden soll, mit der Identifikation des fraglichen Gegenstands immer zugleich auch dessen Existenz sicherstellt, gilt das für die Deskription gerade nicht. Sowohl deskriptive als auch narrative Identifikationen lassen beim Hörer grundsätzlich die Frage zu, ob ihnen tatsächlich auch etwas entspricht oder ob sie nur leere Beschreibungen bzw. fiktionale Erzählungen sind.

Die Konsequenz für die Rede von Gott liegt auf der Hand: Deiktisch läßt er sich nicht identifizieren (nichts, auf das wir hinweisen können, verdient uneingeschränkt Gott genannt zu werden), deskriptiv bzw. narrativ aber wird er immer nur im Sprachzusammenhang lokalisiert, und es bleibt offen, ob er in intellectu et in re ist.

Die Kunst der Anselmischen Argumentation ist es, dieses Dilemma durch ihre durch Form und Inhalt zweifach kommunizierte pragmatische Pointe zu vermeiden: Anselms *Argument* ist nicht einfach eine (weitere) deskriptive Kennzeichnung Gottes, sondern eine Regel, die uns einen Denk-Weg weist, so über den Gott, zu dem wir beten, zu denken, daß wir ihn nicht vergötzen. Und seine *Argumentation* zeigt zum einen materialiter, daß theologisches Denken durch diese Regel auf einen Weg verwiesen wird, den es zwar in der Gewißheit, Wahres zu denken, beschreiten kann, der ihm aber bei keinem Gottesgedanken als einer letztgültigen Erfassung der Wahrheit Gottes stehenzubleiben erlaubt; zum andern aber zeigt sie formaliter, daß es auf eben diesem Denkweg zugleich in die Gebetssituation eingewiesen ist, in der sich das Denken Gottes in der Rede zu und mit Gott je und je bewähren muß, um als Erkenntnis der Wahrheit Gottes zu qualifizieren. Beides zusammen führt über die Alternative von Deixis oder Deskription hinaus: Wer zu Gott betet, weiß, wer er ist, und damit, daß er ist. Er kennt Gott by knowledge und by acquaintance als den, zu dem er beten kann. Nur dasjenige theologische Denken Gottes – so könnte man daher Anselms Pointe aufnehmen –, das sich im Gebet bewährt, verdient intellectus fidei genannt zu werden.

Esse est operari

Die antischolastischen Theologien Austin Farrers und Martin Luthers

I Die Leitfrage

Vor rund vierzig Jahren erschien Austin Farrers Buch *Finite and Infinite*, das sich schnell als Klassiker metaphysischer Theologie etablierte – viel gepriesen, aber kaum gelesen. Rezensenten, die es lesen mußten, priesen zwar einmütig die Qualität dieses Werkes, ihre Einmütigkeit endete jedoch, sobald es um seine Beurteilung und Einordnung ging. Es sei »thomist pur sang«, schrieb ein Jesuit (Turner, 1944, 104), während ein Thomist der Meinung war, es sei »quite misleading to describe the author as Thomist« (Mathew, 1944, 33).

Es überrascht kaum, daß Farrers anglikanische Arbeit zum Analogieproblem von römisch-katholischen Rezensenten nach der Regel ›Keine Ähnlichkeit, ohne eine noch größere Unähnlichkeit‹ beurteilt wurde. Doch jeder, der sich auf Farrers Werk auch nur ein wenig einläßt, wird zustimmen, daß sich seine anglikanische via media nicht angemessen würdigen läßt, wenn man sie nur im Licht thomistisch-jesuitischer Kontroversen um sein Verhältnis zur römisch-katholischen Theologie betrachtet. Auch wenn dieses erste Werk Farrers der letzteren gegenüber eine starke Affinität aufweist, steht Farrer doch gewiß nicht mehr im thomistischen Lager, wenn er behauptet, Gottes Existenz ließe sich nicht a posteriori erweisen (1943, 7) und jeder analogische Syllogismus sei null und nichtig, weil er immer eine quaternio terminorum darstelle (1943, 263). All das macht ihn aber noch lange nicht zu einem Protestanten. Farrers Ablehnung induktiver Schlußfolgerungen von der Welt auf Gott trifft sich zwar mit einer beachtlichen protestantischen Tradition, aber er hat doch nicht das Geringste – auch nicht in seinen späteren Werken – mit jenen »out – and – out theological dogmatists« gemein, denen zufolge »God's creation and government of nature are truths received by way of revelation and otherwise uncertified« (1943, 69). Nicht das ›Deus dixit‹ reformierter Neo-Orthodoxie (1970, 541), sondern die Glaubenserfahrung der fundamentalen Abhängigkeit geschöpflicher Existenz bildet den Ausgangspunkt seiner rationalen Theologie. Von der Erfahrung göttlicher Gnade im individuellen Glaubensleben schließt er auf eine Erkenntnis von Gottes Handeln auch in Natur und Geschichte. Das erinnert an theologische Entwürfe im Gefolge Schleiermachers, und unschwer kann man sich Differenzen zwischen Barthianern und Anhängern Schleiermachers über die Beziehung von Farrers späterer Theologie zur protestantischen Tradition vorstellen, die denen zwischen Thomisten und Jesuiten über das Verhältnis seiner früheren Theologie zur katholischen Tradition entsprechen. Ähnlichkeit und Unähnlichkeit kennzeichnen so das Verhältnis von Farrers Position sowohl zum römischen Katholizismus als auch zum Protestantismus, und es ist eine offene Frage, in welcher Hinsicht (wenn überhaupt in einer) die Ähnlichkeit gegenüber der Unähnlichkeit überwiegt.

Doch das soll hier nicht entschieden werden. Ehe das begründet geschehen könnte, sind nicht nur Farrers Bezüge zur katholischen Tradition, sondern auch die Ähnlichkeiten und Unterschiede zwischen seiner und der protestantischen, speziell lutherischen Theologie kritisch zu erheben: *Welche Ähnlichkeiten und Unterschiede bestehen zwischen Farrers rationaler Theologie und Luthers Wort-Gottes-Theologie?* Das ist die Leitfrage meiner folgenden Überlegungen. Nun spielt Luther freilich prima facie überhaupt keine nennenswerte Rolle in Farrers Denken. Dennoch hat Brian Hebblethwaite auf Farrers Nähe zu »the whole Lutheran tradition« hingewiesen, »whose concept of God's action ›in, with, and under‹ natural species has definite affinities with Farrer's own« (1970, 551). Soweit ich sehe, hat diese Anregung bislang niemand aufgenommen[1]. Doch hält diese These einer fundamentalen Ähnlichkeit zwischen Farrers und der lutherischen Theologie einer genaueren Prüfung stand?

Daß der Vergleich einer komplexen theologischen Position mit einer Tradition, die alles andere als einheitlich ist, Probleme aufwirft, liegt auf der Hand. Um diese so weit wie möglich zu vermeiden, werde ich Farrers rationale Theologie und die Theologie Luthers (und nicht die lutherische Theologie überhaupt) als Modelle theologischer Reflexion betrachten, die dem dynamischen Wesen des christlichen Glaubens auf eine jeweils charakteristische Weise gerecht zu werden suchen. Diese Vorgehensweise schließt in beiden Fällen ein gewisses Maß an Abstraktion vom jeweiligen Zusammenhang und unter Umständen eine gewisse einseitige Betonung bestimmter Aspekte ein, doch vermag gerade diese Konzentration auf ausgewählte Strukturmomente die Hauptprobleme, um die es geht, und die möglichen Lösungsalternativen klarer in den Blick zu fassen.

---

[1] Hebblethwaite (1978) vergleicht Farrer und Bultmann; eine Gegenüberstellung Farrers mit Tillich findet sich bei Proudfoot (1976, Kap. 2 u. 3).

II Das scholastische Dilemma

Einer der offensichtlichsten Berührungspunkte und zugleich das subtilste Unterscheidungsmerkmal zwischen Farrer und Luther ist ihre antischolastische Grundorientierung. Farrer beschreibt seinen intellektuellen Werdegang von *Finite and Infinite* zu *Faith and Speculation* metaphorisch als Reinigung seiner voluntaristischen Metaphysik vom alten aristotelischen Sauerteig (1967, V). Luther, der schon 1517 in seiner ›Disputatio contra scholasticam theologiam‹ die scholastische Theologie energisch angegriffen hatte, kritisierte ganz ähnlich die Meinung der Schultheologen, »daß Aristoteles nicht mit der katholischen Wahrheit im Widerstreit stehe«, als »schamlosen Unsinn« (WA 9, 27, 22 ff). Und obgleich sich auch seine Theologie der Begriffe und Kategorien des aristotelischen Denkens bediente, behielt er seine dezidiert antischolastische Einstellung bis zum Ende bei. Allerdings kann unter ›Scholastik‹ vieles verstanden werden. Bevor wir daher vorschnell Schlüsse ziehen, gilt es zu fragen, wogegen sich der Widerspruch der beiden Theologen eigentlich genau richtet und was sie an der scholastischen Theologie jeweils auszusetzen haben.

Das Denken beider Theologen wurzelt im voluntaristischen Widerspruch gegen die scholastische Synthese von aristotelischer Metaphysik und christlichem Glauben. Luther war im ockhamistischen Denken der via moderna geschult, die den problematischen Versuch der via antiqua des thomistischen Intellektualismus attackierte, die aristotelische Seinsontologie und das mit ihr verbundene Wissenschaftsverständnis einer Bemühung um notwendiges und evidentes Wissen mit der wesenhaft dynamischen, historischen und kontingenten Natur des christlichen Glaubens in Einklang zu bringen. In streng aristotelischem Sinn konnte die Theologie nicht den Rang einer Wissenschaft beanspruchen, weil sie dem Standard des notwendigen und evidenten Wissens nicht genügte (Lohse, 1958, 27f). Gott hätte in seiner potentia absoluta genauso gut alles ganz anders anordnen können, und nur aufgrund seiner potentia ordinata ist alles so, wie es ist. Dieser Sachverhalt war schon als solcher schwer mit einem Wissenschaftsbegriff zu vereinbaren, der sich am Ideal notwendigen Wissens orientierte, aber er bedeutete für die Theologie, daß sie auf keinen Fall in den Bereich der Wissenschaften oder der Philosophie fallen konnte, zu der nach damaligem Verständnis – und in diesem weiten Sinn verwende ich den Philosophiebegriff auch im folgenden – alles Wissen gehörte, welches sich auf dem Weg unserer natürlichen Vernunft und Erfahrung erlangen läßt. Die Theologie stand daher vor einem Problem, daß ich das *scholastische Dilemma* nennen will: Entweder war an die Stelle des aristotelischen Wissenschaftsverständnisses und seines metaphysischen Unterbaus eine Konzeption zu setzen, die sowohl dem Wissen der natürlichen Vernunft als auch dem theologischen Wissen gerecht zu werden vermochte, oder der metaphysische Versuch eines einheitlichen und umfassenden Systems von nichttheologischem und theologischem Wissen mußte aufgegeben werden.

Letzteres bedeutete zwar, daß in der Theorie nicht verbunden werden konnte, was in der Praxis faktisch zusammen bestand, aber da die ockhamistische via moderna über keinen Wissenschaftsbegriff verfügte, der ähnlich effizient gewesen wäre wie der aristotelische, optierte sie unmißverständlich für die zweite Möglichkeit. Das aristotelische Wissenschaftsverständnis wurde dezidiert beibehalten und im Detail weiter ausgearbeitet. Die drohende Konsequenz, theologische Sachfragen damit völlig unverständlich werden zu lassen, vermied man dagegen durch einen epistemologischen Dualismus zwischen Philosophie und Theologie in Gestalt einer doppelten Logik, einer doppelten Wahrheit und einer doppelten Theorie der Erkenntnis (Lohse, 1958, 43 ff).

Sowohl Luther als auch Farrer pflichten der Scholastik-Kritik der via moderna bei, lehnen aber ihren Lösungsversuch aus je eigenen Gründen ab. Wir müssen daher bei Farrer und bei Luther jeweils eine *zweifache Wendung gegen die Scholastik* unterscheiden. Einerseits verwerfen beide den Intellektualismus der scholastischen Theologie, andererseits wenden sich beide gegen den scholastischen Voluntarismus. Aber während sie konform gehen in dem, was sie ablehnen, unterscheiden sie sich in der Begründung ihrer Ablehnung. Während Farrer im Horizont analogischen Denkens argumentiert und diesem gegenüber einem dialektischen Wirklichkeitsverständnis den Vorrang einräumt, ist es bei Luther genau umgekehrt. Was daher auf den ersten Blick wie dieselbe antischolastische Position aussieht, stellt sich bei genauerer Betrachtung in beiden Fälle als eine jeweils eigene Position mit zwei verschiedenen Seiten heraus. Betrachten wir jede der beiden Seiten für sich, indem wir mit ihrer gemeinsamen Kritik am scholastischen Intellektualismus einsetzen.

III Aktivität oder Rede als Paradigma

Farrer kritisiert am Intellektualismus scholastischer Theologie vor allem dessen theologischen *Absolutismus* und seine metaphysische Untermauerung. Obgleich sich Luthers Kritik nicht darauf beschränkt, werde ich mich beim Vergleich beider Positionen auf diesen Punkt konzentrieren.

Der theologische Absolutismus versteht Farrer zufolge Gott als ein höchstes Wesen, »which simply and completely is what it is, immutably selfdefined in all respects, and owing to its form alone what can be truly predicated of it« (1967, 138 f; 1972e, 178). Doch dieses Gottesverständnis hält er sowohl in philosophischer als auch in religiöser Hinsicht für unzulänglich. Ein solches Wesen »might be called Mind by courtesy but person by no stretch of terms« (1967, 163). Das Leben eines solchen Wesens ist zwar als höchste Aktivität zu denken, da es sich selbst unaufhörlich aktualisiert, doch diese Aktivität ist nicht die eines Handelnden, der auf anderes einwirkt, sondern das passive Beeinflussen einer »sort of magnet operating from an armchair« (Gibson, 1964, 478). Ein Wesen aber, das weder Willen noch Wahlmöglichkeit noch Entscheidungsfreiheit besitzt und damit von vornherein aufgrund seines Wesens nicht in der Lage ist, frei zu schaffen, in das Weltgeschehen einzugreifen oder in Leben, Tod und Auferweckung Christi zu handeln, ist »most destructive to our hope of salvation« (Farrer, 1972e, 182).

Luther hätte dem in jeder Hinsicht zugestimmt: »Quod Deus est ens separatum a creaturis, ut ait Aristoteles, verax, intra se contemplans creaturas. Sed quid haec ad nos? Diabolus etiam sic Deum cognoscit, et scit esse veracem, sed in Theologia quando de agnitione Dei docetur, agnoscendus et appraehendus est Deus, non intra se manens, sed ab extra veniens ad nos, ut videlicet statuamus eum nobis esse Deum« (WA 43, 240, 23–26).

Deus pro nobis – diese Formel bringt pointiert sowohl Farrers als auch Luthers Kritik am aristotelischen Absolutismus zum Ausdruck. Gott kann nicht in seiner Wirklichkeit an sich begriffen werden, sondern nur aufgrund seiner aktiven Beziehungen zu seiner Schöpfung, aufgrund derer er das ist, was er als Gott ist. Gottes Sein ist dynamische Aktivität, wie beide gemeinsam betonen. Er ist »semper ubique actuosus« (WA 18, 753, 14ff) und »has no attitudes which are not actions« (Farrer, 1964, 106), denn wenn von den Geschöpfen gilt: *esse est operari*, dann gilt das erst recht vom Schöpfer. Niemand hat in diesem Sinn das traditionelle Lehrstück von den göttlichen Eigenschaften so entschieden einem neuen Verständnis unterzogen wie gerade Luther: Gott ist gerecht, insofern er uns gerecht macht; Gott ist Liebe, insofern er uns als Empfänger seiner Liebe schafft; Gott ist frei, insofern er uns frei macht. Von Gott zu sprechen heißt, von der dynamischen Beständigkeit und beständigen Dynamik seines Handelns zu sprechen. Damit wird auch von Luther nicht die, wie Farrer sagt, »prior actuality of God« bestritten (WA 18, 685, 23f; vgl. Harnack, 1927, 87ff). Die Rede von Gott als Handelndem kann nicht ersetzt werden durch die Rede vom göttlichen Handeln, da das ewige Leben des Schöpfers selbst seine schöpferische Beziehung zur Schöpfung transzendiert. Gott ist frei in seinem Handeln, obgleich er, ohne die Handlungen, die er faktisch vollbringt, nicht der Gott wäre, der er aufgrund seiner freien Selbstbestimmung ist.

Luther wie Farrer insistieren damit in Abgrenzung gegen den aristotelischen Absolutismus auf der wesentlichen und nicht nur akzidentellen Bezogenheit Gottes zu seiner Schöpfung und auf der Deutung dieser Relation als Handlung. Aber wo sie dieses aktive Verhältnis Gottes zu seiner Schöpfung genauer zu bestimmen suchen, beginnen sich Unterschiede zwischen ihnen zu zeigen. So expliziert Farrer die deus-pro-nobis-Formel als *kosmolo-*

gische Relation zwischen endlichem und unendlichem Akt, Luther dagegen
als *soteriologische Relation zwischen »homo reus et perditus et Deus iustificans
vel salvator«* (WA 40/II, 328, 1f; par. 328, 17f). Worauf läuft diese Differenz
hinaus?

In gewissem Sinn handelt es sich dabei um den Unterschied zwischen
einer formalen und einer materialen Betrachtungsweise von Gottes Verhältnis zur Welt. In Form eines Vergleichs ausgedrückt: Farrers Theologie
verhält sich zu der Luthers wie eine Explikation der *Syntax* des Gott-
Welt–Verhältnisses zur Explikation von dessen christologischer *Semantik.*
Verstehen wir Luthers Kreuzestheologie als Offenbarungstheologie und
Farrers rationale Theologie wie er selbst als natürliche Theologie (Farrer,
1972c, 63), dann könnte man diesen Vergleich auch verallgemeinern und
sagen: *Natürliche Theologien konzentrieren sich auf die Syntax, Offenbarungs-
theologien auf die Semantik von Gottes Verhältnis zur Welt.* Bei dem viel
verhandelten Problem der natürlichen Theologie ginge es dann so gesehen
nicht um die ziemlich unergiebige materiale Frage, ob eine natürliche
Theologie möglich oder notwendig sei. Zur Debatte stünde vielmehr das
methodologische Problem, ob sich eine sachgemäße theologische Syntax
des Gott-Welt-Verhältnisses unabhängig von einer christologischen Semantik spezifizieren läßt und ob theologische Reflexion analogischem oder
dialektischem Denken Priorität einzuräumen hat. So weisen sowohl Luther
als auch Farrer den Grundsatz der aristotelischen Scholastik »nulla est pro-
portio finiti et infiniti« zurück. Doch während Farrer philosophisch argumentiert (1943, Kap. 2), bringt Luther explizit christologische Gründe ins
Spiel: »Nos tamen non tantum facimus proportionem, sed unitatem finiti et
infiniti« (WA 39/II, 112, 15ff), da für ihn im Licht des Christusgeschehens
der Bezug Gottes zur Welt nicht in allgemein philosophischen, sondern
spezifisch christologischen Begriffen zu fassen ist (vgl. Schwarz, 1966, 308f).
Entsprechendes gilt für die Methode theologischer Reflexion: Denken wir
analogisch und folgen daher einem syntaktischen Ansatz, dann wird die
natürliche Theologie zur Präambel der Offenbarungstheologie, insofern sie
den Kategorienrahmen und die analogischen Verfahrensweisen der Theologie bereitstellt und es der Offenbarungstheologie überläßt, die inhaltlichen
Bestimmungen und semantischen Details einzufügen. Es ist zweifellos
möglich, Farrers Theologie so zu verstehen. Denken wir jedoch dialektisch
und wählen einen semantischen Zugang, dann ist die natürliche Theologie
keine Präambel der Offenbarungstheologie, sondern Ergebnis einer systematischen Ausklammerung des Bezugs auf Jesus Christus in den Aussagen
der Theologie. Mit Luthers Denkkategorien formuliert: Die Grunddia-
lektik des theologischen Diskurses wird dann dadurch herausgearbeitet, daß die Aussagen des Evangeliums in Aussagen des Gesetzes übersetzt
werden (Jüngel, 1980). So gesehen erweist sich Farrers Theologie als *Ge-
setzestheologie.* Und wie es keinen Weg von einer noch so intensiven

Ausarbeitung des Gesetzes zum Evangelium gibt, so kann auch keine noch so energische Spezifikation syntaktischer Probleme eine Semantik erzeugen.

Die Alternative zwischen einer syntaktischen und semantischen Frage- und Verfahrensweise läßt sich an Farrers und Luthers Theologie in verschiedener Hinsicht belegen. Während Farrer allgemein von der Interaktion zwischen Gott und Mensch spricht, geht es Luther um den spezifischen Charakter dieser Interaktion. Während Farrer betont, »that the personal model, not the physical, is the only model for our interaction with God« (1964, 47), insistiert Luther darauf, daß auch dieses personale Modell nur dann theologisch taugt, wenn es Genaueres über das Wesen Gottes zu sagen erlaubt. Es genügt nicht, mit Farrer zu sagen, Gott sei »the personal agent ... the Intelligent Will, or voluntary intelligence« (1972f, 217). Was wir wissen wollen und müssen, ist nicht nur, daß Gott Wille ist, sondern was sein Wille ist. Denn »the mere idea of his willing for us is valueless, we must have an idea what it is that he wills« (1972a, 16), wie Farrer zugesteht. Es ist daher wichtig, ein sachgemäßes Denkmodell für Gott zu wählen und von ihm aus einen brauchbaren begrifflichen Rahmen für theologisches Denken und Argumentieren auszuarbeiten. Ob aber das Modell angemessen und der begriffliche Rahmen hinreichend ist, stellt sich erst heraus, wenn beide nicht nur zur Bestimmung der Form (des *Handelns*), sondern auch des Inhalts bzw. des Charakters (des *Heils*handelns) des Gott-Welt-Verhältnisses herangezogen werden.

Der Unterschied zwischen Farrers syntaktischem und Luthers semantischem Ansatz zeigt sich auf allen Ebenen ihrer Theologie, da sie sich verschiedener Paradigmen bedienen, um den intrinsisch dynamischen und aktiven Charakter des Wesens Gottes herauszustellen. Farrers Paradigma ist *Aktivität*, und entsprechend begreift er Gott als reinen Akt. Luthers Paradigma dagegen ist *Reden*, und entsprechend begreift er Gott als Wort Gottes. Während aber alles Reden eine Aktivität ist, gilt das Umgekehrte nicht. Farrers Paradigma, das auf einem höheren Abstraktionsniveau angesiedelt ist, hat daher ein weiteres Anwendungsfeld. Luthers Paradigma dagegen ist in seinem primären Anwendungsbereich, dem Verhältnis von Gott und Mensch, wesentlich bestimmter. Das Reden ist eine kommunikative Handlung, die sich von anderen Arten des Handelns dadurch unterscheidet, daß sie selbst die semantischen Mittel zu ihrer Deutung bereitstellt. Sie legt sich selbst aus, weil sie sagt, was sie tut und (im besten Fall) auch tut, was sie sagt. Luther wählt das Paradigma des Wortes und nicht das umfassendere, aber schwächere Paradigma des Handelns, weil Gottes Selbstauslegung, die im Glauben an Jesus Christus erfahren wird, das Zentrum seiner Theologie bildet. Gott handelt nicht nur, er hat sich uns in Christus durch sich selbst verständlich mitgeteilt. Kurz: Während Farrer eine Theologie der *Interaktion* zwischen Schöpfer und Geschöpf entfaltet, bietet

Luther eine Theologie bestimmter *Kommunikation* zwischen Gott und Mensch[2].

Der Grund für die Wahl dieser verschiedenen Paradigmen bei Farrer und Luther liegt in ihrer unterschiedlichen Charakterisierung der Glaubenserfahrung, die sie beide für den sachgerechten Ausgangspunkt theologischer Reflexion halten. Farrer versteht unter Glaubenserfahrung eine Erfahrung, in der wir uns unseres Zusammenwirkens mit dem göttlichen Willen bewußt werden, und »this is not a matter of particular religious experiences as a special class of experience but rather is a matter of the whole range of human experience which comprises the cosmological relation« (Eaton, 1980, XVIX [sic!]). Obgleich auch Luther nicht bestreitet, daß Gottes Wirken durch endliche Erfahrungen vermittelt wird, ist ihm zufolge das Wissen, daß wir es dabei mit Gottes Wirken zu tun haben, nicht aufgrund natürlicher Schlußfolgerungen aus unserer Welterfahrung, sondern nur aufgrund der durch den Bezug auf Gottes Wort davon präzis unterschiedenen Erfahrung des Glaubens gegeben. Diese Glaubenserfahrung ereignet sich in der besonderen Kommunikationssituation, in der ich mich vom Wort Gottes angeredet erfahre und darauf im Glauben antworte. Farrer dagegen versteht den Glauben als »apprehension of God (or of our relation to him)« (1972g, 224), auch wenn er dann zwischen »initial faith« und »saving faith« unterscheidet (1964, Kap. 1). Im Glauben erfahre ich, daß ich in kosmologischer Relation zu Gott stehe, insofern mir mein Zusammen- und Wechselwirken mit dem göttlichen Willen aufgeht. Und da der personale Charakter dieser Interaktionsrelation die spezifische Form dieser Erfahrung darstellt (47), haben wir gute Gründe, das personale Modell des Handelns bei der Ausbildung unserer analogischen Gotteskonzeptionen anderen Modellen gegenüber vorzuziehen. Für Luther hingegen stellt der Glaube überhaupt erst klar, welche Art von Person Gott ist und welche Art von Personen wir sind. Im Glauben erfahre ich mich selbst als Sünder, der auf Rechtfertigung angewiesen ist, und Gott als den, der mich rechtfertigt, indem er mich wahrnehmen läßt, was er für mich in Jesus Christus getan hat. Luther und Farrer stimmen also darin überein, daß der Glaube als ein Handeln Gottes im Glaubenden zu verstehen sei, und beide theologischen Entwürfe akzentuieren insofern den dritten Artikel des Glaubensbekenntnisses. Aber während Farrer den kognitiven Charakter des Glaubens betont, konzentriert sich Luther auf dessen relationale Gestalt und personale Kommunikationsstruktur (Dalferth, 1980). Farrer zufolge ist der Glaube ein übernatürlicher kognitiver Akt (1972c, 49.61ff), der sich – wenn Wilson (1982, 153) recht hat – der Fähigkeit des Heiligen Geistes verdankt, der Geist dessen zu werden, in dem er wirkt. Luther hingegen insistiert darauf,

---

[2] Bei Farrer (1972a, 16) deutet sich eine Veränderung des grundlegenden Paradigmas von ›activity‹ zu ›talk‹ an, ohne daß er dies in der gleichen Weise wie Luther entwickelte.

daß der Glaube wesentlich Glaube an Jesus Christus ist und als solcher ein eschatologisches Kommunikationsverhältnis mit Christus darstellt. Das Werk des Heiligen Geistes ist nicht einfach der Glaube, sondern der Glaube *an Jesus Christus*, und es ist nicht einfach der Geist, sondern der *Geist Christi*, der ihn bewirkt. Nur wenn wir in dieser bestimmten Weise vom Glauben und vom Geist sprechen, können wir die Gefahren des Enthusiasmus und der Vermischung von menschlichem und göttlichem Geist vermeiden. Ist der Glaube aber unauflöslich an Christus und den Geist Christi gebunden, dann ist die Glaubenserfahrung, in der wir nach Farrer das Handeln Gottes an den Dingen der Welt ablesen (1972d, 117), im Gegensatz zu dem, was Farrer selbst nahezulegen scheint, an bestimmte und nicht beliebige Situationen gebunden. Nur wo wir Jesus Christus durch den Geist erfahren, werden wir unseres Verhältnisses zu Gott im Glauben gewahr, und wir erfahren Christus nur in Situationen, in denen er uns verständlich kommuniziert wird, d.h. in denen, wie Luther sagt, das Evangelium verkündet und im Glauben angenommen wird. Während also Farrer den Glauben syntaktisch als Handeln des Geistes beschreibt, betont Luther wiederum seine christologische Semantik. Ohne diese semantische Näherbestimmung bleibt die Rede vom Glauben und vom Geist unterbestimmt.

Es stimmt damit überein, daß Luther das Prinzip *esse est operari* vor allem im Blick auf Gott und Jesus Christus für wahr hält: Gott ist »semper ubique actuosus«, und Christus »non quiescat ... sed semper vivit et agit« (WA 4, 645, 29–646, 1). Jesus Christus ist daher der Schlüssel und das Modell zum Verstehen dessen, daß und wie Gott handelt, und zwar nicht nur extra Christum, sondern auch in Christo. Dem ersten würde zweifellos auch Farrer zustimmen: Weil wir an Jesus Christus Gottes Handeln ablesen können, können wir es in Natur und Geschichte hineinlesen. Doch wie kann Christus der Schlüssel dafür sein, die Interaktion zwischen Gott und Mensch *in ihm selbst* zu verstehen?

Um die epistemologische Aporie zu vermeiden, die sich hier abzeichnet, schlagen Luther und Farrer unterschiedliche Auswege vor. Luther betont, man müsse den *sich selbst auslegenden Charakter* von Gottes Handeln in Christus ernst nehmen. Da der Glaube an Jesus Christus das Werk des Heiligen Geistes im Glaubenden ist, koinzidieren in der Glaubenserfahrung, in der Jesus als der Christus wahr- und angenommen wird, die Bewegungen des Heraus- und Hineinlesens. Die eschatologische Situation, in der Gottes Handeln im Glaubenden Gottes Handeln in Jesus Christus so auslegt, daß die Pointe und der Charakter von Gottes Schöpfungshandeln als seine Liebe zu uns einsichtig wird, ist durch eine exklusive Korrelation von sola fide und solus Christus charakterisiert. Im Glauben an Jesus Christus legt sich uns Gott selbst aus, indem er erstens den Bezugspunkt unserer Rede von Gott in solcher Weise bestimmt, daß von ihm nur trinitarisch geredet werden kann, und indem er zweitens Christus als das Kriterium darstellt, an dem sich unsere analogischen Konzeptionen und imaginativen Konstruktionen Gottes ausweisen müssen. Wer Gott ist und wie Gott ist, wird damit gleichermaßen durch Gottes Selbstauslegung in Jesus Christus und durch den Heiligen Geist klargestellt.

Die offensichtliche Schwierigkeit dieses Ansatzes besteht darin, daß alles, was hier über die Art der Interaktion Gottes mit uns in Jesus Christus und durch den Heiligen Geist gesagt wird, in rein theologischen Begriffen gefaßt ist. Doch auch ein strikt theologischer Diskurs dieser Art hat sich der allgemeinen Sprache zu bedienen und muß sich daher zu unseren nicht-theologischen Diskursen und Erfahrungen ins Verhältnis setzen lassen. Gerade von diesen geht Farrer aus. Seiner Auffassung zufolge kann Christus überhaupt nur dann einen Schlüssel und ein Modell zur Deutung unserer Erfahrung an die Hand geben, wenn er selbst im Licht eines anderen Modells gedeutet wird, nämlich der kosmologischen Interaktion von Schöpfer und Geschöpf, die ihrerseits nach dem Muster unserer Erfahrung als interagierende Personen als Zusammenwirken zweier Akte verstanden wird. Die wechselseitige Durchdringung von Göttlichem und Menschlichem in Jesus Christus wird dann als die vollständigste Form der Interaktion zwischen endlichem und unendlichem Akt verstanden, die sich auf jeder Stufe der Schöpfung ereignet. Bei dieser Deutung Christi besteht allerdings die Gefahr, daß die Unterschiede zwischen Inkarnation und Inspiration zu einer nur graduellen Differenz verharmlost werden (Farrer, 1964, 75). Zumindest sollte gefragt werden, ob Farrers syntaktische Auffassung der Beziehung Gottes zur Welt wirklich hinreichend bestimmt ist, um den Unterschied zwischen Gottes Heilshandeln in Christus und seinem Heilshandeln an uns zu wahren (vgl. Hebblethwaite, 1977; anders Wilson, 1982, 158 f.).

IV Korrektur oder Kritik des Voluntarismus

Doch zurück zu unserem Hauptproblem: Der Unterschied zwischen Farrers syntaktischem und Luthers semantischem Ansatz wird unübersehbar deutlich, wenn wir unseren Vergleich nicht nur allgemein auf ihre Kritik an der intellektualistischen Position der Hochscholastik konzentrieren, sondern auch ihre Kritik der diese Position begründenden Argumente berücksichtigen. Nach Farrer stützt sich der theologische Absolutismus auf zwei Grundannahmen, nämlich die »doctrine of purity« und die »theory of causes« (1972 e, 182). Beide sind näher zu betrachten.

1. Farrer behauptet, daß die »Aristotelian causal theory has been the bane of rational theology for more than half a millenium« (1964, 140). Freilich nicht, weil sie eine Metaphysik, sondern weil sie eine falsche Metaphysik nach sich gezogen habe. Ihr Grundfehler sei, gerade nicht aristotelisch

genug gewesen zu sein. Ursprünglich wurde das »Aristotelian pattern of the four causal factors ... extracted from the model of human action« (134). Doch bei der Ausweitung seines Anwendungsbereichs von den menschlichen Artefakten auf die Natur insgesamt wurde es nach Farrer entpersonalisiert und einem Formalismus unterworfen, der dem Sein den Vorrang vor dem Werden einräumte. In metaphysischer Hinsicht führte das zur Konzeption einer ersten Ursache, die ihr Wesen absolut und ohne jeden Bezug auf etwas außerhalb ihrer selbst Liegendes permanent für sich selbst aktualisiert. Um dieses irreführende Bild zu korrigieren, verwirft Farrer nun aber nicht wie Luther den metaphysischen Gebrauch des aristotelischen Kausalschemas überhaupt. Seine Kritik gilt nicht dem Programm, sondern seiner unzulänglichen Ausführung. Er schlägt daher vor, einem »different causal path« zu folgen, der zu einer »different conception of the first cause« (141) führe, nämlich zur Idee eines aus absoluter Freiheit Handelnden. Der aristotelische Ursachenbegriff wird von Farrer also durch den Handlungsbegriff ausgelegt bzw. auf seinen handlungstheoretischen Kern reduziert. (Einen analogen Schritt vollzieht Tennant, 1930, 138 im Kontext der Philosophie Kants.) Entsprechend rekonstruiert er die dem aristotelischen Ansatz zugrunde liegende Theorie der Natur, indem er im Licht der modernen Physik den Grundstoff der Welt als Energie bestimmt und diese als interagierende Aktivität interpretiert. Da es Energie zwar in verschiedenen Modi, aber nicht in verschiedenen Formen geben kann, läßt sie sich allein durch die Unterscheidung von causa efficiens und causa finalis analysieren, während die aristotelische Unterscheidung zwischen Handeln und Erleiden und die damit verbundene Differenz zwischen causa formalis und causa materialis zu verwerfen ist.

Farrer konzentriert seine Kritik der scholastischen Theologie also auf den metaphysischen Gebrauch der causa formalis und materialis, weil er die Theorie der Natur verwirft, die diesem Ursachenverständnis zugrunde liegt. Luther dagegen richtet seine Kritik gerade umgekehrt gegen den theologischen Umgang mit der causa efficiens und der causa finalis. Obgleich er keinen besseren Wissenschaftsbegriff als Alternative anzubieten hat, sieht er doch klar die verheerenden Folgen des metaphysischen Gebrauchs dieser Ursachentheorie in der Theologie. Während daher Farrer aufgrund seiner nichtaristotelischen Theorie der Natur den formalistischen Ansatz der aristotelischen Kausalitätskonzeption verwirft, aber ihre metaphysischen Interessen im Rahmen eines voluntaristischen Ansatzes weiterverfolgt, hat Luther niemals aufgehört, das gesamte Argumentationsmuster aristotelischen Kausalitätsdenkens zu gebrauchen, und auch seine Anwendung auf Naturphänomene nicht grundsätzlich in Frage gestellt. Ganz entschieden jedoch wies er den metaphysischen Gebrauch dieser Kausalitätskonzeption in der scholastischen Gotteslehre zurück, da er sie für ganz untauglich hielt, die Problemkreise von Schöpfung und Eschatologie sachgemäß zu behandeln. Der Gegenstandsbereich der Philosophie ist die Welt, und was immer sie thematisiert, auch in der Metaphysik, muß sich an der gegenwärtigen Erfahrungswelt ausweisen lassen. Aber weder die Geschöpflichkeit der Welt noch ihre Letztbestimmung lassen sich der Natur als solcher entnehmen. Als Schöpfung, die auf ein letztes Ziel ausgerichtet ist, kann diese erst angesichts ihrer Existenz coram deo bestimmt werden. Diese Relation aber läßt sich philosophisch nicht erforschen, weil ihr entscheidendes Relat, nämlich Gott, weder ein Naturphänomen ist noch die Totalität aller Naturphänomene, sondern unsichtbar und verborgen in, mit und unter diesen gegenwärtig ist. In Aufnahme der durch Luthers Lehrer Bartholomäus von Usingen repräsentierten Tradition (Ebeling, 1982, 334ff), welche die vier causae in die causae intrinsecae (causa materialis und causa formalis) und die causae extrinsecae (causa efficiens und causa finalis) zusammenfaßt, schlägt Luther daher eine Art Arbeitsteilung zwischen Philosophie und Theologie vor. Die Philosophie kann seiner Auffassung zufolge zwar ein Wissen um die causae intrinsecae der Dinge erwerben, aber nur in der Theologie kann es ein Wissen um ihre causae extrinsecae geben: Die Geschöpflichkeit und die letzte Bestimmung der Dinge liegen jenseits der Grenze dessen, was die Philosophie erkennen kann (Ebeling, 1977, 17f: These 11–15).

Diese Behauptung Luthers ist eine Extrapolation vom paradigmatischen Fall unserer Selbsterkenntnis als Menschen, wie sich am Problem der causa finalis des Menschen verdeutlichen läßt. Die teleologische Anthropologie der aristotelischen Philosophie, die den Menschen unter dem Gesichtspunkt seiner Handlungsziele betrachtet, wird von Luther nicht einfach bestritten. Doch er verwirft den scholastischen Versuch, die aristotelische Teleologie mit der biblischen Eschatologie in der These vom duplex finis hominis so zu verbinden, daß ein natürlicher und ein übernatürlicher Endzweck menschlicher Existenz als finis proximus seu naturalis und finis ultimus seu supranaturalis nach dem Prinzip ›finis proximus non excludit finem ultimum‹ miteinander verknüpft werden (Thomas, S.th., I, q 65, a 2, ad 2). In streng eschatologischem Sinn gibt es nur ein einziges Ziel des Menschen: die Versöhnung des Sünders mit Gott. Und dieses Ziel kann weder gradweise und in allmählicher Annäherung noch durch ein Zusammenwirken von Gott und Mensch erreicht werden. Denn der Mensch ist zwar coram mundo ein rationales Handlungswesen, coram deo aber ein Sünder und als solcher unwillig und unfähig, mit Gott zusammenzuwirken. Für die Theologie ist der Mensch als animal rationale daher unterbestimmt. Sie begreift den Menschen als homo iustificandus (WA 39/I, 84, 2; vgl. 82, 7–11; 83, 16f; 176, 33–35), d.h. als Sünder, der der Rechtfertigung bedarf, denn sie kann ihn nicht coram deo in den Blick fassen, ohne die eschatologische Differenz zwischen dem, was er von sich aus ist (ein Sünder), und dem, was er von Gott her sein soll (ein gerechtfertigter Sünder), in Rechnung zu stellen. Da der Mensch in theologischer Sicht nicht unabhängig von seinem Gottesverhältnis betrachtet werden kann (und umgekehrt auch Gott nicht isoliert von seiner Beziehung zum Menschen) und da er in der Theologie folglich nicht thematisch sein kann, ohne daß die Differenz zwischen dem faktischen Gottesverhältnis des Menschen und dem, wie es sein könnte und sein sollte, wahrgenommen und berücksichtigt wird, müssen in der Theologie alle nichttheologischen Aussagen über den Menschen in eine Sprache übersetzt werden, die dieses Verhältnis und seine eschatologische Dialektik in Anschlag bringt, also in Aussagen über den Menschen als Sünder oder als gerechtfertigten Sünder. Nur in dieser dialektischen Weise kann in der Theologie vom Menschen die Rede sein, und nur auf der Grundlage dieses dialektischen Menschenverständnisses kann die Theologie dann auch analogisch von Gott reden (und vice versa).

Luthers Vorschlag läuft somit darauf hinaus, die scholastische Zwei-Stufen-Teleologie mit ihrer Betonung der Analogie und ihrer Vermischung eines philosophischen und eines theologischen Diskurses über den Menschen durch eine Zwei-Relationen-Eschatologie zu ersetzen, die in strikt theologischem Diskurs entfaltet wird und in ihrem Wirklichkeitsverständnis der Dialektik zwischen Protologie und Eschatologie gegenüber dem Analogiezusammenhang endlichen und unendlichen Seins den Vorrang einräumt. Die Theologie nimmt das philosophische oder sonstige nicht-theologische Wissen vom Menschen also weder einfach auf noch ergänzt sie es nur durch neue Aspekte, sondern sie formuliert es im Licht des eschatologischen Gegensatzes zwischen Sünde und Erlösung von Grund auf neu. Ihr methodisches Prinzip ist dabei die dialektische Betonung der Differenz in der Einheit, nicht, wie bei der Analogie, die Betonung der Einheit in der Differenz.

Was für die Letztursache gilt, gilt auch für die Wirkursache. Der Ausdruck »– ist geschaffen« ist ein relationales Prädikat, das jeden Gegenstand, von dem es wahrhaft ausgesagt wird, in spezifischer Weise coram deo loziert, indem es seine Existenz als Wirkung von Gottes Handeln behauptet (Farrer, 1964, 22). Es trägt indes nichts zur Definition dessen bei, was ein Gegenstand ist (seines Wesens), noch zur Beschreibung dessen, wie er ist (seiner faktischen Existenz). In philosophischer Hinsicht hat es keinen Aussagewert, da es von allem Existierenden gelten muß, wenn es überhaupt von einem gilt. Aber das gestattet uns nicht, wie Farrer folgenden Schluß zu ziehen: Da alles »is grounded in the existence and the activity of God ... some apprehension of God ... is part of the knowledge of these finites themselves, and so belongs to us by nature« (1972c, 62). Etwas zu kennen, das geschaffen ist, heißt nicht zu wissen, daß es geschaffen ist. Luther verneint dementsprechend entschieden, daß die Philosophie ein Wissen um die Schöpfung und um die Geschöpflichkeit der Dinge hat bzw. haben kann. Sie mag zu der Erkenntnis gelangen, daß die Welt regiert wird (WA

44, 591, 34–39) und ein primum movens et summum ens hat. Sie kann auch die Wohlordnung der Natur und die Existenz einer ersten, vollkommenen und zureichenden Ursache behaupten (Farrer, 1964, 80). Aber all das ist ein Wissen um die gubernatio mundi, nicht um die creatio mundi, die Erschaffung von allem per verbum ex nihilo (WA 39/II, 345, 24–346, 23; 42, 292, 15–22), die zwangsläufig für eine Philosophie sinnlos sein muß, die sich an den Grundsatz hält: ›ex nihilo nihil fit‹. Farrers rationale Theologie scheint diese Auffassung Luthers zu stützen. Die Annahme einer göttlichen Wohlordnung und Regierung der Welt wirft kein besonderes Problem auf: Gott (bzw. ein Gott genanntes personales Prinzip) gestaltet die Welt im Prozeß ihres Werdens und ist der Grund, daß es überhaupt einen Weltprozeß gibt (1972e, 191). Aber das ist etwas anderes, als die Schöpfung der Welt zu behaupten. Wenn »all activity is mutual«, wie Farrer meint (1967, 82) und im Rekurs auf die Trinitätslehre begründet (167), wie kann es dann eine Schöpfung ex nihilo geben? Aufgrund seiner Handlungsmetaphysik scheint es ihm einfacher zu sein, der Inkarnation einen Sinn abzugewinnen als der Schöpfung. Und auch Luther ist der Meinung, daß der »articulus de creatione rerum ex nihilo difficilior est creditu quam articulus de incarnatione« (WA 39/II, 340, 21 f).

2. Die zweite Grundvoraussetzung des scholastischen Absolutismus nennt Farrer die »doctrine of purity«. Auch hier ist wieder festzustellen, daß Farrers Privilegierung der Analogie gegenüber der Dialektik lediglich zu einer kritischen Revision, nicht zu einer Lösung von der Tradition führt. Farrer zufolge besagt diese Lehre von der Reinheit, »that the higher or nobler a being was, the more untouched it was by anything outside or below itself« (1972e, 182). Metaphysisch gebraucht führte diese Lehre zur Idee von Gottes Unveränderlichkeit und Leidensunfähigkeit. In der gegenwärtigen Theologie wird dieses Theologumenon wegen seiner Unvereinbarkeit mit Gottes aktiver Beteiligung an der Geschichte seines Volkes, vor allem aber an Leben, Tod und Auferweckung Jesu Christi scharf kritisiert (Jüngel 1978; Moltmann, 1980). Auch Farrer verwirft es aus eben diesem Grund (1972e, 182). Was bei ihm jedoch als eine rein religiös motivierte Ablehnung erscheint, erweist sich als voluntaristische Korrektur, wenn man auf die philosophischen Motive hinter der religiösen Argumentation achtet. Der Grundfehler der Lehre von der Reinheit ist ihm zufolge, daß sie sich im Rahmen einer Handlungsmetaphysik nicht sinnvoll reformulieren läßt. Es gibt keine »action in vacuo, that is action without interplay« (1967, 167). Es gibt kein Handeln ohne reziprokes Handeln, und während das höchste Sein ohne Wechselwirkung mit anderem gedacht werden kann, ist das beim höchsten Handeln unmöglich. Eine voluntaristische Gottesvorstellung geht als solche davon aus, daß Gott aktiv am Weltgeschehen beteiligt ist, und widerspricht damit schon im Ansatz der Lehre von der Reinheit. Doch

dabei kann man nicht stehenbleiben. Ersetzen wir im Gottesgedanken einfach das Sein durch das Handeln und damit durch die Reziprozität von Handlungen, dann sind wir auf dem besten Wege, den Fehler der Prozeßtheologie zu begehen, die das Handeln Gottes mit dem zeitlichen Weltprozeß identifiziert. Demgegenüber insistiert Farrer auf der trinitarisch begründeten »prior actuality of God«, der den Weltprozeß nicht nur gestaltet und beeinflußt, sondern der auch der Grund dafür ist, daß es ihn überhaupt gibt (164 ff; 1972 e, 191). Doch auch hier steht wieder ein metaphysisches Motiv hinter der religiösen Argumentation, das nur expliziert werden muß, um deutlich zu machen, daß es Farrer um eine voluntaristische Reformulierung der Lehre von der Reinheit geht. Metaphysisch gebraucht umfaßt diese Lehre drei Hauptkomponenten: Sie unterstellt, daß erstens das Sein hierarchisch strukturiert ist, daß zweitens Seiendes auf einer höheren Seinsstufe weniger empfänglich ist für äußere Einflüsse als auf einer niedereren und daß drittens die Stufenleiter des Seins eine adäquate Grundlage für analogisches Reden vom höchsten Sein abgibt. Farrers Korrektur dieser Lehre besteht faktisch darin, die Verbindung zwischen den ersten beiden Komponenten aufzulösen und nur die erste und die letzte festzuhalten. Die Existenz einer »hierarchy of human acts, some higher or nobler, in themselves than others« (1948, 19) ist für ihn ein Prinzip, das über jeden Zweifel erhaben ist. Und er versucht den Nachweis zu führen, daß diese interne Stufung des menschlichen Willens und Handelns eine geeignete Grundlage für analogisches Reden von Welt und Gott darstellt. Indem er aber die thomistische analogia entis als voluntaristische analogia operantis reformuliert, um so sowohl die Fehler des theologischen Absolutismus als auch des theologischen Relativismus (Immanentismus) zu vermeiden, kritisiert er die Lehre von der Reinheit so, daß er sie zugleich benützt, indem er sie in eine Lehre vom absoluten Willen transformiert.

Es ist diese voluntaristische Korrektur der Metaphysik des thomistischen Intellektualismus, die der Kritik Farrers sowohl an diesem Strang der scholastischen Theologie als auch am traditionellen Voluntarismus und dessen dualistischer Lösung des scholastischen Dilemmas zugrunde liegt. Unser Wissen um Gott kann Farrer zufolge nicht von fundamental anderer Art sein als das Wissen, das wir im Fall des Wissens um endliches Sein beanspruchen. Zwischen beiden muß es ein analogisches Verhältnis geben (1967, 21). Vergleichen wir daher Farrers und Luthers Kritik des voluntaristischen Strangs der scholastischen Theologie, dann zeigt sich, daß Luther den Voluntarismus verwirft, Farrer dagegen Voluntarist bleibt, doch ein solcher, der die Analogie und nicht die Dialektik als methodisches Grundprinzip seiner Theologie verwendet.

V Analogia operantis oder analogia Christi

Farrers rationale Theologie vermeidet die dualistischen Tendenzen der traditionellen voluntaristischen Theologie, indem er für die andere Seite des scholastischen Dilemmas optiert. Er vertritt eine voluntaristische Neufassung der aristotelischen Metaphysik, in der dem Werden und Wirken bzw. operari ontologische Priorität gegenüber dem Sein bzw. esse eingeräumt wird. Damit läßt sie sich seiner Auffassung zufolge nicht nur mit dem dynamischen Charakter des christlichen Glaubens, sondern gleichzeitig auch mit dem Weltbild der modernen Physik und dem neuzeitlichen Geschichtsverständnis seit der Aufklärung vereinbaren. Die Analogie des Handelns in all seinen Modi bietet den Schlüssel zu einem umfassenden metaphysischen Ansatz, der Gott, Natur und Geschichte zu integrieren vermag. Gott ist reiner Handlungsakt und kosmologisch auf alle Handlungen bezogen, die er hervorbringt. Diese Weise, von Gottes Verhältnis zur Welt zu sprechen, ist Farrer zufolge nicht nur mit unserem gegenwärtigen Stand wissenschaftlicher Erkenntnis vereinbar, sondern bietet auch die kosmologischen Voraussetzungen, um den Sinn christlicher Rede von Gott zu erhellen und ihre universale Bedeutung zu behaupten.

So gründet Farrers analogischer Voluntarismus in einer Kosmologie, die folgendes Weltbild zeichnet: Die Welt oder das Universum ist ein Geflecht zahlloser, miteinander interagierender Handlungsinstanzen und Prozesse (1967, 164f), die aber Regelmäßigkeiten und Strukturen besitzen, die in den Natur- und Geschichtswissenschaften erschlossen werden. Doch das Universum ist noch nicht die gesamte Wirklichkeit. Die Theologie – um es mit den Mitteln der Relationenlogik auszudrücken – begreift das Universum als Konverse der kosmologischen Relation zwischen schöpferischem Handeln und geschaffenen Handlungsinstanzen; und es ist das Feld dieser Relation und nicht nur der Bereich ihrer Konverse, der die Wirklichkeit definiert. Während wir daher die physische Struktur des Universums auf der Basis unserer empirisch-wissenschaftlichen Theorien nur hypothetisch wissen können, können wir uns der metaphysischen Struktur der Wirklichkeit ganz gewiß sein. Denn die kosmologische Relation, durch die sie definiert wird, ist eine asymetrische Relation, deren Vorbereich auf nur ein einziges Element beschränkt ist, nämlich Gott, während ihr Nachbereich unbegrenzt ist und alles von Gott Verschiedene einschließt, das ist. Sofern die Theologie aber als eigentliches Gegenstandsfeld die kosmologische Relation hat, liegt sie mit Wissenschaft und Geschichte weder im Konflikt noch steht sie einfach unverbunden neben ihnen. Ihr Thema ist die Struktur der gesamten Wirklichkeit, nicht die Strukturen des Universums bzw. der Welt, die zu erforschen den Wissenschaften obliegt. Die Theologie konkurriert also nicht mit den Wissenschaften in der Beschreibung der Interaktionen geschaffener Handlungsinstanzen und der Analyse von deren

Gesetzmäßigkeiten. Doch indem sie die gesamte Wirklichkeit thematisiert, thematisiert sie ipso facto auch das Universum, allerdings nicht als solches und für sich, sondern insofern es als Nachbereich der kosmologischen Relation zu deren Feld gehört. Was auch immer zum Universum gehört, kann deshalb in zweifacher Weise beschrieben werden: Es ist ein möglicher Gegenstand wissenschaftlicher Forschung, und es ist kosmologisch auf Gott bezogen. Von jedem Handlungsvollzug im Universum läßt sich daher wahrheitsgemäß aussagen, daß er Handlung einer geschaffenen Handlungsinstanz und zugleich Handlung des Schöpfers ist. Das ist Farrers *Paradox der doppelten Aktivität oder Täterschaft.* Und da die kosmologische Relation keine dem Universum immanente, sondern eine dieses definierende Relation ist, insistiert Farrer zu Recht darauf, daß »the relation of created act to creative Act is inevitably indifinable, and that ... is neither an obstacle to religion nor a scandal to reason« (170). Es scheint daher, daß die Annahme des Paradoxes der doppelten Täterschaft der Preis ist, den die Theologie dafür zu bezahlen hat, daß sie als die metaphysische Syntax der Gesamtwirklichkeit verstanden wird und nicht nur als die Grammatik eines religiösen Minderheitenidioms.

Farrers Charakterisierung der kosmologischen Relation hat zwei wichtige Implikationen. Die erste ist, daß Gott als einziges Element des Vorbereichs dieser Relation nicht induktiv erschlossen werden kann, sondern, wenn er überhaupt Gegenstand des Wissens werden soll, *wahrgenommen* werden muß. Die zweite ist, daß Gott, da er kein Element des Nachbereichs dieser Relation ist, nur mittels geeigneter *Analogien* von diesem Bereich her begriffen werden kann. Obwohl Farrer und Luther in beiden Hinsichten im wesentlichen übereinstimmen, lassen sich doch auch bezeichnende Differenzen ausmachen.

Weder für Luther noch für Farrer ist das schlußfolgernd-induktive Denken der traditionellen natürlichen Theologie kosmologischer Provenienz ein gangbarer Weg. Den traditionellen Gottesbeweisen gelingt es nicht, den Bezug unserer Rede von Gott festzulegen. Sie operieren mit einer Beschreibung Gottes, die auf ein bestimmtes, aus der Welt erschlossenes Wesen zutreffen soll. Doch Gott ist ein einzigartiges Wesen, von dem wir nur durch Wahrnehmung, nicht aufgrund von Beschreibung wissen können, und wahrgenommen wird Gott allein im Glauben. Unsere Gottesvorstellungen sind dementsprechend genau insofern wahr, als sie uns auf das zurückverweisen, was in der Glaubenserfahrung wahrgenommen wird. Der Bezugspunkt christlicher Rede von Gott wird vom Glauben, nicht von Beweisen festgelegt, denn im Glauben ist Farrer zufolge »our contact with God ... direct« (1972a, 22). Das kann allerdings nicht bedeuten, daß es sich um einen Kontakt ohne jede Vermittlung handele, und genau an diesem Punkt beginnen die Differenzen zwischen Farrer und Luther. Während Farrer die kosmologisch vermittelte *Direktheit* unseres Kontaktes mit Gott betont, unterstreicht Luther dessen christologische *Vermittlung*. Ihm zufolge ist der Glaube, wie betont, wesentlich Glaube an Jesus Christus, und nur durch die Vermittlung Christi und seines Wortes können wir Gott direkt wahrnehmen. Erst das setzt uns in die Lage, ihn in Natur und Geschichte auch indirekt wahrzunehmen. Eine direkte Wahrnehmung Gottes remoto Christo gibt es nicht. Doch ebensowenig, wie sich ohne Rekurs auf Christus verstehen läßt, was Glaube ist, läßt sich ohne Rekurs auf den Glauben verstehen, wer Christus ist. Zur Identifikation des Bezugspunkts unserer Rede von Gott genügt es daher nicht, auf einen bestimmten Modus der Wahrnehmung, nämlich den Glauben, zu verweisen, aber ebensowenig genügt es, einfach auf Jesus Christus zu verweisen. Es ist der *Glaube an Jesus Christus*, d.h. die Erfahrung Jesu als das an uns gerichtete Heilswort Gottes, das den Bezugspunkt unserer Rede von Gott festlegt. Und da der Glaube eine Handlung Gottes in uns ist, ist es die dreifach bestimmte Handlung Gottes des Vaters in Jesus Christus für uns, Gottes des Sohnes mit uns und Gottes des Geistes in uns, die den Bezugspunkt unserer Rede von Gott Vater, Sohn und Geist festlegt.

Doch die Bestimmung des Bezugspunkts unserer Rede von Gott gibt uns noch keine Gotteskonzeption an die Hand. Da uns Gott nur im Glauben an Jesus Christus direkt zugänglich ist und eben dabei als ein irreduzibel trinitarischer Gott wahrgenommen wird, können unsere Gotteskonzeptionen nicht deskriptiv sein, sondern müssen imaginative Konstruktionen darstellen. Wahrnehmung aber gibt es nicht ohne Interpretation, so daß auch unsere imaginativen Konstruktionen Gottes durch unsere vorgefaßten Gottesvorstellungen, unsere »response-habits and term-systems that we have acquired« (Farrer, 1967, 102), bedingt und getönt sind. Während also »our contact with God is direct, our conception of him cannot be other than analogical« (1972a, 22).

Aber welche Analogien sind für unsere imaginativen Konstruktionen des Gottesgedankens geeignet? Benötigen wir nicht auch eine gewisse nichtanalogische Kenntnis Gottes, um wissen zu können, daß gewisse Analogien für ihn angemessen sind und andere nicht? Farrer weist diesen Einwand ebenso zurück wie Luther. Beide betonen, daß uns die *Glaubenserfahrung* ein Modell an die Hand gibt, das uns erlaubt, geeignete Gottesgedanken zu entwerfen. Aber während sich Farrer dabei vor allem auf den (inter)personalen Charakter der Glaubenserfahrung bezieht, betont Luther ihren christologischen Gehalt. Er verfolgt dementsprechend den Weg einer *analogia Christi* bei der Konzeption seines Gottesgedankens, während Farrer diesen mittels einer *analogia operantis* entwirft.

Beide theologischen Denkmodelle geraten in Schwierigkeiten, wenn es um die Legitimation ihres jeweiligen Ausgangspunktes geht. Wenn Jesus Christus der Ausgangspunkt für unseren analogisch konzipierten Gottesgedanken sein soll, benötigen wir ein Wissen über ihn. Aber wir können ihn

gar nicht als Christus kennen, ohne ein bestimmtes Wissen von Gott vorauszusetzen. Damit scheinen wir in einen Zirkel zu geraten (Hepburn,
1966, Kap. 5). Luther versucht, diesen Zirkel zu vermeiden, indem er auf
den sich selbst verständlich machenden Charakter der Erfahrung des Glaubens an Jesus Christus verweist, wie er sich in der christlichen Erfahrung
von Jesu Leben, Sterben und Auferstehen manifestiert und im trinitarischen
Denken zur Darstellung kommt, aber diese Legitimation und Erklärung
bleiben rein innertheologisch. Farrers analogia operantis auf der anderen
Seite sieht im Anschluß an die voluntaristisch gewendete imago-Dei-Lehre
der Tradition im menschlichen Handeln und Willen die Basis für unsere
analogischen Konzeptionen des Handelns und Willens Gottes (1967, 50;
1964, 24 f). Im Glauben werden wir des personalen Charakters unseres
Verhältnisses zu Gott gewahr. Von unserer eigenen Selbsterfahrung her
wissen wir, daß personale Beziehungen durch den dyadischen Kontrast
zwischen Autonomie und Heteronomie, freiem Handeln und passivem
Erleiden charakterisiert sind, und das bildet die Basis für unsere analogischen Konzeptionen des Gottesgedankens. Doch selbst wenn man alle philosophischen Probleme dieser epistemischen Privilegierung von Selbsterfahrung und Selbstwissen beiseite läßt (vgl. Tugendhat, 1979), ist nicht zu
übersehen, daß ohne allen Zweifel eben das, was für Farrer über allen
Zweifel erhaben ist, nämlich »I know what it is to be a man« (1972 a, 19), für
Luther genau das ist, was wir von uns aus nicht wissen, denn wahre
Selbsterkenntnis gibt es nicht ohne Gotteserkenntnis (Ebeling, 1971,
255–272). Farrer bestreitet das nicht, doch während es für ihn keine Gotteserkenntnis ohne Kenntnis des Menschen gibt (1964, 29 f), gibt es für Luther
keine Erkenntnis des Menschen ohne Gotteserkenntnis. Wir wissen nicht,
wer und was wir sind, wenn wir uns nicht so kennen, wie Gott uns kennt.
Uns sub specie dei zu kennen heißt aber, uns nicht als Handelnde, sondern
als Sünder zu kennen, die der Rechtfertigung bedürfen. Das besagt nicht,
daß wir keine Handelnden wären, aber es geht nicht um diese Art des
Wissens von uns, wenn wir coram deo betrachtet werden. Die Theologie
muß den Menschen von vornherein im Licht des eschatologischen Gegensatzes zwischen Sünde und Versöhnung in den Blick fassen, sonst ist das
Resultat ein theologischer Mischdiskurs, der unweigerlich im Paradox
endet.

Genau dies ist der Fall bei Farrer. Betrachten wir seine Grundformel:
»God makes creatures make themselves« (1967, passim). Das erste Verb ist
hier analogisch zu verstehen, das zweite dagegen in seinem direkten, nicht
analogischen Sinn. Die beiden Handlungen meinen nicht Handlungen in
demselben Sinn oder auf derselben Ebene, und es wäre Farrers theologischen Prämissen zufolge ganz inadäquat, die kosmologische Interaktion
zwischen endlichem und unendlichem Willen als Kooperation zweier
Handlungsinstanzen zu verstehen, die sich als polare Gegensätze auf einer

Skala anordnen lassen, die kontinuierlich vom absoluten Willen über den abhängigen Willen bis hin zu unbelebten Handlungsinstanzen reicht. Doch wenn die beiden Handlungen völlig inkommensurabel sind, ist es dann wirklich sachgemäß, von einer *Interaktion* zwischen allmächtiger Schöpferkraft und den Geschöpfen zu reden? Ist der Mischdiskurs, den Farrer mit seinem Paradox der doppelten Täterschaft vorschlägt, nicht gleichbedeutend mit der Leugnung der Reziprozität des Handelns, also der doch für wesentlich erklärten Tatsache, daß alles Handeln der Wechselwirkung unterliegt?

Natürlich könnten wir im Blick auf Gott den Grundsatz der Reziprozität allen Handelns leugnen, weil »Handlung« hier nur in analogischem Sinn gebraucht wird. Das würde die Rede von Gottes Handeln allerdings aller Verständlichkeit berauben. Oder wir könnten auf den Grundsatz der Analogie verzichten. Doch dann würden wir Gefahr laufen, den prozeßtheologischen Fehler einer ungenügenden Unterscheidung von Gott und Welt zu begehen, den Farrer ausdrücklich kritisiert. Aber auch wenn wir Farrer folgen und an der wesenhaften Reziprozität allen Handelns ebenso festhalten wie an der Irreduzibilität analogischen Redens von Gott, bleibt immer noch eine Alternative zwischen zwei methodischen Verfahrensweisen, welche Farrers bzw. Luthers Theologie jeweils exemplifizieren.

Farrers *Theologie des Mischdiskurses* betont die unaufhebbare Kluft, die zwischen den analogischen Aussagen über Gottes Sich-Einlassen auf uns und den nichtanalogischen Aussagen über unser eigenes Handeln besteht. Sein Paradox der doppelten Täterschaft ist deshalb kein materiales Paradox. Es setzt nicht einfach zwei Handlungsinstanzen für dieselbe Handlung, denn dies »would be indeed impossible, where they both agents in the same sense and on the same level« (1967, 104). Es handelt sich vielmehr um ein Paradox, das daraus resultiert, daß die Theologie durch einen irreduzibel doppelten Diskurs charakterisiert ist. Daß sich das kausale Verbindungsglied zwischen endlichem und unendlichem Akt nicht spezifizieren läßt, ist deshalb kein Problem, das sich durch Steigerung unserer kognitiven Fähigkeiten lösen ließe. Es ist vielmehr ein Geheimnis, das »arises simply as a by-product of the analogical imagination« (66). Wenn wir daher dieses Paradox in Frage stellen wollen, müssen wir die Analogiekonzeption in Frage stellen, die es hervorbringt. Das kann auf verschiedenen Ebenen geschehen. Wir könnten problematisieren, ob Analogie wirklich ein wesentlicher Zug theologischen Diskurses ist oder ob das Paradox tatsächlich eine unvermeidliche Kosequenz analogischen Diskurses in der Theologie darstellt (vgl. 22) oder ob dieses Paradox, wenn es denn unvermeidlich ist, genau dort seinen Ort haben muß, wo Farrer es loziert, nämlich an der Nahtstelle zwischen den analogischen und nichtanalogischen Ebenen des theologischen Diskurses.

Es ist diese letzte Frage, auf die Luthers Theologie eines nicht vermischten, sondern *streng theologischen* Diskurses eine andere Antwort nahelegt als Farrer. Wenn wir theologisch über Gottes Verhältnis zur Welt sprechen, dann reden wir *nicht* analogisch von Gott und nichtanalogisch von der Welt, vielmehr wird der analogische Diskurs sozusagen auf *alles* ausgedehnt, was in der Theologie betrachtet und thematisiert wird. Für Luther steht außer Zweifel, daß »omnia vocabula in Christo novam significationem accipere in eadem re significata« (WA 39/II, 94, 17f). Wenn wir theologisch von der Welt sprechen, fügen wir nicht nur unserem nichttheologischen Wissen von der Welt einen neuen Aspekt hinzu, vielmehr sprechen wir über die ganze Welt mit all ihren Aspekten in einem anderen Bezugsrahmen, indem wir sie ausdrücklich und ausschließlich im Licht ihrer eschatologischen Beziehungen zu Gott betrachten. Das impliziert einen Wechsel der Perspektive von *unserer* zu *Gottes* Sicht der Welt. Anders als Thomas von Aquin argumentiert Luther nicht, daß in der Theologie alles sub ratione Dei betrachtet werden müsse, d.h. in seinem Verhältnis zu Gott »ut ad principium et finem« (S. th., I, q 1, a 7). Die Theologie betrachtet die Dinge nicht im Verhältnis zu dem, was wir uns als Gott vorstellen, sondern so, wie Gottes intuitus originarius selbst sie sieht. Da uns dies nur möglich ist, insofern uns Gott an seiner Sicht der Schöpfung partizipieren läßt und weil er uns diese in Jesus Christus erschlossen hat, ist der modus loquendi theologicus im Gegensatz zum modus loquendi philosophicus wesentlich christologisch.

Für Luther besteht dementsprechend der Grundunterschied nicht zwischen analogischem und nichtanalogischem Diskurs innerhalb der Theologie, sondern zwischen theologischem Diskurs auf der einen und nichttheologischem (oder philosophischem) Diskurs auf der anderen Seite. Dieser Wechsel hat eine Transformation des Analogieproblems zur Folge. Das Stichwort ›Analogie‹ meint nicht länger die binnentheologische Diskursregel, welche als Lehre der analogischen Prädikation von Gott entfaltet wird, sondern eine hermeneutische Theorie über das Funktionieren von Wörtern derselben Sprache in zwei verschiedenen Diskursbereichen, nämlich der Philosophie und der Theologie. Beide Diskursbereiche haben ihre je eigene Grammatik, reden also nicht nur von Verschiedenem, sondern auch von Gleichem immer verschieden. Selbst wenn wir dieselben Themen in ihnen verhandeln, thematisieren wir sie in verschiedenen Perspektiven, nämlich entweder so, wie wir aufgrund unseres gewöhnlichen Wahrnehmungs- und Reflexionsvermögens um sie wissen, oder so, wie Gott sie kennt und uns vermittelt, indem er uns im Glauben an Jesus Christus an seiner dort erschlossenen Perspektive teilgibt. Trotz ihrer unterschiedlichen Grammatik sind sich Theologie und Philosophie aber nicht wechselseitig unverständlich. Weil in beiden Diskursbereichen dieselbe Sprache (langue) gebraucht wird, können wir den Sinn der im jeweiligen Diskursbereich gebrauchten Wörter und der mit ihrer Hilfe formulierten Texte verstehen, indem wir ihrer faktischen Verwendungsweise, ihrer sprachlichen Umgebung und dem situativen Kontext ihres Gebrauchs genaue Beachtung schenken. *Grammatikalische Analyse, nicht philosophische Spekulation, ist deshalb der Schlüssel zur theologischen Erkenntnis.* Luther ersetzt das metaphysische Unternehmen der scholastischen Theologie und ihrer Analogielehre durch die Idee einer grammatica theologica (WA 5, 32, 19; Raeder, 1977, 34ff.55.305). Die Theologie ist die Grammatik christlichen Diskurses im allgemeinen und der biblischen Schriften im besonderen. Diese sind die normativen Texte des christlichen Diskurses, weil sie die paradigmatischen Strukturen der christlichen Erfahrung von Gottes Verhältnis zur Welt in Schöpfung, Versöhnung und Vollendung erschließen. Nicht analogische Spekulation, sondern das Studium der Grammatik der biblischen Texte im Licht dessen, was uns diese über Gottes rettendes Handeln in Jesus Christus sagen, also das Studium der *christologischen Grammatik des christlichen Glaubens* versetzt uns in die Lage, christliche Rede von Gott und Welt zu verstehen.

Diese hermeneutische Transformation der Analogielehre hat Folgen für das Paradox der doppelten Täterschaft. Denn wenn Farrer dieses Paradox zu Recht als notwendiges Nebenprodukt der analogischen Vorstellungskraft bezeichnet, dann kann es in Luthers Theologie weder einfach verschwinden noch unverändert weiterbestehen. Es muß dann vielmehr eine andere Gestalt annehmen. Das ist auch der Fall, wie sich an Luthers Kritik der voluntaristischen Lösung des scholastischen Dilemmas zeigen läßt.

VI Das verdoppelte doppelte Paradox

Luthers Theologie vermeidet beide Seiten des scholastischen Dilemmas. Er beschreitet nicht den Weg der via moderna, die sich mit der Segmentierung von Theologie und Philosophie abfindet, aber er prüft auch nicht die Möglichkeiten einer adäquateren Wissenschaftstheorie und Metaphysik für eine umfassende Theorie theologischen und nichttheologischen Wissens. Stattdessen faßt er sowohl die voluntaristische Verwerfung der aristotelischen Metaphysik als auch den Dualismus zwischen Philosophie und Theologie, der an ihre Stelle trat, christologisch neu. Nicht Handeln als solches, sondern *Gottes Handeln in Christus für uns* ist die fundamentale Gegebenheit und der Ausgangspunkt seiner Theologie. Das impliziert einen entschieden theologischen Zugang zu Wissenschaft und Geschichte, insofern er alles menschliche Wissen in das Wissen von Gott und der Welt extra Christum und in Christo unterteilt. Das Ergebnis ist ein theologischer Entwurf, der dialektisch und nicht analogisch konzipiert ist und sich vor allem durch zwei Merkmale auszeichnet.

1. Auf der einen Seite wird der Gegensatz zwischen Philosophie und Theologie fundamental: »Philosophia habet visibilia, theologia vero invisibilia« (WA 39/II, 15, 8f) bzw. »credibilia, id est quae fide apprehenduntur« (WA 39/II, 6, 26–28; vgl. Dalferth, 1982). Die unsichtbaren Dinge, die der Glaube wahrnimmt, sind keine unveränderliche Welt des Seins hinter der sich permanent verändernden Wirklichkeit sichtbarer Dinge, sondern die Heil schaffende Gegenwart Gottes, die sich in Leiden, Kreuz und Auferstehung Jesu Christi manifestiert hat. Hier kann der Glaube Gottes Gegenwart und Handeln ablesen. Weil er sie hier ablesen kann, kann er sie dann auch in Natur und Geschichte hineinlesen. Dieses Hineinlesen ist keine bloß subjektivistische Interpretation oder ein ›blik‹, sondern die Wahrnehmung von Gottes verborgener Wirksamkeit in Natur und Geschichte im Licht des Glaubens. Sowohl Luther als auch Farrer betonen, daß es für den christlichen Glauben wesentlich ist, Gott überall am Werk zu sehen. Beide stimmen auch darin überein, daß es letzten Endes ein unerforschliches Geheimnis bleibt, wie Gott überall am Werk ist. Aber während Farrer davon spricht, Gottes verborgene Hand wirke in einer notwendig unbegreiflichen Weise in und durch die Welt der geschaffenen Dinge, behauptet Luther eine zweifache Verborgenheit Gottes: Einerseits ist Gott in Natur und Geschichte verborgen, die ihn nicht offenbar werden lassen, so daß niemand »Theologus« genannt zu werden verdient, »qui invisibilia Dei per ea, quae facta sunt, intellecta conspicit« (WA 1, 354, 17f). Nicht einmal die Tatsache, daß Natur und Geschichte geschaffen sind, kann extra fidem behauptet werden. Schlußfolgerungen von der Welt auf Gott sind daher nur möglich als Umkehrschlüsse der christlichen Schöpfungslehre, und eine christliche Lehre von der Schöpfung gibt es nicht ohne den Glauben an Jesus Christus. Philosophische Welterkenntnis und theologische Schöpfungserkenntnis sind daher verschieden, doch sie widersprechen sich nicht. Die Wahrheit der Theologie, sagt Luther, ist »non quiddam contra, sed extra, intra, supra, infra, citra, ultra omnem veritatem dialecticam« (WA 39/II, 4, 34f). Die theologische Wahrheit ist ganz und gar verschieden von der philosophischen und zugleich entschieden auf sie bezogen. Wenn wir nicht beide Wahrheitsansprüche zugleich vertreten, können wir Gottes Verborgenheit in Natur und Geschichte nicht einmal behaupten.

Andererseits ist Gott auch im Kreuz Jesu Christi verborgen, allerdings in einem präzisen Sinne, nämlich sub contrario. Der Glaube kann Gottes Gegenwart am Kreuz ablesen, aber es ist keineswegs der Fall, daß sich in Leiden und Kreuz Jesu Christi Gott für jedermann erkenntlich offenbart hätte. Gottes Gegenwart kann aus diesen Ereignissen nur herausgelesen werden, insofern sie in sie hineingelesen wird: Sie ist auch dort nur dem Glauben manifest (WA 7, 585, 16–587, 22). Doch die Dialektik des Heraus- und Hineinlesens ist nur die hermeneutische Konsequenz einer tiefer liegenden theologischen Dialektik, die in Gottes doppeltem Verhältnis zur Welt gründet. Dieser Dialektik eines zweifachen göttlichen Welthandelns verdankt Luthers Theologie ihre eigentümliche interne Struktur.

2. Das zweite charakteristische Merkmal von Luthers christologischer Neufassung der via-moderna-Tradition ist, daß er das Problem des externen Bezugs der Theologie zu anderen Wissenschaften und anderen Wissensbereichen als internes Problem der Theologie selbst konzipiert. Was in der voluntaristischen Tradition als ein Gegensatz *zwischen* Theologie und Philosophie auftrat, wird nun ein Gegensatz *innerhalb* der Theologie, der mittels der Dialektik von Evangelium und Gesetz ausgearbeitet wird. Es ist diese Struktur einer intern dialektisch differenzierten Einheit, die Luthers Theologie zu einer solch effektiven theologischen Theorie macht. Weil sie in der Lage ist, ihre externen Bezugsprobleme zu internalisieren und aus der internen Differenz zu bearbeiten, ist sie in hohem Grade unabhängig von den Veränderungen in Wissenschaft und Geschichte. »It would be a irremedial setback to Farrer's program«, nicht jedoch im gleichen Sinn für Luthers theologischen Entwurf, »if it could be shown that the human will is not free and therefore could not be a proper basis for an analogy to Unconditioned Will« (Eaton, 1980, 112). Dasselbe trifft – wenn auch in geringerem Maße – zu, wenn sich herausstellen sollte, daß der Energiebegriff doch keine bleibend gültige physikalische Wahrheit auf den Begriff bringt (Farrer, 1967, 84). Andererseits erhebt Luthers Theologie entschieden den Anspruch, die gesamte Wirklichkeit als Handlungsfeld Gottes in den Blick zu fassen. Die neuprotestantische Kluft zwischen dem Reich der Natur als einem geschlossenen Kontinuum welthafter Ereignisse und dem Handeln Gottes, das nur im persönlichen Leben des einzelnen Glaubenden erfahren werden kann, ist Luthers Denken fremd. Gottes Handeln durchdringt alles. Er ist semper ubique actuosus und aufs engste an allem Geschehen beteiligt, allerdings auf zwei irreduzibel verschiedene Weisen. Entsprechend der zweifachen Verborgenheit Gottes in der Schöpfung und im Kreuz muß die Theologie mit den beiden Arten seines Handelns in Christo und extra Christum rechnen. Sie kann deshalb nicht vom göttlichen Handeln reden, ohne die Differenz der beiden Grundmodi dieses Handelns zu beachten: das Gesetz und das Evangelium. Gott handelt nicht nur semper et ubique, sondern er handelt jeweils in bestimmter Weise, und die beiden spezifischen Weisen, in denen er zu handeln sich entschieden hat, sind das Gesetz und das Evangelium. Für Luther besteht das zentrale Problem deshalb nicht darin, die Ereignisse in der Welt als Handlungen Gottes und zugleich als Handlungen der Geschöpfe zu interpretieren, sondern sie im Licht der fundamentalen Unterscheidung von Gesetz und Evangelium, von Gottes natürlicher und geistlicher Gegenwart, auszulegen[3].

Diese Unterscheidung läuft auf folgendes hinaus (WA 19, 197, 18–32): Gott ist auf natürliche, aber verborgene Weise überall und in allem gegenwärtig. Wäre er das nicht, würde alles einfach aufhören zu sein (WA 46, 558 ff). Neben dieser natürlichen Gegenwart in allem ist er jedoch in bestimmten Ereignissen auch geistig gegenwärtig, in denen er sich so als gegenwärtig zu erkennen gibt, daß wir dazu provoziert werden, seine Gegenwart im Glauben anzuerkennen. Diese selbstauslegende Selbstvergegenwärtigung und die strikte Korrelation mit dem Glauben unterscheidet Gottes geistige Gegenwart in seinen Verheißungen, in Jesus Christus und im Evangelium von seiner natürlichen Gegenwart in allem Geschehen. Denn während seine natürliche Gegenwart auch dort, wo sie erkannt wird, im Hinblick auf die Bestimmtheit und das Wesen seines Willens zweideutig bleibt, offenbart seine geistige Gegenwart seinen Willen als den unseres liebenden Vaters, der sich um seine Geschöpfe sorgt.

Für Luther besteht Gottes geistige Gegenwart also nicht einfach darin, daß wir seine natürliche Gegenwart erkennen. Wir können erkennen, daß er natürlich gegenwärtig ist, ohne seine geistige Gegenwart zu erkennen. »Quod sit Deus, omnes homines sine ulla artium et disciplinarum cognitione sola natura duce sciunt, et omnium hominum mentibus hoc divinitus impressum est« (WATR 5, 368, 21ff). Aber diese natürliche Gotteserkenntnis bleibt zweideutig und indifferent hinsichtlich des Charakters von Gottes Wesen und Willen. »Divinitas est naturaliter cognita. Deum esse per se notum, Sophistae. Cultus satis testantur omnes homines habere noticiam dei per manus traditam ... sed quid deus intime cogitet de nobis, nesciunt, quid velit dare et facere, ut salvi fiamus. Deum esse; – sed velle! Possum ego cognoscere aliquem, sed quid cogitet. Cum hoc nesciam, non agnosco, Oportet sciam eius voluntatem. Ibi nullus homo cognoscit« (WA 40/I, 607, 4–608, 3). Doch um Gott zu wissen, ohne seinen Willen zu kennen, ist gleichbedeutend mit einer »falsa opinio de deo« (WA 40/I, 609, 3). Bei solcher Gotteserkenntnis handelt es sich nicht einfach nur um menschliche Erkenntnis, sondern in spezifischer Weise um die Erkenntnis des Sünders, dessen Gottesbeziehung durch das »peccatum originale« gestört ist. Deshalb

---

[3] Das zentrale epistemologische Problem besteht für Farrer darin, die kosmologische Relation zu erkennen. Daß es sie gibt, ist konstitutiv für alles endliche Sein, daß sie erkannt wird, aber keineswegs. Erkannt wird sie vielmehr nur aufgrund des Glaubens. Luther hingegen hat zwei epistemologische Grundprobleme: Die Erkenntnis von Gottes Handeln im Gesetz und im Evangelium, und das erste zu erkennen heißt keineswegs auch schon, um das zweite zu wissen. Für Farrer reduziert sich das Problem deshalb auf die Klärung, an welchen Phänomenen die kosmologische Relation abgelesen und wie sie in die übrigen Phänomene hineingelesen werden kann. Luthers Hauptfrage dagegen ist, wo wir Gottes Heilshandeln eindeutig ablesen können und wie uns das in den Stand setzt, auch sein Gesetzeshandeln in neuem, christologischem Licht zu verstehen.

kann Luther sagen: »Omnia cogitatio humana de rebus divinis est error …
Omnis voluntas humana in rebus divinis est impietas … Omnis cultus
humanus in rebus divinis est idolatria« (WA 39/I, 138, 4.8.12). Es ist nichts
anderes als die cognitio Dei legalis, von der ausgesagt wird, »die Philosophi
haben die erkentnis Gottes auch gehabt, aber es ist nicht das rechte erkentnis
Gottes« (WA 46, 668, 9–12), da es sich hierbei nur um die Gotteserkenntnis
des Sünders handelt. Rechte Gotteserkenntnis ist die cognitio Dei evange-
lica, die Erkenntnis von Gottes geistiger Gegenwart in Jesus Christus und in
seinem Wort. Denn nur hier erkennen wir unzweideutig Gottes Wesen und
Willen. Seine geistige Gegenwart ist deshalb mehr als bloß die Wahrnehmung seiner natürlichen Gegenwart. Sie ist ein besonderes Handeln Gottes,
das uns das Wesen seines Liebeswillens offenbart, ohne dadurch die Zweideutigkeit seiner natürlichen Gegenwart einfach auszulöschen. Selbst dort,
wo Gott geistig gegenwärtig und uns im Glauben offenbar ist, bleibt er
auch natürlich gegenwärtig und damit verborgen. Denn während er sich
uns in seiner geistigen Gegenwart selbst so mitteilt, daß unser Heraus- und
Hineinlesen in der direkten, aber vermittelten Wahrnehmung Gottes in
Jesus Christus koinzidieren, ist die Erkenntnis seiner natürlichen Gegenwart
immer eine Sache des Hineinlesens und als solche ein Fall indirekten Wahr-
nehmens. Es genügt daher nicht, mit Wiles zu betonen, daß »God as spirit is
God as present« (1982, 123). Gott ist qua Gott immer und überall gegenwärtig. Gott als Geist aber ist Gott als einer, von dem *gewußt* wird, daß er *in
besonderer Weise* gegenwärtig ist, nämlich als sich gänzlich entäußernde
Liebe zu seinen Geschöpfen. Doch das ist, wie sich jeder Glaubende
schmerzhaft bewußt ist, nicht die einzige Art seiner Gegenwart in der
Schöpfung. Gerade am Problem des Bösen zeigt sich, daß er auch dort
gegenwärtig ist, wo wir nur noch im Gegensatz zu dem, was Erfahrung
und Vernunft nahezulegen scheinen, an seiner Gegenwart festhalten können.

Den verschiedenen Arten von Gottes Gegenwart korrespondieren verschiedene Arten seines göttlichen und schöpferischen Handelns. Einerseits
wirkt er in allen Dingen, indem er durch alle Dinge wirkt (WA 18, 710,
1–711, 19). Das ist die Wirkweise des Gesetzes, das nach Luther Gottes
Handeln im Reich der Schöpfung gemäß seines unerforschlichen allwirksamen Willens darstellt. Obwohl er dabei nicht unmittelbar in der Schöpfung
handelt, sondern mit den Zweitursachen kooperiert, die er ex nihilo geschaffen hat (WA 43, 71, 7–9), ist er aber nicht einfach die gleichbleibende
Handlungskraft in allem Handeln, sondern bleibt als Handelnder seiner
Schöpfung gegenüber frei , insofern er »potest et facit … omnia, quae vult«
(WA 18, 636, 29f).

Andererseits wirkt Gott in, mit und unter bestimmten Dingen, die er als
Gefäße seiner Gnade erwählt hat. Das ist die Wirkweise des Evangeliums,
d. h. Gottes erbarmenden Handelns im Reich der Gnade, durch das er sich

selbst als rettende Liebe bekannt macht, indem er sich der Verstehens- und Erkenntnisfähigkeit seiner Geschöpfe anpaßt (WA 43, 179, 11–19). Gott kooperiert im Reich der Schöpfung mit dem Handeln seiner Geschöpfe, insofern er nicht ohne das oder im Gegensatz zu dem handelt, was er geschaffen hat. Aber im Reich der Gnade kooperiert er nicht mit dem Handeln der Geschöpfe, obgleich er auch hier nicht ohne dieses Mittel agiert (WA 7, 588, 10–15). Er ist der alleinige Urheber seines Gnadenhandelns und zugleich der Miturheber der geschaffenen Mittel, in, mit und unter denen er sein Gnadenhandeln ausführt. Selbst wenn es daher im Reich der Schöpfung ein Paradox der doppelten Täterschaft gäbe, gibt es ein solches auf keinen Fall im Reich der Gnade. Zwar werden auch Gottes Gnadenhandlungen nicht unabhängig von geschöpflichen und speziell menschlichen Handlungen vollzogen. Aber sie sind keine Handlungen, die zugleich von einer göttlichen und einer menschlichen Handlungsinstanz vollzogen werden, sondern verschiedene, wenngleich kopräsente Handlungen Gottes und der Menschen. In ihnen handelt Gott nicht nur in und durch menschliche Handlungen als Schöpfer, sondern zu gleicher Zeit in, mit und unter solchen Handlungen als Versöhner. Statt eines Paradoxes der doppelten Täterschaft haben wir damit aber ein *Paradox eines doppelten göttlichen Handelns*, nämlich eines Handeln Gottes, das sich zugleich im Reich der Schöpfung und im Reich der Gnade vollzieht. Entsprechend dazu haben wir am anderen Ende des Verhältnisses von Gott und Mensch ein *Paradox der doppelten menschlichen Existenz*, nämlich unserer Existenz als Sünder simul creatura et peccator und als gerechtfertigte Sünder simul iustus et peccator.

Luthers soteriologische Näherbestimmung des Verhältnisses Gottes zu seiner Schöpfung resultiert so in der dialektischen Differenzierung der Relate der kosmologischen Relation. Nicht die Analogie göttlichen und menschlichen Handelns, sondern die dialektische Differenzierung sowohl des göttlichen als auch des menschlichen Handelns beherrscht seinen theologischen Diskurs. Grund dafür ist seine Konzentration auf die christologische Semantik von Gottes Verhältnis zur Welt. Gäbe es nicht das Kreuz, könnten wir die dialektische Struktur von Gottes verborgenem Handeln in und durch die geschaffenen Dinge und seinem Offenbarungshandeln in, mit und unter besonderen geschaffenen Dingen ignorieren. Aber im Kreuz laufen die beiden Handlungsweisen Gottes nicht parallel, sondern treten in Gegensatz zueinander, insofern die eine den Tod Jesu, die andere sein und unser Leben wirkt. Deshalb markiert das Kreuz nicht nur einen Unterschied zwischen göttlichem und menschlichem Handeln, sondern – und das ist weitaus wichtiger – einen *Unterschied zwischen Gott und Gott* (WA 40/II, 342, 28–30), zwischen dem unerforschlichen Willen des allmächtigen Gottes, der Tod und Leben gleichermaßen will und wirkt, und dem offenbaren Willen Gottes, der Gott als Liebe zu erkennen gibt, die will, daß wir leben.

Dieser *Streit in Gott* – wie Luther den Konflikt des göttlichen Willens beschreibt, der sich im zweifachen Ausgang des Kreuzes, nämlich im Tod und in der Auferstehung Jesu Christi manifestiert – nötigt die Theologie, einen wesentlich dialektischen Begriff von Gott zu entwerfen, anders als dies bei Farrer der Fall ist. Dieser begreift Gott als den, »who wills all that he knows, and knows all that he wills« (1972b, 37). Dagegen sieht sich Luther durch die Dialektik des göttlichen Handelns am Kreuz genötigt, den Unterschied in der Einheit zwischen deus absconditus und deus revelatus als ein irreduzibles Merkmal jeder adäquaten Gotteskonzeption zu behaupten. Mit diesem Unterschied ist nicht die Differenz zwischen Gott gemeint, wie er in sich selbst ist, und Gott, wie er auf uns bezogen ist. Es handelt sich vielmehr um einen Unterschied in Gottes Verhältnis zu seiner Schöpfung. Von Gott, wie er in sich selbst ist, haben wir »nulla scientia et cognitio [. . .] nulla«, denn »quae supra nos nihil ad nos« (WA 43, 458f). In seinem Verhältnis zu uns jedoch muß Gott im Licht des Gegensatzes zwischen Sünde und Gnade begriffen werden, und dementsprechend ist zwischen seinem Verhältnis zum Sünder (deus absconditus) und zum gerechtfertigten Sünder (simul revelatus et absconditus) zu unterscheiden. Von Gott ohne die Distinktion von absconditus und revelatus zu reden hieße, von ihm abstrakt als Subjekt der kosmologischen Relation zu sprechen, deren Relate wir sind. Aber dieser syntaktische Ansatz unterscheidet nicht zwischen Gottes opus alienum im Reich der Schöpfung, in welcher er durch seine Geschöpfe wirkt (WA 34/II, 237, 14–20), so daß jede Handlung durch die schöpferische und eine geschaffene Handlungsinstanz ausgeführt wird (WA 7, 588, 10–15), und seinem opus proprium im Reich der Gnade, bei dem er der alleinige Urheber ist. Ohne diese Distinktion aber können wir entweder Gott nicht in allem, was geschieht, sei es gut oder böse, am Werk sehen, oder wir sind nicht in der Lage, die Identität des Gottes festzuhalten, der sowohl extra Christum als auch in Christo handelt. Eine Theologie, die Gottes Handeln auf der Grundlage der Dialektik seines Heilshandelns am Kreuz begreift, kann an dem zweifachen Handeln Gottes in Gesetz und Evangelium im Reich der Schöpfung und im Reich der Gnade und an der damit verbundenen dynamischen Spannung zwischen der Welt als alter und als neuer Schöpfung nicht vorbeigehen. Wenn wir die beiden (gegensätzlichen und sich gerade so ergänzenden) Modi des göttlichen Handelns ignorieren oder die beiden Reiche vermischen, werden wir die eschatologische Differenz zwischen »id, quod res est« und »id quod futura nondum est« (WA 56, 371, 28–31) nicht in den Blick bekommen und folglich einer vorschnellen Identifikation der Welt, wie sie ist, mit der Welt, wie sie als Gottes Schöpfung sein sollte, zum Opfer fallen.

Durch diese dialektische Ausdifferenzierung von Gottes Verhältnis zu seiner Schöpfung wird in Luthers Theologie Farrers Paradox der doppelten Täterschaft in ein doppeltes Paradox sowohl des göttlichen wie auch des menschlichen Handelns transformiert. Einerseits besteht eine irreduzible Dialektik zwischen Gottes verborgenem und offenbarem Handeln in Gesetz und Evangelium; andererseits gibt es eine irreduzible Dialektik zwischen der zweifachen Existenzweise des Menschen als reus et perditus und als simul iustus et peccator bzw. der Welt als alter und neuer Schöpfung. Es ist dieser eschatologische Gesichtspunkt, der dazu nötigt, Farrers Paradox der Interaktion zwischen schöpferischer und geschaffener Handlungsinstanz komplexer zu reformulieren, nämlich als Interaktion zwischen dem in sich dialektisch differenzierten Gott und der in sich dialektisch differenzierten Schöpfung. Methodologisch ist diese doppelte Dialektik die Folge von Luthers strikter Entgegensetzung des philosophischen und des theologischen Diskursbereichs und der entsprechenden internen Differenzierung der Theologie als Lehre von Gesetz und Evangelium. Luthers doppeltes Paradox ist so ein Nebenprodukt seiner hermeneutischen Transformation der Analogielehre in eine christologisch begründete Dialektik sowohl des Gottesbegriffs als auch des Welt- und Menschenbegriffs. In materialer Hinsicht jedoch ist das Denken innerhalb dieses komplizierteren Rahmens der Preis, den die Theologie für die Spezifizierung einer christologischen Semantik anstelle einer bloßen Syntax der Wirklichkeit zu bezahlen hat.

VII Generelles und spezielles Handeln Gottes

Die lutherische Theologie späterer Zeit hat den Versuch unternommen, Luthers Lehre von der irreduziblen Differenz von deus absconditus und deus revelatus in der Einheit des Gottesgedankens und den entsprechend irreduzibel verschiedenen Modi des göttlichen Handelns zu systematisieren. Zur Beantwortung unserer Ausgangsfrage nach der Plausibilität von Hebblethwaites Hinweis, zwischen Farrers Begriff des göttlichen Handelns und der lutherischen Tradition gebe es bestimmte Ähnlichkeiten, mag es daher hilfreich sein, unsere Diskussion mit einem Vergleich der Position Farrers mit zwei lutherischen Lehrstücken zu beenden, nämlich der Lehre vom opus dei generalis und specialis und der Lehre vom opus dei providentialis.

Mit der Unterscheidung des allgemeinen und des besonderen Handelns Gottes suchte die lutherische Theologie des 17. Jahrhunderts die eschatologische Dialektik sowohl innerhalb Gottes als auch in seiner Schöpfung begrifflich zu bewältigen (vgl. Ebel, 1981, 202ff). Mit dieser Unterscheidung wird nicht die generelle Partikularität des göttlichen Handelns bestritten, da alle Handlungen Gottes partikular, aber nicht alle partikularen Handlungen speziell sind. Die Unterscheidung markiert vielmehr eine Differenz sowohl innerhalb des Gegenstandsbereichs göttlicher Handlungen als auch innerhalb der personalen Eigentümlichkeiten des göttlichen Handlungssubjekts. Gottes generelles Handeln umfaßt die Schöpfung, die

Weltregierung und das göttliche Vorsehungshandeln in der Welt. Das Subjekt dieses Handelns wird trinitarisch bestimmt: »Pater creat, gubernat, sustenat omnia per filium in spirito Sancto« (Chemnitz, 1591, III, 217f: Th. XIII). Aber obgleich Gott in und durch Zweitursachen handelt, die er geschaffen hat, ist er nicht an sie gebunden, sondern bleibt ihnen gegenüber frei, um sie so zu lenken, daß er bestimmte besondere Zwecke erreichen kann (I, 119.145). Das ist am deutlichsten bei den Wundern der Fall, die den exemplarischen Fall seiner providentia extraordinaria darstellen: Das Wunderverständnis der lutherischen Orthodoxie steht so dem Farrers sehr nahe, demzufolge gilt, daß im Wunder Gott »enhances or extends the action of his creatures«, ohne deshalb notwendig das in Frage zu stellen, was sie gemeinhin zu tun in der Lage sind (1964, 82f).

Doch all dies ist von Gottes speziellem Handeln zu unterscheiden, durch das Gott der Geist das neue eschatologische Leben der Glaubenden und der Kirche schafft und erhält (Chemnitz, 1591, I, 145). Die Kirche ist nicht nur der Ort, »where the loving activity of God is recognized and acknowledged« (Wiles, 1982, 87.124), obwohl zweifellos auch das zutreffend ist, sondern sie ist auch der Ort des speziellen Handelns Gottes, weil das Erkennen und Anerkennen von Gottes Liebe selbst als ein Handeln Gottes in uns verstanden werden muß. Allerdings ist Gottes spezielles Handeln mehr als ein besonderer Fall seines generellen Handelns. Es hat einen anderen, nämlich sich selbst auslegenden Charakter und wird von einer anderen Handlungsinstanz, dem Geist, ausgeführt. Obgleich jeder Gegenstand von Gottes speziellem Handeln auch ein Gegenstand seines generellen Handelns ist, gilt das Umgekehrte nicht: Genau deshalb impliziert die Distinktion zwischen Gottes generellem und seinem speziellen Handeln das Problem der Prädestination (vgl. Ebel, 1981, 205ff). Neuschöpfung ist nach Auffassung der lutherischen Orthodoxie weder ein besonderer Fall von Schöpfung noch eine Verbesserung des bereits Geschaffenen, sondern eine neue Schöpfung durch den Heiligen Geist, die die vollständige annihilatio der alten Schöpfung impliziert. Ignoriert man diese Differenz, unterminiert man nicht nur eines der Hauptargumente dafür, den Geist als eine besondere Person der Gottheit zu begreifen, sondern man kann dann auch die Erlösung nur als einen Sonderfall von Schöpfung verstehen und verwischt damit die Differenz zwischen dem Reich der Schöpfung und dem Reich der Gnade, dem opus alienum und dem opus proprium Gottes, dem Gesetz und dem Evangelium. Doch das Evangelium ist kein Sonderfall des Gesetzes, sondern das Ende des Gesetzes (Röm 10,4). Durch das Evangelium bewirkt Gott nicht, daß das Geschöpf sich selbst verwirklicht, sondern er bewirkt etwas, das es selbst niemals verwirklichen kann: die Rechtfertigung des Sünders. Gott wirkt zwar in der Tat mit seinen Geschöpfen im Reich der Schöpfung wie im Reich der Gnade zusammen (WA 18, 753, 12–754, 17), aber sowohl die Schöpfung als auch die Neuschöpfung und damit die

Setzung des Reichs der Schöpfung als auch der Gnade sind göttliche Akte ex nihilo, die allein durch Gott selbst ausgeführt werden. Während daher Gott auch dort, wo er mit anderen kooperiert, der alleinige Urheber von allem bleibt, sind wir bestenfalls »cooperatores, non auctores« (WA 40/III, 237, 12–14). Darüber hinaus wird auch die Pointe von Gottes generellem Handeln verfehlt, wenn Gottes spezielles Handeln nicht davon unterschieden wird. Denn Gottes generelles und sein spezielles Handeln sind teleologisch aufeinander bezogen: Gott erhält die Schöpfung, um sich ihrer als Mittel für sein spezielles Handeln zu bedienen (Chemnitz, 1591, I, 147). Die Geschichte seines Volkes, vor allem aber Leben, Tod und Auferstehung Jesu Christi belegen das. Die Pointe des göttlichen Schöpfungshandelns kommt daher gar nicht in den Blick, wenn man dessen eschatologische causa finalis ignoriert: Es ist auf ein anderes Handeln Gottes hin angelegt. Genau dieser eschatologische Gesichtspunkt ist es, der uns dazu nötigt, zwischen Gesetz und Evangelium als den beiden irreduzibel verschiedenen Arten göttlichen Handelns extra Christum und in Christo zu unterscheiden. Schließlich können wir nicht ernsthaft von Neuschöpfung und Auferstehung reden, wenn wir Gottes spezielles Handeln als einen Sonderfall seines generellen Handelns begreifen. Denn dann müßten wir es entweder mit seinem direkten Handeln in der Schöpfung identifizieren, was unmöglich ist, oder wir müßten es unter sein indirektes Vorsehungshandeln in und durch geschaffene Handlungsinstanzen subsumieren, damit aber seine eschatologische Pointe verfehlen. Wir hätten dann keine Möglichkeit, es als sein direktes Handeln in, mit und unter der Aktivität geschaffener Handlungsinstanzen in Analogie zu seinem direkten Handeln bei der Setzung dieser Handlungsinstanzen zu verstehen. Doch das Reich der Schöpfung und das Reich der Gnade sind nicht zwei Phasen eines monolithischen Schöpfungshandelns Gottes, sondern durch die beiden fundamental verschiedenen Handlungsweisen konstituiert, in denen Gott extra Christum und in Christo handelt. Dies anders zu verstehen heißt, die eschatologische Differenz zwischen dem, was der Fall ist, und dem, was noch nicht der Fall ist, aber der Fall sein wird, auf die teleologische Differenz zwischen dem göttlichen Zweck und seiner Ausführung zu reduzieren. Das gestattet uns zwar vielleicht, das ›noch nicht‹ zu erfassen, aber nicht den vollen christologischen Gehalt des ›schon jetzt‹. Kurz, es gibt kein wirklich adäquates Schöpfungsverständnis, wenn die Protologie von der Soteriologie, d.h. von Christologie und Eschatologie, abstrahiert wird.

Obwohl Farrer die Differenz zwischen Gottes generellem und speziellem Handeln kennt, hat er sie doch nicht immer in der wünschenswerten Klarheit durchgehalten, und in dieser Hinsicht kann man keine Ähnlichkeiten zwischen seiner und der lutherischen Position feststellen, ohne eine noch größere Unähnlichkeit notieren zu müssen. Das sieht anders aus, wenn wir seine Theorie göttlichen Handelns mit der lutherischen Sicht des generellen

Handelns und besonders des Vorsehungshandelns Gottes vergleichen. In
der lutherischen Orthodoxie hatte dieses Lehrstück drei Teile, nämlich die
conservatio, den concursus und die gubernatio, und es ist das Lehrstück
vom concursus oder von der cooperatio, das die engsten Parallelen zu
Farrers Sicht des göttlichen Handelns aufweist. Gott kooperiert mit den
Zweitursachen, die er geschaffen hat, auf solche Weise, daß sich von jeder
Handlung wahrheitsgemäß sagen läßt: »idem effectus non a solo Deo, nec a
sola creatura, nec partim a Deo, partim a creatura, sed una eademque
efficientia totali simul a Deo et creatura producatur« (Quenstedt, 1685,
531). Jede Handlung ist »una et indivisibilis actio« des schöpferisch (universalen) und des geschaffen (partikularen) Handelns (Quenstedt, 1685, 545).
In und durch die gesamte Matrix der Zweitursachen handelt Gott in solcher
Weise, daß er sein Handeln der Natur der geschaffenen Handlungsinstanzen
auf jeder Ebene des Universums anpaßt: »Concurrit Deus cum causis secun-
dis iuxta uniuscuijusque indigentiam et exigentiam h. e. quando, quoties, et
quomodo causa illa concursum illum postulat, pro conditione naturae suae«
(ebd.). Wir müssen diese Aussagen nur in Farrers antiformalistische Hand-
lungstheologie übersetzen, um zu seinem Paradox der doppelten Täterschaft zu gelangen und zu seiner Theorie, daß Gott Energien schafft und
sein Handeln den generellen Strukturen der Ordnungen in Natur und
Geschichte anpaßt, in und durch die er bewirkt, daß seine Geschöpfe sich
selbst verwirklichen: »If God creates energies he creates going activities«,
denn »not to act is not to be« (1967, 82). In gewissem Sinn ist Farrers
rationale Theologie eine höchst elaborierte Version des traditionellen Lehr-
stücks vom concursus divinus. Doch genau diese Stärke seiner Theologie
erweist sich als ihre Schwäche, wenn es darum geht, eine überzeugende
Lehre von der Schöpfung und Neuschöpfung zu entwickeln. Sein Ansatz
ist zu monolithisch, um der Vielfalt und Differenziertheit des christlichen
Glaubens gerecht zu werden. Er konzentriert sich auf die Syntax von Gottes
Verhältnis zur Welt, liefert uns aber keine Semantik, um klar zwischen dem
Reich der Schöpfung und dem Reich der Gnade zu unterscheiden. Damit
ist er in entscheidender Hinsicht nicht in der Lage, dem Problemfeld der
Eschatologie gerecht zu werden.

VIII Zusammenfassung

Die vorangehenden Überlegungen haben gezeigt, daß wir bei Farrer und
bei Luther jeweils zwei Stränge antischolastischen Denkens unterscheiden
müssen, wenn wir ihre theologischen Entwürfe vor dem Hintergrund des
scholastischen Dilemmas miteinander vergleichen. Zwar stimmen sie in
ihrer Kritik des thomistischen Intellektualismus und der voluntaristischen
Lösung des scholastischen Dilemmas überein, aber sie haben für ihre Kritik

je unterschiedliche Gründe und beschreiten in ihren eigenen Theologien je verschiedene Wege. Indem Farrer das metaphysische Programm der Scholastik mit den Mitteln einer anderen Theorie der Natur und einer voluntaristischen Kosmologie auf neue Weise einzulösen sucht, optiert er für diejenige Seite des scholastischen Dilemmas, welche dem traditionellen Voluntarismus nicht offenstand, weil er keine ernsthafte Alternative zur aristotelischen Wissenschaftstheorie besaß. Luther dagegen unterläuft die gesamte Alternative des scholastischen Dilemmas, indem er in exklusiv soteriologischen Begriffen denkt. Er verarbeitet die Probleme des Verhältnisses von Philosophie und Theologie nicht mit den Mitteln einer adäquateren Kosmologie und Wissenschaftstheorie, sondern mit den Mitteln der theologischen Dialektik von Gesetz und Evangelium, der Erkenntnis von Gott, Welt und Mensch extra Christum und in Christo. Während daher Farrer eine Theologie des analogischen Diskurses vertritt, die uns die Syntax von Gottes Verhältnis zur Welt liefert, ohne zwischen dem Reich der Schöpfung und dem Reich der Gnade zu unterscheiden, entfaltet Luther eine Theologie des dialektischen Diskurses, die uns die christologische Semantik von Gottes Verhältnis zur Welt sowohl im Reich der Schöpfung als auch im Reich der Gnade liefert. Schließlich habe ich gezeigt, daß wie Farrers Paradox der doppelten Täterschaft ein Nebenprodukt seines analogischen Diskurses ist, so auch Luthers zweifaches Paradox eines doppelten göttlichen Handelns und einer doppelten menschlichen Existenz als Nebenprodukte seines dialektischen Diskurses verstanden werden kann. Während Farrers analogia operantis allenfalls gestattet, die Syntax von Gottes Verhältnis zur Welt handlungstheoretisch als in sich differenzierte Einheit von göttlichem und geschöpflichem Handeln zu spezifizieren, kann die Semantik dieses Verhältnisses nicht dargelegt werden, ohne von der analogia Christi auszugehen und Gottes Verhältnis zur Welt eschatologisch als dialektische Differenziertheit sowohl Gottes als auch seiner Schöpfung zu präzisieren.

Gott und Sünde

I Kann Gott sündigen?

Thema meines Referats ist die schlichte Frage: ›Kann denn Liebe Sünde sein?‹ bzw. — theologisch nur scheinbar weniger zweideutig formuliert — *Kann Gott sündigen?*

Nichttheologen leuchtet die Frage meist unmittelbar ein, und sie haben auch eindeutige Antworten parat. Theologen dagegen pflegen verwundert den Kopf zu schütteln: Kann man so überhaupt fragen? Ist es kein Kategorienfehler, den Begriff ›sündigen‹ von Gott zu prädizieren? Ob unter ›sündigen‹ neuzeitlich-moralisierend ›absichtlich Böses tun‹, ›absichtlich Personen Schaden oder Übel zufügen‹ oder ›absichtlich Gottes Moralgebote mißachten‹ verstanden wird, oder theologisch präziser ›im Widerspruch zu Gottes Liebe leben und handeln‹: Theologen verwenden den Sündenbegriff nur von Menschen (und Engeln) — nicht von Tieren oder anderen Lebewesen, und erst recht nicht von Gott. Gott — so die Regel — gehört nicht zu den Wesen, von denen wir zu Recht oder zu Unrecht sagen können, daß sie sündigen. Deshalb ist die Frage, ob Gott sündigen kann, im strengen Sinn sinnlos: Es ist ebenso unsinnig, sie zu bejahen, wie sie zu verneinen.

Theologische Sprachregelungen haben ihr gutes Recht — freilich nicht, um Sachprobleme durch Stipulation zu beseitigen, sondern um theologische Antworten auf Sachprobleme auf den Begriff zu bringen. Was sind die Sachprobleme, auf die Theologen mit der Regel reagieren, ›sündigen‹ könne von Gott prinzipiell nicht prädiziert werden?

Zum einen ist es unsere faktische Wirklichkeitserfahrung von Lissabon bis Armenien und von Bethlehem bis Auschwitz, die immer wieder zu der (wie auch immer formulierten) Frage provoziert, ob Gott, der allmächtige Schöpfer Himmels und der Erde, hier nicht absichtlich Böses tue oder es doch nicht verhindern könne oder wolle.

Zum andern aber ist es der spannungsreiche Reflex von Erfahrungen dieser Art in den biblischen Texten. Die alttestamentliche Gotteserfahrung etwa schließt Gottes Beteiligung am Bösen keineswegs aus: »Ich bewirke das Heil und erschaffe das Unheil. Ich bin der Herr, der alles vollbringt« (Jes 45, 7). Die neutestamentliche Gotteserfahrung dagegen weist das strikt zurück. Sie weiß zwar, daß Gott uns versuchen kann, wie die sechste Bitte des Vaterunsers belegt (vgl. aber z.B. Luthers Katechismusauslegung, die ganz traditionell nicht Gott, sondern den »Teufel, die Welt und unser

Fleisch« zum Subjekt des Versuchens erklärt: BSLK, 514, 31–39), aber sie besteht darauf, daß Gott selbst nicht versucht werden kann: »ὁ ... θεὸς ἀπείραστός ἐστιν κακῶν: Deus ... intentator malorum est: Gott kann nicht versucht werden zum Bösen« (Jak 1, 13). Kann er aber nicht versucht werden, dann kann er der Versuchung auch nicht nachgeben und damit nicht sündigen. Die theologische These von der Sündlosigkeit Gottes – so die katholische Lehrmeinung (Ott, 1981, 59) – besagt »darum nicht bloß ein tatsächliches Freisein von der Sünde (impeccantia), sondern eine innere (metaphysische) Unmöglichkeit zu sündigen (Unsündlichkeit, impeccabilitas)«. Gott sündigt nicht nur faktisch nicht, er *kann* überhaupt nicht sündigen. Es ist daher nicht sinnlos, sondern *falsch* zu bestreiten, daß Gott nicht sündigen kann: Er besitzt weder die Fähigkeit noch die Freiheit, zu sündigen oder absichtlich Böses zu tun.

Diese These von Gottes Unsündlichkeit ist theologische opinio communis. Sie ist aber nicht ohne Probleme. Thomas von Aquin hat sie (wie so oft) präzis formuliert: »peccare aliquid agere est. Sed Deus non potest peccare ... Ergo Deus non est omnipotens« (S.th., I, q 25, a 3 praeterea). Das heißt: Wie läßt sich Gottes Unfähigkeit zu sündigen mit seiner Allmacht vereinbaren? Wer alles tun kann, was möglich ist, sollte der nicht auch sündigen können? Aber wie sollte er sündigen können, wenn er nur tun kann, was gut ist? Das ist die Frage. Versuchen wir, sie etwas präziser zu fassen.

Die Sündlosigkeit Gottes wird gemeinhin als Implikat seiner absoluten *Güte* oder *Heiligkeit* verstanden (DS 3001): Gott kann nicht sündigen, weil er vollkommen gut ist, »ein Gott der Treue und ohne Falsch« (Dtn 32, 4). Seine *Allmacht* dagegen besagt im überkommenen Verständnis, daß »er alles bewirken kann, was er wollen kann« (Ott, 1981, 55). Ihm ist »kein Ding unmöglich« (Lk 1, 37), sondern bei ihm ist alles (Wirkliche und Mögliche) möglich (Mt 19, 26): Er besitzt die Freiheit und die Macht, alles zu tun, was überhaupt möglich, d.h. widerspruchslos beschreibbar ist. Sünde aber ist nicht nur etwas in diesem Sinn Mögliches, sondern – wie wir belegen – unbestreitbar Wirkliches. Aufgrund seiner Allmacht und Freiheit scheint Gott daher auch sündigen können zu müssen, aufgrund seiner vollkommenen Güte aber unfähig dazu zu sein. Wie also lassen sich Gottes allmächtige Freiheit und vollkommene Güte vereinbaren?

Dieses Problem – darauf hat Nelson Pike (1969) zu Recht hingewiesen – ist nicht identisch mit dem Theodizeeproblem, wie es seit der Aufklärung meist diskutiert wird. Das läßt sich in knappster Form in folgenden vier Sätzen formulieren:

(1) Gott existiert.
(2) Gott ist der allmächtige Schöpfer von allem.
(3) Gott ist vollkommen gut.
(4) Es gibt Böses, Übel und Sünde in der Schöpfung.

Wenn Gott allmächtig ist, hätte er Böses, Übel und Sünde verhindern können, wenn er gewollt hätte. Wenn Gott allgütig ist, hätte er Böses, Übel und Sünde verhindern wollen, wenn er gekonnt hätte. Da es Böses, Übel und Sünde aber gibt, ist Gott entweder nicht allmächtig oder nicht allgütig und existiert damit nicht oder jedenfalls nicht so, wie wir gedacht haben: als allmächtiger und allgütiger Schöpfer.

Die in dieser Theodizee-Argumentation konstatierte Unvereinbarkeit zwischen Gottes allmächtiger Freiheit und vollkommener Güte ist nicht prinzipieller Natur. Gott könnte durchaus beides sein. Nur die faktische Existenz von Bösem, Übel und Sünde spricht dagegen, daß er es wirklich ist. Wäre die Wirklichkeit unserer Welt anders, bestünde von seiner Allmacht und Allgüte her kein Einwand gegen seine Existenz: Die Existenz der Sünde stellt Gottes Existenz nur kontingent in Frage, nicht prinzipiell.

Die These von Gottes impeccabilitas dagegen wirft ein prinzipielles Problem auf nicht nur der tatsächlichen *Existenz* Gottes angesichts unserer Weltwirklichkeit, sondern schon der *Möglichkeit* seiner Existenz unabhängig von aller Weltwirklichkeit. Sie markiert einen direkten logischen Konflikt zwischen den göttlichen Vollkommenheiten der Allmacht und der Allgüte: Beide scheinen nicht zusammen Gott zukommen zu können. Ist Gottes impeccabilitas tatsächlich Implikat seiner Güte und Liebe, ist seine Existenz nicht nur kontingent durch das Faktum von Bösem, Übel und Sünde in Frage gestellt, sondern eine logische Unmöglichkeit: Ein zugleich allmächtiger und allgütiger Gott existiert nicht nur faktisch nicht, sondern *kann* gar nicht existieren.

Das sind unerwartet gewichtige Konsequenzen der scheinbar trivialen These von Gottes prinzipieller impeccabilitas. Wie lassen sie sich vermeiden? Betrachten wir einige klassische Versuche.

Im siebten Kapitel seines *Proslogion* fragt Anselm, wie Gott denn allmächtig sein könne, wenn er doch nicht alles kann: Er kann »nicht vernichtet werden, nicht lügen, nichts Wahres falsch und nichts Geschehenes ungeschehen machen« usf. Anselm antwortet, daß solches zu können kein Zeichen der Macht (potentia), sondern der Ohnmacht (impotentia) sei. Wer das kann, »kann [etwas], was ihm nicht zuträglich ist und was er nicht darf«. »Wer . . . so kann, kann nicht durch Macht, sondern durch Ohnmacht«. Das heißt: Wer sündigen und Böses tun kann, hat keine Fähigkeit, sondern eine Unfähigkeit: die Unfähigkeit, sich der Macht der Sünde zu widersetzen. Solches Können aber ist ein Nichtkönnen, ein Ohnmächtigsein, das »bewirkt, daß anderes gegen ihn Macht hat«. Genau das kann von Gott nicht gesagt werden: Weil er allmächtig ist, hat nichts gegen ihn Macht, und eben deshalb kann er nicht sündigen. Seine Omnipotenz schließt Fähigkeiten aus, die auf Impotenz beruhen, und Sündigenkönnen ist eine solche Fähigkeit.

Dasselbe Argument findet sich der Sache nach auch bei Thomas von

Aquin. Er begründet die Sündlosigkeit Gottes mit dem Argument: »peccare est deficere a perfecta actione« (hinter einer vollkommenen Handlung zurückbleiben) (S.th., I, q 25, a 3, ad secundum). Es widerspricht aber dem Begriff der Omnipotenz, eine Handlung nicht oder nicht vollkommen ausführen zu können. Folglich kann Gott nicht sündigen, *weil* (nicht obwohl) er allmächtig ist. Die Unfähigkeit zu sündigen widerspricht nicht Gottes Allmacht, sondern folgt aus ihr.

Doch diese klassische Argumentation von Anselm und Thomas ist unzureichend. Wenn Allmacht heißt, alles bewirken zu können, was man will, sofern es nicht in sich selbst widersprüchlich ist (wie ein rundes Quadrat), dann ist der Gedanke eines allmächtigen, aber bösartigen oder diabolischen Wesens nicht selbstwidersprüchlich. Daraus, daß man alles bewirken kann, was man will, folgt nicht, daß man nicht Böses und Sündiges tun könnte. Soll das ausgeschlossen sein, genügt es nicht, den Sündenbegriff in bestimmter Weise zu fassen (i.e. als Ohnmacht, sich dem Bösen zu widersetzen bzw. als Unfähigkeit, eine Handlung vollkommen auszuführen). Es gilt vielmehr, den Begriff der Allmacht anders zu bestimmen.

Thomas sieht diesen Gegeneinwand. Er versucht ihm zu begegnen, indem er sich mit der These des Aristoteles (Topica, 126 a 34f) auseinandersetzt, »δύναται μὲν γὰρ καὶ ὁ θεὸς καὶ ὁ σπουδαῖος τὰ φαῦλα δρᾶν«: »potest Deus et studiosus prava agere«: Gott kann auch absichtlich Böses tun. Er bestreitet nicht die Wahrheit dieser These. Um sie aber richtig zu verstehen, müsse man sie als verkürzten Bedingungssatz interpretieren: Gott könnte Böses tun, *si velit: wenn er wollte*. Daß Gott Böses tun könnte, wenn er wollte, kann selbst dann wahr sein, wenn es unmöglich ist, daß Gott Böses tun will oder Böses tun kann. Das folgt aus der Logik kontrafaktischer Bedingungssätze, die auch dann wahr sein können, wenn beide Teilsätze, das antecedens und das consequens, falsch sind. Thomas gibt ein Beispiel: Der Mensch ist kein Esel, und er hat auch keine vier Beine. Dennoch ist es wahr, daß der Mensch vier Beine hätte, wenn er ein Esel wäre. Deshalb, so meint er, könne man durchaus beides zu Recht sagen: ›Gott kann nicht sündigen‹ und ›Gott könnte sündigen, wenn er wollte‹.

Doch Vorsicht ist angebracht. Thomas' Analyse trifft für echte Bedingungssätze wie ›Wenn der Mensch ein Esel wäre, hätte er vier Beine‹ zu. Doch der Satz ›Gott könnte sündigen, wenn er wollte‹ ist überhaupt kein echter Bedingungssatz: Er ist falsch, wenn Gott überhaupt nicht sündigen kann – wovon Thomas ja überzeugt ist. Thomas ist hier einer Zweideutigkeit des Wörtchens ›wenn‹ bzw. ›si‹ aufgesessen: Wir verwenden es sowohl in *konditionalem* wie auch in *nichtkonditionalem* Sinn, zum Beispiel: ›Wenn das Wasser tief genug ist, kann ich schwimmen‹ ist ein echter Bedingungssatz, insofern der Wenn-Satz eine Bedingung formuliert, ohne die der Folgesatz nicht wahr sein kann. ›Wenn ich wollte, könnte ich schwimmen‹ ist dagegen nur scheinbar ein Bedingungssatz, insofern meine Fähigkeit

oder Unfähigkeit zu schwimmen nicht von meinem Willen abhängt.
Wenn ich schwimmen kann, habe ich diese Fähigkeit unabhängig davon,
ob ich schwimmen will oder nicht; wenn ich nicht schwimmen kann,
könnte ich es auch nicht, wenn ich es wollte. Der Vordersatz des Satzes
›Wenn ich wollte, könnte ich schwimmen‹ formuliert also keine Bedingung, ohne die der Folgesatz nicht wahr sein könnte, sondern stellt fest, daß
meine Fähigkeit zu schwimmen erst dann in die Tat umgesetzt wird, wenn
ich das will: Die *Handlung* des Schwimmens hängt ab von meinem Willen,
aber nicht meine *Fähigkeit* zu schwimmen. Wenn ich die Fähigkeit zu
schwimmen nicht besitze, dann erwerbe ich sie nicht dadurch, daß ich
schwimmen will. Der Satz ›Wenn ich wollte, könnte ich schwimmen‹ ist
daher falsch, wenn ich nicht schwimmen kann. Entsprechend ist der Satz
›Gott könnte sündigen, wenn er wollte‹ falsch, wenn Gott nicht sündigen
kann – er ist kein echter Konditionalsatz. Wahr wird er erst, wenn man ihn
nicht auf die Fähigkeit, sondern die Handlung des Sündigens bezieht: Wenn
Gott sündigen könnte (was Thomas ja gerade bestreitet), dann würde er
sündigen, wenn er sündigen wollte. Aristoteles' Satz »δύναται ... καὶ ὁ
θεὸς καὶ ὁ σπουδαῖος τὰ φαῦλα δρᾶν« (Topica, 126 a 34f) kann also nicht
in dem von Thomas vorgeschlagenen Sinn konditional interpretiert und so
mit der These von Gottes impeccabilitas vereinbart werden. Entweder
kann Gott sündigen, ob er es nun will oder nicht, oder er kann nicht
sündigen, dann könnte er es auch dann nicht, wenn er es wollte.

Thomas bietet noch eine andere mögliche Erklärung für das, was Aristoteles mit seiner These meinen könnte. Wenn Gott absichtlich Böses tut,
dann könnte das heißen, daß Gott etwas tut, das zwar jetzt (für uns) wie
Böses aussieht, das aber, wenn er es täte, gut wäre. Das Argument läßt sich
in zwei unterschiedlichen Weisen verstehen:

(1) Gott kann Dinge tun, die für uns aufgrund unserer beschränkten
Einsicht böse zu sein scheinen, eigentlich und für sich genommen aber nicht
böse sind.

(2) Gott kann Dinge tun, die eigentlich böse sind, die aber, wenn er sie
täte, nicht mehr als böse gelten könnten.

Die erste Lesart ist zu schwach, um unser Problem zu lösen. Zwar ist
zuzugestehen, daß manches, was uns böse, übel und schlecht zu sein scheint,
sub specie aeternitatis anders zu beurteilen sein mag. Aber das gilt sicher
nicht für alles. Nicht nur die menschenverachtende Massenvernichtung in
den Konzentrationslagern, sondern das Leiden und Sterben jedes einzelnen
Kindes mit Muskeldystrophie *scheint* nicht nur böse, übel und schlecht zu
sein, sondern es *ist* böse, übel und schlecht: Es ist ein nicht nur für uns,
sondern auch sub specie aeternitatis mit Gottes vollkommener Güte nicht
nur scheinbar, sondern wirklich unvereinbarer Sachverhalt. Oder, um es
vorsichtiger zu formulieren: Auch wenn manches, was Gott tut, für uns
böse, übel und schlecht zu sein scheint, es aber eigentlich nicht ist, so bleibt

doch noch mehr als genug, das uns böse, übel und schlecht erscheint, weil es das ist und mit Gottes Allmacht und vollkommener Güte nicht zusammenstimmt.

Auch die zweite Lesart führt nicht weiter. Wenn Gott einen Menschen qualvoll verenden läßt, dann ist das nicht deshalb gut, weil er es tut. Wir könnten einen solchen Sachverhalt nicht gut nennen, ohne jeden Grund zu verlieren, Gottes Handeln gut im Unterschied zu böse zu nennen, und wir hätten dementsprechend auch keinen Anlaß, ihn wegen seiner Güte zu preisen und nicht vielmehr wegen seiner Bosheit zu verfluchen. Auch wenn er etwas Böses tut, wird es nicht dadurch zu etwas Gutem. Die These von Gottes Sündlosigkeit besagt ja nicht, daß Gott nicht sündigen kann, weil auch die schlimmsten von ihm verübten Übel nicht Übel sind, sofern sie von ihm getan werden. Sie besagt vielmehr, daß alles, was Gott tut und tun kann, nicht böse, übel oder sündig ist – und eben deshalb (mit Platos alter Regel formuliert [Pol 379c]) alles, was böse, übel und sündig ist, nicht auf ihn, sondern auf von ihm Verschiedenes zurückgeführt werden muß. Kurz: sowenig Gottes Allmacht bedeutet, daß er logisch Widersprüchliches (etwa ein rundes Quadrat) bewirken kann, nur weil er es tut, sowenig bedeutet seine vollkommene Güte, daß er ethisch Widersprüchliches ins Werk setzen kann, nur weil Dinge, die eigentlich böse oder übel sind, sofern sie von ihm getan werden, zu guten Dingen würden.

Thomas' Argumentation ist damit nicht stichhaltig. Wenn Gott nicht sündigen kann, dann kann er auch nicht absichtlich Böses und Übles tun, und wenn mit Aristoteles eben das wahrheitsgemäß von ihm zu sagen ist, dann ist die These von seiner impeccabilitas falsch. Unsere Welterfahrung und die alttestamentliche Gotteserfahrung scheinen aber durchaus Aristoteles Recht zu geben: Gott wirkt Heil und Unheil. Mit welchem Recht wird dann theologisch aber die These von seiner impeccabilitas vertreten? Die Tradition kennt vier gewichtige Antworten auf diese Frage:

(1) Gott kann nicht sündigen, weil er nicht fähig ist zu sündigen.
(2) Gott kann nicht sündigen, weil dies seinem Wesen widerspräche.
(3) Gott kann nicht sündigen, weil dies seinem Willen widerspräche.
(4) Gott kann nicht sündigen, weil er nicht sündigt.

Betrachten wir diese Begründungen für die Annahme von Gottes impeccabilitas kurz genauer.

1. Gott kann nicht sündigen, weil er *nicht fähig ist*, zu sündigen. Er hat die Macht, nicht zu sündigen, aber er hat nicht die Macht zu sündigen: Seine schöpferischen Fähigkeiten sind in präzisem Sinn beschränkt. Kann er aber nicht alles Mögliche bewirken, dann ist er in dem von Thomas spezifizierten Sinn nicht allmächtig. Seine impeccabilitas kann nur auf Kosten seiner Omnipotenz vertreten werden.

Die Prozeßtheologie, allen voran Charles Hartshorne (z.B. 1984, 11ff), hat diese Konsequenz ausdrücklich gezogen: Die klassische Allmachtsvorstellung ist aufzugeben. Wird Gott die Fähigkeit zugeschrieben, alles Mögliche und Wirkliche bis ins kleinste Detail bestimmen und entscheiden zu können, ist das Problem der Sünde und des Bösen unlösbar. Gottes Macht muß vielmehr so gedacht werden, daß seine freien Entscheidungen durch die freien Entscheidungen seiner Geschöpfe mitbestimmt und beschränkt sind. Er kann, was er will, aber er kann es nur in Interaktion mit dem verwirklichen, was wir und alle übrigen Geschöpfe wollen und tun. Wenn Sünde daher darin besteht, sich frei zum Bösen zu entscheiden, dann ist auch dann, wenn Gott selbst in diesem Sinn nicht sündigt, seine Allmacht durch unser Sündigen beschränkt und begrenzt: Er kann nicht sündigen, aber er kann auch nicht verhindern, daß gesündigt wird, sondern nur darauf reagieren.

Der entscheidende Punkt bleibt damit freilich ungeklärt: Gott mag aufgrund beschränkter Macht nicht verhindern können, daß gesündigt wird. Aber heißt das, daß er auch selbst sündigen, d.h. sich selbst frei zum Bösen bestimmen kann? Das wird durch diese Argumentation nicht ausgeschlossen, sondern aufgrund des zweiten genannten Arguments schon als negativ entschieden vorausgesetzt.

2. Gott kann nicht sündigen, weil dies *seinem Wesen widerspräche*. Selbst wenn er die Macht und Fähigkeit hätte zu sündigen, bliebe er seinem Wesen, das Liebe (Güte, Barmherzigkeit, Heiligkeit usf.) ist, treu, denn »er kann sich selbst nicht verleugnen« (2 Tim 2,13). Das heißt: Der Titel ›Gott‹ kann niemandem mit Recht zugesprochen werden, der sündigt: ›Gottsein‹ und ›sündigen‹ sind logisch unvereinbare Prädikate, die nicht ein und demselben Wesen gleichzeitig und in gleicher Hinsicht zugesprochen werden können. Denn für jedes x gilt, wenn x Gott ist, dann sündigt x nicht: Entweder ist ein Wesen Gott, dann kann es nicht sündigen, oder es kann sündigen, dann ist es nicht Gott.

Wenn nun allerdings Gott aufgrund seines Wesens nur als Liebe, Güte, Barmherzigkeit und damit sündlos handeln kann, dann könnte man mit Nelson Pike (1969, 212) fragen, warum er dafür in Liturgie und Doxologie auch noch zu preisen ist: Kann für sein Handeln gelobt werden, wer aufgrund seines Wesens gar nicht anders handeln kann, als er handelt?

Dem ist zu entgegnen, daß wir Gott deshalb für seine Liebe, Güte und Sündlosigkeit preisen, weil er sie nicht für sich behält, sondern uns liebenswert, gut, barmherzig, heilig und sündlos *macht*: Gottes Wesensattribute sind kommunikable Attribute, und er wird nicht gepriesen, weil er sie hat, sondern weil er uns in soteriologischer Selbstlosigkeit an ihnen Anteil gibt.

Dennoch: Ist Gottes Handeln durch sein Wesen determiniert zu denken? Könnte er nicht auch so handeln, daß er seinem Wesen, das Liebe ist, widerspricht, also sündigt? Krokodile, so hat John Passmore einmal bemerkt, haben keine besonderen Schwierigkeiten, Krokodile zu sein. Bei Menschen ist das anders: Sie führen nicht zwangsläufig ein menschliches Leben, sondern können handelnd ihr Wesen verwirklichen oder verfehlen. Eben deshalb müssen sie sich ständig dazu bestimmen, ihrem Wesen in ihrem faktischen Leben gerecht zu werden. Ist das bei Gott nicht in noch viel höherem Maße so?

3. Die Logik dieses Gedankengangs legt nahe, das zur Debatte stehende Argument anders zu akzentuieren: Gott kann nicht sündigen, weil dies *seinem Willen widerspräche.* Weil Gottes Wesen Liebe ist und er seinem Wesen treu bleibt, ist ihm nicht die Fähigkeit, Freiheit oder Macht zu sündigen abzusprechen, sondern der *Wille,* diese Fähigkeit Wirklichkeit werden zu lassen. Gottes Wille ist gut, und dieser gute Wille veranlaßt ihn, seine Fähigkeit und Macht freiwillig einzuschränken. Das heißt: Obgleich Gott in seiner potentia absoluta sündigen könnte, hat er sich in seiner potentia ordinata darauf festgelegt, nicht zu sündigen. Seine impeccabilitas ist keine wesensnotwendige, sondern willensnotwendige Sündlosigkeit.

Diese Umorientierung vom Wesen auf den Willen Gottes fand mit epochaler historischer Wirkung im Übergang von der augustinisch-thomistischen Hochscholastik zur skotistisch-ockhamistischen Spätscholastik statt. Sie markiert den Beginn der Neuzeit (via moderna). Gott wird jetzt nicht mehr primär unter dem Gesichtspunkt seines Wesens, sondern seines Willens gedacht, genauer: Sein Wille wird als sein Wesen gedacht. Das verändert das ganze Begriffsgefüge von Freiheit und Ordnung, Möglichkeit und Notwendigkeit und führt nicht nur zu einer grundlegend anderen Einstellung gegenüber der Wirklichkeit (diese wird jetzt in ihrer prinzipiellen Kontingenz erfahren), sondern auch gegenüber Gott: Einerseits gilt, daß Gott alles will, was er tut, und alles kann, was er will, aber nicht alles will, was er wollen und tun könnte. Andererseits bleibt offen, ob er nicht doch auch anders wollen und handeln könnte, als er faktisch tut. Auch wenn Gott nicht sündigt: Hätte er nicht doch auch sündigen können? Und wenn er es prinzipiell könnte, wird er es dann nicht faktisch irgendwann und irgendwie auch tun?

Wilhelm von Ockham hat diese Fragen als einer der ersten konsequent durchdacht (vgl. Aicher et al., 1986). Für das antike Freiheitsdenken waren Freiheit und Ordnung (Gesetz) nicht nur miteinander vereinbar, sondern bedingten sich gegenseitig. Nur innerhalb einer Ordnung gibt es Freiheit – die Freiheit, ihr zu entsprechen oder nicht zu entsprechen. Sünde wurde unter diesen Voraussetzungen prinzipiell als Unordnung thematisch, Überwindung der Sünde als Restitution von Ordnung.

Die sich formierende christliche Theologie dachte auch Gottes Freiheit nach diesem Modell: Gott ist frei, weil er von aller geschöpflichen Ordnung und Notwendigkeit unabhängig ist: Er setzt sie, ohne an sie gebunden zu sein, und kann deshalb auch ihr entgegen handeln (Wunder). Dennoch ist er kein Willkürgott, weil er selbst im Durchbrechen der geschöpflichen Ordnung der ewigen Ordnung seiner Weisheit und Güte gemäß handelt. Dieser Ordnung zuwiderzuhandeln, ist Gott nicht frei. Deshalb ist er nicht nur faktisch sündlos, sondern unfähig zu sündigen.

Gottes Freiheit wurde zum Problem, als man gegen Ende des 13. Jahrhunderts Gottes Bindung an die ewige Ideenordnung aufzulösen und seine Freiheit absolut zu setzen begann: Gott ist absolut frei, insofern er an überhaupt keine Ordnung gebunden ist, sondern alle Ordnung nur von Gnaden seiner freien Setzung ist. Ist Gott damit aber von einem bloßen Willkürgott noch unterscheidbar? Ockham versucht dieser Gefahr durch folgende Präzisierung vorzubeugen (Opera II, 4, 661–69): Daß Gott an keine bestimmten Ordnungen gebunden ist, heißt nicht, daß er an überhaupt keine Ordnung gebunden wäre. Vielmehr bedeutet es, daß es keine mögliche Welt gibt, in der Gott nicht an irgendeine Ordnung gebunden ist, aber keine Ordnung ist so, daß Gott an sie in jeder möglichen Welt gebunden wäre.

Ockhams Unterscheidung zwischen Gottes facere de potentia absoluta und facere de potentia ordinata ist im Gegensatz zur landläufigen Meinung kein Plädoyer für einen Willkürgott. Die Pointe dieser Unterscheidung besteht darin, daß Gottes Handeln nicht unabhängig von jeder Ordnung, wohl aber immer auch losgelöst (ab-solut) von jeder bestimmten Ordnung gedacht werden kann und muß. Wenn Gottes Handeln aber nicht Ordnung überhaupt, wohl aber jede bestimmte Ordnung übersteigt, dann gibt es keine Ordnung, von der sein Handeln abhinge, vielmehr hängt jede Ordnung von seinem Handeln ab. Gott ist absolut frei, weil er alle Ordnung setzt und in seinem Handeln von keiner bestimmten Ordnung abhängt. Er ist aber nicht frei, überhaupt nicht zu handeln, überhaupt keine Ordnung zu setzen und sich überhaupt nicht auf eine Ordnung zu beziehen, da er semper ubique actuosus ist.

Gottes facere de potentia absoluta und de potentia ordinata sind also keine zwei unterschiedlichen Handlungsweisen oder Willen Gottes. Vielmehr handelt es sich um zwei Seiten ein und desselben göttlichen Handelns und Willens, insofern alles geordnete Handeln Gottes ein Handeln in freier Bindung an eine Ordnung ist, die von ihm abhängt, da er sie gesetzt hat, von der aber er nur insofern abhängt, als er sich von ihr abhängig macht. Es gibt deshalb zwar absolute Freiheit, aber keine absolute Ordnung. Alle Ordnung ist gesetzt, gegründet in einem Akt der Freiheit und damit einem Willen, der sie auch anders hätte bestimmen können. Jede Ordnung könnte deshalb auch anders sein, und Freiheit ist aller Ordnung prinzipiell vorgeordnet. Damit aber wird erstmals in der griechisch-christlichen Tradition der Gedanke einer *neuen* Ordnung denkbar und Freiheit als entscheidender

Grund von Neuem und nicht nur als wählendes Sichverhalten zu gegebener Ordnung einsichtig.

Diese Umorientierung führt im Gottesverständnis dazu, daß Gottes alles bestimmender Wille und nicht sein Wissen ewiger Wahrheiten zum Fundament des Gottesgedankens wird. Gottes Wille aber ist nicht Willkür, sondern die Bedingung der Möglichkeit sowohl von Ordnung wie auch von Neuem. Entsprechend ist seine Freiheit keine Gesetzlosigkeit, sondern *Autonomie*: Gott setzt nicht nur Ordnungen, er kann sich auch selbst diesen Ordnungen unterwerfen und hat es in der Heilsordnung auch getan. Obwohl er in seiner potestas absoluta frei und erhaben über alle Ordnung ist, hat er sich in seiner potestas ordinata darauf festgelegt, nicht im Widerspruch zu seiner in Christus offenbarten Liebe handeln zu wollen.

Im Licht des aristotelischen Möglichkeitsbegriffs mußte diese Argumentation mißverstanden werden (vgl. Knuuttila, 1980; 1984). Wird der Unterschied zwischen Möglichem und Unmöglichem darin gesehen, daß jedes genuin Mögliche zu irgendeinem Zeitpunkt wirklich sein muß (Aristoteles, Met 1047 a 12–14; 1047 b 4–6), dann ist zu erwarten, daß Gott wirklich irgendwann und irgendwie will und tut, was er prinzipiell wollen und tun kann, auch wenn er es jetzt nicht will und tut.

Die soteriologische Konsequenz dieser Auffassung ist fatal. Um sie abzuwehren, zieht Luther – ohne die Umorientierung vom Wesen auf den Willen Gottes zu revidieren – an bekannter Stelle in *De servo arbitrio* im Zusammenhang der Klärung des Gedankens von Gottes Allwirksamkeit die Konsequenz eines in sich dialektisch differenzierten Gottesbegriffs: Gott ist *deus absconditus*, insofern er den Tod seines Volkes weder beklagt noch wegnimmt, sondern Leben, Tod und alles in allem wirkt (WA 18, 685, 18–24). Als *deus revelatus* bzw. *praedicatus* hingegen ist er darauf aus, Sünde und Tod zu beseitigen, den Tod des Volkes aufzuheben und alle Menschen zu retten. Damit scheinen zwei sich widersprechende Willen in Gott konstatiert zu werden. Doch die eigentliche Pointe Luthers ist eine andere, nämlich aus seelsorgerlichen Motiven den rechten, d.h. differenzierenden Umgang mit dem Willen Gottes einzuschärfen: Wir sollen uns an den gepredigten Heilswillen Gottes halten, den unergründlichen Willen des deus absconditus dagegen ignorieren: quae supra nos nihil ad nos (vgl. Matsuura, 1984). Die Adjektive ›absconditus‹ und ›revelatus‹ beziehen sich also nicht auf Gott, seine Existenz oder sein Wesen überhaupt, sondern in spezifischer Weise auf seinen *Willen*: Dieser ist uns offenbar bzw. verborgen. Da man aber eine Person nach Luther überhaupt erst dann wirklich kennt, wenn man ihren Willen kennt, kennt man Gott strenggenommen erst richtig, wenn man seinen in Jesus Christus geoffenbarten Heilswillen kennt. Dieser stellt klar, daß Gott nicht den Tod des Sünders will, obgleich er in seiner verborgenen und unerforschlichen Allwirksamkeit (WA 18, 685, 28f) Leben und Tod, Gutes und Böses gleichermaßen wirkt. Das heißt,

Gott *kann* und *wirkt* zwar alles, aber er *will* nur das Gute. Seine Allwirksamkeit und Freiheit ist umfassend und einzig durch seinen auf das Gute gerichteten Willen begrenzt. Dieser ist Liebe, und Liebe kann nicht Sünde sein. Vielmehr bestimmt Gottes Liebe seine Allmacht und Freiheit so, daß er, obgleich er alles kann, nicht alles, was er kann, auch will. Gott will das Böse nicht. Wenn es dennoch geschieht, dann nicht deshalb, weil es in seinem Willen begründet wäre, sondern weil seinem Willen nicht entsprochen wird.

Luther differenziert damit genau zwischen Gottes (undifferenziert auf alles gerichteter) Allwirksamkeit und Freiheit und seinem (auf Spezifisches, nämlich das Gute und Heilsame gerichteten) Willen. Doch mit dieser dialektischen Differenzierung von deus absconditus und revelatus wird der Konflikt zwischen dem im Evangelium verkündigten Liebeswillen Gottes (demzufolge Gott nicht sündigen will) und unserer mehr als ambivalenten Erfahrungswirklichkeit (derzufolge Gott nicht nur sündigen kann, sondern das permanent auch zu tun scheint) nicht gelöst, sondern *in Gott selbst* hineinverlegt. Das hat zwei gewichtige Konsequenzen, eine historisch gleichsam rückwärts- und eine vorwärtsgerichtete.

Die rückwärtsgerichtete Konsequenz ist eine prinzipielle Korrektur an Platos in der *Politeia* (379 c) eingeschärfter Regel rechter Rede von Gott, derzufolge alles Gute nur auf Gott, alles Böse und Üble dagegen auf alles andere, nur nicht auf Gott zurückzuführen ist. Die christliche Theologie war dieser Anweisung weitgehend unbesehen gefolgt: Auf Gottes Seite gehört nur das Gute, auf unsere Seite dagegen alles Schlechte, Böse und Üble. Luther sieht das im Anschluß an Jes 45, 7 differenzierter: In Gott selbst hat der Konflikt zwischen Bösem und Gutem seinen Ort. Er ist nicht nur der harmlose liebe Gott für gute Menschen in einer guten Welt. Er ist vielmehr der in seiner Freiheit Allmächtige und Allwirksame, der unterschiedslos Leben und Tod und alles übrige wirkt. Aber er ist auch der, der uns in Jesus Christus seinen unveränderlichen Heilswillen offenbart und zugesichert hat. Daran sollen wir uns halten – gerade vor dem Hintergrund der undurchdringlichen Ambivalenz des allwirksamen Gottes.

Das – und das ist die vorwärtsgerichtete Konsequenz der These Luthers – ist keine Lösung des sogenannten Theodizeeproblems, sondern dessen äußerste theologische Zuspitzung: In Gott selbst besteht der Konflikt zwischen Gut und Böse, Sündenwirklichkeit und Heilswillen, in dem wir uns vorfinden, aber weil Gott seinen Heilswillen als letzte und höchste Bestimmung seines Wesens kundgetan hat, können wir mit gutem Grund hoffen, daß dieser Heilswille auch in unserer ambivalenten Erfahrungswirklichkeit letztlich die Oberhand behalten wird. Die Theodizeeproblematik wird damit nicht gelöst, sondern Gott selbst zu lösen überlassen – nicht weil gehofft würde, daß er das Böse in Gutes verwandelte oder als eigentlich Gutes erwiese – das wäre eine perverse und die Leiden der Opfer der

Weltgeschichte verhöhnende Hoffnung –, sondern weil aufgrund des Kreuzes darauf vertraut wird, daß auch Böses, Übel und Sünde Gott nicht daran hindern können, seine immer noch größere Liebe universal (für alle) und individuell (für jeden) zum Ziel zu bringen, indem er sich selbst an die Stelle der Opfer begibt und diesen Raum in seinem Leben schafft.

4. Luther – und damit komme ich zur letzten Begründungsthese – beschränkt Gottes unbestrittene, aber undurchsichtige und für sich genommen ambivalente Allwirksamkeit und Freiheit durch seinen offenbaren Heilswillen, indem er rät, wir sollten uns nur an diesen halten und jene ignorieren. Barth geht noch einen entscheidenden Schritt weiter: Gottes Allmacht als solche ist ihm zufolge dadurch charakterisiert, daß sie »die Allmacht seiner *freien Liebe*« ist (KD II,1, 597). Er stimmt Luther zu, daß Gott alles kann, was er will, und nur das will, was seiner in Jesus Christus geoffenbarten Liebe entspricht. Aber im Unterschied zu Luther betont er, daß Gott am Kreuz nicht nur seinen offenbaren seinem uns verborgen bleibenden Willen entgegengesetzt hat, sondern sich in seinem Gottsein als der in Freiheit Liebende definierte. Am Kreuz entschied sich nicht nur, was Gott *will*, sondern wer oder was *Gott ist*: Gott legte sich dort nicht bloß auf ein bestimmtes Wollen und Handeln in unserer Welt fest, obwohl ihm auch anderes möglich gewesen wäre. Vielmehr bestimmte er sich dort so, daß er in keiner möglichen Welt anders sein, wollen und handeln kann und könnte, ohne aufzuhören, Gott zu sein.

Nimmt man in diesem Sinn die Kontingenz des Kreuzes eschatologisch und theologisch ernst, ist Gottes *Allmacht* durch seine *Freiheit* bestimmt zu denken, diese durch seine *Liebe*, die sich als *freie Liebe* dadurch in ihrem Wesen selbst bestimmt hat, daß Gott sich nicht nur zugunsten seiner Geschöpfe zurücknimmt, sondern darüber hinaus ihr Geschick zu seinem Geschick macht: Er beschränkt nicht nur seine eigene Freiheit um unserer Freiheit willen, sondern legt sich darauf fest, seine eigene Macht und Freiheit nur zur Förderung unserer Freiheit zu gebrauchen. Nicht erst Gottes potestas ordinata, sondern schon seine potestas absoluta muß daher durch seine freie Liebe bestimmt gedacht werden: Gott ist niemals und in keiner Hinsicht nur allmächtig und frei, sondern immer und überall der *in Freiheit Liebende*.

Jeder Versuch, hinter oder neben dem offenbaren Heilswillen Gottes noch einen anderen Willen zu suchen, ist deshalb haltlose Spekulation: Weil sich Gott in Jesus Christus als menschlicher, liebender und unser Heil wollender Gott offenbart hat, wird er niemals und nirgendwo anders wollen und handeln als so, wie er in Jesus Christus gewollt und gehandelt hat. Deshalb schärft Barth als Grundsatz ein, »daß in dem, was Gott in Freiheit gewollt und getan und also gekonnt hat, gerade seine *potestas absoluta* als *potestas ordinata* endgültig und verbindlich sichtbar geworden ist,

so sichtbar, daß es uns nicht mehr frei steht, sondern verboten ist, mit einer
sachlich anderen Allmacht als eben der, die er in seinem tatsächlichen
Wollen und Tun betätigt hat, zu rechnen, als ob Gott auch anders zu
wählen, zu tun und zu können vermöchte, als er es nun eben getan hat«
(KD II,1, 610). Gottes Sündlosigkeit gründet dementsprechend weder
darin, daß er aufgrund seines Wesens gar nicht sündigen könnte, selbst
wenn er es wollte, noch darin, daß er aufgrund seines Willens nicht sündigen will, obgleich er es könnte, sondern allein darin, daß er tatsächlich nicht
gesündigt *hat*: *Gott kann nicht sündigen, weil er nicht sündigt.* Die Kontingenz
des Offenbarungsgeschehens in Jesus Christus definiert Gottes Charakter,
Wesen, Wille, Macht und Freiheit als seine freie Selbstbestimmung zur
Liebe, so daß wir zwar auch weiterhin mit einer immer noch *größeren*, aber
nicht und niemals mit einer *anderen* Macht und Freiheit Gottes rechnen
müssen und können: Wer und was Gott ist, worin seine Gottheit besteht
und welchen Charakter seine Macht und Freiheit haben, das hat sich in Jesus
Christus ein für allemal entschieden.

　　Die vier skizzierten Argumente zur Begründung der These von Gottes
impeccabilitas markieren in ihrer historischen Abfolge einen sachlichen
Progress theologischer Orientierung von einer zeitlosen Welt ewiger
Wahrheiten über alternativ bestimmbare Welten des Wollens und Handelns zur Wahrnehmung der Würde der Welt kontingenter Faktizität. Das
theologische Denken der Neuzeit ist in diesem Sinn durch die Entdeckung
der theologischen Relevanz und Würde des Kontingenten, konkreten Einzelnen und Faktischen geprägt und damit grundsätzlicher Gegenentwurf
zur platonisch-augustinischen Tradition: Sachgemäß Theologie zu treiben
heißt, sich auf die Welt in ihrer ganzen faktischen Vielfalt, Konkretheit und
Dynamik einzulassen und sich nicht aus ihr zurückzuziehen. Die Welt ist
nicht Abbild des göttlichen Generalplans, sie *ist* dieser Plan. Hier entscheidet sich das Heil. Und hier wird es auch verspielt. Dieses Ernstnehmen des
Faktischen bedeutet im Rahmen unseres Problems, daß wir folgende theologischen und anthropologischen Konsequenzen der vorgetragenen Überlegungen festhalten müssen:

　　A. Es ist falsch zu sagen: ›Gott sündigt nicht, weil er nicht sündigen
kann‹. Dagegen ist es richtig zu sagen: ›Weil Gott nicht sündigt, kann er
nicht sündigen‹. Daß Gott nicht sündigen kann, heißt also nicht, daß ihm
eine Fähigkeit, Macht oder Freiheit abginge. Vielmehr gilt:

(1) Es ist möglich zu sündigen.

(2) Gott kann alles und nur das tun, was er will.

(3) Gott will alles und nur das, was er tut.

(4) Was er will, wenn er etwas tut, hat sich in Kreuz und Auferstehung Jesu
　　　Christi gezeigt.

(5) Weil Gott nicht wollen kann, was er nicht will, kann er nicht tun, was er
　　　nicht tut.

(6) Daß Gott faktisch nicht sündigt, zeigt, daß er nicht sündigen will und deshalb nicht sündigen kann.

(7) Weil er faktisch nicht sündigt, ist Sünde *für ihn* eine unmögliche Möglichkeit.

Daß Sünde für Gott eine unmögliche Möglichkeit ist, heißt nicht, daß sie als solche unmöglich wäre. Widerspruch gegen die Liebe Gottes ist möglich, wie wir wissen. Dieser Widerspruch wäre unmöglich ohne Freiheit, aber er ist kein Ausdruck von Freiheit: Zur Freiheit befreit zu sein heißt nicht, zur Freiheit von der Freiheit befreit zu sein. Daß wir sündigen können, heißt nicht, daß wir frei oder fähig sind zu sündigen.

B. Deshalb – und das ist im Blick auf den Menschen festzuhalten – ist es falsch zu schließen: ›Der Mensch sündigt, also kann er sündigen‹. Vielmehr gilt:

(1) Es wird gesündigt, also ist es möglich zu sündigen.

(2) Der Mensch handelt, also hat er die Fähigkeit zu handeln.

(3) Als gutes Geschöpf Gottes, das zur Freiheit befreit ist, müßte der Mensch nicht so handeln, daß er der Liebe Gottes widerspricht.

(4) Faktisch aber handelt er so, daß er sündigt.

(5) Daß der Mensch sündigt, zeigt, daß er sündigen will.

(6) Weil er faktisch sündigt, kann er von sich aus nicht aufhören zu sündigen.

In beiden Fällen ist theologisch ausschließlich das kontingente Faktum des Sündigens bzw. Nichtsündigens maßgeblich, keine allgemeine Konzeption menschlicher Fähigkeit bzw. göttlicher Unfähigkeit zum Sündigen:

– Der Mensch *kann* sündigen, weil er handeln kann, zu sündigen nicht unmöglich ist und er tatsächlich sündigt; er *will* sündigen, sonst würde er nicht sündigen; und weil er sündigt, kann er nicht aufhören zu sündigen.

– Gott dagegen *kann* und *will nicht* sündigen, *weil* er nicht sündigt, obwohl zu sündigen möglich ist: Er hat sich auf die Förderung unserer Freiheit unter Wahrung unserer Andersheit festgelegt, und d.h.: Er hat sich frei zur Liebe bestimmt.

Die Antwort auf meine zweideutige Eingangsfrage ist damit eindeutig: Kann denn Liebe Sünde sein? Nicht, wenn sie freie Liebe ist.

II Thesen

1. Cognitio Dei und cognitio hominis sind reformatorischer Einsicht zufolge unauflöslich verbunden. Das gilt auch für das Problem der Sünde: Der Mensch ist Sünder (homo reus et perditus), Gott derjenige, der die Sünde haßt und den Sünder rechtfertigt (deus iustificans vel salvator).

A Sünde

2. Sünde ist ein theologisch vielfältig bestimmter und bestimmbarer Begriff (vgl. zum folgenden Jüngel, 1989).

2.1 Das seit den Anfängen christlicher Theologie dominierende Verständnis der Sünde begreift diese als ἀνομία (1 Joh 3, 4): Sünde ist Verstoß gegen die Ordnung bzw. das Gesetz Gottes (νόμος, lex aeterna/divina), vor allem aber gegen das erste Gebot und damit im Kern – wie Luther sagt – Unglaube (WA 31/I, 148, 1).

2.2 Die augustinische Tradition definiert: »peccatum est factum vel dictum vel concupitum aliquid contra aeternam legem« (Contra Faustum, XXVII 27: MPL 42, 418).

2.3 Das katholische Lehramt unterscheidet (im Anschluß an Thomas) ein peccatum philosophicum seu morale und ein peccatum theologicum. Das erste definiert es als »actus humanus disconveniens naturae rationali et rectae rationi«, das zweite als »transgressio libera divinae legis« (DS 2291).

2.4 Luther definiert: »Radix igitur et fons peccati est incredulitas et aversio a Deo« (WA 42, 122, 12).

2.5 Melanchthon definiert Sünde als Existenz »sine metu Dei, sine fiducia erga Deum et cum concupiscentia« (CA II: BSLK 53, 5 f).

2.6 Die reformierte Tradition definiert: »Peccatum est ἀνομία seu quicquid legi divinae repugnat« (Wolleb, 1626, I, 9, 1).

2.7 Die lutherische Tradition definiert: »Peccatum est aberratio a Lege divina« (Hollaz, 1707, II, c II, q 1).

2.8 In der Neuzeit wird infolge der Identifizierung der lex divina mit der lex naturalis bzw. lex moralis die Sünde weitgehend moralisiert: Sündigen heißt ›absichtlich Böses tun‹ bzw. ›absichtlich Personen Schaden oder Übel zufügen‹ bzw. ›absichtlich Gottes Moralgebote mißachten‹.

3. Theologisch zureichend läßt sich Sünde nur im Verhältnis zu Gott bestimmen: Sie ist ihrem Wesen nach *Widerspruch gegen die Liebe Gottes*.

3.1 Dieser Widerspruch vollzieht sich existentiell als Unwahrheit (Lebenslüge) und manifestiert sich elementar als Unglaube, Lieblosigkeit und Hoffnungslosigkeit.

3.2 Der Widerspruch gegen die Liebe Gottes setzt die Liebe Gottes und damit das Gottesverhältnis voraus und ist deshalb von diesem zu unterscheiden.

3.3 Die Sünde begründet das Gottesverhältnis nicht und hebt es auch nicht auf: Auch der Widerspruch gegen Gottes Liebe setzt diese nicht außer Kraft.

3.4 Das existentielle Problem der Sünde ist das Problem der Möglichkeit und Folgen der Selbstbestimmung zum Widerspruch gegen die Liebe Gottes.

4. Das Problem der Sünde stellt vor das Problem der Freiheit als Handlungsfähigkeit und Handlungsmacht: Ohne Handeln gibt es keine Sünde, ohne Freiheit kein Handeln.

4.1 Handeln ist die in der Selbstbestimmung eines Handelnden begründete Veränderung seines Umweltverhältnisses. Eine solche liegt vor, wenn er sein Umweltverhältnis in bestimmter Weise gestaltet, obwohl er es unter den gegebenen Umständen auch anders hätte gestalten können.

4.2 Sünde realisiert sich im Handeln, ist aber keine eigene Handlung und kein eigener Handlungstyp neben anderen, sondern ein in bestimmter Weise qualifizierter *Ort* des Handelns.

4.2.1 Die Aussage ›x sündigt‹ sagt nicht, wer oder was x ist oder was x tut oder läßt, sondern wo sich x aufgrund seines Tuns und Lassens befindet: im Widerspruch zu Gottes Liebe.

4.2.2 Das Prädikat ›sündigen‹ ist dementsprechend kein Prädikat, das den Handelnden charakterisiert oder sein Handeln beschreibt, sondern das ihn samt seinem Handeln und aufgrund desselben an einem bestimmten Ort loziert: Es ortet den Handelnden im Verhältnis zu Gottes Liebe, und es bestimmt seinen Ort aufgrund seines Handelns als Ort existentiellen Widerspruchs zu dieser Liebe.

4.3 Wenn einer sündigt, sündigen alle, die mit ihm in einem Interaktionszusammenhang stehen und insofern seinen Handlungsort teilen. Da alles Handeln einen vielfältig vermittelten Interaktionszusammenhang bildet, kann von niemandem gesündigt, d.h. am Ort der Sünde gehandelt werden, ohne daß sein ganzes weiteres Handeln und alle mit ihm Handelnden dadurch bestimmt würden.

4.3.1 Wer sündigt, schädigt immer auch andere.

4.3.2 Wer sündigt, kann den Ort der Sünde nicht mehr verlassen.

4.3.3 Sündigen, d.h. am Ort der Sünde zu handeln, ist niemals nur freie Tat, sondern immer auch unfreiwilliges Verhängnis: Sofern Sünde durch je bestimmtes Handeln realisiert wird, wird sie dem Handelnden als Schuld zugerechnet. Wird sie aber überhaupt realisiert, ist sie als ein sich selbst fortzeugendes Verhängnis etabliert, dem sich aufgrund des Interaktionszusammenhangs allen Handelns keiner entziehen kann.

B *Sündlosigkeit Gottes*

5. Ist Sünde ihrem Wesen nach Widerspruch gegen die Liebe Gottes, stellt sich die Frage, ob nicht nur der Mensch, sondern auch Gott sündigen kann. Kann Gott sündigen, d.h. im Widerspruch zu seiner Liebe handeln?

5.1 Die alttestamentliche Gotteserfahrung schließt diesen Gedanken nicht aus: »Ich bewirke das Heil und erschaffe das Unheil. Ich bin der Herr, der das alles vollbringt« (Jes 45, 7).

5.2 Die neutestamentliche Gotteserfahrung weist ihn strikt zurück: »Gott kann nicht in die Versuchung kommen, Böses zu tun, und er führt auch selbst niemanden in Versuchung« (Jak 1, 13).

5.3 Die katholische Lehre spricht Gott, »qui nec falli nec fallere potest« (DS 3008), nicht nur »ein tatsächliches Freisein von der Sünde (impeccantia)« zu, »sondern eine innere (metaphysische) Unmöglichkeit zu sündigen (Unsündlichkeit, impeccabilitas)« (Ott, 1981, 59).

5.4 Es ist eines zu sagen, daß Gott faktisch sündlos ist, ein anderes, daß er nicht sündigen kann.

6. Daß Gott nicht sündigen kann, wurde und wird unterschiedlich begründet:

6.1 Das *logische Argument* lautet: Gott kann nicht sündigen, weil ›Gottsein‹ und ›sündigen‹ logisch unvereinbare Prädikate sind, die nicht ein und demselben Wesen gleichzeitig und in gleicher Hinsicht zugesprochen werden können. Niemand, der sündigen kann, kann mit Recht ›Gott‹ genannt werden. Es ist infolgedessen ebenso sinnlos zu behaupten, Gott könne sündigen, wie dies zu bestreiten.

6.1.1 Dieses Argument formuliert eine (dogmatisch richtige) Regel über den Gebrauch der Begriffe ›Gott‹ und ›Sünde‹. Es läßt offen, ob und wie sie begründet ist.

6.2 Das *Allmachts- bzw. Ohnmachtsargument* lautet: Gott kann nicht sündigen, weil er nicht fähig ist zu sündigen. Das Argument wird in zwei unterschiedlichen Weisen begründet:

6.2.1 Die augustinisch-anselmische Begründung lautet: Gott kann nicht sündigen, *obwohl* er allmächtig ist, weil sündigen keine Fähigkeit, sondern eine Unfähigkeit ist: die Unfähigkeit, sich der Sünde zu widersetzen (Anselm, Prosl. 7).

6.2.2 Die thomasische Begründung lautet: Gott kann nicht sündigen, *weil* er allmächtig ist. Denn »peccare est deficere a perfecta actione« (S.th., I, q 25, a 3, ad 2), und es widerspricht Gottes Allmacht, eine an sich mögliche Handlung nicht oder nicht vollkommen ausführen zu können.

6.3 Das *Wesensargument* lautet: Gott kann nicht sündigen, weil dies seinem Wesen widerspräche. Selbst wenn er die Macht und Fähigkeit hätte zu sündigen, bliebe er seinem Wesen, das Liebe (Güte, Barmherzigkeit, Heiligkeit) ist, treu, denn er »kann sich selbst nicht verleugnen« (2 Tim 2, 13).

6.3.1 Wenn Gott aufgrund seines Wesens gar nicht anders denn als Liebe, Güte, Barmherzigkeit, Heiligkeit, eben damit aber nur sündlos handeln kann, dann könnte man mit N. Pike (1969, 215) fragen, warum er dafür in Liturgie und Doxologie auch noch gepriesen wird: Kann für sein Handeln gelobt werden, wer aufgrund seines Wesens gar nicht anders handeln kann, als er handelt?

6.3.2 Dem ist zu entgegnen, daß Gott deshalb für seine Liebe, Güte,

Barmherzigkeit, Heiligkeit und damit auch Sündlosigkeit gepriesen wird, weil er sie nicht für sich behält, sondern *uns* liebenswert, gut, barmherzig, heilig und sündlos *macht*: Gottes Wesensattribute sind kommunikable Attribute, und er wird nicht gepriesen, weil er sie hat, sondern weil er uns in soteriologischer Selbstlosigkeit an ihnen Anteil gibt.

6.4 Das *Willensargument* lautet: Gott kann nicht sündigen, weil dies seinem Willen widerspräche. Er will alles, was er tut, und er kann alles, was er will, aber er will nicht alles, was er wollen und tun könnte. In seiner potestas ordinata hat Gott sich darauf festgelegt, nicht sündigen zu wollen, obgleich er in seiner potestas absoluta sündigen wollen könnte.

6.4.1 Versteht man dieses ockhamistische Argument im Sinne des aristotelischen Möglichkeitsbegriffs, dann läßt es offen, ob Gott nicht wirklich irgendwann und irgendwie will und tut, was er prinzipiell wollen und tun könnte, weil möglich ist, daß er es will und tut.

6.4.2 Um die soteriologisch fatale Konsequenz dieser (Ockham mißverstehenden) Auffassung abzuwehren, zieht Luther in *De servo arbitrio* im Zusammenhang seelsorgerlicher Überlegungen zum rechten Umgang mit Gottes Allwirksamkeit die Konsequenz eines in sich dialektisch differenzierten Gottesbegriffs: Als deus absconditus wirkt Gott Leben, Tod und alles in allem (WA 18, 685, 18 ff), verstockt das Herz Pharaos (Ex 9, 12), liebt Jakob und haßt Esau (Mal 1, 2 f). Als deus revelatus bzw. praedicatus hingegen ist er darauf aus, Sünde und Tod zu beseitigen und alle Menschen zu retten. Dieser gepredigte Heilswille erschließt uns Gottes Herz, während uns der unergründliche Wille des deus absconditus nichts anzugehen braucht: quae supra nos nihil ad nos. Das heißt: Gott kann und wirkt zwar alles, aber er will nur das für uns Gute. Deshalb bestimmt er seine Allmacht und Freiheit so, daß er, obgleich er alles kann, nicht alles, was er könnte, auch will, und nicht alles, was er wollen könnte, auch tut, sondern nur das, was seinem Heilswillen entspricht.

6.4.2.1 Luther bleibt im Horizont des Willensarguments, differenziert aber Begriff und Willen Gottes nicht unter dem Gesichtspunkt dessen, was er wollen und tun könnte und was er faktisch will und tut, sondern gemäß der dialektischen Unterscheidung von deus absconditus und revelatus. Doch damit wird das soteriologische Problem der prinzipiellen Revidierbarkeit von Gottes facere de potentia ordinata aufgrund seiner potentia absoluta nicht gelöst, sondern als permanenter Konflikt zwischen Gott und Gott in diesen selbst hineinverlegt: An die Stelle eines möglichen Nacheinanders unterschiedlich bestimmter Willen und Handlungen Gottes tritt ein wirkliches Beieinander derselben, auch wenn wir uns nur an den geoffenbarten Heilswillen halten sollen.

6.5 Aus Luthers pastoralem Ratschlag zieht Barths *kreuzestheologisches Kontingenzargument* die notwendigen dogmatischen Folgerungen: Gott kann nicht sündigen, weil er nicht gesündigt hat. Am Kreuz wurde nicht nur Gottes potestas ordinata im Unterschied zu seiner potestas absoluta offenbar, sondern gerade seine »*potestas absoluta* als *potestas ordinata* endgültig und verbindlich sichtbar« (KD II,1, 610).

6.5.1 Nicht erst Gottes ordinierter, sondern auch schon sein absoluter Wille muß deshalb so gedacht werden, daß er durch seine freie Liebe bestimmt ist: Gott ist niemals und in keiner Hinsicht nur allmächtig und frei, sondern immer und überall der in Freiheit Liebende, als der er sich am Kreuz erwies.

6.5.2 Am Kreuz unterscheidet sich nicht nur Gott (deus revelatus) von Gott (deus absconditus), indem er seinen offenbaren seinem verborgenen Willen entgegensetzt, sondern Gott *definiert* sich dort als Gott, indem er sich – obgleich abstrakt anderes möglich gewesen wäre – genau darauf festlegt, der in Freiheit Liebende zu sein.

6.5.3 Am Kreuz entscheidet Gott nicht nur, was er tun will, sondern am Kreuz entscheidet sich, wer oder was *Gott ist*: Gott legt sich hier nicht nur auf ein bestimmtes Wollen und Handeln in unserer Welt fest, obwohl er auch anders könnte, sondern er bestimmt sich so, daß er in keiner möglichen Welt anders sein, wollen und handeln kann, ohne aufzuhören, Gott zu sein.

7. Die These und das Problem der Sündlosigkeit Gottes stellt in allen Fassungen vor die Frage der Freiheit Gottes, damit aber immer auch zugleich vor die Frage der Freiheit des Menschen.

C Freiheit

8. Freiheit (Autonomie) ist das Vermögen, sich angesichts alternativer Möglichkeiten selbst in unbedingter Spontaneität zum Entscheiden (Entscheidungsfreiheit) und Handeln (Handlungsfreiheit) zu bestimmen.

8.1 Entscheidungsfreiheit ist das Vermögen, sich selbst Zwecke zu setzen und Wege zu ermitteln, auf denen sie verwirklicht werden können.

8.2 Handlungsfreiheit ist das Vermögen, Zwecke durch Veränderungen unseres Umweltverhältnisses so zu verwirklichen, daß unter identischen Umständen auch anders hätte gehandelt werden können.

8.2.1 Heteronome Zwecksetzung hebt die Entscheidungsfreiheit, nicht aber die Handlungsfreiheit auf.

8.2.2 Wer nicht autonom ist, kann auch nicht heteronom bestimmt werden. Wer autonom ist, muß nicht heteronom bestimmt werden.

8.3 Freiheit, die sich zur Förderung der Freiheit anderer bestimmt, ist sittliche Freiheit.

8.3.1 Sittliche Freiheit berücksichtigt die Freiheit anderer so, daß ihre Andersheit nicht in Frage gestellt wird.

8.3.2 Freiheit, die bei der eigenen Selbstbestimmung die Andersheit des

Anderen so berücksichtigt, daß dessen eigene Freiheit gefördert wird, ist *Liebe*.

9. Freiheit kann nicht ohne Bezug auf Zwecke (mögliche Ziele), Handlungen (mögliche Gestaltungen von Umweltverhältnissen) und Umstände (Notwendigkeiten und faktische Realitäten) definiert werden.

9.1 Ohne die Existenz von Schranken (Notwendigkeiten) und die Erfahrung, diese Schranken (zuweilen und in bestimmten Fällen) negieren und überwinden zu können, gibt es keine Freiheitserfahrung.

9.2 Freiheit ohne Rekurs auf beschränkende Umstände und damit durch Abwesenheit von Notwendigkeit definieren zu wollen, führt zur Aufhebung des Freiheitsbegriffs (vgl. Krings, 1986).

9.3 Freiheit ist keine Willkür. Willkür ist die Illusion, unabhängig von Umständen handeln zu können, also über unbegrenzte Handlungsmöglichkeiten zu verfügen und unbehindert jede beliebige Handlungsmöglichkeit wählen zu können.

9.3.1 Willkür kennt keine Notwendigkeit und Abhängigkeit und ignoriert damit die faktisch bestehenden Abhängigkeiten von Natur und Kultur.

10. Augustins Lehre von der Wahlfreiheit, dem liberum arbitrium, ist keine Lehre von der Freiheit als Willkür. Sie setzt den Zusammenhang eines geordneten Kosmos voraus: Ohne Ordnung gibt es keine Wahlfreiheit, weil keine Möglichkeit bestünde, sich zu Notwendigem und Gegebenem ins Verhältnis zu setzen.

11. Für das antike Freiheitsdenken sind Freiheit und Ordnung (Gesetz) nicht nur miteinander vereinbar, sondern bedingen sich gegenseitig. Nur innerhalb einer Ordnung gibt es Freiheit – die Freiheit, ihr zu entsprechen oder nicht zu entsprechen.

11.1 Sünde wird unter diesen Voraussetzungen prinzipiell als Unordnung thematisch, Überwindung der Sünde als Restitution von Ordnung.

D Freiheit Gottes

12. Die sich formierende christliche Theologie denkt auch Gottes Freiheit nach diesem Modell: Gott ist frei, weil er von aller geschöpflichen Ordnung und Notwendigkeit unabhängig ist: Er setzt sie, ohne an sie gebunden zu sein, und kann deshalb auch ihr entgegen handeln (Wunder). Dennoch ist er kein Willkürgott, weil er selbst im Durchbrechen der geschöpflichen Ordnung der ewigen Ordnung seiner Weisheit und Güte gemäß handelt. Dieser Ordnung zuwiderzuhandeln, ist Gott nicht frei. Deshalb ist er nicht nur faktisch sündlos, sondern unfähig zu sündigen.

13. Gottes Freiheit wird zum Problem, wenn man Gottes Bindung an die ewige Ordnung seiner Ideen auflöst und seine Freiheit absolut setzt: Gott ist absolut frei, insofern er an überhaupt keine Ordnung gebunden ist, sondern alle Ordnung nur von Gnaden seiner freien Setzung ist.

13.1 Die Gefahr der Ununterscheidbarkeit dieser freien Setzung von bloßer Willkür veranlaßt Ockham zu folgender Präzisierung: Daß Gott an keine bestimmten Ordnungen gebunden ist, heißt nicht, daß er an überhaupt keine Ordnung gebunden wäre. Vielmehr bedeutet es, daß es keine mögliche Welt gibt, in der Gott nicht an irgendeine Ordnung gebunden ist, aber keine Ordnung ist so, daß Gott an sie in jeder möglichen Welt gebunden wäre.

13.2 Ockhams Unterscheidung zwischen Gottes facere de potentia absoluta und facere de potentia ordinata ist kein Plädoyer für einen Willkürgott. Die Pointe dieser Unterscheidung besteht darin, daß Gottes Handeln nicht unabhängig von jeder Ordnung, wohl aber immer auch losgelöst (ab-solut) von jeder bestimmten Ordnung gedacht werden kann und muß.

13.3 Wenn Gottes Handeln nicht Ordnung überhaupt, wohl aber jede bestimmte Ordnung übersteigt, gibt es keine Ordnung, von der sein Handeln abhinge, vielmehr hängt jede Ordnung von seinem Handeln ab.

13.4 *Daß* Gott handelt, ist nicht Gegenstand seiner freien Entscheidung, wohl aber *wie* er handelt. Gott ist absolut frei, weil er alle Ordnung setzt und in seinem Handeln von keiner bestimmten Ordnung abhängt. Er ist nicht frei, überhaupt nicht zu handeln, überhaupt keine Ordnung zu setzen und sich überhaupt nicht auf eine Ordnung zu beziehen, da er semper ubique actuosus ist.

13.5 Gottes facere de potentia absoluta und de potentia ordinata sind keine zwei unterschiedlichen Handlungsweisen oder zwei unterschiedliche Willen Gottes. Vielmehr handelt es sich um zwei Seiten ein und desselben Handelns und Willens Gottes, insofern alles geordnete Handeln Gottes ein Handeln in freier Bindung an eine Ordnung ist, die von ihm abhängt, da er sie gesetzt hat, von der aber er nur insofern abhängt, als er sich von ihr abhängig macht.

14. Es gibt absolute Freiheit, aber keine absolute Ordnung. Alle Ordnung ist gesetzt, in einem Akt der Freiheit und damit einem Willen begründet, der sie auch anders hätte bestimmen können.

14.1 Weil alle Ordnung in einem Willen begründet ist, ist jede Ordnung nur insofern gut, als sie diesem Willen entspricht.

14.2 Ist der Wille nicht gut, ist auch die in ihm begründete Ordnung nicht gut.

14.3 »Es ist überall nichts in der Welt, ja überhaupt auch außer derselben zu denken möglich, was ohne Einschränkung für gut könnte gehalten werden, als allein ein *guter Wille*« (Kant, AA IV, 393).

14.4 Schlechterdings gut ist allein ein Wille, »der nicht böse sein kann, mithin dessen Maxime, wenn sie zu einem allgemeinen Gesetz gemacht wird, sich selbst niemals widerstreiten kann« (Kant, AA IV, 436).

14.5 Nur ein sittlich autonomer Wille, der sich selbst zu Zwecken bestimmt, die die Förderung der Freiheit des anderen unter Wahrung seiner Andersheit zum Ziel haben, ist schlechterdings gut.

14.5.1 Nur ein durch Liebe bestimmter Wille ist schlechterdings gut.

14.6 Ein durch Liebe bestimmter Wille könnte sich nur um den Preis des Selbstwiderspruchs zu sündigen, d.h. der Liebe Gottes widersprechenden Handlungen bestimmen.

14.6.1 Deshalb kann Gott, sofern er Gott ist, nicht sündigen.

14.6.2 Deshalb ist der Mensch, sofern er sündigt, nicht vom schlechterdings guten, nämlich durch die Liebe bestimmten Willen regiert.

14.6.3 Wer sündigt, liebt nicht.

14.6.4 Wer liebt, sündigt nicht.

14.6.5 Wer nicht liebt, sündigt.

14.6.6 Wer nicht sündigt, liebt.

15. Es gibt keine Ordnung, die nicht auch anders sein könnte, als sie ist. Ist Freiheit prinzipiell der Ordnung vorgeordnet, könnte jede Ordnung auch anders sein.

15.1 Könnte jede Ordnung auch anders sein, wird der Gedanke einer neuen Ordnung möglich.

15.2 Verdankt sich jede Ordnung einem Akt der Freiheit, ist Freiheit der entscheidende Grund von Neuem.

16. Ist die Freiheit Gottes jeder von ihm gesetzten Ordnung vorgeordnet, ist sein alles bestimmender Wille und nicht sein Wissen ewiger Wahrheiten das Grundmoment im Gottesgedanken.

16.1 Gottes Wille ist keine Willkür, sondern die Bedingung der Möglichkeit sowohl von Ordnung wie auch von Neuem.

16.2 Entsprechend ist seine Freiheit keine Gesetzlosigkeit, sondern Autonomie: Gott setzt nicht nur Ordnungen, sondern er kann sich auch selbst diesen Ordnungen unterwerfen.

16.3 Sofern Gott Ordnungen setzt, die in seinem schlechterdings guten Liebeswillen begründet sind, sind diese Ordnungen gut.

16.4 Gott setzt nur gute Ordnungen, die in seinem Liebeswillen begründet sind.

16.5 Gott hat nur einen Willen, den er am Kreuz geoffenbart hat.

17. Die Pointe der autonomen Freiheit Gottes ist mit Luther darin zu sehen, daß Gott sich den von ihm gesetzten Ordnungen (Gesetzen) nicht nur selbst unterwerfen kann, sondern einer ganz bestimmten Ordnung tatsächlich

auch selbst unterworfen hat: Gott hat sich in Jesus Christus auf seinen Heilswillen festgelegt und an die in Jesus Christus etablierte Heilsordnung gebunden.

17.1 Diese Heilsordnung ist Ausdruck von Gottes Liebe und damit in einem schlechterdings guten Willen begründete gute Ordnung.

18. Freiheit im strengen Sinn ist ein Gottesprädikat (Luther, WA 18, 636, 27 ff; 662, 5).

18.1 Freiheit ist ein kommunikables Attribut Gottes: Gott ist frei, insofern er uns frei macht; wir sind frei, insofern wir zur Freiheit befreit sind.

18.2 Insofern Gott uns frei macht, ohne unsere geschöpfliche und individuelle Andersheit aufzuheben, ist seine Freiheit durch Liebe bestimmt.

18.3 Gottes Freiheit ist die Freiheit seiner Liebe: Gott ist frei, insofern er frei liebt.

18.4 Daß Gottes Freiheit die Selbstbestimmung seines Willens zur Liebe ist, wurde am Kreuz erkennbar.

18.5 Die Pointe des Kreuzes ist mit Barth darin zu sehen, daß Gott sich hier als Gott konstituiert, indem er sich auf seinen Liebeswillen festlegt: Gott unterscheidet am Kreuz nicht nur das, was er will, von dem, was er auch hätte wollen können. Vielmehr bestimmt er sich dort zu dem, der er in allem, was er will und wollen kann, ist: der in Freiheit Liebende.

19. Da Gottes Freiheit die Freiheit seiner Liebe ist, ist dort nicht von Freiheit zu reden, wo dieser Liebe zuwider gehandelt wird.

19.1 Gottes Liebe zuwider handeln ist Sünde.

19.2 Gott ist sündlos, weil er unter keinen Umständen seiner Liebe zuwider handelt: Als der in Freiheit Liebende kann er nicht sündigen.

20. Es ist falsch zu sagen: ›Gott sündigt nicht, weil er nicht sündigen kann‹. Dagegen ist es richtig zu sagen: ›Weil Gott nicht sündigt, kann er nicht sündigen‹.

20.1 Daß Gott nicht sündigen kann, heißt nicht, daß ihm eine Fähigkeit abgesprochen wird. Vielmehr gilt:

(1) Es ist möglich zu sündigen.

(2) Gott kann alles und nur das tun, was er will.

(3) Gott will alles und nur das, was er tut.

(4) Was er will, wenn er etwas tut, hat sich in Kreuz und Auferstehung Jesu Christi gezeigt.

(5) Weil Gott nicht wollen kann, was er nicht will, kann er nicht tun, was er nicht tut.

(6) Daß Gott faktisch nicht sündigt, zeigt, daß er nicht sündigen will und deshalb nicht sündigen kann.

(7) Weil er faktisch nicht sündigt, ist Sünde *für ihn* eine unmögliche Möglichkeit.

21. Daß Sünde für Gott eine unmögliche Möglichkeit ist, heißt nicht, daß sie für sich genommen unmöglich wäre.

21.1 Daß Sünde nicht nur nicht unmöglich, sondern faktisch wirklich ist, belegen wir.

21.2 Ohne Freiheit gibt es keine Sünde, aber Sünde ist kein Ausdruck der Freiheit.

21.3 Zur Freiheit befreit zu sein heißt nicht, zur Freiheit von der Freiheit befreit zu sein. Daß der Mensch sündigen kann, heißt nicht, daß er frei oder fähig ist zu sündigen.

21.4 Es ist falsch zu sagen: ›Der Mensch sündigt, also kann er sündigen‹, wenn unter ›können‹ die Fähigkeit bzw. Freiheit zu sündigen verstanden wird. Vielmehr gilt:

(1) Es wird gesündigt, also ist es möglich zu sündigen.

(2) Der Mensch handelt, also hat er die Fähigkeit zu handeln.

(3) Als gutes Geschöpf Gottes, das zur Freiheit befreit ist, müßte der Mensch nicht so handeln, daß er der Liebe Gottes widerspricht.

(4) Faktisch aber handelt er so, daß er sündigt.

(5) Daß der Mensch sündigt, zeigt, daß er sündigen will.

(6) Weil er faktisch sündigt, kann er von sich aus nicht aufhören zu sündigen.

22. Das Faktum der Sünde impliziert weder die menschliche Fähigkeit bzw. Freiheit noch die anthropologische Notwendigkeit zu sündigen: Der Mensch muß (weiter)sündigen, weil er faktisch sündigt, nicht weil er als Mensch im Unterschied zu Gott eine Fähigkeit zum Sündigen besäße.

22.1 Sowenig Gott eine Fähigkeit bzw. Freiheit zum Nichtsündigen oder eine Unfähigkeit bzw. Unfreiheit zum Sündigen besitzt, weil er nicht sündigt, sowenig besitzt der Mensch eine Freiheit bzw. Fähigkeit zum Sündigen oder eine Unfreiheit bzw. Unfähigkeit zum Nichtsündigen, weil er sündigt. Das Faktum des Nichtsündigens bzw. Sündigens gibt in keinem Fall Auskunft über Fähigkeiten bzw. Freiheiten Gottes oder des Menschen. Es zeigt vielmehr an, wie der dem Handeln jeweils zugrundeliegende Wille bestimmt ist: Daß Gott nicht sündigt, zeigt an, daß er nicht sündigen will und eben deshalb nicht sündigen kann. Daß der Mensch sündigt, zeigt an, daß er sündigen will und, weil er sündigt, sündigen muß, d.h. nicht mehr anders kann als zu sündigen.

22.2 Der Mensch kann sündigen, weil er handeln kann, zu sündigen nicht unmöglich ist und er tatsächlich sündigt.

22.3 Der Mensch sündigt faktisch, obgleich er qua Mensch nicht sündigen müßte, weil er sündigen will: Er bestimmt sich so, daß er Gottes Liebe nicht entspricht, sondern widerspricht.

22.4 Daß der Mensch sündigen will, heißt nicht, daß er weiß, daß er sündigen will: »Natura peccati est non velle esse peccatum« (Luther, WA 39/II, 276, 18).

22.5 Daß der Mensch sündigen will, zeigt sich daran, daß er sündigt.

22.6 Weil der Mensch sündigt, muß er (weiterhin) sündigen. Weil Gott nicht sündigt, kann er nicht sündigen.

23. Warum der Mensch sündigt, ist damit nicht beantwortet.

Die Theoretische Theologie
der Prozeßphilosophie Whiteheads

Ein Rekonstruktionsversuch

Wenn »irgend jemand den Anspruch erheben kann, der größte Metaphysiker zu sein, ... dann müssen wir diese Position Aristoteles einräumen« (Whitehead, 1984a, 202). Diese eher beiläufige Bemerkung Whiteheads ist kein bloß belangloses Kompliment: Sie nennt den Vater des spekulativen Programms seiner eigenen organistischen Philosophie (vgl. Leclerc, 1958; 1960; 1972). Zwar sei Aristoteles in einer »irrigen Physik«, einer »irrigen Kosmologie« und in einer unzulänglichen Logik befangen gewesen (Whitehead, 1984a, 203). Aber auch wenn diese Irrtümer und Unzulänglichkeiten im Licht der neuen Erkenntnisse der Physik, Mathematik und Logik korrigiert werden müßten, behielten seine »metaphysischen Spekulationen« (1984b, 78) ihre Bedeutung. Man kann es geradezu als die Pointe der Philosophie Whiteheads bezeichnen, das klassische spekulative Programm einer deskriptiven Metaphysik unter Berücksichtigung der neuzeitlichen Erfahrungsphilosophie auf der Basis der modernen Logik und Physik durchzuführen und so die spekulativen Intentionen des Aristoteles unter veränderten Umständen neu zur Geltung zu bringen. Nicht von ungefähr stammt das einzige Zitat im Schlußteil von *Prozeß und Realität* aus dem zwölften Buch der *Metaphysik* des Aristoteles (615), und mit gutem Grund charakterisiert Whitehead sich selbst als »more Aristotelian than either Bergson or Bradley« (1968, 116f). Zu Recht hat Charles Hartshorne dieses Unternehmen daher als »neoklassische Metaphysik« bezeichnet (1962; vgl. Peters, 1970): Es ist klassisch im Programm, neu in seinem Ansatz und den Details seiner Durchführung.

Das gilt in ganz besonderer Weise für die prozeßphilosophische Theorie Gottes, die von Whitehead in verschiedenen Ansätzen skizziert (1984a, Kap. 11 und 12; 1984b; 1927; vgl. Parmentier, 1968) und selbst innerhalb von *Prozeß und Realität* noch weiterentwickelt wurde (vgl. z.B. die später nicht wieder aufgenommene Rede von drei Naturen Gottes, 1984b, 174f; vgl. Pols, 1967, 171ff; Eslick, 1968, 79ff) und die Hartshorne dann im Detail ausgearbeitet hat (1941; 1948; 1962; 1965; 1970; 1981; 1984; vgl. Clayton, 1985). Diese als modifizierte Form der von Aristoteles her vertrauten theoretischen Theologie zu rekonstruieren, ist die Absicht meiner folgenden

Ausführungen. Nicht die Prozeß*theologie*, d.h. die theologische Rezeption der Prozeßmetaphysik Whiteheads ist also mein Thema, sondern die in dieser selbst angelegte *Theorie Gottes*. Ich werde daher zunächst das aristotelische Konzept einer theoretischen Theologie skizzieren und dann Whiteheads Neuaufnahme dieses Projekts darstellen und diskutieren.

I Theologie als theoretische Wissenschaft bei Aristoteles

Die Konzeption der Theologie als einer theoretischen Wissenschaft, also der *theoretischen Theologie*, ist Aristoteles zu verdanken. Die Pointe seines Entwurfs läßt sich in der These fassen: *Es ist unmöglich, daß es theoretische Wissenschaft gibt und Theologie nicht gibt.* Damit ist nicht die Notwendigkeit der Theologie, sondern die des Zusammenhangs von theoretischer Wissenschaft und Theologie behauptet. Wenn es wahres theoretisches Wissen von der Welt geben soll, dann muß es auch wahres theologisches Wissen von Gott geben können: Theoretische Wissenschaft schließt nicht Theologie aus, sondern die Unmöglichkeit von Nichttheologie ein.

In dieser Überzeugung folgen ihm nicht nur der klassische Theismus aristotelischer Provenienz, sondern ebenso der neoklassische Theismus der Prozeßphilosophie. Doch diese starke Version theoretischer Theologie ist im Rahmen einer philosophischen Konzeption theoretischer Wissenschaft nicht die einzige Alternative zum philosophischen Atheismus oder Agnostizismus. Ehe ich daher die aristotelische Version etwas genauer betrachte, möchte ich sie in eine formale Typologie theoretischer Theologie einordnen und dadurch in einem ersten Schritt charakterisieren.

1. Das Verhältnis von theoretischer Wissenschaft und Theologie läßt sich formal in vierfacher Weise bestimmen. So kann man

(1) die These von der *Unmöglichkeit der Nichttheologie* bzw. des notwendigen Zusammenhangs von theoretischer Wissenschaft und Theologie vertreten: Es ist unmöglich, daß es theoretische Wissenschaft gibt und Theologie nicht gibt; oder

(2) die These von der *Möglichkeit der Nichttheologie* bzw. des möglichen Zusammenhangs von theoretischer Wissenschaft und Nichttheologie: Es ist möglich, daß es theoretische Wissenschaft gibt und Theologie nicht gibt; oder

(3) die These von der *Möglichkeit der Theologie* bzw. des nicht notwendigen Zusammenhangs von theoretischer Wissenschaft und Nichttheologie: Es ist möglich, daß nicht gilt: Es gibt theoretische Wissenschaft und keine Theologie; oder

(4) die These von der *Unmöglichkeit der Theologie* bzw. des notwendigen Zusammenhangs von theoretischer Wissenschaft und Nichttheologie: Es ist

unmöglich, daß nicht gilt: Es gibt theoretische Wissenschaft und keine Theologie.

Wer die Unmöglichkeit der Theologie und die Möglichkeit der Nichttheologie ausschließt, unterscheidet sich von allen Positionen, die auf der Basis ihrer Konzeption theoretischer Wissenschaft entweder dogmatisch die Notwendigkeit der Nichttheologie behaupten oder skeptisch die Möglichkeit der Nichttheologie offen lassen. Er kann dann aber immer noch entweder eine aristotelische oder eine nichtaristotelische Konzeption theoretischer Theologie vertreten. Während diese kritisch die theoretische Möglichkeit der Theologie vertritt, ohne auch ihre Notwendigkeit zu behaupten, vertritt jene wie Aristotelismus und Prozeßphilosophie die weiterreichende, aber problematischere These von der theoretischen Notwendigkeit der Theologie. Problematischer ist sie, weil sie sich nicht wie die erste und schwächere Position mit dem Nachweis begnügen kann, daß die Existenz theoretischer Wissenschaft nicht notwendig macht, daß es keine Theologie gibt, sondern darüber hinaus zeigen muß, daß es ohne Theologie keine theoretische Wissenschaft gibt, theoretische Wissenschaft also notwendigerweise Theologie impliziert.

Aristoteles versucht dies durch den Nachweis zu leisten, daß im Rahmen seiner Konzeption theoretischer Wissenschaft Gott zu denken nicht nur möglich, sondern notwendig ist. Dazu genügt es nicht, Gott nur im Sinne eines kontingenten Gegenstands, der auch nicht sein könnte, als möglich zu denken. Gott wäre dann zwar möglicher Gegenstand einer theoretischen Wissenschaft, aber nicht notwendig einer besonderen theoretischen Wissenschaft: der Theologie. Theologie als besondere theoretische Wissenschaft wäre in diesem Fall gerade nicht notwendig. Soll sie das sein, ist die Möglichkeit Gottes nicht als Implikat seiner Wirklichkeit, sondern seiner Notwendigkeit zu denken. Eben das versucht Aristoteles dadurch zu tun, daß er den Gottesbegriff aus den Grundbegriffen konstruiert, mit deren Hilfe das Gegenstandsfeld theoretischer Wissenschaft überhaupt bestimmt wird. Um die Pointe seiner Konzeption theoretischer Theologie verstehen zu können, müssen wir uns daher in zwei weiteren Schritten zunächst seine Auffassung theoretischer Wissenschaft überhaupt und dann seine Auffassung der Theologie als theoretischer Wissenschaft im besonderen in Grundzügen vergegenwärtigen.

2. Theoretisch nennt Aristoteles diejenigen Wissenschaften, die sich im Unterschied zu den praktischen und poietischen Wissenschaften nicht mit Handlungen befassen, also mit dem, was unter identischen Umständen auch anders sein kann, sondern mit dem Seienden (τὸ ὄν), also dem, was unter identischen Umständen nicht anders zu sein vermag, sondern notwendig so ist, wie es ist (Met VI; NE VI, 3–6; zum folgenden vgl. Vollrath, 1972). Damit ist keineswegs ausgeschlossen, daß es im Bereich des Seienden

Veränderungen geben könnte. Es ist vielmehr behauptet, daß jede Veränderung hier auf einer Veränderung der Umstände beruht, so daß es überhaupt nur dort die Möglichkeit gibt, daß etwas, das ist, auch anders sein könnte, wo sich die Umstände, unter denen es der Fall ist, verändern können (NE VI, 3, 18 ff). Genau das aber ist Aristoteles zufolge bei Gott nicht gegeben, da sowohl daß als auch was er ist, unter allen Umständen dasselbe bleibt. Für Gott gibt es keine Umstände, die sich verändern könnten: Er ist daher prinzipiell unveränderlich.

Unveränderlich sind freilich auch die Formen (εἴδη) und Zahlen. Im Unterschied zu Gott und in Korrektur an Plato aber sind sie Unveränderliches, das nicht selbständig, sondern nur an Veränderlichem existiert. Sie sind das, was sich im Wechsel der Veränderung von Seiendem als Identisches festhalten läßt. Aber sie sind nicht das, an dem sich die Veränderung vollzieht. Diese vollzieht sich vielmehr (1) als akzidentelles Werden an je bestimmtem Seienden, das sich aufgrund seiner unveränderlichen Form im Prozeß der Veränderung als dasselbe identifizieren läßt, und (2) als substantielles Werden, in dem etwas aus etwas zu etwas anderem und Neuem wird, an einem Stoff (ὕλη), der dadurch überhaupt erst zu einem bestimmten Seienden geformt wird. Die Problematik dieser Analyse des substantiellen Werdens nach dem Modell des akzidentellen Werdens im Licht einer aus dem handwerklichen Tun gewonnenen und (meta-)physisch verallgemeinerten causa-Lehre (P II, 3; Met V, 2) liegt auf der Hand. Die für unsere Fragestellung entscheidende Folge ist die Entwicklung einer Konzeption theoretischer Wissenschaft im Rahmen einer *atomistischen Wirklichkeitsauffassung* (vgl. Bröcker, 1964, 253 f) und einer *handlungsanalogen Wirklichkeitsanalyse* (P II, 3). Denn zum einen nötigt die zur Charakterisierung der theoretischen Wissenschaften herangezogene Unterscheidung zwischen dem, was der Fall ist, und den Umständen, unter denen es der Fall ist, im Blick auf die Veränderungsprozesse unserer Wirklichkeit zu einer diese atomisierenden Annahme von Instanzen, denen die sich verändernden Umstände als ihre Umstände zugeschrieben werden können. Zum anderen führt die Analyse dieser Instanzen mittels des am Beispiel menschlicher Handlungen und dem Herstellen von Artefakten gewonnenen Ursachenschemas zu ihrer Charakterisierung als veränderliche Instantiierungen von Unveränderlichem, die selbst aus etwas und zu etwas wurden.

Aristoteles trägt dieser im menschlichen Umgang mit der Wirklichkeit wohlbegründeten Erfahrungsperspektive dadurch Rechnung, daß er die philosophische Grundfrage: »τί τὸ ὄν« im siebten Buch der *Metaphysik* als Frage nach der von ihren Umständen unterschiedenen Instanz präzisiert: »τίς ἡ οὐσία« (1028 b 4) und theoretische Wissenschaft als alles und nur das bestimmt, was sich mit Seiendem befaßt, das οὐσία-Charakter hat. Ehe man daher sagen kann, welche theoretischen Wissenschaften es gibt, ist zu klären, worin der οὐσία-Charakter von Seiendem besteht. Dieser fundamentalen Frage wendet sich Aristoteles in der Kategorienschrift und in der *Metaphysik* zu und versucht sie im Zusammenspiel eines logischen und eines handlungslogischen Denkmodells zu beantworten. Die wichtigsten Punkte seiner Antwort lassen sich in vier Thesen festhalten:

(1) Seine *epistemologische These* lautet, daß die Frage τίς ἡ οὐσία anhand einer Analyse des λόγος zu beantworten ist, und zwar genauer am Leitfaden einer Analyse des λόγος ἀποφαντικός. Mit dieser methodischen Privilegierung der darstellenden Sprache ist die folgenreiche Vorentscheidung gefallen, daß das Problem in einer vergegenständlichenden, externen Perspektive zu lösen gesucht wird, die für seinen deskriptiven Wissenschaftsbegriff charakteristisch ist.

(2) Seine *logische These* besagt, daß dieser Aussagelogos Subjekt-Prädikat-Struktur besitzt und sich dementsprechend immer in ein Subjekt (ὑποκείμενον) und ein Prädikat (κατηγορούμενον) analysieren läßt. Damit ist eine zweite Vorentscheidung gefallen, die zur Abwertung der Relation und zur Konzentration auf die Relate bzw. Subjekte von Relationen in seiner Wissenschafts- und Philosophiekonzeption führt.

(3) Seine daraus abgeleitete und für uns entscheidende *ontologische These* ist nun, daß einem solchen logisch erhobenen ὑποκείμενον genau dann οὐσία-Charakter im strengen Sinn zugesprochen werden kann, wenn es ein *selbständiges* Wesen (ein τὸ τὶ ἦν εἶναι) ist, also etwas, das zum einen als ein ›Das Da‹ (τόδε τι) von anderem unabhängigen, selbständigen Bestand hat (1028 a 23f) und das zum anderen zugleich als ein ›Was‹ (τί ἐστιν) ein definierbares, d.h. im ὁρισμός faßbares Wesen besitzt (1028 a 11f). Das Beieinander dieser beiden Momente der *Selbständigkeit* (des Für-sich-Bestehens) und der *Wesenheit* (des Etwas-Bestimmtes-Seins) charakterisiert die οὐσία oder Substanz, und die Konzentration auf ihre Analyse prägt den *substanzontologischen Charakter* der aristotelischen Metaphysik.

(4) Seiner *meta-physischen These* zufolge, welche aus der Analyse der Substanz im Licht der in der Physik generalisierten Theorie der vier Ursachen menschlicher Artefakte resultiert, ist schließlich jede so charakterisierbare οὐσία ein Zusammengesetztes (σύνθετον) aus Materie (ὕλη) und Wesensform (εἶδος bzw. μορφή) (1035 a 2). Das Erste meint dasjenige Moment an ihr, das so oder auch anders sein kann, ohne ihre Identität aufzulösen. Das Zweite dagegen dasjenige Moment, das ihre Identität konstituiert, also das, was sie ist bzw. wozu sie werden kann; ὕλη und εἶδος einer οὐσία verhalten sich dementsprechend wie deren Sein-Können (δύναμις) und So-Sein (ἐνέργεια) zueinander. Selbständigkeit kommt einer οὐσία aber nur zu, sofern ihr εἶδος durch eine μορφή tatsächlich individuiert, vereinzelt wird. Nur ein individuiertes εἶδος ist eine οὐσία, und individuiert wird ein εἶδος nur durch eine ὕλη.

Gerade hier aber entsteht ein Problem. So kann die Form eines Tisches ja nicht nur im Holz, sondern auch im Geist des Tischlers sein, also nicht nur durch sinnliche Materie (ὕλη αἰσθητή), sondern auch durch Denken (ὕλη νοητή) individuiert werden (1036 a 9f). Der Gegenstandsbereich der theoretischen Wissenschaften umfaßt daher nicht nur das physisch Seiende (die αἰσθηταὶ οὐσίαι), sondern auch das noetisch Seiende, dessen Prototyp die Zahlen und Figuren der Mathematik sind. Zwischen den physisch und noetisch individuierten Gegenständen besteht aber eine charakteristische Differenz. So existiert die Form eines Tisches im Geist des Tischlers nur, wenn und insofern er sie denkt und damit durch sein Denken (und eben nicht erst durch das Holz) individuiert. Selbständigkeit und οὐσία-Charakter kommt dem gedachten Tisch also nicht getrennt für sich, sondern nur insofern zu, als er gedacht wird. Nun kann aber nur denken, wer selbst individuiert ist, also z. B. die Form des vernünftigen Lebewesens individuiert. Nur individuiertes Denken (νοῦς) kann durch Denken ein (εἶδος) individuieren. Solches Denken kann freilich nicht selbst durch Denken individuiert sein, da bloß noetisch individuiertes Denken nicht selbst zu denken vermag. Es scheint vielmehr physisch individuiert sein zu müssen, auch wenn den von ihm gedachten Gegenständen dann kein getrenntes (χωριστόν), selbständiges Sein zugesprochen werden kann. Genau das gilt nach Aristoteles für die μαθηματικαὶ οὐσίαι. Sie haben im Unterschied zu den physischen Gegenständen ihre ἀρχή nicht ἐν αὐτοῖς, sondern in dem sie denkenden νοῦς (1064 a 31).

Wären nun alle οὐσίαι entweder physische Gegenstände oder noetische Gegenstände im Sinne der Mathematik, dann wäre die Disjunktion von Physik und Mathematik vollkommen und der Kreis der theoretischen Wissenschaften damit abgeschlossen. Es gäbe dann nur Gegenstände, die physisch individuiert sind oder durch physisch individuierte Gegenstände noetisch individuiert werden. Das aber führte in eine theologische Aporie. Gott wäre dann entweder ein physisch individuierter Gegenstand – und damit ein Gegenstand der Physik. Oder er wäre ein noetisch individuierter Gegenstand und damit ein bloß gedachter, abstrakter Gegenstand, der seine Selbständigkeit nicht sich selbst, sondern dem verdankt, der ihn denkt, und da unter allen physisch individuierten Gegenständen allein der Mensch zu denken vermag, würde er nur ein von uns gedachter Gott sein können. Wie also ist Gott zu denken, damit tatsächlich Gott und nicht nur ein gedachter Gott gedacht wird?

Auf eben diese Frage versucht Aristoteles in seiner theoretischen Theologie eine Antwort zu geben, der wir uns in einem dritten Schritt zuwenden.

3. Warum kann und muß es neben Physik und Mathematik noch Theologie geben? Aristoteles antwortet darauf in seiner *Metaphysik* in zwei Gedankengängen. Der erste (im sechsten und im elften Buch) konstruiert, wie der Gegenstand der Theologie, also Gott, als Gegenstand einer eigenständigen theoretischen Wissenschaft sein muß, wenn es ihn gibt. Der zweite (im

zwölften Buch) versucht darüber hinaus zu zeigen, daß es einen solchen Gott tatsächlich gibt und daß es theoretische Theologie daher geben muß. Ich resümiere die von Aristoteles vorgetragenen Argumente für eine theoretische Theologie dementsprechend so, daß ich zunächst den Satz ›Wenn es Gott gibt, dann muß er so und so sein‹ und danach den Satz ›Wenn Gott so ist, dann muß er sein‹ entfalte.

a) Daß es neben Physik und Mathematik noch eine dritte theoretische Wissenschaft geben kann, zeigt Aristoteles in einer klassifizierenden Argumentation, indem er den Gegenstandsbereich des ὄν mit Hilfe der beiden Merkmale χωριστόν (getrennt) und κινητόν (bewegt) charakterisiert, deren unterschiedliche Kombinierbarkeit den Gegenstandsbereich von drei verschiedenen theoretischen Wissenschaften zu unterscheiden erlaubt:

(1) So handelt die *Physik* περὶ χωριστὰ . . . ἀλλ᾽ οὐκ ἀκίνητα (1026 a 14), also von Gegenständen, die für sich selbst bestehen und nicht unbewegt sind. Sie ist die Wissenschaft des sich in Bewegung befindlichen selbständigen Seienden (1064 a 31).

(2) Die *Mathematik* dagegen handelt περὶ ἀκίνητα . . . οὐ χωριστά (1026 a 15), also von Gegenständen, die unbewegt sind und nicht für sich selbst bestehen. Sie ist die Wissenschaft des sich in Ruhe befindlichen unselbständigen Seienden (1064 a 32 f). Nun kann man sich aber neben dem veränderlichen Selbständigen der Physik und dem unveränderlichen Unselbständigen der Mathematik noch eine dritte Art von Gegenstand denken, der unbewegt ist, wie die mathematischen Gegenstände, zugleich aber selbständig, wie die physischen Gegenstände. Dieser weder in die Physik noch in die Mathematik fallende Gegenstand ist der der

(3) *Theologie*. Diese handelt περὶ χωριστὰ καὶ ἀκίνητα (1026 a 16), also von für sich bestehenden und unbewegten Gegenständen. Die Theologie ist die Wissenschaft vom unbewegten selbständigen Seienden (1064 a 33 f). In ihrem Gegenstand vereinigen sich so die Vorzüge der Gegenstände der Physik: Selbständigkeit, und die Vorzüge der Gegenstände der Mathematik: Unveränderlichkeit. Wenn es Gott also gibt, dann muß er ein aus sich selbst bestehendes Unveränderliches sein. Damit ist der erste Satz entwickelt.

b) Nicht gezeigt ist damit jedoch, daß es einen solchen Gott gibt. In einem zweiten Gedankengang versucht Aristoteles daher zu zeigen, daß es, wie es ohne die Gegenstände der Physik keine Gegenstände der Mathematik geben kann, so ohne die Gegenstände der Theologie keine Gegenstände der Physik zu geben vermag. Mathematische Gegenstände sind zwar unveränderlich, aber sie existieren nur im νοῦς derer, die sie von den physischen Gegenständen abstrahieren. Diese wiederum sind zwar selbständig, aber es fehlt ihnen die Beständigkeit des wahren Seins. Bedingung der Möglichkeit der von Aristoteles ins Auge gefaßten theoretischen Theologie als der Prinzipienwissenschaft des substantiellen und akzidentellen Werdens ist daher, daß gegenüber der Mathematik gezeigt werden kann, daß es ein *selbständiges* Unveränderliches gibt, gegenüber der Physik aber, daß es ein *unveränderliches* Selbständiges gibt.

Beides versucht Aristoteles in der bekannten Argumentation im zwölften Buch der *Metaphysik* in einem zusammenhängenden Argumentationsgang einzulösen. So argumentiert er in einem ersten Schritt, daß die Physik selbst zur Theologie nötigt, insofern sie als Bewegungswissenschaft auf ein Unbewegtes verweist, in dem ihr Gegenstand begründet ist. Denn Bewegung gibt es nur, insofern das Bewegte von etwas in Bewegung gehalten ist, das mit ihm gleichzeitig ist; und da dieser Bewegungszusammenhang nicht ins Unendliche fortgehen kann, muß es ein ursprüngliches erstes Bewegendes geben, das bewegt, ohne selbst bewegt zu werden, ein πρῶτον κινοῦν ἀκίνητον (1073 a 27). Damit ist das erste Beweisziel erreicht: der Nachweis eines *unveränderlichen* Selbständigen.

Daß dieses ein *selbständiges* Unveränderliches ist, wird sodann in einem zweiten Schritt im Zusammenhang der Frage, wie dieses Unbewegte alles übrige bewegt, dadurch gezeigt, daß es einerseits nicht physisch, sondern nur noetisch individuiert sein kann, weil es ὧδε ... τὸ νοητόν: »wie ... das Gedachte« (1072 a 26), anderes bewegt, daß es aber andererseits im Unterschied zu mathematischen Gegenständen nicht im Denken eines anderen individuiert sein kann, weil es sonst ein bloß gedachtes unbewegtes Bewegendes wäre. Es muß vielmehr nicht nur noetisch im Denken, sondern als Denken, als νοῦς existieren, und zwar als ein sich selbst denkendes Denken, als νοήσεως νόησις (1074 b 33ff). Nur insofern es nicht nur etwas von uns Gedachtes ist, sondern das von sich selbst Gedachte bzw. das Denken, das sich selbst denkt, ist es ein selbständiges Wesen. Damit ist das zweite Beweisziel erreicht: der Nachweis, daß es ein selbständiges Unveränderliches gibt – freilich um den paradoxen Preis, daß Aristoteles mit einem von allem übrigen getrennten, ganz für sich selbst existierenden νοῦς rechnen muß, der reine Aktualität ohne jede Potentialität ist, weil seine ihn individuierende ὕλη die ὕλη νοητή des permanenten aktuellen Vollzugs seines Sich-selbst-Denkens ist.

4. Gerade an diesem Punkt erhebt sich Whiteheads Protest. Gott ist nicht der nur mit sich selbst beschäftigte unbewegte Beweger, sondern »der große Begleiter – der Leidensgefährte, der versteht« (1984b, 626). Um das damit in charakteristischer Vagheit Angedeutete verstehen zu können, muß freilich in Whiteheads Protest beides, sein Widerspruch gegen und seine Anknüpfung an Aristoteles, beachtet werden. Widersprochen wird Aristoteles vor allem aus zwei Gründen: *Zum ersten* führte seine theoretische Theologie »nicht sehr weit in die Richtung einer Gottesvorstellung, die für religiöse Zwecke verwendbar gewesen wäre« (1984a, 202). Insbesondere paßte sie nicht zum »galiläischen Ursprung des Christentums« (1984b, 612) und dem

biblischen Gottesverständnis. *Zum zweiten* basierte seine theoretische Theologie auf einer irrigen Physik, Kosmologie und Logik, so daß für uns heute »die exakte Form der oben ausgeführen Argumentation eindeutig fehlgeht« (1984a, 203). Aber – und das klingt in dieser Formulierung an – mit der fehlgegangenen Durchführung ist nicht auch das Programm erledigt. Denn *zum dritten* ist Aristoteles darin zuzustimmen, daß es keinen guten Grund gibt, Gott zu denken, »solange der allgemeine Charakter der Dinge nicht fordert, daß ein solches Einzelwesen existieren muß« (202). Whitehead sieht sich daher vor ein »analoges metaphysisches Problem« gestellt, das sich ihm zufolge auch »nur analog lösen läßt« (203). Soll diese Lösung aber nicht selbst einer analogen Kritik verfallen, muß sie – durchaus im Sinne Whiteheads – drei Postulaten genügen, die sich aus den genannten drei Punkten ableiten lassen und die ich das *Postulat der religiösen Adäquatheit*, das *Postulat der wissenschaftlichen und logischen Adäquatheit* und das *Postulat der metaphysischen Adäquatheit* nennen möchte: Ein Gottesbegriff ist dann und nur dann philosophisch akzeptabel, wenn er (1) der religiösen Intuition gerecht wird, (2) den Erkenntnissen der Wissenschaft und den Gesetzen der Logik genügt und (3) keine beliebige Größe ist, sondern vom allgemeinen Kategorienschema bzw. dessen Inanspruchnahme zur Erfassung der Wirklichkeit her notwendig gemacht wird. Ob Whiteheads theoretische Theologie diesen Postulaten gerecht wird, ist im folgenden zu erörtern.·Ich verfahre so, daß ich zunächst sein spekulatives Modell skizziere (II A), dann einige der daraus abgeleiteten ontologischen Folgerungen darlege (II B) und schließlich auf seine theoretische Theologie eingehe (II C).

II Whiteheads Theoretische Theologie als Theorie des Welt-Gottes

A Das spekulative Modell: Der Erfahrungsakt

Whitehead teilt mit Aristoteles die Überzeugung, »daß es abgesehen von wirklichen Dingen nichts gibt« (1984b, 93): »›Wirkliche Einzelwesen‹ – auch ›wirkliche Ereignisse‹ genannt – sind die letzten realen Dinge, aus denen die Welt zusammengesetzt ist« (57). Nur sie haben »Wirkungsmöglichkeiten« (93) und konstituieren damit Wirklichkeit. Nur sie kommen daher auch als Grund für Wirkliches in Frage, so daß als ›ontologisches Prinzip‹ gilt: »Wo kein wirkliches Einzelwesen, da auch kein Grund« (58).

Die gemeinsame atomistische Wirklichkeitsauffassung (72.87.430; vgl. Jung, 1980; Pannenberg, 1984, 21–29) wird bei Aristoteles und Whitehead aber in ganz unterschiedlicher Weise entwickelt. Erhält sie bei Aristoteles die Gestalt einer am Leitfaden einer Analyse von Veränderungen gewonnenen *Substanzontologie,* so bei Whitehead die einer am Leitfaden einer Analyse des Vergehens gewonnenen *Ereignisontologie.* Während Aristoteles im Bann der platonischen Vorordnung des Seins gegenüber dem Werden und im Licht seiner vom Modell handwerklichen Tuns abgeleiteten Ursachenlehre Ereignisse als Veränderungen analysiert, die entweder durch Formung von Materie in Substanzen resultieren (substantielles Werden) oder an hylemorph konstituierten Substanzen vollzogen werden (akzidentelles Werden), und sie damit in jedem Fall substanzontologisch reduziert, ist für Whitehead der Ereignischarakter der Wirklichkeit irreduzibel, da alles, was ist, aus anderem geworden ist und zu anderem wird, also als Prozeß des Übergangs im Herauswachsen aus Altem und Hineinwachsen in Neues existiert. Statt Ereignisse auf Substanzen, reduziert er deshalb Substanzen auf Ereignisse, indem er sie als aus diesen abstrahierte Konstrukte analysiert, der »Begriff einer individualisierten besonderen Substanz« (1984b, 119), die »das unveränderte Subjekt der Veränderung« (75f) ist, ist zwar »ein für viele Belange des Lebens nützliches Abstraktum«, für eine »grundlegende Darstellung der Natur der Dinge« aber ein »schierer Irrtum« (159f). Denn nicht Sein hat ontologische Priorität gegenüber Werden, sondern Werden liegt allem Sein zugrunde. Das ist Whiteheads »Prinzip des Prozesses« (66; vgl. Nobo, 1974).

Whitehead nimmt somit am Fußpunkt der aristotelischen Metaphysik eine Modifikation vor, indem er den aristotelischen Hylemorphismus verabschiedet und den Begriff des wirklichen Einzelwesens in neuer Weise faßt (1984b, 58). Diese Neufassung ist aber mehr als die bloße Umpolung vom Sein auf das Werden im Licht einer realistischen (23; vgl. Barbour, 1972, 170f) Interpretation der in diesem Jahrhundert erfolgten Entwicklungen einer relationalen Logik und relativistischen Physik. Sie ist die Folge der philosophischen Orientierung an einem andersgearteten Modell zur Bestimmung des wirklichen Einzelwesens, einem Modell, das in eigentümlicher Weise die epistemologische Wende der frühneuzeitlichen Erfahrungs- und Subjektivitätsphilosophie in das vorneuzeitliche Programm der »Aristoteles eigenen metaphysischen Spekulationen« (1984b, 78) einzeichnet und damit im »Rückgriff auf vorkantische Denkweisen« (22) und die »beiden Begründer alles westlichen Denkens, Plato und Aristoteles« (21), die Aporien der Philosophie der Neuzeit zu überwinden sucht. Das ist zu erläutern.

Aristoteles – so sahen wir – hatte sich am *logischen Modell des apophantischen Logos* ausgerichtet und war durch dessen referentielle Subjekt-Prädikat-Struktur bei der Analyse von Veränderungen auf den »Begriff einer dauerhaften Substanz« geführt worden, »die entweder wesentliche oder akzidentelle beharrliche Qualitäten durchhält« (159). Diese Substanz war nicht als Subjekt (im modernen Sinn) gedacht, sondern allenfalls als Gegenstand möglicher Erfahrung von Subjekten und wurde von ihm im Licht seines am handwerklichen Tun gewonnenen *Ursachenmodells* als hylemorphes σύνθετον metaphysisch analysiert. Die Wende zum Subjekt zu Beginn der Neuzeit machte sowohl das logische Modell als auch das Ursachenmodell in ihrer physischen und metaphysischen Applikation fragwürdig. Man schien mindestens zwei nicht aufeinander reduzierbare Typen von Substanzen unterscheiden zu müssen, und »Descartes' Zweiteilung in körperliche und geistige Substanzen« (37) zog diese Konsequenz in programmatischer Weise und führte zum Verfall der aristotelischen Ursachenlehre. Der Versuch, diesen auf die Dauer unbefriedigenden Dualismus zu überwinden, führte zu Kants nach Meinung Whiteheads aporetischer »Lehre von der objektiven Welt als theoretischem Konstrukt aus reiner subjektiver Erfahrung« (24). Denn mit diesem metaphysischen Triumph des Subjekts über die Substanz verbaute sich die Philosophie den Zugang zur Wirklichkeit der Welt und »zu den gewöhnlichen, eigensinnigen Tatsachen des Alltagslebens« (25). Doch »[u]nser Datum ist die wirkliche Welt, zu der wir selbst gehören«, wie Whitehead betont (33), nicht eine Welt, die zu uns als unser Konstrukt gehört. Diese wirkliche Welt aber – und da zeigt sich Whiteheads Anknüpfung einerseits an das Denken von Henri Bergson, William James, John Dewey und Samuel Alexander (1984b, 23f; vgl. Lowe, 1949, 267–296; Stahl, 1955), andererseits an F. H. Bradley (Whitehead, 1971, 409ff; 1968, 116f) und Bertrand Russell, der nicht erwähnt wird, aber beträchtlichen Einfluß auf Whitehead ausübte (vgl. etwa seine Definitionen von ›Perspektive‹ und ›Subjektivität‹, Russell, 1921, 295ff) – ist uns nicht anders gegeben und zugänglich als »in Gestalt des Inhalts unserer unmittelbaren Erfahrung« (Whitehead, 1984b, 33). Deshalb gilt für ihn: »Die Aufhellung der unmittelbaren Erfahrung ist die einzige Rechtfertigung jeglichen Denkens; und den Ausgangspunkt für das Denken bildet die analytische Beobachtung der Bestandteile dieser Erfahrung« (33). Weil sich also »das philosophische Denken auf die konkretesten Elemente unserer Erfahrung zu stützen« (57) hat, um die wirkliche Welt verstehen zu können, und weil das Konkreteste an unserer Erfahrung der Erfahrungsakt selbst ist, orientiert sich Whiteheads Versuch, die »letzten realen Dinge« der Welt (ebd.) zu bestimmen, am *epistemologischen Modell des Erfahrungsaktes* und läßt sich durch dessen Erfassens-Struktur auf den Begriff irreduzibler und prozeßhafter selbstreferentieller Ereignisse führen.

Von vertrauten Versionen neuzeitlicher Philosophie scheint sich dieser Ansatz zunächst kaum zu unterscheiden. Doch Whitehead hat bei vielen seiner Interpreten genau dadurch den Anschein eines ›nachneuzeitlichen‹ Ansatzes erzeugt (vgl. Welker, 1985a, 154f; 1985b, 307f), daß er in vorneuzeitlich-aristotelischer Manier den Erfahrungsakt als *Modell* für eine deskriptive Metaphysik nach der von ihm »philosophische Verallgemeinerung« (Whitehead, 1984b, 35; vgl. 1971, 35f) genannten Methode verwen-

det, derzufolge »spezifische Begriffe, die auf eine begrenzte Tatsachengruppe anwendbar sind, für die Antizipation von Allgemeinbegriffen [ver-
wendet werden], deren Geltungsbereich alle Tatsachen umfaßt« (1984b, 35).
Denn wie Aristoteles auf der Basis seines Modells die sprachlogisch erhobene *Referenz*struktur des Logos zur Grundstruktur der Wirklichkeit verallgemeinert, so verallgemeinert Whitehead auf der Basis seines Modells die
durch Analyse des Erfahrungsaktes erhobene *Selbstreferenz*struktur des Subjektivität konstituierenden Erfassens zur Grundstruktur von Wirklichkeit:
»Die Wirklichkeiten des Universums sind Erlebensprozesse und jeder dieser
Prozesse ist ein individuelles Faktum. Das Universum im ganzen ist die in
ständigem Fortschritt begriffene Gesamtheit dieser Prozesse« (1971, 357).

Der eine gewinnt so den ontologischen Grundbegriff seiner Metaphysica
Generalis durch »deskriptive Verallgemeinerung« (1984b, 44) des logischen
Begriffs des Subjekts zum metaphysischen Begriff der Substanz. Der an-
dere gewinnt ihn durch deskriptive Verallgemeinerung des epistemologischen Begriffs des Erfahrungsaktes zum metaphysischen Begriff wirklicher
Einzelwesen als »komplexe und ineinandergreifende Erfahrungströpfchen«
(58). Während daher bei Aristoteles der klassische Typ einer realistischen
Referenz-Metaphysik vorliegt, ist es bei Whitehead der neoklassische Typ
einer realistischen Selbstreferenz-Metaphysik. Diese ist das Resultat des
Versuchs einer hypothetischen Deutung der Wirklichkeit im Licht des
durch Verallgemeinerung gewonnenen und realistisch interpretierten Modells des Erfahrungsaktes. Legitimiert ist dieses Modell von seiner Anwendbarkeit auf die »besondere Tatsachengruppe« der menschlichen Erfahrungsprozesse her, deren Analyse Whitehead auf Grundbegriffe (Kategorien) führt, »deren Geltungsbereich alle Tatsachen umfaßt« (35). Was von
der Wirklichkeit des Erfahrungsaktes gilt, gilt daher hypothetisch von
allem Wirklichen: »Jedes wirkliche Einzelwesen wird als Erfahrungsakt
interpretiert, der aus Daten hervorgeht. Es ist ein Prozeß des ›Empfindens‹
der vielen Daten mit dem Ziel, sie in die Einheit der einen, individuellen
›Erfüllung‹ zu absorbieren. ›Empfinden‹ steht hier für die grundlegende,
allgemeine Operation des Übergehens von der Objektivität der Daten zu
der Subjektivität des jeweiligen wirklichen Einzelwesens. Empfindungen
sind verschiedenartige spezialisierte Vorgänge, die ein Übergehen in Subjektivität bewirken. Sie verdrängen den ›neutralen Stoff‹ gewisser realisti-
scher Philosophen. Ein wirkliches Einzelwesen ist ein Prozeß und nicht im
Sinne der Morphologie eines Stoffes beschreibbar« (93 f).

Whiteheads Theorie des Empfindens ist in ihrer ontologischen Applikation das exakte Äquivalent zur Hylemorphismustheorie des Aristoteles.
Die Prozeß-Metaphysik und ihre Neufassung des Begriffs des wirklichen
Einzelwesens sind so als Folgen des von Whitehead als Modell seiner Metaphysica Generalis gewählten Erfahrungsaktes zu begreifen: Dessen kategoriale Analyse führt ihn – in wiederum an Aristoteles' Analyse der Substanz

gemahnender Weise – auf die Strukturen, die für alles Wirkliche gültig sein sollen. Das ist in einem zweiten Schritt genauer zu belegen.

B Metaphysica Generalis: Die ontologische Grundstruktur

Erfahrungsakte sind Synthetisierungsprozesse, in denen gegebene Erfahrungen zu einer neuen Erfahrung verbunden werden. Unter analytischem Gesichtspunkt sind an diesen Prozessen vor allem zwei Aspekte hervorzuheben. Zum einen lassen sie sich in elementarer, nur auf ihre Struktur achtender Perspektive als »Fortschreiten von der Getrenntheit zur Verbundenheit« (1984b, 63) beschreiben: Die Mannigfaltigkeit eines Ausgangszustands wird so in die Einheit eines Zielzustandes überführt, daß »[die] vielen ... eines und ... um eins vermehrt« werden (ebd.). Zum anderen zeigt sich im Hinblick auf ihre materiale Qualität, daß sowohl die Ausgangsdaten als auch das Endprodukt dieser Prozesse gleichermaßen Erfahrungen sind: Erfahrungsakte produzieren immer nur wieder Neues *derselben Art*, auch wenn dies von höherer Komplexität und Kohärenz als die Ausgangserfahrungen sein kann. Die Welt der Erfahrungen ist daher pluralistisch strukturiert, aber homogen und bildet so den Ansatzpunkt für eine einheitliche »monistische« (59) Metaphysik.

Whitehead gewinnt diese in zwei Schritten. Zunächst beschreibt er die Struktur von Erfahrungsakten mit drei Grundbegriffen, die er in der »Kategorie des Elementaren« (61ff) zusammenfaßt: Die ›vielen‹ des Ausgangszustands werden in das ›eine‹ des Zielzustands überführt, und dieses überführende Werden ist das Hervorwachsen eines Neuen aus Altem, exemplifiziert also »die Universalie der Universalien«: »Kreativität« (62). Die so am Erfahrungsakt abgelesene elementare Grundstruktur *Aus vielem wird ein Neues* wird dann im Zuge der Modellverwendung dieses Aktes zur Grundstruktur alles Wirklichen verallgemeinert: Alles und nur das ist wirklich, was diese Struktur exemplifiziert. Die Wirklichkeit ist demnach von homogener ontologischer Struktur, denn jedes wirkliche Einzelwesen muß diese Grundstruktur aufweisen und sich dementsprechend durch die Grundbegriffe ›vieles‹, ›eines‹ und ›Kreativität‹ bestimmen lassen.

Damit ersetzt die »Kategorie des Elementaren« in ihrer ontologischen Funktion »Aristoteles' Kategorie der ›ersten Substanz‹« (63; vgl. Bidney, 1936; Johnson, 1938; Leclerc, 1953; Böhme, 1980). Das aber heißt:

(1) Jedes Einzelwesen ist einzigartig, ein ganz bestimmtes »dieses oder jenes« (Whitehead, 1984b, 62): Mit dem elementaren Terminus ›eins‹ wird von Whitehead dem aristotelischen ›Das-Da‹ (τόδε τι) und damit der Singularität als konstitutivem Moment eines jeden Einzelwesens Rechnung getragen.

(2) Als eines steht jedes Einzelwesen immer schon im Kontrast zu den vielen. »Der Terminus ›viele‹ setzt den Terminus ›eins‹ voraus und umge-

kehrt« (ebd.). Ist das ›Das-Da‹ konstitutives Moment des Einzelwesens, dann gibt es Einzelwesen nur im Plural.

(3) Damit wäre die Welt als Gesamtheit des Wirklichen allerdings nur das kontrastierende Beieinander vieler Einzelwesen, die »sich im Zustand trennender Verschiedenheit« (ebd.) befänden. Nun ist aber jedes Einzelwesen im Licht des zugrundegelegten Modells genau dadurch konstituiert, daß es die Struktur *Aus vielem wird ein Neues* exemplifiziert. Jedes Einzelwesen ist damit intrinsisch bezogen einerseits auf ganz bestimmte viele (und über sie auf alles Wirkliche), aus denen es ein Neues geworden ist, und andererseits auf ganz bestimmte viele, die es zusammen mit anderen als ein Neues hervorbringt. Wenn es Einzelwesen daher nur im Plural gibt, müssen sie durch »kreative[s] Fortschreiten« aufeinander bezogen sein, so daß es »in der Natur der Dinge« liegt, »daß sich die vielen zu einer komplexen Einheit verbinden« (ebd.). Alles Wirkliche ist demnach durch das »Prinzip der Kreativität« (ebd.) bestimmt: Es ist aus Wirklichem geworden und wird zusammen mit anderem zu neuem Wirklichen.

Hatte Aristoteles auch das Werden von Neuem als ein Verändern begriffen, so begreift Whitehead gerade umgekehrt alles Verändern als ein Werden von Neuem. Gehalten durch ihr jeweiliges Denkmodell geraten sie allerdings in analoge Schwierigkeiten, wenn es gilt, die Differenz von Anderswerden und Neuwerden zu benennen. Denn so plausibel es ist, im Denkmodell handwerklichen Schaffens das Werden von Neuem als Verändern eines Stoffes durch Überführung in eine andere Form zu deuten, so plausibel ist es, im Denkmodell des Erfahrungsaktes nur von immer wieder neuen Erfahrungen auszugehen: Erfahrungen sind Ereignisse, und diese können zwar werden, aber sich nicht verändern, sondern nur durch neue Ereignisse abgelöst werden (vgl. Dalferth, 1984, bes. §§ 71–74).

Die Eigenart der Metaphysik Whiteheads ist nun aber nicht nur Folge seiner Verallgemeinerung gerade der *Struktur* des Erfahrungsaktes, sondern vor allem auch seiner realistischen *Analyse* dieser Struktur, die sich von phänomenologischen Versuchen im Gefolge Husserls wesentlich unterscheidet. Die Konzentration auf die Struktur erlaubt ihm, alles »kreative Fortschreiten« welcher Art auch immer einheitlich unter dem Gesichtspunkt der immer wieder neu reproduzierten Grundstruktur *Aus vielem wird ein Neues* zu betrachten. Möglich ist diese verallgemeinernde Betrachtungsweise aber nur aufgrund einer Analyse des Erfahrungsaktes, die diesen nicht als Aktivität eines die Mannigfaltigkeit synthetisierenden Erfahrungssubjekts, sondern als einen selbstreferentiellen Prozeß perspektivisch (Whitehead, 1984b, 423.432f; vgl. dazu den Perspektivenbegriff Russells, 1921, 296) selegierenden, nämlich positiven (feeling) und ausgrenzenden (negative prehension), *Erfassens* in den Blick faßt. Gerade die Konzentration auf die Erfassensstruktur des Erfahrungsaktes ist für Whitehead der Schlüssel sowohl zur ontologischen Grundstruktur der Wirklichkeit als auch zur kosmologischen Gesamtstruktur des Wirklichkeitsprozesses. Die letztere entfaltet er in der für seine Kosmologie zentralen *Theorie des Erfassens* (1984b, Teil 3). Die erstere liegt deren Entfaltung zugrunde, und ihre kategoriale Analyse hat in Whiteheads System genau den Stellenwert der Hylemorphismustheorie in der aristotelischen Metaphysik: Sie erschließt die Mikrostruktur der atomaren Einzelwesen. Vor allem ihr hat im vorliegenden Zusammenhang unser Interesse zu gelten.

Whitehead analysiert die Struktur des Erfassensprozesses mittels der drei Faktoren des erfassenden Subjekts, der erfaßten Daten und der ›subjektiven Form‹, d.h. der Art und Weise, »wie dieses Subjekt diese Daten erfaßt« (60). Diese drei Faktoren sind keine ontologischen Elementarpartikel (vgl. Pannenberg, 1984, 25), sondern nur analytische »Kategorien der Erklärung« (Whitehead, 1984b, 64), so daß gilt: »Das wirkliche Einzelwesen ist teilbar; aber de facto ist es nicht geteilt« (416). Diese Erklärungskategorien erlauben zusammen die Erfassensstruktur des Erfahrungsaktes zu beschreiben und im Zuge von dessen Modellgebrauch auch die »letzten realen Dinge« (57) der Welt zu begreifen. Denn indem Whitehead den Erfassens-Prozeß des Erfahrungsaktes mit Hilfe dieser Kategorien analysiert, gewinnt er seine »Kategorien der Existenz« (63f). Da unter diesen« seiner eigenen Auskunft zufolge »die wirklichen Einzelwesen und die zeitlosen Gegenstände aufgrund ihrer extremen Endgültigkeit eine Sonderstellung« einnehmen (64), beschränke ich meine Bemerkungen zu Whiteheads Analyse des Erfahrungsaktes und seinen daraus gezogenen ontologischen Folgerungen auf fünf zu ihrem Verständnis notwendige Punkte:

(1) Im Unterschied zur neuzeitlichen Tradition setzt Whiteheads Analyse des Erfahrungsaktes nicht bei dessen Subjekt, sondern bei dessen Struktur an, um so die Aporien der vom Handlungsbegriff her konzipierten subjektivitätsphilosophischen Ansätze zu vermeiden. Indem er sich ausschließlich auf den Erfassens-Prozeß des Erfahrungsaktes konzentriert, faßt er diesen nicht als Aktivität eines vorausgesetzten Subjekts, sondern als Selbstkonstitutionsprozeß dieses Aktes in den Blick. Seine Analyse folgt dabei dem Gefälle der Elementarstruktur vom vielen auf das eine Neue, denkt also nicht primär vom erfassenden Subjekt, sondern von den in diesem Akt zu einer neuen Einheit zusammengefaßten Daten her. Entsprechend beschreibt er das Erfassen nicht nur mißverständlich als Synthetisieren, sondern unmißverständlicher als *Zusammenwachsen* (concrescence) der vorgegebenen Daten zu einer neuen Einheit, die von ihnen allen verschieden ist und in der sie kohärent zentriert sind (vgl. Wiehl, 1971, 27). Von einem Subjekt des Erfassens kann streng genommen erst mit dem Erreichen des Zielzustands dieses Zusammenwachsens gesprochen werden, da erst mit dieser ›Erfüllung‹ des Prozesses die Identität dieses Aktes und damit seine Subjektivität feststeht (Welker, 1981, 85ff; 1985a, 294ff; zu diesem Subjektbegriff schon Russell, 1921, 296).

(2) Das erfassende Subjekt ist in Whiteheads Analyse des Erfassens daher *nicht Fundament, sondern Faktor* des Prozesses, und zwar der *Zielfaktor,* der durch sein Ausstehen als Triebkraft dieses Prozesses wirkt (Welker, 1985 b, 147). Es ist nicht vor oder ohne diesen Prozeß da, sondern nur in ihm und durch ihn, und zwar als das, woraufhin er konvergiert: das neue wirkliche Einzelwesen. Dieses ist nichts anderes als das, was es in diesem Prozeß wird, und es wird in ihm eben das, was es ist (Whitehead, 1984 b, 66.93 f.311) und als was es in andere Prozesse derselben Art eingeht. So ist jeder Erfahrungsakt aufgrund seiner Singularität von jedem anderen Erfahrungsakt verschieden und doch zugleich auf einige andere Erfahrungsakte so bezogen, daß er seinerseits deren Informationen zu einer neuen Erfahrung verarbeitet und andererseits damit selbst Erfahrungspotential für andere Erfahrungsakte wird (311). Jeder Erfahrungsakt ist damit Übergang von einer gegebenen Mannigfaltigkeit von Daten zu einer neuen Einheit, die ihrerseits in andere Erfahrungsakte übergehen kann. Jeder wird in diesem Prozeß also genau das, was er ist und was er dementsprechend für andere sein kann. Jeder ist daher – wie Whitehead formuliert – »zugleich das erfahrende Subjekt und das Superjekt seiner Erfahrungen« (76): Das neue Erfahrungssubjekt ist da, wenn der Akt des *Aus vielem wird ein Neues* vollzogen und dieser Prozeß des Erfassens zum Abschluß, an sein Ziel gekommen ist (101.168). Eben damit aber ist mit ihm als *Superjekt* zugleich auch die Voraussetzung für neue, diese Erfahrung verarbeitende Erfahrungsakte geschaffen, in die hinein es vergeht und in denen es zusammen mit anderen entsprechenden Daten »objektive Unsterblichkeit« gewinnt (25 u.ö.; vgl. Welker, 1981, 121 ff, der zu Recht den Zusammenhang dieser These mit der Theorie der Folgenatur Gottes betont). Die Subjektwerdung eines Erfahrungsaktes und seine Objektivierung in anderen Erfahrungsakten sind somit die beiden gleichermaßen unerläßlichen Beschreibungen ein und desselben Konkretionsprozesses (65 f). Eben deshalb kann Whitehead beanspruchen, in *Prozeß und Realität* der aristotelischen Analyse des Werdens eine Analyse des Vergehens an die Seite gestellt zu haben (1968, 117).

(3) Schon diese betonte Hervorhebung seiner Theorie des Vergehens stellt klar, daß bedeutsamer als der Faktor des erfassenden Subjekts für Whiteheads Analyse des Erfahrungsaktes die Faktoren der erfaßten Daten und der ›subjektiven Form‹ sind. Jede Erfahrung ist aus anderen in bestimmter Weise zusammengewachsen und wächst zusammen mit anderen in wiederum bestimmter Weise zu neuen Erfahrungen zusammen. An jedem Erfahrungsakt lassen sich deshalb die in ihn eingegangenen Erfahrungen und die spezifische Weise ihres Zusammenwachsens unterscheiden. In kritischer Fortschreibung neuzeitlicher Erfahrungsanalysen mit ihrer Unterscheidung von Eindrücken und Vorstellungen (1984 b, 248 ff) differenziert Whitehead daher an jedem Erfahrungsakt zwei »Typen des Erfassens« (66): physisch und begrifflich erfaßte Informationen. Physisches Erfas-

sen richtet sich auf die jeweils konkret erreichbaren und kontingent vorgegebenen Erfahrungsmomente, die in diesem Akt zusammenwachsen. Begriffliches Erfassen hingegen auf die immer erreichbaren und notwendig
vorgegebenen Formmomente zur Integration dieser Erfahrungsmomente
auf spezifische Weise. Alles, was ohne Rückgriff auf ein physisches Erfassen
begrifflich erfaßt werden kann, wird von Whitehead »zeitloser Gegenstand‹ genannt« (99 f; vgl. Hall, 1930). Alles dagegen, was physisch erfaßt
und so in einem neuen wirklichen Einzelwesen synthetisiert wird, ist ein
wirkliches Einzelwesen (vgl. Hooper, 1941; Blyth, 1980, Kap. 3). Wichtig
ist nun, daß nur wirkliche Einzelwesen physisch und begrifflich erfassen
können (Whitehead, 1984b, 100). Deshalb kann niemals ein zeitloser Gegenstand, sondern immer nur ein wirkliches Einzelwesen Subjekt des Erfassens sein, so daß es auch nur bei den wirklichen Einzelwesen, nicht aber bei
den zeitlosen Gegenständen Neues geben kann: Die platonische Welt der
zeitlosen Gegenstände ist unveränderlich (64.76.103), auch wenn es sie –
jedenfalls in der in *Prozeß und Realität* vorgetragenen gleichsam ›aristotelischen‹ Version – nicht ohne Bezug auf die Welt wirklicher Einzelwesen
gibt. Denn jeder Versuch, »die zeitlosen Gegenstände in vollständiger Abstraktion von der wirklichen Welt zu verstehen«, reduzierte »sie auf ganz
undifferenzierte Nichtseiende« (468; vgl. Leclerc, 1964, 128 ff).

(4) Da jedes wirkliche Einzelwesen andere wirkliche Einzelwesen als
seine Bestandteile unter einer subjektiven Form integriert, sind alle wirklichen Einzelwesen, von bipolarer Struktur (101): »In jeder Wirklichkeit
gibt es zwei sich konkretisierende Pole der Realisierung ... den ›physischen‹
und den ›begrifflichen‹ Pol« (621). Durch sein begriffliches Erfassen ist ein
wirkliches Einzelwesen auf den Bereich zeitloser Gegenstände, der unbestimmten Potentialitäten für wirkliche Einzelwesen, bezogen (100 ff), und
zwar genauer auf »eine Auswahl der zeitlosen Gegenstände«, die in es
»eintreten« (95) und so seine es von allem übrigen abgrenzende Individualität und Identität konstituieren (111). Mit dieser identitätskonstituierenden
Funktion begrifflich erfaßter zeitloser Gegenstände wird in Whiteheads
Analyse des wirklichen Einzelwesens dem Moment der Wesenheit (des
Etwas-Bestimmtes-Sein) der aristotelischen Substanz Rechnung getragen.
Im Unterschied zu dieser sind aber wirkliche Einzelwesen keine »isolierten
Ereignisse« (1984a, 203) oder »einsame Substanzen« (1984b, 109), da sie
aufgrund ihres nicht nur begrifflichen, sondern immer auch physischen
Erfassens »auf die Gemeinsamkeit aller wirklichen Ereignisse« bezogen sind
(1984a, 203). Sie existieren in der »Solidarität« (1984b, 93) aller wirklichen
Einzelwesen, da – in abgestufter Relevanz – »jedes wirkliche Einzelwesen in
jedem anderen wirklichen Einzelwesen ist« (110 f).

(5) Whiteheads Analyse der Erfassensstruktur des Erfahrungsaktes und
ihre Verallgemeinerung zum Modell metaphysischer Wirklichkeitserfas-
sung erlaubt ihm daher nicht nur die Momente des Werdens und Vergehens

als parallele Aspekte desselben Prozesses in den Blick zu fassen, sondern auch von der Bipolarität dieses Aktes her zwei grundlegende Kategorien der Existenz zu postulieren, mit deren Hilfe alle übrigen Typen des Wirklichen als Gemeinschaft dieser beiden grundlegenden Typen beschrieben werden können (69): die der wirklichen Einzelwesen, welche die »letzten Realitäten« sind, und die der zeitlosen Gegenstände, welche »reine Potentiale für die spezifische Bestimmung von Tatsachen« sind (63; vgl. zu Whiteheads Potentialitätsbegriff Holz, 1984). Jedes wirkliche Einzelwesen ist dementsprechend eine Gemeinschaft einerseits schon vorgegebener wirklicher Einzelwesen, andererseits einer bestimmten Konfiguration zeitloser Gegenstände: Es verbindet bislang getrennte Einzelwesen durch Aktualisierung einer bestimmten Hierarchie abstrakter Gegenstände (einer Form) zu einem neuen Einzelwesen. Das aber heißt, daß es ein Prinzip geben muß, das diesen Integrations- und Aktualisierungsprozeß und eben damit den Prozeß des Werdens und Vergehens vorantreibt. Whitehead nennt es »Kreativität« und beansprucht damit »eine andere Darstellung der aristotelischen ›Materie‹« (79) zu geben. Das ist insofern konsequent, als das dieser zukommende Moment des Dynamischen ausfallen würde, wenn man bei der analytischen Distinktion wirklicher Einzelwesen und zeitloser Gegenstände stehenbliebe. Das *Daß* von Veränderung im Werden und Vergehen würde damit gerade noch nicht verständlich. An die Stelle der aristotelischen Triade *Substanz*, *Form* und *Materie* tritt deshalb bei Whitehead die neue Triade *wirkliches Einzelwesen*, *zeitloser Gegenstand* und *Kreativität*. Und wie Aristoteles konzipiert auch Whitehead auf der Basis dieser ontologischen Triade seine theoretische Theologie. Um deren spezifischen Ansatz und Charakter begreifen zu können, sind zunächst aber noch zwei Konsequenzen dieser Neufassung der ontologischen Grundstruktur besonders hervorzuheben, die das Problem der Individuation und der Verursachung betreffen.

   Die Eliminierung der Materie nötigt Whitehead, die aristotelische These »weder die Materie noch die Form wird« (Aristoteles, Met 1069 b 35) durch die These zu ersetzen: Weder die Kreativität noch die zeitlosen Gegenstände werden. Wenn es überhaupt wirkliche Einzelwesen geben soll, für die gilt: *Aus vielem wird ein Neues,* dann muß es nicht nur schon immer Kreativität geben, sondern ebenso die zeitlosen Gegenstände als die Potentialitäten wirklicher Einzelwesen (Whitehead, 1984b, 100). Ein wirkliches Einzelwesen läßt sich dementsprechend nicht wie bei Aristoteles unter dem Gesichtspunkt von Form und Materie betrachten, sondern nur unter dem Gesichtspunkt seiner dreifachen Bezogenheit auf die ihm konkret vorgegebene Mannigfaltigkeit wirklicher Einzelwesen, auf seine spezifische Selektion zeitloser Gegenstände und auf die konkrete Erfüllung seines Erfassens-Prozesses im Erreichen seines subjektiven Ziels. Das Problem der Individuation wird infolgedessen nicht mehr als materielle Individuierung einer

Form, sondern als teleologische Exekution eines Programms gedeutet, das zu einem spezifischen Zusammenwachsen vorgegebener Mannigfaltigkeit in einer neuen Einheit führt. Der aristotelische Gegensatz zwischen physisch und noetisch individuierten Gegenständen wird so aufgehoben und als polare Struktur in die wirklichen Einzelwesen selbst hineinverlegt: Sie sind im Prozeß des Erfassens sich selbst konstituierende »Erfahrungströpfchen« (58).

Diese Modifikation der Individuationsproblematik schlägt sich auch in einer charakteristischen Umgestaltung der aristotelischen causa-Lehre nieder. Zum einen wird die seit Kants Kritik am Gedanken der Erhaltung der Materie im Wechsel ihrer Zustände (KdrV, B 18f.322f; A 359f.385ff) problematisch gewordene causa materialis eliminiert und ihre Funktion durch die beiden Kategorien der vorgegebenen wirklichen Einzelwesen und der Kreativität rekonstruiert. Das ist im Rahmen des Modells des Erfahrungsaktes insofern plausibel, als jede Erfahrung die Zusammenfassung anderer Erfahrungen ist und damit in homogener Weise immer nur Erfahrungen als ›Material‹ voraussetzt. Zum anderen aber löst Whitehead im Licht dieses Modells die aristotelische Unterscheidung innerer (causa materialis und causa formalis) und äußerer (causa efficiens und causa finalis) Ursachen auf und macht sie – in wiederum an Leibniz gemahnender Weise (vgl. Leibniz, 1714b, §§ 79ff; 1714a, §§ 3f; 1686, §§ 22ff; vgl. Loemker, 1964) – allesamt zu inneren Ursachen eines jeden Einzelwesens (Whitehead, 1984b, 58). Gemäß seiner drei Faktoren als erfassendes Subjekt, erfaßtes Datum und subjektiver Form kann dieses auch in dreifacher Hinsicht als verursacht betrachtet werden (vgl. Barbour, 1972, 344f; 1974, 163). So ist es (1) durch seinen physischen Pol auf die ihm als objektive Daten vorgegebene Mannigfaltigkeit wirklicher Einzelwesen bezogen, die es nicht in seinen Konkretionsprozeß einzubeziehen umhin kann, (Whitehead, 1984b, 438), so daß es durch sie bewirkt wird (causa efficiens); es ist (2) durch seinen begrifflichen Pol auf den Bereich zeitloser Gegenstände bezogen, von denen einige in seinen Konkretionsprozeß eintreten, andere aus ihm ausgeschlossen werden (causa formalis); welche Potentiale dabei aber einbezogen bzw. abgewiesen werden, ist (3) durch das ›subjektive Ziel‹ bedingt, das den gesamten Konkretisierungsprozeß leitet, indem es durch Auswahl bestimmter zeitloser Gegenstände eine bestimmte Möglichkeit des Erfassens vorgegebener Wirklichkeit unter Ausschluß anderer Möglichkeiten realisieren läßt (causa finalis). Wie die Wirkursache daher Funktion der in ein Einzelwesen eingehenden Wirklichkeiten ist, so ist die Formursache die Selektion bestimmter Möglichkeiten aus der Gesamtheit der zeitlosen Gegenstände im Licht einer Zweckursache, welche die Einheit und Individualität dieses wirklichen Einzelwesens konstituiert (406). Indem Whitehead die Wirk-, Form- und Zweckursache so zu inneren Ursachen eines jeden wirklichen Einzelwesens macht, faßt er jedes Einzelwesen als causa sui, d.h. sich selbst verursachend durch seine spezifische Weise der Aneignung der ihm vorgegebenen Wirklichkeit, der Auswahl aus den ihm vorgegebenen Möglichkeiten und der mit ihm realisierten neuen Konkretion (406 f). Ist aber jedes »wirkliche Einzelwesen« eine »Selbst-Erschaffung« (170), dann trifft das auch für den Gesamtprozeß der Wirklichkeit zu, so daß gilt: »Die Welt erschafft sich selbst« (169).

Gerade hier aber ergibt sich der Ansatzpunkt für seine theoretische Theologie. Denn aus der jeweils vorgegebenen Mannigfaltigkeit wirklicher Einzelwesen und der immer vorgegebenen Gesamtheit zeitloser Gegenstände als solchen ergibt sich nicht, welches der damit real möglichen vielen subjektiven Ziele konkret realisiert werden wird. Wirkursache und Formursache eines wirklichen Einzelwesens bekommen daher erst von dessen Zweckursache her einen präzisen Charakter. Diese aber muß dessen Konkretionsprozeß von Anfang an als Ziel gesetzt sein, ohne doch von ihm selbst als solches gesetzt sein zu können. Eben deshalb erfordert Whiteheads Metaphysik in der Anwendung auf unsere Erfahrungswelt ein »Prinzip der Konkretion«, das jedem wirklichen Einzelwesen das Ziel setzt, in dem es sich erfüllt: Eben das nennt Whitehead *Gott* (447). Damit stehen wir am Ansatzpunkt seiner theoretischen Theologie, der wir uns in einem dritten Schritt zuzuwenden haben.

C Metaphysica Specialis: Die Theoretische Theologie

Charles Hartshorne hat die These aufgestellt, daß Whiteheads »entire system requires the theistic principle« (1953, 273). Um dieser These zustimmen zu können, ist sie in zweifacher Hinsicht zu präzisieren.

Zum einen nötigt Whiteheads Selbstreferenz-Metaphysik nicht qua ontologisches Kategoriensystem zur Annahme eines solchen Prinzips. Der Gottesbegriff ist weder ein kategorialer Grundbegriff noch mit dem Kategorienschema notwendig mitgesetzt. Nicht dieses Schema als solches, sondern – wie W. A. Christian (1964) gezeigt hat – erst dessen Anwendung zur systematischen Interpretation unserer faktischen Erfahrungswelt macht den Rekurs auf ein solches göttliches Prinzip unumgänglich. Erst ihre Theorie der Welt nötigt die Prozeßphilosophie zu ihrer Theorie Gottes. Wie bei Aristoteles ist daher auch bei Whitehead die theoretische Theologie eine systematisch notwendige Konsequenz der Kosmologie.

Zum anderen aber nötigt der kosmologische Gebrauch von Whiteheads Selbstreferenz-Metaphysik nicht etwa zur Rede von Gott, sondern zum Rekurs auf ein Prinzip, das er Gott nennt. Den Unterschied zu beachten ist deshalb wichtig, weil sich damit die Frage nach der Rechtfertigung dieser Benennung stellt. Ob diese berechtigt ist, ist eine Frage, über die man sich streiten kann (vgl. Sherburne, 1971 a; 1971 b; Cobb, 1971; Kerlin, 1972). Daß und wie sie gewählt wird, belegt aber, daß Whitehead trotz aller

Modifikationen am Fußpunkt der aristotelischen Metaphysik deren Programm einer kosmologisch motivierten theoretischen Theologie aufs neue exekutiert. So konzipiert er nicht nur auf der Basis und mit den begrifflichen Mitteln seines ontologischen Ansatzes die Möglichkeit eines distinktiven Gottesbegriffs, sondern er faßt diesen in der kosmologischen Anwendung seines Systems nicht nur als den Begriff eines besonderen Gegenstandes, sondern als ein kosmologisch notwendig gefordertes Prinzip. Theoretische Theologie ist im Rahmen seiner Selbstreferenz-Metaphysik daher nicht nur ontologisch möglich, sondern kosmologisch notwendig, insofern es unmöglich ist, daß es diese Kosmologie gibt, Theologie aber nicht gibt.

(1) Beides, die ontologische Möglichkeit und die kosmologische Notwendigkeit theoretischer Theologie belegt Whitehead in einem zweifachen Gedankengang. Das Erste zeigt er dadurch, daß er den Gottesbegriff weder als Zusatzbegriff eines nur referentiell identifizierten Gegenstands einführt noch als einen Grundbegriff seines Kategorienschemas in Anspruch nimmt, sondern als einen aus *diesem Schema abgeleiteten* Begriff verwendet (1984b, 79 ff). Wäre er nur ein Zusatzbegriff, spielte er systematisch keine wesentliche, sondern nur eine kontingente Rolle in seiner Philosophie; wäre er aber ein kategorialer Grundbegriff, wäre seine gesamte Philosophie theoretische Theologie, so daß von einer besonderen theoretischen Theologie der Prozeßphilosophie ernsthaft nicht gesprochen werden könnte. Nun sind die abgeleiteten Begriffe in Whiteheads Selbstreferenz-Metaphysik genau diejenigen Begriffe, welche im Sinn der von Whitehead verfolgten kosmologischen Interessen zur Anwendung des für alle möglichen Welten Geltung beanspruchenden Kategorienschemas auf unsere faktisch wirkliche Welt notwendig sind. Dazu gehören ihm zufolge z. B. Begriffe wie räumliche Ausdehnung und zeitliche Folge, soziale Ordnung und personale Ordnung und eben auch Gott. All diese Begriffe sind kategorial weder unmöglich noch notwendig, sondern müssen in Anspruch genommen werden, um auch die kontingenten Züge unserer faktischen Welt im Rahmen des allgemeinen Kategorienschemas kosmologisch erfassen zu können: Sie sind ontologisch zwar nur möglich, kosmologisch aber notwendig.

(2) Genau das gilt nach Whitehead auch für Gott, so daß als dem Zweiten von der kosmologischen Notwendigkeit seiner theoretischen Theologie gesprochen werden kann. Whitehead versucht dies durch den Nachweis zu zeigen, daß der Gottesbegriff aus dem Kategorienschema nicht nur abgeleitet werden kann, sondern bei der kosmologischen Anwendung dieses Schemas auf unsere Wirklichkeit abgeleitet werden muß. Ohne das Prinzip Gott könnte seine »Spekulative Philosophie« gerade das nicht leisten, was sie zu leisten beansprucht: »ein kohärentes, logisches und notwendiges System allgemeiner Ideen zu entwerfen, auf dessen Grundlage *jedes* Element *unserer* Erfahrung interpretiert werden kann« (31; Hervorhebung von mir). Im

Unterschied zu allen übrigen abgeleiteten Begriffen dient der Gottesbegriff aber nicht zur Erklärung eines besonderen Zugs unserer faktischen Erfahrungswirklichkeit, sondern zur Erklärung der kosmologischen Interpretierbarkeit dieser Erfahrungswirklichkeit im Rahmen des ontologischen Kategoriensystems überhaupt. Ebensowenig wie ein ontologischer Grundbegriff ist er daher ein bloß kosmologischer Begriff. Vielmehr ist er der ontologisch mögliche und kosmologisch notwendige Begriff eines Gegenstandes, der als Grund der Geltung der prozeßphilosophischen Kosmologie in Anspruch genommen wird und damit eine eigenständige metaphysische Behandlung erforderlich macht. Die theoretische Theologie der Prozeßphilosophie ist somit Folge der Nötigung, Gott als Grund der kosmologischen Anwendbarkeit des ontologischen Kategoriensystems auf die faktische Wirklichkeit unserer Erfahrungswelt denken zu müssen: Sie ist eine durch die Kosmologie notwendig gemachte, aber nicht in dieser aufgehende metaphysische Disziplin.

Einer Rekonstruktion der theoretischen Theologie der Prozeßphilosophie Whiteheads stellen sich damit drei Aufgaben:

(1) In einem ersten Schritt ist die – von Whitehead unterstellte – kosmologische Notwendigkeit theoretischer Theologie aufzuzeigen, also zu klären, inwiefern im Rahmen dieses Ansatzes von Gott geredet werden muß.

(2) In einem zweiten Schritt ist die ontologische Möglichkeit theoretischer Theologie aufzuzeigen, also zu klären, wovon eigentlich geredet wird, wenn von Gott die Rede ist.

(3) In einem dritten Schritt schließlich ist zu prüfen, mit welchem Recht das, wovon hier gehandelt wird, gerade Gott und nicht anders genannt wird.

1. Die Notwendigkeit theoretischer Theologie

Aristoteles war zum Rekurs auf Gott genötigt worden, um die Existenz der Veränderungsprozesse erklären zu können, ohne die es keine Physik und damit auch keine Mathematik geben könnte: Seine theoretische Theologie konzipierte Gott dementsprechend als kosmologisches Prinzip und zwar als Letztprinzip der Bewegung und Veränderung. Whitehead wird zum Rekurs auf Gott genötigt, um die Existenz und universale Einheit der Werdens- und Vergehensprozesse erklären zu können, durch die sich die Wirklichkeit entfaltet und die unter verschiedenem Gesichtspunkt und auf unterschiedlichem Abstraktionsniveau in aller wissenschaftlichen und vorwissenschaftlichen Beschäftigung mit der Wirklichkeit thematisiert werden: Entsprechend konzipiert er Gott als kosmologisches Prinzip des Entstehens von Neuem und Vergehens von Altem, und zwar genauer als Grundprinzip und Integral allen Werdens und Vergehens. Whitehead formuliert die funktionale Entsprechung ausdrücklich: »Anstelle von Aristoteles' Gott als erstem Beweger brauchen wir Gott als Prinzip der Konkretion« (1984a, 203). Daß es Gott gibt, folgt im Rahmen seiner Selbstreferenz-Metaphysik daher daraus, daß seine Existenz eine notwendige Bedingung der kosmologischen Anwendbarkeit der Kategorie des Elementaren auf die Wirklichkeit im Einzelnen und im Ganzen ist. Ohne Gott gäbe es weder *vieles* noch *eines* noch *Kreativität* und damit kein beständiges »Fortschreiten von der Getrenntheit zur Verbundenheit« (1984b, 63); und ohne Gott gäbe es auch keinen Grund dafür, die Geltung der Fundamentalstruktur nicht nur für die einzelnen wirklichen Einzelwesen und damit die atomaren Ereignisse, sondern für den Gesamtprozeß der Wirklichkeit anzunehmen. Daß es überhaupt Konkretionsprozesse gibt und daß die Mannigfaltigkeit der Konkretionsprozesse zu einem universalen Konkretionsprozeß der Wirklichkeit insgesamt beiträgt, ist für Whitehead ohne Rekurs auf das Gott genannte Grundprinzip allen Werdens und Vergehens unerklärlich. In diesem Sinn ist seine theoretische Theologie kosmologisch notwendig: Sie expliziert keine in der »Direktheit der Anschauung« gegebene »Erfahrung«, sondern verkörpert »die Interpretation des kosmologischen Problems im Sinne einer grundlegenden metaphysischen Lehre von der Qualität des kreativen Entstehens« (610). Nicht unsere Erfahrung, sondern die kosmologische Interpretation unserer Erfahrung nötigt zur Rede von Gott.

Der dazu führende Gedankengang läßt sich in Grundzügen folgendermaßen resümieren: Die Fundamentalstruktur *Aus vielem wird ein Neues* kann überhaupt nur dann exemplifiziert werden, wenn mindestens sechs Bedingungen erfüllt sind, nämlich wenn es

(1) schon eine Mannigfaltigkeit von Wirklichem gibt; damit aber auch

(2) die Gesamtheit des Möglichen, da die »zeitlosen Gegenstände ... für alle wirklichen Einzelwesen gleich« sind (65) und es zwar neue wirkliche Einzelwesen, aber »keine neuen zeitlosen Gegenstände« (64) gibt; wenn

(3) diese Mannigfaltigkeit des Wirklichen nicht gänzlich inkompatibel ist, so daß es

(4) im Vollzug des Übergangs von Wirklichem zu neuem Wirklichen durch Aktualisierung von Möglichem zu *einem*, und zwar

(5) einem *Neuen* zusammenwachsen kann. Schließlich kann die Fundamentalstruktur im Blick auf die Gesamtheit der sie exemplifizierenden Prozesse nur dann gelten, wenn

(6) die Mannigfaltigkeit wirklicher Einzelwesen und ihrer relativen Welten durch die immer wieder neue Exemplifizierung der Fundamentalstruktur nicht so vermehrt wird, daß ihre Inkompatibilitäten wachsen, sondern so, daß eine wachsende Einheit aller relativen Welten in einer universalen Welt realisiert wird.

Die ontologische Fundamentalstruktur *Aus vielem wird ein Neues* hat für Whitehead also genau insofern kosmologische Relevanz, als sie auf jeder Ebene des Wirklichkeitsprozesses gelten soll und so mit der wachsenden

Mannigfaltigkeit zugleich die immer intensivere Einheit der vielen wirklichen Welten konstituiert. Doch weder ihre Exemplifizierung überhaupt noch ihre Exemplifizierung durch den Gesamtprozeß der Wirklichkeit, der statt wachsendem Chaos immer größere Ordnung erzeugt, ist aus ihr selbst erklärlich. Sie könnte ja auch überhaupt nicht exemplifiziert sein; sie könnte, wenn sie exemplifiziert wird, nur zu numerisch Neuem und damit zu permanenter Monotonie führen; oder sie könnte gerade umgekehrt zu Neuem von so diffuser Art und inkompatiblem Charakter führen, daß die Möglichkeit ihrer Exemplifizierung in sich unendlich ausdifferenzierende Bereiche ausufert und damit auf der Ebene der Gesamtheit dieser Prozesse zum Erliegen kommt. Daß es also – mit Leibniz formuliert – überhaupt etwas Wirkliches gibt und daß es dies gerade so und nicht anders gibt, verweist somit beides auf ein kosmologisches Grundprinzip des Wirklichkeitsprozesses, das die Exemplifizierung der Fundamentalstruktur auf allen Ebenen so steuert, daß es in elementarer und universaler Hinsicht ein Fortschreiten von immer vielfältigerer Getrenntheit zu immer umfassenderer Verbundenheit gibt: Eben das nennt Whitehead Gott.

Die kosmologische Relevanz der ontologischen Fundamentalstruktur nötigt Whitehead damit zu einer theoretischen Theologie, die Gott in genauer Entsprechung zu den sechs genannten Verwirklichungs- oder Exemplifikationsbedingungen der Fundamentalstruktur

(1) als Grund und Integral alles jeweils Wirklichen zu denken nötigt: Whitehead spricht hier von Gottes »Folgenatur« (79f); aber auch
(2) als Grund und Integral alles Möglichen überhaupt: Whitehead spricht hier von Gottes »Urnatur« (ebd.);
(3) als »Grundlage von Ordnung« (80.174);
(4) als »Prinzip der Konkretion« (447.615);
(5) als »Ansporn zu Neuem« (175); und schließlich
(6) als Grund der universalen Einheit der Mannigfaltigkeit wirklicher Welten durch die »Vergottung der Welt« (622).

Whitehead zufolge ist es also unmöglich, daß es Wirkliches, Mögliches, Ordnung, Werden, Neues oder Einheit der Welt gibt und Gott nicht gibt. Damit ist nicht gesagt, daß Gott allein Grund von Wirklichem, Möglichem, Ordnung, Werden, Neuem und kosmologischer Einheit ist. Aber es wird – in Anwendung der kosmologischen Denkfigur (vgl. Peden, 1981, 88) auf allen Ebenen des Wirklichkeitsprozesses – behauptet, daß Gott ein unerläßlicher Grund all dessen ist: Ohne ihn »gäbe es nichts Neues und keine Ordnung in der Welt« (Whitehead, 1984b, 451).

Argumentativ begründet wird all das freilich allenfalls in Andeutungen. Am ehesten kann noch ein verschiedentlich anklingendes Argument von der sonst unerklärlichen Ordnung rekonstruiert werden, das sich folgendermaßen resümieren läßt:

Ordnung ist in der wirklichen Welt durch die beiden Momente des

Gegebenseins wirklicher Einzelwesen und deren »Anpassung an das Erreichen eines Ziels« (166) konstituiert. Nun kann das subjektive Ziel eines
Einzelwesens aber weder aus den ihm vorgegebenen Einzelwesen abgeleitet
noch von ihm selbst als Subjekt gesetzt werden, da es ja von Anfang an
seinen Konkretionsprozeß bestimmen muß. Seine »Anfangsphase« muß
deshalb »eine direkte Ableitung aus Gottes Urnatur« sein (140). Denn ein
Einzelwesen ist zwar an seinem Konkretionsprozeß wirksam beteiligt, nicht
aber an der Wahl seines Ziels. Die »Anfangsstufe seines Ziels« ist daher »eine
Ausstattung, die das Subjekt von der unvermeidlichen Ordnung der Dinge
übernimmt, wie sie begrifflich in der Natur Gottes realisiert ist« (446; vgl.
Christian, 1959, 302 ff).

Das Argument ist gleichsam Resultat einer Verknüpfung von Bergsons
These vom élan vital mit Leibniz' Prinzip vom zureichenden Grund (vgl.
Levi, 1964). Daß überhaupt etwas ist und nicht vielmehr nichts und daß es
gerade so und nicht anders ist, wird damit erklärt, daß Gott nicht nur die
Anfangsphase des Gesamtprozesses der Wirklichkeit inauguriert hat, sondern in der Anfangsphase jedes atomistischen Konkretionsprozesses dadurch wirkt, daß er das Ziel dieses Prozesses setzt (vgl. Whitehead 1926,
137 f.140 f). Doch ist diese geradezu okkasionalistische Inanspruchnahme
Gottes sachlich gerechtfertigt? Wie die »Ordnung der Natur« (1984 b, 176)
nach dem statistischen Gesetz der großen Zahl als »soziales Produkt«
(182.382) interagierender Einzelwesen verstanden werden kann, die – wenn
es sie nur in genügend großer Zahl gibt – Regularitäten ausbilden, die auch
ohne Rekurs auf Gott erklärbar sind, so kann doch schon der von Whitehead diagnostizierte »Drang nach Existenz« (627) als solcher, wenn es nur
überhaupt etwas gibt, hinreichend verständlich machen, daß *irgendeines* der
durch den jeweiligen Ausgangszustand nicht ausgeschlossenen Ziele verwirklicht wird, wenngleich damit nicht gesagt ist, warum es gerade dieses
und nicht ein anderes der real möglichen Ziele ist, das verwirklicht wird.
Doch um das Auftreten von Ordnung erklären zu können, genügt es
völlig, wenn überhaupt Ziele verwirklicht werden, ohne daß man dafür
Gott als Prinzip der Konkretion je bestimmter Ziele in Anspruch nehmen
müßte: Weil der Ausgangszustand niemals alles, aber immer Verschiedenes
real möglich sein läßt, wird jede Realisierung eines real möglichen Ziels in
the long run irgendeinen Ordnungszustand heraufführen. Umgekehrt bedeutet der Rekurs auf Gott als Prinzip der Konkretion gerade *dieses* Ziels
und damit als Grund gerade dieser Ordnung nicht mehr, als daß man die
faktische Wirklichkeit als faktische Wirklichkeit behauptet: Erklärt wird
durch die Inanspruchnahme dieses Prinzips nichts, wie Leibniz einst gegen
Pierre Bayles *principium maleficum* in Erinnerung rief (Leibniz, 1710,
§§ 152 f), weil es den zu erklärenden Sachverhalt nur in anderer Weise noch
einmal beschreibt. Whiteheads These, daß das subjektive Ziel eines jeden
wirklichen Einzelwesens eine direkte Ableitung aus Gottes Urnatur dar-

stelle, besagt daher nicht mehr, als daß jeder Konkretionsprozeß ein bestimmtes, jeweils real mögliches und damit auf irgendeinen Ordnungszustand hinführendes Ziel hat.

Unerklärlich ist damit aber nicht die Ordnung, sondern der kreative
Drang nach Existenz und das Faktum immer schon wirklicher Einzelwesen
im Übergang zu neuen Einzelwesen. Whiteheads Argument von der Un-
erklärlichkeit der Ordnung reduziert sich deshalb auf eine – freilich nicht
klar ausgeführte – Version des kosmologischen Arguments, das von der
Kontingenz faktischer Konkretionsprozesse auf deren Begründung in »der
unvermeidlichen Ordnung der Dinge ... in der Natur Gottes« (Whitehead,
1984b, 446) folgert. Wie dieses scheitert es aber an der Vermischung zweier
zu unterscheidender Kontingenzbegriffe, wie Mackie gezeigt hat (1982;
vgl. Herrmann, 1980, 83ff). Der Versuch, Whiteheads Andeutungen in
Argumente zu fassen, führt daher in eine Sackgasse, so daß seine These von
der kosmologischen Notwendigkeit Gottes zu scheitern droht. Es ist deshalb nur konsequent, daß Charles Hartshorne mit einer seiner wesentlichen
Fortentwicklungen der theoretischen Theologie der Prozeßphilosophie
genau hier ansetzt, indem er in einer Serie apriorischer Gottesbeweise
argumentativ zu begründen sucht, was bei Whitehead nur angedeutet und
als postuliertes Prinzip in der Ausarbeitung der kosmologischen Relevanz
seiner ontologischen Fundamentalstruktur behauptet und in Anspruch genommen wird.

Indem Whitehead Gott nun aber als Grund in Anspruch nimmt, muß er
ihn als wirkliches Einzelwesen denken. Denn – so lautet sein »ontologische[s] Prinzip«: »Wo kein wirkliches Einzelwesen, da auch kein Grund«
(1984b, 58). Ist Gott aber ein wirkliches Einzelwesen, dann – so betont
Whitehead in offensichtlicher Korrektur seiner noch in *Science and the
Modern World* vertretenen Position (1984a, Kap.11, v.a. 208) – darf er nicht
als »Ausnahme von allen metaphysischen Prinzipien behandelt werden«,
sondern »ist ihre wichtigste Exemplifikation« (1984b, 613). Gott muß sich
also im Licht der metaphysischen bzw. ontologischen Prinzipien von Whiteheads Selbstreferenz-Metaphysik so denken lassen, daß er zugleich als wirkliches Einzelwesen in den Blick kommt. Damit stehen wir am zweiten
Punkt, Whiteheads Konstruktion des Gottesbegriffs.

2. Die Möglichkeit theoretischer Theologie

Aristoteles hatte Gott im Rahmen seiner Referenz-Metaphysik als selbständiges Unveränderliches und unveränderliches Selbständiges gedacht und
ihn eben dadurch von allen übrigen Gegenständen eindeutig zu unterscheiden gesucht. Whitehead versucht ganz Entsprechendes zu tun, wenn er
Gott als permanent von sich selbst herkommendes und in sich selbst überge-
hendes Wesen denkt. Denn einerseits ist Gott nicht als zeitloser Gegenstand,

sondern als wirkliches Einzelwesen zu begreifen. Existieren zeitlose Gegenstände doch nicht unabhängig, sondern nur im Bezug auf wirkliche Einzelwesen (vgl. Blyth, 1980, 10) und können daher nicht Grund von Wirklichem sein. Gott aber wird als Grund in Anspruch genommen und muß deshalb als wirkliches Einzelwesen gedacht werden. Andererseits ist Gott dadurch von allen anderen wirklichen Einzelwesen unterschieden, daß er die Fundamentalstruktur *Aus vielem wird ein Neues* so exemplifiziert, daß er nicht wie jene nur aus anderem als er selbst wird und auch nicht wie jene in anderes als er hinein vergeht. Er ist seine eigene Vergangenheit und Zukunft, kommt also im Unterschied zu allen temporalen Einzelwesen stets (auch) von sich selbst her und ist im dauernden Übergang zu sich selbst begriffen: Er ist der permanente Prozeß des Aus-sich-selbst-Werdens und In-sich-selbst-hinein-Vergehens und eben so das alles Wirkliche und Mögliche in sich selbst integrierende, universale wirkliche Einzelwesen.

Der zu diesem Gottesbegriff führende Gedankengang läßt sich wiederum in Grundzügen folgendermaßen resümieren:

Wenn es Gott gibt, dann muß er ein wirkliches Einzelwesen sein und sich dementsprechend mittels der Kategorie des Elementaren als kreativer Prozeß des Übergangs von vielem zu einem Neuen begreifen lassen. Er wäre freilich nicht Gott, sondern nur eines unter anderen wirklichen Einzelwesen, wenn er nur aus von ihm selbst verschiedenem Vielen und zu von ihm selbst verschiedenem Neuem würde. Er muß daher uranfänglich mit dem vielen, aus dem er wird, sein, und er muß zugleich das Neue, das er wird, immer wieder werden. Als kreativer Prozeß des Übergangs von vielem zu einem Neuen ist Gott daher einerseits aufgrund des zugrundegelegten Modells des Erfahrungsaktes als physisches und begriffliches Erfassen zu beschreiben, so daß auch »die Natur Gottes, analog zu der aller wirklichen Einzelwesen, bipolar« (Whitehead, 1984b, 616) ist. Andererseits ist seine Natur nur analog als bipolar zu beschreiben, da er im Unterschied zu den übrigen wirklichen Einzelwesen immer auch seine eigene Vergangenheit und seine eigene Zukunft ist, so daß er immer nur sich selbst zu seiner Umwelt hat und dementsprechend das Verhältnis seines physischen und seines begrifflichen Poles zueinander anders als bei den übrigen wirklichen Einzelwesen zu bestimmen ist. Das zeigt sich vor allem an zwei Punkten, die zu den zentralen Theoriestücken von Whiteheads theoretischer Theologie gehören.

a) Zum ersten ist Gott das »uranfängliche ... wirkliche ... Einzelwesen«, das »keine Vergangenheit« (174) bzw. genauer: keine von ihm selbst verschiedene Vergangenheit hat. Das Viele, aus dem er ein Neues wird, kann dementsprechend ursprünglich keine Mannigfaltigkeit wirklicher Einzelwesen, sondern nur die Totalität zeitloser Gegenstände und – da diese nicht selbständig, sondern nur im Bezug auf ein wirkliches Einzelwesen existieren können – er selbst sein. Entsprechend gilt für ihn und ihn allein, daß bei ihm »die ideale Realisierung des begrifflichen Empfindens den Vorrang einnimmt« (ebd.). Das aber heißt – und hier haben wir ein Analogon zu der bei Aristoteles beobachteten Nötigung, einen sich selbst genügenden Nous zu denken –, »daß Humes Prinzip der abgeleiteten Eigenschaft begrifflichen Empfindens für ihn nicht gilt« (ebd.). Im Unterschied zu den wirklichen Einzelwesen in der Zeit erfaßt Gott begrifflich alles unmittelbar und nicht nur vermittelt über physische Realisierungen. Er erfaßt die zeitlosen Gegenstände dementsprechend nicht in der reduzierten und jeweils limitierten Weise, in der sie in die einzelnen wirklichen Einzelwesen in der Zeit jeweils eingehen. Zu seinem begrifflichen Erfassen gehören als Daten vielmehr »alle zeitlosen Gegenstände« (ebd.) in der Einheit des Erfassungsaktes, der er ist. Diese »Konkretisierung« aller zeitlosen Gegenstände in der Einheit einer begrifflichen Empfindung nennt Whitehead die *Urnatur Gottes* (vgl. Leclerc, 1969). Durch seinen begrifflichen Pol erfaßt Gott die Totalität aller Potentialitäten in der Einheit seiner Urnatur. Das hat eine Reihe von Implikationen, von denen ich drei besonders hervorheben möchte.

Zum einen heißt dies, daß Whitehead wie Leibniz von einer Gleichursprünglichkeit Gottes und der zeitlosen Gegenstände ausgeht. Gott »erschafft die zeitlosen Gegenstände nicht; denn er ist seiner Natur nach genau so von ihnen abhängig, wie sie es von ihm sind« (468). So wenig der Gott Leibniz' die von ihm gewußten veritées éternelles erschaffen hat, da diese mit seinem unendlichen Verstand gesetzt sind (1710, § 335), so wenig hat der Gott Whiteheads die zeitlosen Gegenstände geschaffen, vielmehr ist er als Urnatur der Inbegriff des Möglichen und damit das Integral aller Potentialitäten (vgl. Johnson, 1959; Lichtigfield, 1971).

Zum anderen aber folgt daraus, daß Gott mit der Gesamtheit der möglichen Welten auch die Gesamtheit der kompossiblen und nichtkompossiblen möglichen Welten weiß. Als Inbegriff des Möglichen ist seine Urnatur damit aber der Inbegriff nicht gleichzeitig realisierbarer möglicher Welten. Der Vorrang der »idealen Realisierung des begrifflichen Empfindens« bei Gott (Whitehead, 1984b, 174) nötigt Gott daher dazu, die Aktualisierung der Potentialitäten wirklicher Ereignisse als Realisierungsprozeß in der Zeit zu vollziehen (vgl. 1971, 481): Allein die *Prozessualität* der Wirklichkeit erlaubt deren Konsistenz und Kohärenz und damit nichtwidersprüchliche Einheitlichkeit zu denken. Nur als Prozeß ist die Realität als nicht selbstwidersprüchliche Aktualisierung von Potentialitäten zu begreifen. Das gilt für jeden möglichen Realitätsprozeß, wie immer er beginnen mag. In jedem konkreten Fall aber ist Gott aufgrund der Inkompatibilitäten des Nichtkompossiblen gehalten, die Aktualisierung der Potentialitäten wirklicher Ereignisse unter Berücksichtigung und im Zusammenwirken mit dem je schon Verwirklichten zu gestalten, den Realitätsprozeß also in bestimmter Weise zu vollziehen. Da nicht alles Mögliche auch zusammen möglich ist, muß sich das je zu Verwirklichende am jeweils schon Wirklichen orientieren. Eben deshalb ist Gott in seiner Urnatur ein Akt beständiger, begrifflicher Wertung dessen, was real möglich und davon konkret zu realisieren ist (1984b, 614f), »verbunden mit dem Drang zur Realisierung des begrifflich erfaßten Datums« (80; vgl. Moxley, 1934, 169ff).

Zum dritten schließlich läßt sich die Priorität begrifflichen Empfindens und Wertens und damit die Vorrangigkeit der Urnatur Gottes nur dann ohne Selbstwiderspruch behaupten, wenn man Gott immer auch schon physisches Empfinden und damit Bezogenheit auf Welt zuspricht. Denn einerseits können Potentialitäten nicht an sich, sondern nur im Bezug auf wirkliche Einzelwesen existieren, so daß auch Gott nicht nur Urnatur sein kann, sondern darüber hinaus ein wirkliches Einzelwesen sein muß. Denn so sehr er seiner Natur nach von den zeitlosen Gegenständen abhängt, so sehr hängen diese nicht von seiner Natur, sondern von ihm als wirklichem Einzelwesen ab (Whitehead, 1984b, 468). Andererseits ist Gott überhaupt nur dadurch wirkliches Einzelwesen, daß er auch physisch empfindet und eben so im Bezug zu von ihm verschiedenen wirklichen Einzelwesen existiert, die einige der kompossiblen Potentialitäten aktualisiert haben und damit bestimmte andere zu aktualisieren erlauben. Das aber heißt, daß Whitehead nicht nur von einer Gleichursprünglichkeit Gottes und der zeitlosen Gegenstände, sondern zugleich von einer Gleichursprünglichkeit Gottes und irgendwelcher wirklicher Einzelwesen ausgeht. Gott und irgendeine Welt gehören notwendig zusammen, auch wenn damit keineswegs festgelegt ist, welche konkrete Welt das ist. Genau das aber führt zum zweiten zentralen Punkt der Whiteheadschen Gotteskonzeption.

b) Gehören Gott und irgendeine Welt von ihm verschiedener wirklicher Einzelwesen notwendig zusammen, dann heißt das sowohl, daß Gott von der jeweils wirklichen Welt beeinflußt wird, als auch, daß er in der jeweils wirklichen Welt erfahren wird. Gott partizipiert physisch an ihr und sie partizipiert physisch an ihm, denn wie Gott alles Wirkliche physisch empfindet, so gehört Gott auch umgekehrt zu den physisch empfundenen Daten alles Wirklichen. Wie daher alles Wirkliche auf Gott wirkt, so wirkt Gott zusammen mit allem jeweils Wirklichen auf jedes neu werdende Wirkliche. Seine Aktualisierung der Potentialitäten wirklicher Ereignisse als Realisierungsprozeß in der Zeit vollzieht sich also nicht völlig beliebig, sondern als Interaktion des wirklichen Einzelwesens, das Gott ist, mit der jeweils bestehenden Gesamtheit der wirklichen Einzelwesen, die nicht Gott sind. Zwar ist es kontingent, *welche* Welt mit Gott zusammen existiert, aber da er mit ihr zusammenwirken muß, ist durch sie mitbestimmt, welche Potentialitäten im konkreten Fall ohne Selbstwidersprüchlichkeit aktualisiert werden können. Die Konstellation der Wirklichkeit als Interaktionszusammenhang Gottes und der jeweils wirklichen Welt nötigt Gott daher einerseits zur Selektion je bestimmter, mit dem faktischen Zustand der

Wirklichkeit nicht inkompatibler Möglichkeiten aus der Gesamtheit der Potentialitäten. Andererseits aber wird er selbst durch den dadurch ablaufenden bestimmten Realitätsprozeß, an dem er physisch empfindend partizipiert, in stets neuer Weise in seinem konkreten Verhältnis zur wirklichen Welt modifiziert.

Im Unterschied zu der mit dem begrifflichen Erfassen Gottes gesetzten Urnatur Gottes nennt Whitehead nun »das physische Erfassen der Wirklichkeit des evolvierenden Universums durch Gott« die »Folgenatur‹ Gottes« (174). Wie zu Gottes begrifflichem Empfinden alle möglichen Einzelwesen gehören, so gehören zu seinem physischen Empfinden alle wirklichen Einzelwesen (vgl. Centore, 1970, 165 ff). Da aber nicht alle möglichen Einzelwesen zugleich wirklich sein können, umfaßt Gottes Folgenatur als Integral alles jeweils Wirklichen die sich verändernde Gesamtheit aller wirklichen Einzelwesen und ist damit selbst beständig in Veränderung begriffen. Wie Gott aufgrund seiner Urnatur damit aller Schöpfung voraus ist, so ist er aufgrund seiner Folgenatur selbst Geschöpf (Whitehead, 1984b, 175) und zwar das Geschöpf, das durch die jeweilige Gesamtheit aller wirklichen Einzelwesen bewirkt wird »und sich deshalb immer im Prozeß der Konkretisierung und niemals in der Vergangenheit befindet« (80). Deshalb ist es »genau so wahr zu sagen, daß Gott die Welt erschafft, wie zu behaupten, daß die Welt Gott erschafft« (621). Denn Gott ist beides: Integral alles Möglichen und damit causa finalis des Wirklichkeitsprozesses und Integral des jeweils Wirklichen und damit causa efficiens des Wirklichkeitsprozesses. Und er ist beides genau so, daß er sich beständig im Übergang zu einer immer vollständigeren Realisierung seiner selbst befindet, indem er bestimmtes Mögliches wirklich werden läßt und als Wirkliches in seinem eigenen Verwirklichungsprozeß aneignet.

Die problematische Pointe dieses Gedankengangs ist, daß Whitehead den Gesamtprozeß der Wirklichkeit als ein wirkliches Einzelwesen denkt und mit Gott in seiner Folgenatur gleichsetzt: »Die Folgenatur ist die fließende Welt, die durch ihre objektive Unsterblichkeit in Gott ›immerwährend‹ wird« (620; vgl. 80). Damit wird zwar verständlich, warum er Gott im Unterschied zu den »wirkliche[n] Einzelwesen der zeitlichen Welt« bzw. wirklichen Ereignissen (175) als ein nicht-zeitliches wirkliches Einzelwesen (80.185; vgl. Ford, 1973) bezeichnet: Gott ist der universale Erfassensakt, der alle wirklichen Ereignisse in einem permanenten »Prozeß der Konkretisierung« (Whitehead, 1984b, 80) seiner selbst in sich einbezieht, ohne selbst ein wirkliches Ereignis und damit in der Zeit zu sein (vgl. Ford, 1968). Doch zum einen wird damit in paradoxer Weise ein nichtzeitlicher Werdensprozeß mit zeitlichen Phasen angenommen. Zum anderen ist die Frage, ob sich die Totalität des Wirklichkeitsprozesses überhaupt in dieser Weise als ein Einzelwesen verstehen läßt. Denn entweder ist Gott dann wie dieser Prozeß beständig im Werden, also nie ganz präsent, oder aber er ist mit dieser sich ständig verändernden Totalität zwar immer präsent, scheint sich dann aber – wie Hartshorne formuliert – in »a succession of deities« (1981, 21) aufzulösen. Whitehead versucht das zu vermeiden, indem er Gott wie diese Totalität zwar als stets präsent, aber auch sich beständig verändernd denkt. Doch genau das scheint mit seinem Begriff des wirklichen Einzelwesens nicht vereinbar zu sein: Wirkliche Einzelwesen können nur werden, sich aber niemals verändern. Soll Gott daher als wirkliches Einzelwesen gedacht werden, kann er sich nicht verändern; soll er als sich verändernd gedacht werden, kann er kein wirkliches Einzelwesen sein (gegen Hogan, 1972; Kraus, 1979, 163 ff; zu weiteren damit verbundenen Problemen vgl. Welker, 1981, 133 ff).

Charles Hartshorne hat daher vorgeschlagen, Whiteheads Gott nicht als wirkliches Einzelwesen, sondern als eine personal geordnete Serie wirklicher Einzelwesen zu denken (1950, 31 ff; 1969, 578; 1972, 89 f; vgl. auch Cobb, 1965, 188–192). Er beruft sich dafür auf Gespräche Whiteheads mit A. H. Johnson, in denen Whitehead Gott als eine lineare Folge zeitlicher Ereignisse bezeichnet habe (Hartshorne/Reese, 1953, 247; Hartshorne, 1981, 21). Das hat zweifellos den Vorteil, daß man Gott nunmehr – was sonst gerade problematisch ist – prozeßphilosophisch als Person charakterisieren kann, also als eine Gesellschaft wirklicher Einzelwesen, die durch genetische Relationen in eine serielle Ordnung gebracht ist (Whitehead, 1984b, 85.178). Die Folge ist freilich, daß man dann von Whiteheads Gleichsetzung Gottes mit dem Gesamtprozeß der Wirklichkeit abrücken muß. Darf dieser Prozeß kreativen Fortschreitens doch, wie er ausdrücklich betont, »nicht im Sinne eines einzigen seriellen Fortschreitens interpretiert werden« (86). Gerade das aber müßte man tun, wenn man ihn mit einem als Person verstandenen Gott gleichsetzt.

Das Problem läßt sich nur durch eine Korrektur des Whiteheadschen Ansatzes lösen, die weit entschiedener als er zwischen der Totalität des Wirklichkeitsprozesses und der Universalität Gottes (vgl. Hartshorne, 1972b, 60 f; 1972a, 36 f.28 f; 1972c, 82.86–89) und damit auch zwischen Welt und Gott (Gilkey, 1959; Neville, 1968), »principles« und »physical actualities« (Leclerc, 1984, 135 f), Gott und Himmel (Welker, 1981, 130 ff) unterscheidet. In Whiteheads Konzeption unterscheidet sich Gott von der Welt allein dadurch, daß er nicht nur die Gesamtheit des jeweils Wirklichen, sondern auch die Gesamtheit alles Möglichen in der bipolaren Struktur seiner Folgenatur und Urnatur integriert: Er ist dasjenige wirkliche Einzelwesen, das nicht nur einige, sondern alle wirklichen Einzelwesen, und nicht nur einige, sondern alle Potentialitäten für wirkliche Einzelwesen in seinen Werdensprozeß einbezieht. Eben deshalb aber ist seine Einzigartigkeit rein logisch konstruierbar: Gott ist wie die Welt ein logisch konstruierter Totalitätsbegriff, im Unterschied zur Welt aber nicht nur der Begriff der Totalität des Wirklichen, sondern eben auch des Möglichen.

Im Blick auf diesen logisch als universale Totalität des Wirklichen und Möglichen bestimmten Gott gilt nun aber kosmologisch ein Dreifaches: Zum einen wird dieser Gott durch die jeweilige Gesamtheit alles Wirklichen (zu der er immer auch selbst gehört) bewirkt, ist also Produkt des Schöpfungsprozesses (Whitehead, 1984b, 625), der seine causa efficiens ist. Zum anderen konkretisiert er die jeweilige Gesamtheit physisch vorgegebener Daten, indem er sie im Licht der Gesamtheit zeitloser Gegenstände in je spezifischer Weise als causa formalis in seinen eigenen »Vervollständigungsprozeß« (617) aufnimmt. Zum dritten aber ist eben dieser »von Gottes subjektivem Ziel« (ebd.) als seiner causa finalis gesteuert, das – aufgrund »der Vollständigkeit seiner Urnatur« – niemals mit einer nur partiellen Realisierung des Möglichen, sondern allein deren »Vollkommenheit« (ebd.) erreicht ist. Gerade die aber, also das »vollkommene . . . System« der Wirklichkeit und die »Harmonie universellen Empfindens« (ebd.), ist aufgrund der Inkompatibilitäten realisierter Possibilitäten nie als »statische Vervollständigung« (622) zu erreichen, sondern immer nur im permanenten »kreativen Fortschreiten ins Neue« (ebd.), da kein »Zustand der Ordnung« so ist, »daß darüber hinaus kein Fortschritt mehr möglich wäre« (214). Der Wirklichkeitsprozeß und damit auch der Vervollständigungsprozeß Gottes ist infolgedessen immerwährend und nicht abschließbar: Die Einheit der Wirklichkeit ist nur denkbar als Prozeß und Realität, der Prozeß der »Vergottung der Welt« nur vollziehbar in der Doppelbewegung einer immer vollkommeneren Aktualisierung der Potentialitäten der göttlichen Urnatur in wachsender »physischer Vielheit« und einem gleichzeitigen Streben der mannigfaltigen Wirklichkeiten der Welt »nach vollkommener Einheit« (622) in der Folgenatur Gottes. Eben deshalb läßt sich der Prozeß der Vervollständigung Gottes aber auch als Prozeß der wachsenden Integration seiner Urnatur und Folgenatur beschreiben, freilich nicht im Sinn der Aufhebung ihrer Differenz, sondern im Sinn der immer vollkommeneren Entsprechung beider Naturen, durch die »er die Mangelhaftigkeit seiner bloß begrifflichen Wirklichkeit ausgleicht« (623). Der zuweilen gegen Whitehead erhobene Vorwurf, er rede eigentlich von zwei Göttern, wenn er von den beiden göttlichen Naturen spricht (vgl. Mahoney, 1974, 13), trifft daher allenfalls zu, wenn man seine Theorie Gottes von seiner Theorie der Welt abstrahiert und nicht beachtet, daß gerade der Wirklichkeitsprozeß die Einheit Gottes in seinen beiden Naturen konstituiert.

Doch – und daran zeigt sich wiederum die kosmologische Notwendigkeit der theoretischen Theologie Whiteheads – auch das Umgekehrte ist zu behaupten: Es ist genau der permanente Vervollständigungsprozeß Gottes, der die Einheit der Welt konstituiert. Denn ohne den Rekurs auf den logisch als universales Integral alles Wirklichen und Möglichen konstruierten Gott gibt es keinen Grund, bei der kosmologischen Anwendung des ontologischen Kategorienschemas auf unsere Erfahrungswirklichkeit mit einem auf Einheit konvergierenden Gesamtprozeß und nicht eher mit einer immer inkompatibler werdenden Mannigfaltigkeit von Wirklichkeitsprozessen und wirklichen Welten zu rechnen. Die Einheit der Welt wird also über den einen Gott und nicht die Einheit Gottes über die eine Welt gedacht: Die Welt ist ständig im Begriff, eine Einheit zu werden (1984b, 623), indem sie beständig in Gottes Folgenatur eingeht und diese so zu einer immer größeren Entsprechung zu seiner Urnatur führt. Whiteheads Kosmologie erfordert dementsprechend eine theoretische Theologie, um die Einheit nicht nur des faktischen, sondern jedes möglichen Wirklichkeitsprozesses als Ganzen erklären zu können. Doch was spricht denn dafür, dem Wirklichkeitsprozeß eine solche Einheit zuzuschreiben? Ein aposteriorisches Erfahrungsdatum ist sie nicht und kann sie auch gar nicht sein. Sie ist vielmehr eine von Whitehead apriorisch bei der kosmologischen Anwendung seines Kategorienschemas auf unsere Erfahrungswirklichkeit gemachte Unterstellung, die weder von diesem Schema noch von der Erfahrung her notwendig ist und zu deren Rechtfertigung er – in einer an Kants Ideal der reinen Vernunft gemahnenden Weise – zum Rekurs auf Gott genötigt wird. Gott wird damit aber nicht als Grund zur Erklärung eines Aspekts unserer Erfahrungswirklichkeit, sondern als Grund zur Erklärung einer bestimmten Interpretation unserer Erfahrungswirklichkeit in Anspruch genommen: Er ist das von Whiteheads Kosmologie erforderte Metaprinzip, das deren Unterstellung der Einheit der wirklichen Welt theologisch chiffriert.

In eben dieser Funktion, die kosmologisch unterstellte Einheit des Gesamtprozesses der Wirklichkeit zu garantieren und denkbar zu machen, erschöpft sich aber auch Whiteheads theoretische Theologie: Alle von ihm angedeuteten Aussagen über Gott sind variierende Beschreibungen eben dieser Funktion. Gott ist Garant der Einheit des Wirklichkeitsprozesses, indem er durch sein begriffliches Empfinden alles Wirkliche inauguriert und ordnet und durch sein physisches Empfinden an allem Wirklichen partizipiert und eben so immer vollkommener das wird, was er ist. Das erlaubt zwar analytisch auf die Kompatibilität alles Wirklichen in diesem Prozeß zu folgern und so dessen globale Harmonie zu behaupten. Es gestattet aber letztendlich keinerlei Aussagen über die spezifische Qualität dieser Harmonie und über den Charakter des Ziels und Prozesses, in dem Gott sich verwirklicht, die mehr besagten, als daß die Welt eine und Gott letztlich alles in allem sein wird. Nicht von ungefähr tritt daher das ästhetische Moment in Whiteheads theoretischer Theologie auffällig in den Vordergrund (1971, 462ff), ohne freilich über ein an die Physikotheologie der Aufklärungszeit gemahnendes doxologisches Pathos der Schönheit von möglichst großer Mannigfaltigkeit bei immer noch größerer Ordnung hinauszuführen: »Es geht bei der Schönheit ... um die wechselseitigen Beziehungen zwischen den verschiedenen Komponenten der Wirklichkeit«

(462). Ob etwas »gut oder schlecht« ist, bemißt sich einzig daran, ob es »die Ordnung fördern oder zerstören« kann (348). Alle von Whitehead bemühten Bilder, seine Rede von Gottes »zärtliche[r] Fürsorge dafür, daß nichts verloren geht« (618), von der »Weisheit, die alles verwendet, was in der zeitlichen Welt bloß Trümmer ist« (ebd.), von der »unendlichen Geduld« Gottes (ebd.), der als »Poet der Welt« und als »der Leidensgefährte, der versteht« (626), die Welt »mit zärtlicher Geduld durch seine Vision von der Wahrheit, Schönheit und Güte« leitet (618) – all diese Bilder können nicht darüber hinwegtäuschen, daß diese poetisch beschworene Vision von der Wahrheit, Schönheit und Güte Gottes sich darin erschöpft, die Permanenz des Wirklichkeitsprozesses, die nie zum Erliegen kommende Aktualisierung der Fundamentalstruktur *Aus vielem wird ein Neues* auf der Ebene individueller Konkretionsprozesse wie auch auf der Ebene des Gesamtprozesses der Wirklichkeit zu behaupten: Alle wirklichen Ereignisse, alles was geschieht und damit auch alle Mißerfolge, Halbheiten und Gegensätze sind Elemente des Prozesses, zu dessen Fortschreiten sie ihren unverwechselbaren Beitrag leisten. Sie sind eben dadurch gerechtfertigt und ›gerettet‹, daß sie in Gottes Folgenatur eingegangen sind und zu deren Konstitution beigetragen haben (vgl. ebd.). Denn das »elementare Übel in der zeitlichen Welt … liegt in der Tatsache, daß die Vergangenheit schwindet, daß Zeit ein ›stetiges Vergehen‹ ist« (609). Es ist dementsprechend überwunden, wo das Vergängliche in Gottes Folgenatur unvergänglich aufbewahrt wird. Gott ›erlöst‹ daher, indem er das Wirkliche vereinheitlicht: Der faktische Wirklichkeitsprozeß ist der Erlösungsprozeß.

Wie *Gott* daher nichts anderes als Chiffre für die bleibende Einheit des Wirklichkeitsprozesses ist, so ist *Heil* nichts anderes als Chiffre für das Einbezogensein in den Wirklichkeitsprozeß, der »immer unmittelbar, immer vieles, immer eins ist, immer aufs Neue fortschreitet, sich fortbewegt und niemals vergeht« (617; vgl. Pailin, 1984, 286 f).

3. Die Rechtmäßigkeit theoretischer Theologie

Man muß sich diese soteriologische Dürftigkeit der theologischen Vision Whiteheads vor Augen halten, wenn man sich der Frage zuwendet, warum er das Einheitsprinzip des Wirklichkeitsprozesses gerade Gott nennt (vgl. Ely, 1942; vgl. dazu Loomer, 1971; Hartshorne, 1953, Kap. 14; 1972d; van der Veken, 1984). Darauf sind im wesentlichen zwei Antworten zu geben:

Zum einen deshalb, weil dieses ›Gott‹ genannte Prinzip in Whiteheads Selbstreferenz-Metaphysik eine funktionale Entsprechung mit dem ›Gott‹ genannten Prinzip in der aristotelischen Referenz-Metaphysik hat: Wie jenes ist es ein kosmologisch notwendiges und ontologisch mögliches Prinzip, das sich nur in der Zusammenschau mathematischer bzw. logischer Konstruktion und (meta)physischer Applikation zureichend thematisieren läßt. Man könnte dies den spekulativen Grund für diese Benennung nennen.

Zum anderen aber gibt es auch einen spezifisch religiösen Grund, insofern Whitehead mit seinem ›Gott‹ genannten Prinzip im Unterschied zum klassischen Aristotelismus auch das Postulat der religiösen Adäquatheit zu erfüllen beansprucht, indem er es so charakterisiert, daß es wesentliche Charakterzüge des »im galiläischen Ursprung des Christentums« (Whitehead, 1984b, 612) zur Darstellung gekommenen Gottesverständnisses reproduziert. Dieser zweite Grund ist kurz etwas genauer zu betrachten.

Ausdrücklich kritisiert Whitehead die – nicht nur in der westlichen – »Zivilisation« dominierenden drei theologischen »Denkrichtungen«, die Gott – wie die »göttlichen Kaiser« – »nach dem Bild eines Reichsherrschers« oder – wie die »hebräischen Propheten« – »nach dem Bild einer Personifizierung moralischer Energie« oder – wie »Aristoteles« – »nach dem Bild eines philosophischen Grundprinzips darstellen« (ebd.). Ihnen allen stellt er das »im galiläischen Ursprung des Christentums« kurz aufgeflackerte Gottesverständnis entgegen, das diesen als den »langsam und in aller Stille durch Liebe« Wirkenden (613) begriff. Gott ist kein autokratischer Herrscher und kein moralischer Gesetzgeber, sondern in seinem höchsten in der Religion erreichten Verständnis – wie Whitehead in *Religion in the Making* detailliert entfaltet (vgl. Welker, 1985a, 287ff; 1981, 124ff) – der geduldige Begleiter, der das Universum in ein Reich unendlicher Freiheit und unendlicher Möglichkeiten transformiert (1927, 139f), indem er alles Wirkliche in die vollständige ideale Harmonie integriert, die er selbst ist (141f). Dieses Moment des geduldigen und stillen, aber unwiderstehlichen Wirkens der göttlichen Liebe in der Welt glaubt Whitehead in seiner Beschreibung des Prinzips, das die Einheit des Gesamtprozesses der Wirklichkeit stiftet, durch seine begrifflichen Anreize zu immer neuer Verwirklichung in Kontinuität mit dem schon Wirklichen und durch seine physische Partizipation an allem Wirklichen, adäquat – oder doch adäquater als in allen verfügbaren Alternativen – konzeptualisiert zu haben, und eben darum nennt er es *Gott*.

Doch genau diese Adäquatheit ist zu bestreiten. Whiteheads theoretische Theologie bleibt bei einer Beschreibung der kosmologischen Funktion Gottes im Rahmen seiner Selbstreferenz-Metaphysik stehen und stößt zu keiner inhaltlichen Entwicklung des Gottesgedankens vor. Statt einer begrifflich klaren Theorie der göttlichen Eigenschaften findet sich nur eine Vielzahl von Bildern und Metaphern, die zwar mancherlei assoziative Anschlüsse suggerieren, bei genauerer Betrachtung aber nur auf immer neue Weise den einen Gedanken der einheitsstiftenden Funktion Gottes für den kosmologischen Wirklichkeitsprozeß variieren. Es gibt keinen Grund, Whiteheads Rede von Gottes Liebe, Güte und Weisheit einen Sinn zuzuschreiben, der die Feststellung überschreitet, daß der Wirklichkeitsprozeß permanent so weitergeht, daß aus vielem Wirklichen durch Aktualisierung

von bestimmtem Möglichen ein Neues in der kontrastreichen Einheit der
einen Welt wird. So ist Gottes Liebe für Whitehead einerseits der göttliche
Eros, alle möglichen von ihm erfaßten Ideale zu je ihrer Zeit einer endlichen
Realisierung zuzuführen (1971, 481), andererseits die universale Sympa-
thie, die alles, was»in der Welt getan wird . . . in eine Realität des Himmels«
verwandelt und »die Realität des Himmels . . . wieder . . . in die Welt«
übergehen läßt (1984b, 626). Seine Güte ist die unendliche »Geduld Gottes
. . . der das Durcheinander der vermittelnden Welt durch die Vervollständigung seiner eigenen Natur zärtlich rettet« (618). Und seine Weisheit, die
»alles verwendet, was in der zeitlichen Welt bloß Trümmer ist«, »besteht in
der geduldigen Ausübung der überwältigenden Rationalität seiner begrifflichen Harmonisierung« (ebd.). Denn das »elementare Übel in der zeitlichen
Welt« ist die Vergänglichkeit alles Wirklichen, und das Wirkliche ist ver-
gänglich, weil die »Natur des Übels« darin besteht, »daß sich die Eigenschaften der Dinge gegenseitig ausschließen. Daher verlangen die Tiefen des
Lebens nach einem Selektionsprozeß« (609), der zur sukzessiven Überführung aller inkompatiblen Momente der Wirklichkeit in die objektive Unsterblichkeit ihres gemeinsamen Beitrags zum Verwirklichungsprozeß Gottes führt. In diesem ist die Vielfalt aller Gegensätze durch die »Einführung
vermittelnder Elemente« in »einer komplexen Harmoniestruktur« integriert
(ebd.), in der alles»durch seine Relation zu dem vollendeten Ganzen gerettet« (618) ist.

Doch die damit thematisierte Vision einer »Teleologie des gesamten
Universums«, die »auf das Hervorbringen von Schönheit ausgerichtet« ist
(1971, 462), ist so formal auf die universale und unvergängliche Vermittlung von Gegensätzen konzentriert, daß sie in der funktionalen Harmonie
des Bösen ebenso wie in der des Guten ihre Erfüllung finden könnte.
Whiteheads Behauptung, das »kingdom of heaven« sei »not the isolation of
good from evil«, sondern »the overcoming of evil by good« (1927, 139),
bleibt ganz unausgewiesen. Daß dies und nicht das Umgekehrte der Fall ist,
wäre gerade zu zeigen, und das Problem des Bösen ist so nicht zu lösen (vgl.
Madden/Hare, 1968). Whiteheads in der »letzte[n] Anwendung der Lehre
von der objektiven Unsterblichkeit« (1984b, 626) zum Ausdruck gebrachte
metaphysische Hoffnung auf universale Harmonie aller konfligierender
Wirklichkeitsprozesse in der als Einheit begriffenen Welt erschöpft sich in
der Erwartung einer organischen Integration aller Gegensätzlichkeiten, die
nicht nur oberflächlich an den funktionalen Kunstwerkgedanken der Auf-
klärungskosmologie erinnert. Wie diese ist daher auch sie dem Einwand
Kants ausgesetzt, daß die harmonische Ordnung der Welt allenfalls die
Kunstweisheit des Welturhebers, in keiner Weise aber dessen moralische
Weisheit zu behaupten erlaubt: Die Weisheit der Mittel für beliebige
Zwecke im Weltprozeß sagt nichts aus über die Weisheit der Zwecke des
Weltprozesses, höchste Harmonie der Kontraste ist etwas anderes als das

höchste Gut (AA VIII, 263 f). Daß Gott am Weltgeschehen partizipiert und es eben so bleibend vereinheitlicht, manifestiert so keinen dabei verfolgten göttlichen Zweck, sondern nur die damit unterstellte Einheitlichkeit dieses Prozesses, und entsprechend haben auch wir keinen anderen Zweck als den, zum Verwirklichungsprozeß Gottes beizutragen:»we exist to enhance ... the divine glory« (Hartshorne, 1976, 43). Gott setzt der Welt kein Ziel, sondern chiffriert nur ihre Einheit: Sie mag der »höchste Gipfel der Schönheit« oder »der tiefste Abgrund der Schlechtigkeit« sein (Whitehead, 1971, 456).

Wiederum zeigt sich: Gott ist nicht mehr als die Einheitsfunktion des Weltprozesses. Er partizipiert zwar an allem, aber er kontrolliert nichts, weil er sich in seiner einheitsstiftenden Funktion erschöpft (vgl. Gunton, 1978, 220 f). Selbst wenn es zutrifft, daß der Prozeß der Wirklichkeit insgesamt zu immer höherer Integration und komplexerer Ordnung der Welt führt, bleibt doch völlig offen, ob diese als harmonische Integration des Bösen in das Gute oder des Guten in das Böse zu begreifen ist. Die wachsende ästhetische Vollkommenheit des Wirklichkeitsprozesses in seiner permanenten Objektivierung im göttlichen Verwirklichungsprozeß erlaubt daher keinerlei Schluß auf dessen Heilsamkeit oder Heillosigkeit. Läßt sie doch nicht nur im Dunkeln, ob Gott Gutes will, sondern schließt geradezu aus, daß Gott überhaupt etwas will, was die permanente Transformation von Unbestimmtheit in Bestimmtheit in der Einheit eines universalen Prozesses überschreitet, die er chiffriert: »In den Grundlagen seines Seins ist Gott genauso gleichgültig gegenüber der Erhaltung wie gegenüber dem Neuen«. Er hat nur ein Ziel: »die Vervollkommnung seines eigenen Seins« (Whitehead, 1984 b, 205) durch Hervorrufen und Vereinheitlichen des Wirklichkeitsprozesses in unerbittlichem »Zielen auf ›Ordnung‹« (446).

Doch genau so könnte auch ein universaler Dämon charakterisiert werden. Denn – wie Whitehead sieht, ohne daraus Konsequenzen zu ziehen: »Diese Funktion Gottes ähnelt dem unbarmherzigen Wirken der Dinge im griechischen und buddhistischen Denken« und könnte ebenso »als Atè, die Göttin des Unheils, personifiziert werden« (ebd.). Nicht die Funktion, die Whitehead Gott in seinem System zuspricht, sondern die Benennung dieser Funktion als Gott scheint daher die positive Metaphorik seiner theoretischen Theologie zu motivieren. Wenn er von Gottes unendlicher Güte, Geduld, Liebe und Weisheit redet, greift er zwar traditionell mit diesem assoziierte Eigenschaften auf, vermag diese aber nur rein metaphorisch zu verwenden, weil ihr Verständnis nicht aus der Funktion des von ihm ›Gott‹ genannten universalen Konkretionsprinzips in seinem System gewonnen, sondern mit dem Gottesbegriff von einem anderen Zusammenhang her in dieses eingetragen ist (vgl. Peden, 1981, 90).

Die von ihm postulierte religiöse Adäquatheit dieser Benennung bleibt damit aber ganz unausgewiesen und muß es jedenfalls so lange auch bleiben, wie die metaphorisch in Anspruch genommenen Eigenschaften Gottes prozeßphilosophisch nicht konkretisiert und auf mehr als nur vage und assoziative Weise in die theoretische Theologie der Prozeßphilosophie einbezogen sind.

Ich fasse zusammen: Whiteheads Ansätze zu einer theoretischen Theologie der Prozeßphilosophie erschöpfen sich in dem, was er aufgrund der von ihm verfolgten kosmologischen Interessen von diesem ›Gott‹ genannten Prinzip sagen muß: daß es Grund der Möglichkeit, Wirklichkeit und Einheit des universalen Konkretionsprozesses der Welt ist. Seine Theologie ist die kosmologisch begründete Theorie eines Welt-Gottes. Eine über Andeutungen hinausgehende Entfaltung dieser theoretischen Theologie findet sich bei ihm nicht. Im einzelnen hat mein Rekonstruktionsversuch zu zeigen versucht,

– daß im Hinblick auf die unterstellte kosmologische Notwendigkeit bei Whitehead zumindest ein problematisches Begründungsdefizit vorliegt;
– daß seine Konstruktion des Gottesbegriffs in Schwierigkeiten führt, da sie nicht klar genug zwischen der Totalität des Wirklichkeitsprozesses und der Universalität Gottes differenziert; und
– daß seine Behauptung der größeren religiösen Adäquatheit seiner Gotteskonzeption im Vergleich mit den Entwürfen der Tradition bei ihm selbst nicht eingelöst wird.

Eine Fortentwicklung des prozeßphilosophischen Ansatzes theoretischer Theologie hätte daher *erstens* die in Anspruch genommene Existenz Gottes argumentativ zu begründen; *zweitens* eine prozeßphilosophisch fundierte Theorie von den Eigenschaften Gottes zu entwickeln; *drittens* zu zeigen, inwiefern die anvisierte Einheit und universale Harmonie des Wirklichkeitsprozesses eine positive Zielvorstellung ist, die in mehr als nur die Integrität eines Ganzen beschwörender Weise von Gottes Liebe, Güte und Weisheit zu sprechen rechtfertigt; und *viertens* die religiöse Adäquatheit dieses Gottesverständnisses überzeugender darzulegen.

Alle vier Problembereiche gehören zu den zentralen Arbeitsfeldern Charles Hartshornes, der den prozeßphilosophischen Ansatz damit folgerichtig fortzuentwickeln sucht. War Whiteheads Thema die Welt, und hat er von Gott nur insofern gesprochen, als seine kosmologischen Interessen es erforderlich machten, so ist Hartshornes Thema Gott, und bei ihm findet sich die bislang detaillierteste Ausarbeitung der theoretischen Theologie der Prozeßphilosophie (vgl. James, 1967; Gragg, 1973). Das unterschiedliche Grundinteresse führt allerdings zu einem von dem Whiteheads folgenreich verschiedenen Ansatzpunkt seiner Theorie Gottes, der einige der bei Whitehead offen gebliebenen Probleme weiterzuentwickeln erlaubt: Aus Whiteheads Theorie der Welt und des darin implizierten Welt-Gottes, wird bei ihm eine Theorie Gottes und der darin implizierten Gott-Welt. Damit bemüht sich Hartshorne im Unterschied zu Whitehead ausdrücklich um den Nachweis der religiösen Adäquatheit der prozeßphilosophischen Gotteskonzeption, indem er diese nicht als Implikat der Kosmologie, sondern als konsequente Entfaltung des religiösen Gottesgedankens konzipiert. Das ist im folgenden Kapitel ausführlicher zu zeigen. Faktisch kommt es damit zu einer theistischen Rekonstruktion der Prozeßphilosophie, in der zwar die wichtigsten Einsichten Whiteheads verarbeitet und manche seiner Unklarheiten vermieden werden, die aber in Ansatz und Durchführung einen eigenständigen und – wie ich meine – für Theologen interessanteren Entwurf darstellt. Die gegenwärtig beginnende Rezeption prozeßphilosophischen Denkens in der deutschen Theologie sollte sich daher auf das Studium Hartshornes, nicht Whiteheads konzentrieren. Sie wird mehr davon haben.

The One Who is Worshipped

Erwägungen zu Charles Hartshornes Versuch, Gott zu denken

Gott zu denken gehört zu den unvermeidlichen, aber – so lehrt die Geschichte – auch scheinbar unvermeidlich *aporetischen* Aufgaben der Theologie. Denn wird – wie man lange überzeugt war – Gott wirklich *gedacht* nur im *Begriff*, wie sollen wir dann von Gott, der doch größer ist, als daß er begriffen werden könnte, überhaupt einen Begriff bilden, ihn also denken können?

Diese Aporie markiert Problemfeld und Denkhorizont einer großen Tradition theologischer und philosophischer Arbeit am Gottesbegriff bis in unsere Tage. An der Schwelle zur Neuzeit wurde sie von Cusanus in seinem Dialog ›Idiota de Sapientia‹ klassisch formuliert und fand dort auch ihre – in den idealistischen Denkversuchen dann kulminierende – klassische Antwort: Begriffen wird Gott nur durch das Begreifen dieser Aporie, durch das – wie Cusanus formuliert – Bilden des Begriffs vom Begriff (1967, 454ff), durch den Versuch also, den unbegreifbaren Gott auf dem Boden dieser Aporie in Gestalt eines aus ihr sich ergebenden notwendigen Grenz- und Grundbegriffs wenigstens näherungsweise zu denken.

Dieser klassische Versuch, Gott als notwendigen Grenz- und Grundbegriff der Aporien unseres Seins und Begreifens überhaupt zu denken, ist nach dem Zusammenbruch der idealistischen Synthesen von Theologie und Philosophie im 19. Jahrhundert in der evangelischen Theologie unseres Jahrhunderts auf verbreitete Skepsis und Ablehnung gestoßen. Gott muß, wenn überhaupt, anders gedacht werden als in der klassischen europäischen Tradition. Doch die Übereinstimmung in dieser Negation hatte in der protestantischen Theologie diesseits und jenseits des Atlantiks höchst unterschiedliche Positionen zur Folge. Plädierten die einen aus guten theologischen Gründen dafür, den Gott der Philosophen und den Gott der Theologen um der Eindeutigkeit des Glaubens willen unvermischt und unverwandelt auseinanderzuhalten, so plädierten die anderen aus nicht weniger guten theologischen Gründen dafür, um der Eindeutigkeit des Glaubens willen beide ungetrennt und ungesondert zusammenzuhalten. *Antimetaphysische Emphase* und *emphatische Neometaphysik* sind so beide markante Kennzeichen protestantischer Theologie im – um es mit einer Münchener Metapher zu sagen (Rendtorff, 1984, 97) – gegenwärtigen Spätmittelalter der

Neuzeit. Und beide manifestieren dieselbe theologische Absicht: den im christlichen Glauben bekannten Gott *adäquater* zu denken.

Das gilt ausdrücklich für Charles Hartshornes neoklassische, dem realistischen Prozeßdenken Whiteheads nahestehende Metaphysik, die exemplarisch die eine der beiden genannten Positionen repräsentiert. Sie verdient es längst, aus dem Schatten Whiteheads herausgeholt zu werden und auch bei uns bessere Beachtung zu finden. Denn so nahe sich beide Denker in vielem stehen mögen, so unterschiedlich sind ihre Entwürfe nicht nur in zahlreichen Details, sondern vor allem auch in ihrem Ansatz und in den von ihnen verfolgten Interessen. Whiteheads Thema ist die *Welt*, und er spricht von *Gott* nur, insofern es seine kosmologischen Interessen erforderlich machen. Hartshornes Thema dagegen ist Gott, und bei ihm findet sich eine prozeßphilosophische Theorie Gottes, die mehr ist als nur eine epigonale Ausarbeitung der Andeutungen Whiteheads. Sie muß in ihrer Eigenständigkeit gewürdigt werden, um ihr theologisches Potential, aber auch ihre theologische Problematik zu enthüllen.

Um dies zu zeigen, werde ich in der hier unvermeidlichen Kürze Hartshornes Bemühungen um einen realistischen Gottesbegriff und um den Aufweis der Realität des so begriffenen Gottes kritisch erörtern. Dabei werde ich in fünf Schritten vorgehen. Denn jeder Versuch, Gott zu denken, vollzieht sich in einem bestimmten Denkrahmen, bedient sich bestimmter Denkmodelle, wirft bestimmte Denkprobleme auf, hat bestimmte Konsequenzen für das Denken überhaupt und steht vor der Frage des Realitätsgehalts seines Gottesgedankens. In einem ersten Schritt werde ich dementsprechend Denkrahmen und Ansatzpunkt des Hartshorneschen Denkversuchs skizzieren, in einem zweiten das Denkmodell erörtern, dessen er sich bei seiner Ausführung bedient, in einem dritten einige Probleme markieren, die dabei entstehen, in einem vierten die Struktur seines so konzipierten Gottesbegriffs und dessen Konsequenzen für seinen metaphysischen Entwurf andeuten und in einem fünften schließlich den Kernpunkt seines Versuchs erörtern, die Realität des so begriffenen Gottes mittels einer modalen Neufassung des ontologischen Arguments zu erweisen.

I Denkrahmen und Ansatzpunkt

Es gibt nicht nur einen Begriff Gottes. Als Grenz- und Grundbegriffe in aporetischen Kontexten konzipiert gibt es Gottesbegriffe nur im Plural. Nicht jeder so konzipierte Gottesbegriff aber ist adäquat und nicht jeder möglicherweise adäquate Gottesbegriff gleich gut. Hartshorne formuliert deshalb einerseits zwei Mindestbedingungen, denen jeder adäquate Gottesbegriff genügen muß, und entwirft andererseits ein logisch vollständiges Schema aller möglichen Gottesbegriffe, um so die Wahl des besten aller möglichen Gottesbegriffe nicht der Intuition oder dem Zufall zu überlassen. Beides ist kurz zu erläutern.

1. Die beiden Mindestbedingungen für einen adäquaten Gottesbegriff – was immer sonst von ihm verlangt werden mag – lauten, daß er (1) auf den Begriff zu bringen hat, was in den aller theologischen und philosophischen Reflexion vorausgehenden religiösen Rede- und Lebensvollzügen mit ›Gott‹ zur Sprache gebracht und angesprochen wird; und daß er dies (2) so auf den Begriff bringt, daß er die in den vielfältigen religiösen Gottesvorstellungen enthaltene Gottes*idee* erfaßt, die nicht nur wie jene kontingente Geltung in unserer wirklichen Welt, sondern notwendige Geltung in jeder möglichen Welt besitzt. *Religiöse Adäquatheit* und *Nichtkontingenz* sind somit die beiden Grundforderungen an jeden möglicherweise adäquaten Gottesbegriff. Hartshorne selbst versucht diesen Bedingungen dadurch zu genügen, daß er den Begriff Gottes im Unterschied zu Whitehead nicht als Implikat der Kosmologie, sondern als konsequente Konzeptualisierung des religiösen Gottesgedankens einführt und zu entfalten sucht, indem er diejenigen Momente an ihm hervorhebt, die »on no matter what planet, and even in no matter what possible world« Geltung beanspruchen können (1967b, Kap.1). Seine Argumentation läßt sich im wesentlichen wie folgt resümieren:

Der Ausdruck ›Gott‹ fungiert in allen von Gott redenden, also theistischen Religionen als Name des Wesens, das religiöse Verehrung genießt. Gott läßt sich daher – wie Hartshorne im Anschluß an Tillich vorschlägt (1962a, 113) –, in religiösem Sinn als »the One Who is Worshipped« (1967b, 3) kennzeichnen. Um diesen Ausdruck verstehen zu können, ist der Begriff der religiösen Verehrung zu klären, und zwar so, daß die in den vielerlei Arten religiöser Verehrung mehr oder weniger sachgemäß zum Ausdruck kommende »*idea* of worship« (4) herausgearbeitet wird. Hartshorne expliziert diese Idee als »a consciously unitary response to life« (5), also als den bewußten Vollzug der für jedes Individuum konstitutiven Einheit und Ganzheit (integrity) im Gegenüber zur Realität als Ganzer. In der religiösen Verehrung machen wir uns unsere individuelle Einheit und Ganzheit bewußt, indem wir uns als Individuen der Welt als Ganzer entgegensetzen und uns auf diese als unser individuelles Gegenüber beziehen. Eben die »wholeness of the world«, die Korrelat dieses Aktes ist, ist aber Gott (6). Er ist die »cosmic wholeness« (7), die wie wir ein Individuum, im Unterschied zu uns aber nicht »nur ein Fragment der Wirklichkeit«, sondern »das einzige nichtfragmentarische Individuum« ist (6f). Mittels seiner Bestimmung der Idee der religiösen Verehrung gewinnt Hartshorne so aus der zum Ausgang genommenen religiösen Kennzeichnung Gottes den Begriff eines *kosmischen Individuums*, und eben das – so sucht er zu belegen – werde auch im Judentum, Christentum und Islam unter dem Namen ›Gott‹ verehrt (7f).

2. Dieses kosmische Individuum unterscheidet sich von allem anderen dadurch, daß es nicht fragmentarisch, sondern *vollkommen* ist (18f; vgl. 1962a, bes. 29ff). Ganz zu Recht hat die Tradition daher *Vollkommenheit* (perfectio) immer wieder als grundlegendes Gottesattribut gedacht. Dabei war klar und wurde seit Anselm auch ausdrücklich formuliert, daß Gottes Vollkommenheit nicht nur seine Überlegenheit über alles Wirkliche, sondern auch über alles Mögliche umfaßt, daß er also von nichts Wirklichem oder Möglichem übertroffen werden kann. Nicht beachtet dagegen wurde nach Hartshorne, daß auch die so als prinzipielle Unübertreffbarkeit Gottes verstandene Vollkommenheit noch in zweifachem Sinn verstanden werden kann, nämlich als seine *absolute Vollkommenheit*, derzufolge er von überhaupt nichts übertroffen werden kann, oder als seine *relative Vollkommenheit*, derzufolge er zwar von nichts von ihm Verschiedenem, wohl aber von sich selbst übertroffen werden kann (1967b, 17ff; vgl. 1941, Kap.1). Damit wird dem vollkommenen Gott nicht etwa doch wieder Unvollkommenheit, sondern im Gegenteil *Perfektibilität* zugeschrieben. Denn – und dies wird mit dieser Distinktion präzis erfaßt – Vollkommenheit *ist steigerungsfähig*, weil sie nicht nur als Gegensatz zur Unvollkommenheit, sondern als Steigerung von Vollkommenheit zu immer noch größerer Vollkommenheit gedacht werden kann.

Eben dieser fundamentalen Distinktion bedient sich Hartshorne zur Klassifikation aller logisch möglichen Gottesbegriffe in drei Haupttypen, von denen einer und nur einer wahr sein kann (1971, bes. 192ff):

(1) Gott ist ein in jeder Hinsicht absolut und in keiner Hinsicht relativ vollkommenes Wesen.

(2) Gott ist ein in einiger Hinsicht absolut, in anderer Hinsicht dagegen relativ vollkommenes Wesen.

(3) Gott ist ein in keiner Hinsicht absolut, sondern in jeder Hinsicht nur relativ vollkommenes Wesen.

Der erste Typ wird exemplarisch durch den Gottesbegriff des klassischen Theismus repräsentiert, der zweite durch den neoklassischen Gottesbegriff des Prozeßdenkens, der dritte durch die Begriffe endlicher Götter in polytheistischen Religionen. Hartshornes Option für den zweiten Typ gründet in seiner Überzeugung, daß dieser den partiellen Wahrheitsgehalt der beiden anderen Typen in sich vereinigt, ihre Mängel vermeidet und das religiöse Gottesverständnis, wie er es mittels des Begriffs des *kosmischen Individuums* expliziert hat, sachgemäßer als sie wiederzugeben erlaubt. Um die Stichhaltigkeit dieser Überzeugung prüfen zu können, müssen wir in einem zweiten Schritt diesen Grundbegriff des Hartshorneschen Versuchs, Gott zu denken, genauer ins Auge fassen.

II Individuum als Denkmodell

Hartshorne gewinnt den Begriff des kosmischen Individuums auf dem Weg der Explikation der religiösen Kennzeichnung Gottes als »the One Who is Worshipped«. Dabei scheint er die Welt bzw. die Wirklichkeit in ihrer Gesamtheit als Individuum zu begreifen und dieses mit dem Individuum, das er als Korrelat des Aktes religiöser Verehrung einführt, zu identifizieren. Doch das ist in mehrfacher Hinsicht problematisch:

Zum einen ist die zum Ausgang genommene religiöse Kennzeichnung Gottes viel zu unbestimmt, um identifizierende Funktion haben zu können. Sie mag nur auf Individuen zutreffen, da nur diese religiös verehrt werden können, aber diese nur funktional als solche zu kennzeichnen, die religiös verehrt werden, klärt nicht darüber auf, für welche Individuen das nun gilt. Ohne Näherbestimmung vermag mit ihr daher kein Individuum identifiziert zu werden. Darüber hinaus erfaßt sie allenfalls ein notwendiges, aber kein hinreichendes Moment des religiösen Gottesverständnisses, so daß Gott mit ihr zwar charakterisiert, aber nicht individuiert werden kann. Taugt diese funktionale Kennzeichnung aber weder zur Identifikation noch zur Individuation Gottes, dann läßt sich aus ihrem Zutreffen auf ein jeweils als Gott identifiziertes Individuum nicht die Identität der jeweils als Gott identifizierten Individuen ableiten: Selbst wenn in jeder theistischen Religion Gott derjenige ist, der verehrt wird, folgt daraus keineswegs, daß es derselbe Gott ist, der in allen Religionen verehrt wird. Das Problem der zum Ausgang genommenen Kennzeichnung Gottes ist also, daß sie gerade das vernachlässigt, worauf es jeder Religion vor allem ankommt: daß sie einen Gott und zwar einen *bestimmten Gott* verehrt.

Zum andern scheint Hartshorne den als Angelpunkt seiner Argumentation fungierenden Begriff der *religiösen Verehrung* in doppelter Weise zu verwenden, insofern er einerseits *Gott*, andererseits die *kosmische Ganzheit* als das objektive Korrelat dieses Aktes angibt. Doch damit würde unterstellt, was zu zeigen wäre: daß Gott und die kosmische Ganzheit und damit Gottesverehrung und Kosmosverehrung dasselbe sind. Doch wenn Gott der Bezugsgegenstand religiöser Verehrung ist und wenn ihn zu verehren heißt, die eigene Einheit und Ganzheit in bezug auf ihn in einem bewußten Akt zum Ausdruck zu bringen, dann läßt sich allenfalls sagen, daß die kosmische Ganzheit *als* oder *wie* Gott verehrt wird (wenn sie das wird), aber nicht, daß Gott und die kosmische Ganzheit dasselbe sind.

Die entscheidende Frage ist also, was Hartshorne unter ›kosmischer Ganzheit‹ versteht. Wenn er damit wie Whitehead die Totalität der die Wirklichkeit konstituierenden Prozesse meint, wie kann er sie dann überhaupt sinnvoll als Individuum behandeln? Und warum nennt er die als Individuum bestimmte kosmische Ganzheit ›Gott‹ und nicht z.B. ›Natur‹? Hartshorne sieht beide Fragen (1967b, 37ff.6), setzt sich aber vor allem mit der ersten auseinander. Die zweite Frage scheint für ihn – wohl aufgrund der auf die erste Frage gegebenen Antwort – ein Streit um Worte zu sein: Ein Individuum, das seine »Gesamtumgebung« als Einheit und damit als Individuum erfährt, erfährt eben damit Gott (6). Sind ›Gott‹ und ›Natur‹ in diesem Fall aber nur verschiedene Worte für denselben Sachverhalt, dann darf – um wenigstens auf eines der damit entstehenden Folgeprobleme hinzuweisen –, wenn von Gottes Liebe, Wissen oder Leiden die Rede ist, diesen Wendungen nicht mehr Bedeutung unterlegt werden, als sich der Rede von der Liebe, dem Wissen oder dem Leiden der Natur abgewinnen läßt. Doch das sind Fragen, die Hartshornes Theorie der göttlichen Eigenschaften betreffen. Hier ist vor allem seine Auseinandersetzung mit der ersten und grundlegenderen Frage ins Auge zu fassen.

Daß von der kosmischen Ganzheit als Individuum zu sprechen möglich und nicht sinnlos ist, versucht Hartshorne dadurch zu zeigen, daß er – und das führt auf sein gegenüber Whiteheads Orientierung am *Erfahrungsakt* (vgl. oben 161 ff) wesentlich anderes Denkmodell interagierender Individuen – einen für alle Individuen gültigen Individuenbegriff spezifiziert, dann die differentia specifica zwischen den Individuen und dem kosmischen Individuum benennt und Kriterien zu ihrer Unterscheidung formuliert, und schließlich Gründe nennt, warum zwischen Individuen und dem kosmischen Individuum überhaupt unterschieden werden muß (37 ff).

Individuen sind ihm zufolge *Interaktionsinstanzen*, also alles, was »als eines handelt und als eines auf die Handlungen anderer reagiert« (39). Das gilt in den makroskopischen Wirklichkeitsbereichen ebenso wie in den mikroskopischen, so daß Individuen unterschiedlicher Komplexität, Struktur und Ordnung die Wirklichkeit als ein komplexes Gefüge vielfältiger Interaktionsnetze aufbauen. Alle Wirklichkeit ist durch Interaktionsverhältnisse zwischen Individuen konstituiert, die Gesamtheit der Interaktionsverhältnisse ist die (jeweilige) Gesamtwirklichkeit und diese ist ein komplexer, sich permanent verändernder sozialer Prozeß (vgl. 1953). Während nun alle Individuen mindestens mit einigen anderen interagieren und insofern fragmentarische Individuen sind, läßt sich logisch ein Individuum denken, das nicht nur mit einigen, sondern mit allen Individuen interagiert und insofern ein *universales Individuum* ist (38 ff). Alle Individuen interagieren dann aber nicht nur mit einigen anderen Individuen, sondern immer auch mit diesem universalen Individuum (1967b, 63 f). Und eben dieses universale Individuum, das das objektive Korrelat der Einheit eines jeden Individuums und damit realer Interaktionspartner aller Individuen ist, nennt Hartshorne ›Gott‹.

Die Gesamtwirklichkeit ist infolgedessen nicht nur die jeweilige Gesamtheit der Interaktionsverhältnisse zwischen fragmentarischen Individuen, sondern die Gesamtheit von deren Interaktionen untereinander *und* ihrer jeweiligen Interaktion mit dem universalen Individuum. Dieses ist ihr »Existenzprinzip« (36), das sie durch Überführung aus dem Modus der Möglichkeit in den Modus der Wirklichkeit als Individuen überhaupt erst konstituiert und in den Interaktionszusammenhang des Wirklichkeitsprozesses eintreten läßt.

Damit kann der Begriff der kosmischen Ganzheit aber in zweifacher Hinsicht verstanden werden: Betrachtet man die Gesamtwirklichkeit unter dem Gesichtspunkt der Gesamtheit der sie konstituierenden Interaktionsverhältnisse, kommt sie als die *Totalität der Welt* in den Blick. Betrachtet man sie dagegen unter dem Gesichtspunkt der in aller Interaktion zwischen fragmentarischen Individuen mitgesetzten gemeinsamen Interaktion mit dem universalen Individuum, dann kommt sie als *Universalität Gottes* in den Blick. Genau in der klaren Unterscheidung dieser beiden Ganzheitsperspektiven besteht der Fortschritt der Konzeption Hartshornes gegenüber der von Whitehead skizzierten Theorie Gottes. Erst sie macht verständlich, warum er den Begriff der religiösen Verehrung in der beschriebenen Weise mit dem Begriff der kosmischen Ganzheit in Verbindung bringen kann und erlaubt, ernsthaft von einem universalen *Individuum* zu sprechen, das von allen fragmentarischen Individuen genau dadurch unterschieden ist, daß es in der Reichweite und in der Qualität seiner Interaktionsverhältnisse unübertrefflich (unsurpassable) ist. Erst dieser Gedanke der Unübertreffbarkeit macht nach dem von Hartshorne immer wieder beschworenen Gesetz der Polarität den Gedanken der Übertreffbarkeit, erst der Begriff einer universalen Interaktion den Begriff partieller (fragmentarischer) Interaktion verständlich (40); und erst damit wird auch nachvollziehbar, daß und wie die Vollkommenheit dieses universalen Individuums mittels des Begriffs seiner absoluten und relativen Unübertreffbarkeit expliziert werden kann.

Doch auch wenn nicht zu bestreiten ist, daß Hartshorne mit der Unterscheidung der *Totalität der Welt* und der *Universalität Gottes* eine entscheidende Präzisierung in den prozeßphilosophischen Versuch, Gott zu denken, eingeführt hat, wirft seine Argumentation doch eine ganze Reihe von Problemen auf, von denen ich wenigstens drei in einem dritten Schritt hervorheben will.

III Probleme dieses Denkversuchs

Zum ersten unterstellt Hartshorne an entscheidender Stelle seiner Argumentation, was überhaupt erst zu zeigen wäre: daß ein solches universales Individuum existiert und tatsächlich mit allen Individuen interagiert. Zunächst ist es in seiner Argumentation nicht mehr als ein logisches Konstrukt, dessen Einzigartigkeit zwar rein logisch feststeht (68), dessen Existenz aber erwiesen werden muß, ehe man es als universale Interaktionsinstanz und

Existenzprinzip aller Individuen in Anspruch nehmen kann. Zur Sicherung seines zentralen Argumentationsschritts von der Denkbarkeit eines universalen Individuums zur Behauptung der Interaktion aller Individuen mit diesem Individuum ist Hartshorne daher zu einer konzentrierten Auseinandersetzung mit den traditionellen Gottesbeweisen und ihrer Kritik gezwungen (vgl. v. a.1962; 1965; 1970; 1981). Nun liegt auf der Hand, daß ein solches universales Individuum, wenn es existiert, nicht empirisch aufgewiesen werden kann, da es als Interaktionspartner aller Individuen keine empirisch feststellbare Differenz macht: Entweder existiert es notwendig oder überhaupt nicht (1970, Kap. 12–14). Der einzig mögliche Beweis seiner Existenz ist dann aber ein apriorischer Beweis, der zeigt, daß dieses Individuum von der Art ist, daß es nicht nicht existieren kann (1967b, 50ff). Es verwundert daher nicht, daß sich Hartshorne unermüdlich mit dem ontologischen Argument in all seinen Versionen auseinandergesetzt hat, um so die Realität seines realistischen Gottesbegriffs zu erweisen. Darauf ist zurückzukommen.

Zum zweiten ist nun aber nicht nur die Frage der Notwendigkeit, sondern schon der Möglichkeit der Existenz des universalen Individuums ein Problem. Hartshorne gewinnt diesen Begriff durch die logische Operation der Generalisierung partieller Interaktion zur universalen Interaktion (38ff.63.68ff). Doch daß jedes Individuum mit einem anderen Individuum interagiert, heißt nicht, daß es ein Individuum gibt, mit dem jedes Individuum interagiert; daß jedes Individuum mit mehr als einem Individuum interagieren kann, heißt nicht, daß ein Individuum mit allen Individuen interagieren kann; und daß kein Individuum mit anderen zu interagieren vermag, ohne als Individuum konstituiert zu sein, heißt nicht, daß es nur in der Interaktion mit dem einen Individuum, das mit allen interagiert, als Individuum konstituiert werden kann. Es ist also keineswegs klar, daß Hartshornes Grundgedanke eines universalen Individuums so, wie er konstruiert ist, logisch konsistent ist und nicht demselben Verdikt ausgesetzt ist wie der Gedanke der größten natürlichen Zahl.

Zum dritten steht das universale Individuum nicht nur notwendig in einem Interaktionsbezug zu fragmentarischen Individuen und ist damit eine irreduzibel relativ bestimmte Instanz, sondern zwischen beiden besteht auch keine absolute, sondern nur eine relative Differenz. Der als universales Individuum verstandene Gott ist nicht toto coelo, sondern nur relativ von uns verschieden, da er in umfassenderen und vollkommeneren Interaktionsverhältnissen existiert als wir. Hier wirkt sich aus, daß Hartshornes Gottesverständnis aufgrund seiner Entfaltung von der religiösen Praxis her deutlicher als das Whiteheads am Modell der interagierenden menschlichen Person orientiert bleibt (Mahoney, 1974, 13). Doch selbst wenn der Gedanke quantitativer und qualitativer Steigerung von Interaktion zur Unterscheidung zwischen Gott und uns hinreichen mag, ist die Unterscheidung zwischen Gott und Welt damit allein noch nicht gesichert. Hartshornes Hinweis, daß ›Gott‹ im Unterschied zu ›Welt‹ kein Klassen-, sondern ein Individuenbegriff sei (1967b, 62f), unterstreicht zwar seine schon festgestellte Absicht, unmißverständlicher als Whitehead zwischen der Welt als der Totalität interagierender Individuen und Gott als dem Einen, mit dem alle interagieren, zu unterscheiden. Doch die Frage ist ja gerade, mit welchem Recht neben der Totalität interagierender Individuen ein solches universales Individuum überhaupt angenommen wird. Und wenn sowohl der Weltbegriff wie auch der Gottesbegriff nur als Korrelate der beiden logisch differierenden Operationen der Generalisierung und der Universalisierung verstanden werden, warum sollen dann im Gottesbegriff und nicht im Weltbegriff Totalität und Universalität in der Einheit eines Individuums koinzidieren?

Darauf antwortet Hartshorne im wesentlichen mit dem – Gedanken von Whitehead aufnehmenden – Argument, daß Gott als universales Individuum zwar auf irgendeine, aber nicht unbedingt auf diese kontingente Welt interagierender Individuen bezogen sein muß (64f.84ff), während die Welt als Totalität betrachtet immer nur die wirkliche und nicht irgendeine mögliche Welt sein kann: Mögliche Welten sind keine Individuen, sondern nur mögliche Arten – Whitehead sagte: Potentialitäten – von Individuen (73). Von der Weltwirklichkeit unterscheidet sich die göttliche Wirklichkeit also gerade dadurch, daß sie im Unterschied zu dieser die Gesamtheit des Wirklichen *und* des Möglichen integriert: Sie ist – da man Möglichkeiten nur im Wissen integrieren kann (vgl. schon Leibniz, 1710, § 100 u.ö.) – das universale Individuum, das nicht nur mit allen wirklichen Individuen interagiert, sondern auch – da man mit möglichen und nicht wirklichen Individuen nicht interagieren kann – alle möglichen Arten von Individuen weiß (70ff).

IV Struktur und Konsequenzen dieser Gotteskonzeption

Damit aber – und das bringt mich zum vierten Schritt – hat Hartshorne den Unterschied zwischen Gott und Welt nicht nur dadurch präzisiert, daß er jenem im Unterschied zu dieser ein Wissen des Möglichen zuschreibt (vgl. Herrmann, 1980, 49). Er hat vor allem auch seinen Gottesbegriff so gefaßt, daß er Gott als Wesen von *dipolarer Struktur* begreifen kann (1967a), das zugleich, wenn auch verschieden, auf alles Wirkliche und alles Mögliche bezogen ist. Denn – so formuliert er in seinem Theorem der »modalen Koinzidenz« (1967b, 20.72) – Gott ist dasjenige Individuum, dessen Potentialität koextensiv mit dem logisch Möglichen ist, so daß es unmöglich ist, daß etwas logisch möglich, aber für Gott unmöglich ist, und dessen Aktualität logisch koextensiv mit dem Wirklichen ist, so daß es unmöglich ist, daß etwas wirklich ist, aber nicht zur Wirklichkeit Gottes gehört. Genau das aber erlaubt ihm, Whiteheads Lehre von den zwei Naturen Gottes in seiner Konzeption eines dipolaren universalen Individuums logisch präzisiert zu rezipieren und Gott zugleich universale und konkrete, notwendige und kontingente, unendliche und endliche Eigenschaften zuzuschreiben (27; 1948, Kap. 1 f; 1967 a; 1967 b, Kap. 2; vgl. Mahoney, 1974; Gunton, 1978, Kap. 2), kurz: ihn als absolut und relativ vollkommenes Wesen zu bestimmen und so mit Gründen für den zweiten der eingangs unterschiedenen drei Typen möglicher Gottesbegriffe zu optieren.

Diese Gotteskonzeption eines *universalen Individuums modaler Dipolarität* hat eine Reihe metaphysischer Konsequenzen, von denen ich wenigstens drei hervorheben möchte:

(1) Zum ersten ist Gott damit im strengen Sinn als *umfassend* gedacht: Es gibt nichts, was nicht zu ihm gehörte, so daß er keine Umwelt außer sich selbst hat oder haben kann (Hartshorne, 1967 b, 12 f.20 f.98). Infolgedessen faßt er zwar alle kategorialen Kontrastbeziehungen wie endlich/unendlich, relativ/absolut, aktiv/passiv, wirklich/möglich etc. in sich, aber er kann selbst nicht nur einer Seite solcher Kontrastpaare zugeschrieben werden (74; 1970, 99 ff). Erst wenn das beachtet wird, wird auch seine Vollkommenheit sachgemäß gedacht. Die in diesem Sinn präzisierte göttliche Vollkommenheit oder Perfektion wird damit zur grundlegenden Eigenschaft Gottes (vgl. Herrmann, 1980, 44 ff), von der her Hartshorne seine Theorie der Eigenschaften Gottes in kritischer Auseinandersetzung mit der Tradition zu entwickeln sucht (vgl. Hartshorne, 1941, Kap. 3.4.6; 1948, Kap. 3; 1984, Kap. 1).

(2) Zum zweiten ist damit Gottes *Einzigartigkeit* rein logisch gewährleistet (1967 b, 68): Er ist das universal mit allen (wirklichen) Individuen interagierende und alle möglichen Arten von Individuen wissende dipolare Individuum von umfassender Vollkommenheit. Seine Unübertreffbarkeit ist dementsprechend nur dynamisch recht gedacht: Er ist dasjenige Individuum, das in seinen Interaktionsverhältnissen von keinem anderen, sondern nur von sich selbst übertroffen werden kann und auch ständig übertroffen wird (1953, 157 ff; ders./Reese, 1953, 506 ff). Eben das ist der formale Gottesgedanke, mit dem Hartshornes theoretische Theologie operiert und mit dessen Hilfe er die Argumentation des ontologischen Arguments kritisch rekonstruiert (1941, Kap. 9; 1962, Kap. 2; 1965). Allerdings – und hier zeigt sich die realistisch gedachte Relativität dieses Gottesbegriffs – ist auch dieses Sich-selbst-Übertreffen Gottes nur aufgrund seiner Interaktion mit von ihm verschiedenen anderen Individuen und nur über sie auch mit sich selbst möglich. Gott hat damit kein von seiner Interaktion mit der Welt, durch die er beständig real verändert wird, unterscheidbares Leben, so daß er – wie Austin Farrer eingewandt hat – ein »aliquid mundi« bleibt (Farrer, 1972 e, 186.190).

(3) Schließlich hat dieser realistische oder – wie Hartshorne auch sagt – panentheistische Gottesbegriff (Hartshorne, 1948, 88 ff) eine Reihe ontologischer Konsequenzen. So heißt ›Sein‹ für Hartshorne ›von Gott gewußt sein‹ oder, wie er in Anklang an Quines bekannten Slogan formuliert: »To be is to be known by God« (1962b, 296; 1946). Ist doch nach dem Gesagten unmöglich, daß etwas wirklich ist und nicht zur Wirklichkeit Gottes gehört oder daß es möglich ist und nicht von Gott gewußt wird. Möglich ist daher, was Gott als Mögliches weiß, wirklich, was er als Wirkliches weiß. Entsprechend ist das notwendig, was Gott in all seinen Zuständen als wirklich weiß, kontingent dagegen das, was er in mindestens einem seiner Zustände nicht als wirklich weiß (1962a, 99). All das kann hier nur angedeutet, nicht entfaltet werden. Aber es unterstreicht, was ich betont habe: daß Hartshorne im Unterschied zu Whitehead seinen Gottesbegriff nicht von der Ontologie und Kosmologie her konzipiert, sondern gerade umgekehrt Ontologie und Kosmologie von seiner Konzeption Gottes her entfaltet. Damit kommt es in seiner neoklassischen Metaphysik faktisch zu einer theistischen Rekonstruktion der prozeßphilosophischen Wirklichkeitskonzeption, die nicht von ungefähr starke Anziehungskraft auf die Theologie ausgeübt hat.

Hartshorne selbst beansprucht allerdings mehr als den Theologen nur noch ein weiteres Modell unter anderen zum Denken Gottes und seines Verhältnisses zur Welt an die Hand zu geben. Ist sein Gottesbegriff doch logisch so exklusiv und umfassend angelegt, daß alle Alternativen, die Gott nicht ebenso realistisch sowohl absolut als auch relativ vollkommen denken, ausgeschlossen sind – wenn der von ihm vertretene Typ des Gottesgedankens überhaupt gültig ist. Genau das aber ist die Frage, die Hartshorne so intensiv wie kaum eine andere beschäftigt hat und der wir uns abschließend etwas ausführlicher zuwenden müssen.

V Die Realität Gottes

Wir sahen schon: Wenn Gott als Gegenstand religiöser Verehrung überhaupt sachgemäß gedacht werden soll, dann kann er Hartshornes Überzeugung zufolge nicht so gedacht werden, daß er auch nicht gedacht werden könnte – sonst wäre religiöse Verehrung Gottes ununterscheidbar von Götzendienst. Das universale Individuum modaler Dipolarität kann daher nicht kontingent, sondern muß entweder notwendig oder überhaupt nicht existieren. Genau diese Konsequenz seines Versuchs, Gott zu denken, hat Hartshorne zu immer wieder neuer Beschäftigung mit dem ontologischen Argument in allen seinen ihm zugänglichen Variationen geführt. Seine eigene modale Neufassung dieses apriorischen Arguments hat dabei eine umfangreiche Diskussion ausgelöst und ist das wohl bekannteste Theoriestück seiner neoklassischen Metaphysik (vgl. Bucher, 1985).

Der Kernpunkt seiner in verschiedenen Versionen vorgelegten Argumentation läßt sich unter Ausklammerung aller technischen Details relativ einfach in drei Sätzen resümieren:

Erste Prämisse: Entweder ist es unmöglich, daß Gott existiert, oder es ist notwendig, daß er existiert ($\sim$MG v NG).

Zweite Prämisse: Es ist möglich, daß Gott existiert (MG).

Conclusio: Ergo ist es notwendig, daß Gott existiert (NG).

Der Beweis ist leicht zu führen und korrekt: Aus der ersten Prämisse und der modalen Definition von Notwendigkeit folgt durch Umformulierung:

(1) Es ist unmöglich, daß Gott existiert, oder es ist unmöglich, daß Gott nicht existiert($\sim$MG v $\sim$M$\sim$G).

Aus der zweiten Prämisse und dieser Folgerung folgt nach der Regel des disjunktiven Syllogismus':

(2) Es ist unmöglich, daß Gott nicht existiert ($\sim$M$\sim$G).

Und daraus wiederum folgt durch Umformulierung nach der modalen Definition von Notwendigkeit die

Conclusio: Es ist notwendig, daß Gott existiert (NG).

Formal ist gegen die Argumentation nichts einzuwenden: Die Conclusio folgt korrekt aus den beiden Prämissen nach gültigen Regeln. Zur Beurteilung des Wahrheitsgehalts der Conclusio sind folglich diese Prämissen kritisch zu prüfen. Die erste Prämisse besagt, daß es nicht notwendig ist, daß Gott nicht existiert. Daran ist auf den ersten Blick wenig auszusetzen, wenn man nicht dogmatisch die Notwendigkeit der Nichtexistenz Gottes vertreten und damit jeden Argumentationsversuch von vornherein negativ präjudizieren will. Problematisch dagegen ist die scheinbar harmlose zweite Prämisse. Indem sie nur die *Möglichkeit Gottes* in Anspruch nimmt, scheint sie sehr schwach und kaum bestreitbar zu sein. Wer sie bestreiten wollte, scheint die Unmöglichkeit von Gottes Existenz behaupten zu müssen und würde damit wiederum eine negative petitio principii bezüglich seiner Existenz vertreten.

Doch genau das ist nicht der Fall, und die Rede von der ›Möglichkeit Gottes‹ ist nicht so harmlos, wie sie scheinen mag. Wer den Satz ›Es ist möglich, daß Gott existiert‹ bestreiten will, kann dies nämlich auf *zweifache*, eine *starke* und eine *schwache* Weise tun:

(1) Die starke Negation wäre: ›Es ist nicht möglich (d.h. unmöglich), daß Gott existiert‹ ($\sim$MG).

(2) Die schwache Negation dagegen wäre: ›Es ist möglich, daß Gott nicht existiert‹ (M$\sim$G).

Wer diese zweite Negation vertritt, scheint aber keineswegs von vornherein eine negative Vorentscheidung bezüglich seiner Existenz zu vertreten. Denn wie im einen Fall nur mit der *Möglichkeit seiner Existenz* gerechnet wird, so wird in diesem Fall nur mit der *Möglichkeit seiner Nichtexistenz* gerechnet. *Doch die intuitive Annahme, beide Möglichkeiten seien nur zwei Seiten desselben Gedankens, nämlich des Gedankens der Möglichkeit Gottes, ist eine Täuschung.* Es handelt sich vielmehr um zwei klar zu unterscheidende Gedanken. Das zeigt sich, wenn wir in das obige Argument als zweite Prämisse diese schwache Negation einsetzen. Denn dann ergibt sich folgendes:

Erste Prämisse: Entweder ist es unmöglich, daß Gott existiert, oder es ist notwendig, daß Gott existiert ($\sim$MG v NG).

Zweite Prämisse: Es ist möglich, daß Gott nicht existiert (M $\sim$ G).

Folgerung: Dann ist es nicht notwendig, daß Gott existiert ($\sim$NG).

Conclusio: Ergo ist es unmöglich, daß Gott existiert ($\sim$MG).

Damit haben wir durch die Veränderung der zweiten Prämisse einen *ontologischen Beweis der Nichtexistenz Gottes* geführt: Wenn Gott zu denken heißt, ihn nicht als nichtexistierend denken zu können, dann kann er nur als nichtexistierend und damit gar nicht gedacht werden. Und man ist versucht, J. N. Findlays im Blick auf Anselms Argument formuliertes Urteil (1955, 55) auch für Hartshorne zu übernehmen: Es war ein schlechter Tag, als Hartshorne auf seinen berühmten Beweis verfiel. Denn an diesem Tag deckte er nicht nur etwas auf, das zum Wesen eines adäquaten Gegenstands religiöser Verehrung gehört, sondern auch etwas, das dessen notwendige Nichtexistenz einschließt.

Doch Vorsicht ist angebracht. Belegt wird durch die vorgetragenen Überlegungen nicht mehr als das: *Jedes ontologische Argument formuliert die theistische bzw. atheistische Vorentscheidung dessen, der es vertritt.* Und diese Vorentscheidung läßt sich präzis in der Wahl eines der beiden folgenden Sätze als Prämisse fassen:

Entweder: ›Es ist möglich, daß Gott existiert‹ (MG).

Oder: ›Es ist möglich, daß Gott nicht existiert‹(M $\sim$ G).

Beide scheinen ganz harmlos ›nur‹ mit der Möglichkeit der Existenz bzw. Nichtexistenz Gottes zu rechnen. Doch schon in der Wahl einer dieser beiden Möglichkeiten ist das Endergebnis vorweggenommen, zu dem eine Argumentation auf der Basis einer dieser beiden Prämissen kommen kann. Der Begriff der *Möglichkeit Gottes* ist also alles andere als harmlos. Sein Gehalt und seine Aussagekraft hängen vielmehr ganz davon ab, von welchem Hintergrund her er gewonnen und genommen ist:

– Formuliert man ihn, wie es die Theologie tut, auf der Grundlage der *erfahrenen Wirklichkeit Gottes*, dann hat er die Form ›Es ist möglich, daß Gott existiert‹ (d.h. ›Es ist nicht notwendig, daß nicht gilt: Gott existiert‹) und zieht damit – unter Anwendung des modallogischen Axioms: ›Was wirklich ist, ist möglich‹ – die denkerische bzw. begriffliche Konsequenz aus der christlichen Erfahrung der christologischen und pneumatologischen *Anwesenheit* Gottes in der Welt.

– Formuliert man ihn dagegen, wie es in der Philosophie spätestens seit der Aufklärung die Regel ist, auf der Grundlage der *Nichterfahrung Gottes* in der erfahrenen Wirklichkeit, dann bekommt er die Form ›Es ist möglich, daß Gott nicht existiert‹ (d.h. ›Es ist nicht notwendig, daß gilt: Gott existiert‹) und zieht damit ganz entsprechend die begriffliche Konsequenz aus der Erfahrung der *Abwesenheit* Gottes in der Welt.

Das aber heißt, daß der Begriff der Möglichkeit Gottes kein neutraler Treffpunkt theologischer und nichttheologischer Rede von Gott ist. Zwar muß jeder Versuch, Gott begrifflich zu denken, Gott als möglich und damit einen Begriff der Möglichkeit Gottes denken. Alle derartigen Denkversuche schließen daher die Unmöglichkeit Gottes aus, indem sie sich um einen widerspruchsfreien Gottesbegriff bemühen. Doch ein *theologischer* Denkversuch kann sich damit allein noch nicht begnügen. Widerspruchsfreiheit ist eine notwendige, aber keine hinreichende Bedingung eines theologisch akzeptablen Gottesbegriffs. Entscheidend ist, von welchem Erfahrungshintergrund her dieser die Unmöglichkeit Gottes ausschließende Begriff der Möglichkeit Gottes gedacht wird: von der Erfahrung der *Anwesenheit Gottes* her, von der der christliche Glaube lebt, oder von der Erfahrung der *Abwesenheit Gottes* her, die unsere Welterfahrung prägt. Nur im ersten Fall wird eine Argumentation zum Erweis der Wirklichkeit des als möglich gedachten Gottes schlüssig und überzeugend sein. Sie kann dann aber auch nur die überzeugen, die diese Prämisse akzeptieren und damit auch beim Denken der Möglichkeit Gottes von der erfahrenen Wirklichkeit Gottes schon ausgehen. Kurz: Argumente dieser Art können überhaupt nur den überzeugen, der schon überzeugt ist – aber gerade nicht den, den sie in der Regel überzeugen sollen. Ihr eigentlicher Gebrauch ist daher gerade nicht von apologetischer, sondern – das unterstreicht Hartshorne zu Recht (1967b, 88) – als Ausdruck argumentativer Bemühung um die Klarheit und Kohärenz des Gottesgedankens von dogmatischer Relevanz: Sie sind Ausdruck begrifflich konsequenten Durchdenkens der in der christlichen Grund- und Welterfahrung gemachten Gotteserfahrung im Prozeß der theologischen Selbstdeutung des Glaubens.

Die Pointe ontologischer Argumente läßt sich dann präzis bestimmen: Weil das Unmögliche durch das Mögliche negiert wird, alles Mögliche aber entweder kontingent oder notwendig ist, suchen sie durch Ausschluß der Kontingenz die Notwendigkeit der Existenz bzw. der Nichtexistenz Gottes aufzuweisen und eben dadurch die Unmöglichkeit seiner Existenz bzw. Nichtexistenz abzuweisen. In beiden Fällen gelingt die Argumentation aber nur, insofern sie mit der zum Ausgang genommenen Möglichkeit die *Wirklichkeit* der Existenz bzw. Nichtexistenz Gottes implizit schon in Anspruch nehmen und sich nur darauf konzentrieren, diese *als nicht nur kontingente Wirklichkeit* aufzuzeigen.

Drehpunkt ihrer Argumentation ist dementsprechend die Alternative zwischen Unmöglichkeit und Notwendigkeit der Existenz Gottes. Genau das unterstellt auch die von uns bislang ungeprüft übernommene erste Prämisse der Argumentation Hartshornes. Doch wiederum ist eine doppelte Möglichkeit der Negation zu beachten: Man muß nicht die Notwendigkeit der Nichtexistenz Gottes vertreten, wenn man die Notwendigkeit seiner Existenz nicht vertritt. Denn warum sollte Gott erst adäquat gedacht sein, wenn er als notwendig gedacht ist? Warum sollte es unzureichend sein, ihn als kontingent wirklich zu denken?

Hartshorne antwortet darauf mit dem Verweis auf die Anforderungen eines adäquaten Gegenstands der religiösen Verehrung und erläutert diese durch ›Anselms Prinzip‹: Was notwendig existiert, ist größer als das, was nur kontingent existiert. Für den zu verehrenden Gott gilt daher: »God cannot exist contingently, for contingency of existence is an imperfection« (1962, 114). Es ist eine Unvollkommenheit, weil Gott dann auch hätte nicht existieren können, so daß eine Welt denkbar wäre, in der Gott nicht existiert. Nun ist es nicht selbstwidersprüchlich, eine solche Welt zu denken. Wohl aber ist es selbstwidersprüchlich, Gott so zu denken, daß eine solche Welt gedacht werden könnte, ohne daß er existierte. Denn ein Gott, von dem das nicht gedacht werden könnte, wäre dann vollkommener. Allerdings kann die Vollkommenheit der Realität Gottes auch nicht einfach darin bestehen, daß er notwendig existiert. Denn das Notwendige, so betont Hartshorne zu Recht, »is abstract and inactual, the mere common factor of possibility«. Deshalb gilt nicht nur: »God cannot exist contingently«, sondern auch »God cannot exist necessarily« (ebd.). Wie aber läßt sich das mit dem Ergebnis der ontologischen Argumentation Hartshornes vereinbaren, derzufolge es notwendig ist, daß Gott existiert, weil er im Unterschied zu allem nur kontigent Existierenden nicht nicht sein kann?

Hartshornes Antwort besteht darin, den scheinbaren Widerspruch gerade zur Pointe seines dipolaren Gottesbegriffs zu machen: Der Gott, von dem behauptet wird, es sei notwendig, daß er existiert, ist kein kontingenter, aber auch kein notwendiger, sondern ein kontingenter *und* notwendiger Gott. Wenn Gott möglich sein soll, aber weder bloß kontingent noch bloß notwendig existieren kann, dann muß er *zugleich* (wenn auch in verschiedener Hinsicht) notwendig *und* kontingent sein: Er ist *notwendig real im Hinblick auf seine abstrakte Existenz*, und er ist *kontingent real im Hinblick auf seine konkrete Aktualität*. Anders gesagt: Es ist kontingent, wie er jeweils existiert, aber es ist notwendig, daß er in irgendeiner kontingenten Weise existiert (115).

Doch warum sollte das notwendig sein? Eine *Welt* zu denken, in der Gott nicht existiert, ist nicht selbstwidersprüchlich. Unmöglich ist vielmehr, dies zu *denken* und in einer Welt zu existieren, in der Gott nicht existiert: Nicht der Gedanke einer *möglichen Welt*, sondern der *Gedanke einer möglichen Welt* impliziert Gottes Existenz. Sie ist die notwendige

Bedingung der Möglichkeit, seine oder irgendeine andere Existenz als kontingent, notwendig oder unmöglich zu denken. *Nicht was, sondern daß* gedacht wird, ist also der entscheidende Punkt: Wäre Gott nicht, könnte nicht nur er nicht gedacht werden, sondern überhaupt nichts. Umgekehrt aber heißt das: Kann überhaupt etwas gedacht werden, ja ist überhaupt etwas, dann ist Gott.

An entscheidender Stelle rekurriert Hartshornes Gedankengang damit auf eine bestimmte, nämlich apriorische Version des kosmologischen Arguments (1967b, 83ff; ausführlich entfaltet in 1941, 251–298). Apriorisch ist diese Version, insofern sie Gottes Existenz nicht aus der kontingenten Existenz der Welt erschließt, da deren Existenz oder Nichtexistenz keinerlei Konsequenzen für Gottes Existenz oder Nichtexistenz haben kann: Die Nichtexistenz dieser Welt könnte allenfalls Gottes solitäre Existenz, nicht aber seine Nichtexistenz belegen (1967b, 84). Kosmologisch aber ist sie, insofern er die These vertritt: »the existence of any world at all is what proves God« (83). Ist es doch unmöglich, daß etwas ist, Gott aber nicht ist, weil es nichts gäbe und nichts gedacht oder behauptet werden könnte, wenn es Gott nicht gäbe. Denn die Annahme, daß überhaupt nichts sein könnte, ist nicht nur faktisch selbstwidersprüchlich, sondern unterstellt mit dem Gedanken einer »universal nonexistence« (84) auch eine Möglichkeit, von der gilt, daß Gott sie nicht wissen könnte, so daß sich ein vollkommeneres Wesen denken ließe, das auch sie wüßte. Und die Annahme, daß Gott nicht sein könnte, ist nicht nur theistisch selbstwidersprüchlich, sondern unterstellt mit dem Gedanken einer »Godless world« eine Möglichkeit, die wahr sein könnte, ohne daß Gott sie wissen würde, so daß sich ein vollkommeneres Wesen denken ließe, für das dies nicht gälte (85f). Beide Argumente haben den Charakter einer petitio principii, wenn man sie als apologetische Operationen mißversteht und nicht als das erkennt, was sie auch Hartshorne zufolge sind: begriffliche Klärungen und Explikationen des mit dem Selbstverständnis der Gläubigen gesetzten Welt- und Gottesverständnisses (87ff). Für das sich selbst recht verstehende religiöse Selbstverständnis aber ist nach Hartshorne der entscheidende kosmologische Sachverhalt, nicht daß *diese*, sondern daß *irgendeine* Welt existiert. Denn es gibt keine mögliche Welt, die ihm nicht Gottes Existenz belegte, und daher auch keinen möglichen Sachverhalt, der ihm mit Gottes Existenz unvereinbar wäre. Im Unterschied zur Existenz dieser Welt ist die Existenz irgendeiner Welt aber keine kontingente, sondern eine notwendige Wahrheit: Es mag wahr oder falsch sein, daß dieses oder jenes existiert, aber es ist notwendig wahr, daß überhaupt etwas existiert: »›something exists‹, is … necessarily true« (1948, 293). Hartshorne begründet diese These mit dem Argument, daß ihre Negation ›Nichts existiert‹ selbstwidersprüchlich sei und der Gedanke, daß auch nichts sein könnte, dementsprechend inkohärent (1967b, 83). Doch inkohärent ist nicht dieser Gedanke als solcher, sondern das

Denken dieses Gedankens: Nicht daß nichts existieren könnte, ist unmöglich, sondern dies wahrhaft zu denken und zu behaupten. Denn vermag nur zu denken, wer existiert, dann kann ›Nichts existiert‹ nur um den Preis eines *pragmatischen Selbstwiderspruchs* gedacht werden: Man muß beim *Denken* dieses Gedankens genau das faktisch in Anspruch nehmen, was mit diesem *Gedanken* prinzipiell bestritten wird. Entsprechend wird mit dem Gedanken der Existenz überhaupt genau das gedacht, was beim Denken dieses und jedes anderen möglichen Gedankens notwendig in Anspruch genommen werden muß. Und dasselbe gilt dem religiösen Selbstverständnis zufolge auch für den Gedanken der Existenz Gottes, insofern mit ihm gedacht wird, was notwendige Voraussetzung des Denkens dieses und jedes anderen möglichen Gedankens ist. Daß überhaupt etwas ist und daß deshalb auch Gott ist, ist dementsprechend notwendig, weil es unmöglich ist, Existenz überhaupt und damit auch Gottes Existenz zu behaupten oder zu bestreiten, ohne sie dabei immer schon vorauszusetzen und in Anspruch zu nehmen.

Genau diese an einem pragmatischen Selbstwiderspruch orientierte Denkfigur belegt nun aber, daß Hartshorne die Denksituation und die Existenzsituation in Analogie zur Situation der Gottesverehrung konstruiert. So ist es unmöglich, Gott zu verehren und nicht mit seiner Existenz zu rechnen. Aber ist es deshalb auch unmöglich, Gott zu verehren und nicht mit der Unmöglichkeit seiner Nichtexistenz zu rechnen? Sicher: Wer Gott verehrt, unterstellt im Akt der Verehrung notwendig seine Realität. Aber er unterstellt damit selbst dann keineswegs auch schon seine notwendige Realität, wenn er Gott als dasjenige Wesen begreift, dem sich seine eigene Realität und alles übrige Wirkliche und Mögliche verdankt: Nicht ihre andersartige Modalität unterscheidet die Realität Gottes von unserer Realität bzw. der Realität der Welt, sondern ihre schöpferische Ursprünglichkeit, insofern sie sich allein sich selbst und nichts von ihr Verschiedenem verdankt, während sich alles von ihr Verschiedene ihr verdankt. Die Existenz Gottes hängt damit zwar im Unterschied zu unserer Existenz nicht davon ab, daß etwas von Gott Verschiedenes so und nicht anders ist, aber daraus folgt nicht, daß nicht auch Gottes Existenz hätte nicht sein können: Ontologische Nichtabhängigkeit von anderem ist etwas anderes als modale Notwendigkeit (das ist auch bei Härle, 1982, 113ff.197ff.229ff nicht hinreichend beachtet).

Daß der Zusammenhang von Gottesverehrung und Unterstellung der Realität Gottes notwendig ist, besagt also nicht als solches schon, daß Gottes Realität notwendig ist, und daß Gott als derjenige verehrt wird, ohne den nichts wäre oder sein könnte, besagt nicht, daß er selbst als derjenige verehrt wird, der nicht nicht sein könnte. Der von Hartshorne ins Auge gefaßte Widerspruch ist deshalb kein Widerspruch im Gottesgedanken, sondern in der Gottesverehrung: Wer Gott verehrt, kann ihn im Akt der Gottesverehrung nicht als nichtexistierend denken. Aber das heißt nicht, daß ihn als nichtexistierend zu denken unmöglich ist und daß Gott selbst so gedacht werden muß, daß er nicht nicht existieren kann. Man kann dies zwar – wie Hartshorne – definitorisch festsetzen, um so zwischen Gott und Götze zu unterscheiden (1967b, 86). Doch eine solche Festsetzung ist zu legitimieren und wird von Hartshorne gerade im Rekurs auf die Struktur der Gottesverehrung auch zu legitimieren versucht. Eben hier aber gilt es zu beachten, daß eine pragmatische Notwendigkeit als solche noch keine ontologisch notwendige Wahrheit und eine pragmatische Selbstwidersprüchlichkeit als solche noch kein semantischer Widerspruch ist. Genau in einen solchen versucht Hartshorne jedoch diese pragmatische Selbstwidersprüchlichkeit zu transformieren, indem er sich bei seinem Versuch, Gott zu denken, an der pragmatischen Struktur der Gottesverehrung orientiert und diese mit der semantischen Struktur des Gottesbegriffs gleichsetzt. Unter der Kennzeichnung ›the One Who is Worshipped‹ denkt er dementsprechend nicht einfach Gott, sondern den *im Akt der Gottesverehrung gedachten Gott.* Doch das, was für den Akt der Gottesverehrung gilt, muß nicht auch für den in diesem ·Akt verehrten Gott gelten: Gottes Realität mag in diesem Akt pragmatisch unterstellt werden müssen, ohne daß deshalb semantisch ein bestimmtes Verständnis von ›Gott‹ oder ontologisch die Realität Gottes notwendig sein müßte. Denn auch wenn die Realität des dabei als real unterstellten Gottes als notwendige Bedingung der Möglichkeit von Gottesverehrung und allem übrigen überhaupt begriffen wird, besagt dies nur, daß es diesen Akt und alles übrige nicht ohne die Realität, nicht aber, daß es ihn und alles andere nicht ohne die notwendige Realität Gottes geben könnte.

Der im Rekurs auf den Akt der Gottesverehrung von Hartshorne entwickelte Gottesbegriff ist deshalb weniger Begriff Gottes selbst als vielmehr ein aus der *Struktur der Gottesverehrung* abgeleiteter *Metabegriff eines jeden möglichen Wesens, das Gegenstand religiöser Verehrung sein kann.* Das aber heißt, daß Hartshorne nicht Gott, sondern eine *Regel* denkt, der jeder mögliche Gottesbegriff genügen muß, der religiös adäquat sein will. Diese Regel gewinnt er auf dem Weg der Abstraktion von der vorgegebenen Wirklichkeit religiöser Gottesverehrung, und zwar durch Kombination der notwendigen Strukturmomente einerseits des *Aktes* und andererseits des *Begriffes* der Gottesverehrung. So hält er am Akt als notwendig fest, *daß* Gott und daß *Gott* verehrt wird, klammert aber als kontingent aus, *welcher* Gott und *als was* Gott verehrt wird. Dagegen hält er am Begriff der Gottesverehrung als notwendig fest, daß Gott als existierend verehrt wird, und zwar als so existierend, daß *Größeres über ihn hinaus nicht gedacht werden kann,* während er alles übrige als kontingent ausklammert. Entsprechend wird Gott als ›the One Who is Worshipped‹ begriffen, also als dasjenige Wesen, von dem in pragmatischer Hinsicht gilt, daß es nicht in dieser oder jener, wohl aber in irgendeiner Weise verehrt wird, und von dem in semantischer Hinsicht gilt, daß es dabei als real, und zwar als in der vollkommensten Weise real verehrt wird. Aus dem Akt der Gottesverehrung wird so die *Notwendigkeit der Verehrung Gottes* erhoben und als Strukturmerkmal eines jeden möglichen Gottesbegriffs festgehalten: ›Es ist unmöglich, daß Gott nicht verehrt wird‹. Aus dem Begriff der Gottesverehrung dagegen wird die *Notwendigkeit der Existenz Gottes* und die *Kontingenz der Aktualität Gottes* erschlossen und als Strukturmerkmal eines jeden möglichen Gottesbegriffs festgehalten: ›Es ist unmöglich, daß Gott nicht als real verehrt wird‹, wobei ›real‹ im Rahmen der neoklassischen Metaphysik in der zweifachen Hinsicht expliziert wird, daß damit notwendig sowohl die abstrakte Existenz als auch die je konkrete Realität Gottes unterstellt wird. Die am Akt und am Begriff der Gottesverehrung gewonnenen Strukturmerkmale werden dann kombiniert, so daß als Regel gilt: ›Es ist notwendig, daß Gott als das Wesen verehrt wird, das notwendig in irgendeiner kontingenten Weise existiert‹.

Doch selbst wenn notwendig ist, daß nur dasjenige Wesen ›Gott‹ genannt zu werden verdient, das religiös verehrt wird, so daß Gott notwendig verehrt wird, so ist damit noch nicht notwendig, *daß* Gott verehrt wird: Die notwendige Struktur des Aktes der Gottesverehrung macht nicht diesen Akt notwendig. Und selbst wenn notwendig ist, daß die Existenz Gottes unterstellt, wer ihn verehrt, und zwar als diejenige Realität unterstellt, die notwendige Bedingung der Möglichkeit nicht nur der Verehrung Gottes, sondern auch alles übrigen ist, so ist damit noch nicht notwendig, daß er deshalb die notwendige Existenz Gottes unterstellt: Die Notwendigkeit der Unterstellung von Gottes Existenz ist etwas anderes als die Unterstellung der notwendigen Existenz Gottes. Daran ändert auch der Verweis auf die größere Vollkommenheit nicht nur kontingenter, sondern notwendiger Existenz Gottes nichts, da – trotz Hartshornes Gründen gegen die Kontingenz Gottes (1962a, 73–84) – keineswegs selbstverständlich ist, daß das, was nicht nicht sein kann, vollkommener ist als das, was ist, obgleich es auch hätte nicht sein können. Beachtet man die erwähnte Differenz zwischen modaler Notwendigkeit und ontologischer Nichtabhängigkeit, dann ist theologisch nicht Gott von der Vollkommenheit seiner Existenz, sondern seine Existenz von der Vollkommenheit Gottes her zu begreifen. Er wird nicht verehrt, weil er *ist*, sondern weil er *Gott* ist. Und sein Gottsein besteht nicht darin, daß er im Unterschied zu allem nur kontingent Existierenden nicht nicht sein kann oder daß es einzig bei ihm notwendig ist, daß er irgendwie kontingent existiert, sondern darin, daß er, obgleich er hätte nicht sein können, ist, und zwar von sich aus ist. Das jedenfalls ist die Pointe von Kreuz und Auferstehung für Gott und den christlichen Gottesgedanken: Sie stehen dafür, daß es Gott gerade nicht unmöglich, sondern sehr wohl möglich war, nicht zu sein, daß er aber diese Möglichkeit von sich aus ausschloß, indem er sich aus Liebe zu seiner Schöpfung für das Sein und gegen das Nichtsein entschied. Wenn Gott daher ist, wie bei seiner Verehrung notwendig unterstellt wird, dann nicht aufgrund irgendeiner Notwendigkeit seines Seins, sondern aufgrund der Freiheit seines Willens, aus Liebe zu uns sein zu wollen. Er *ist*, nicht weil er nicht nicht sein kann, sondern weil er *sein will* und zwar *zu unseren Gunsten* sein will. Genau das aber ist kein spekulativ aus unserer Welterfahrung erschließbares Wissen. Schon daß Gott *ist*, weil er sein *will*, obgleich er auch hätte nicht sein können, transzendiert die Alternative von Unmöglichkeit oder Notwendigkeit seiner Existenz. Mehr aber noch, daß er *Grund unseres Seins* ist: Er ist der von sich aus Existierende, der nicht ohne uns existieren will, obgleich er sehr wohl ohne uns existieren könnte. Es ist daher keine notwendige Wahrheit, daß es überhaupt etwas gibt und daß es ihn gibt – etwa weil es unmöglich wäre, daß es nichts gibt und daß es ihn nicht gibt. Wenn es etwas gibt und wenn es ihn gibt, dann gründet das vielmehr in seinem freien Willen, der zwar auch anderes wollen könnte, aber eben das will, was ist, obgleich er es nicht unbedingt so will, wie es ist. Daß aber das, was ist und was sein wird, und dementsprechend auch das, was zwar sein könnte, aber nicht ist und nicht sein wird, *zu unseren Gunsten* und nicht zu unseren Ungunsten von ihm gewollt ist, das läßt sich nicht aus der ambivalenten Faktizität der Wirklichkeit und den rekonstruierbaren Bedingungen ihrer Möglichkeit erschließen, sondern wird allein aufgrund der Selbstaufklärung Gottes über den von ihm damit verfolgten Zweck gewußt: Nicht die zwiespältigen und immer deutungsbedürftigen Erfahrungen der faktischen Wirklichkeit der Welt, sondern nur die sich selbst deutende und damit eindeutige Erfahrung der eschatologischen Wirklichkeit Gottes klärt uns unmißverständlich über die Güte von Gottes Willen auf. Von ihr und ihrer desambiguierenden Deuteperspektive auf unsere ambivalente Welterfahrung, nicht aber von dieser selbst hat daher ein um Bestimmtheit bemühter theologischer Versuch, Gott zu denken, auszugehen.

Das aber belegt: Jeder Versuch, Gott zu denken, steht und fällt mit seinem Ausgangspunkt in der Erfahrung. Jeder Gottesbegriff steht und fällt dementsprechend mit der die Ausgangserfahrung resümierenden Kennzeichnung, von der her er entwickelt wird. Hartshornes Einstieg in seinen Denkversuch erweist so noch einmal seine Bedeutung und seine Problematik: Die Kennzeichnung ›the One Who is Worshipped‹ markiert zu Recht, daß der Versuch, Gott zu denken, von der in gelebter Religion in Anspruch genommenen Erfahrung der Wirklichkeit Gottes auszugehen hat, wenn er nicht von vornherein inadäquat sein und aporetisch enden will. Ihre Problematik aber besteht darin, gerade das offen zu lassen, was für gelebte Religion entscheidend ist: daß sie Verehrung eines *bestimmten* Gottes ist und *bestimmte* Gotteserfahrung in Anspruch nimmt und eben aufgrund der *Bestimmtheit* dieser Erfahrung die Wirklichkeit Gottes auch bei ihren Denkversuchen immer schon voraussetzt.

Hartshorne sucht das Bestimmtheitsdefizit der seinem Denkversuch zugrundegelegten Kennzeichnung Gottes durch den Aufweis der Notwendigkeit des auf dieser Grundlage gedachten Gottes wettzumachen. Statt auf die *Bestimmtheit* konzentriert er sich so auf die *Notwendigkeit* seines Gottesbegriffs. Doch das ist kein Ersatz. Denn wir sahen ja: Die Überzeugungskraft seines Arguments für dessen Notwendigkeit hängt an der Annahme einer Prämisse, die ihrerseits auf eine *bestimmte* Erfahrung der *Wirklichkeit* Gottes zurückverweist und in ihr verankert ist. Ohne die wenigstens implizite Annahme einer bestimmten Gotteserfahrung und der damit immer schon unterstellten Wirklichkeit Gottes ist auch die Notwendigkeit der Realität des realistisch begriffenen Gottes nicht plausibel zu machen.

So bleibt am Ende die Frage, wie der Versuch, Gott zu denken, der immer schon vorausgesetzten und vorauszusetzenden Bestimmtheit des zu denkenden Gottes gerecht zu werden vermag. Hartshorne – und deshalb charakterisiert er seinen Versuch durchaus angemessen als *neoklassische* Metaphysik – versucht es bei allen Modifikationen im einzelnen in Übereinstimmung mit dem klassischen Grundsatz, daß Gott zu *denken* heißt, einen *Begriff* Gottes zu denken, so daß auch die Bestimmtheitsfrage eine Frage der semantischen Bestimmtheit des Gottesbegriffs ist. Doch angesichts der Geschichte neuzeitlicher Theologie gibt es berechtigten Grund zum Zweifel, ob sich das Bestimmtheitsproblem überhaupt in dieser Weise rein semantisch lösen läßt oder ob es nicht vielmehr zur Einbeziehung und Berücksichtigung pragmatisch-situativer Momente nötigt, die sich im Horizont des Begriffs als solchem nicht mehr hinreichend fassen lassen. Werden sie von diesem Ansatz her zu berücksichtigen gesucht, dann resultiert das gerade nicht im Denken eines die Individualität und Bestimmtheit Gottes erfassenden Begriffs, sondern – wie Hartshornes Denkversuch exemplarisch belegt – in der Transformation des Denkens *Gottes* zum Denken einer *Regel* des *Denkens* Gottes, die ihre Bestimmtheit aus den allgemeinen Bedingungen des *Denkens* Gottes, aber nicht aus den besonderen Anforderungen des Denkens *Gottes* gewinnt, eben damit aber theologisch unbefriedigend bleibt. Doch das ist nicht die einzige Möglichkeit. Daß man die Aufgabe, Gott zu denken, auch anders angehen kann, nämlich nicht im Modus des *Begriffs* und den darauf aufbauenden *Modi des Urteils* und *des Schlusses*, sondern im *Modus des Textes* und den darauf aufgebauten *Modi des narrativen und explikativen Diskurses*, lehrt jedenfalls der andere große Versuch dieses Jahrhunderts, die theologische Fixierung auf den klassischen Gottesbegriff zu überwinden. Und es spricht manches dafür, daß nicht Charles Hartshorne, sondern – wenigstens an diesem Punkt – Karl Barth den wirklich in die Zukunft weisenden Weg eingeschlagen hat.

Umgang mit dem Selbstverständlichen

Anmerkungen zum ontologischen Argument

I Gottesbeweise und die Selbstverständlichkeit Gottes

A Beweise und Gegenbeweise der Existenz Gottes

Daß seit Kant bewiesen sei, gültige Beweise der Existenz Gottes könne es nicht geben, ist eine verbreitete, aber falsche Selbstverständlichkeit. Kants »Kritik aller Theologie aus spekulativen Prinzipien der Vernunft« (KdrV, B 659) galt den ontologischen, kosmologischen und physikotheologischen Gottesbeweisen des abendländischen Rationalismus der Neuzeit. Ein prinzipieller Beweis der Unmöglichkeit gültiger Beweise und Gegenbeweise der Existenz Gottes wurde weder von ihm noch von einem anderen vorgelegt. Es ist auch nicht absehbar, wie er angesichts der Vieldeutigkeit von ›Beweis‹, ›Existenz‹ und ›Gott‹ vorgelegt werden könnte (Prior, 1976). Beweise gibt es nicht schlechthin, sondern nur innerhalb bestimmter Systeme und Kontexte. Es gibt nicht nur einen, sondern verschiedene Begriffe der Existenz. Und auch Vorstellungen und Begriffe Gottes gibt es nur im Plural als Teil umfassenderer Denk- und Lebenszusammenhänge, aus denen sie sich ebensowenig isolieren lassen, ohne ihre Pointe zu verlieren, wie die entsprechenden Gottesbeweise (Clayton, 1984, 740 ff.).

Das Fehlen prinzipieller Beweise der Möglichkeit bzw. Unmöglichkeit von Gottesbeweisen nötigt Theologie und Philosophie, sich immer wieder mit jeweils bestimmten Beweisversuchen und den für sie relevanten Voraussetzungen, Annahmen und Ansprüchen auseinanderzusetzen. Will sie dabei nicht nur die Stringenz, sondern auch den Sinn oder Unsinn solcher Argumentationen im Rahmen der jeweiligen Denk- und Lebenszusammenhänge erhellen, muß sie das im Licht der Leitfrage tun: *Was sind eigentlich die Probleme, die Gottesbeweise zu lösen, und die Lösungen, die sie auf diese Probleme zu geben versuchen?*

B Die Funktion von Gottesbeweisen

Ein Jahr vor seinem Tode notierte sich Ludwig Wittgenstein folgende Antwort auf diese Frage: »Ein Gottesbeweis sollte eigentlich etwas sein, wodurch man sich von der Existenz Gottes überzeugen kann. Aber ich denke mir, daß die *Gläubigen*, die solche Beweise lieferten, ihren ›Glauben‹

mit ihrem Verstand analysieren und begründen wollten, obgleich sie selbst durch solche Beweise nie zum Glauben gekommen wären« (1977, 161). Wittgenstein war sich wohl kaum bewußt, in welch traditionellen Bahnen er sich mit dieser Bemerkung bewegte. Vier typische und für die Geschichte der christlichen Gottesbeweise charakteristische Gegensätze strukturieren sie:

(1) *Theorie* vs. *Praxis*: Gottesbeweise sind theoretische Argumentationen, die von Gottes Existenz überzeugen sollen. Das können sie nicht, weil sich solche Überzeugung nicht theoretisch erreichen, sondern nur auf dem Weg der Praxis einstellen kann: »Einen von der ›Existenz Gottes überzeugen‹ könnte man vielleicht durch eine Art Erziehung, dadurch, daß man sein Leben so und so gestaltet« (ebd.). Aber wenn theoretische Gottesbeweise das gar nicht erzielen können, was sie eigentlich sollen, welchen Sinn haben sie dann?

(2) *Gläubige* vs. *Nichtgläubige*: Wittgenstein beantwortet diese Frage mit der Unterscheidung gläubiger und nichtgläubiger Subjekte solcher Beweisversuche. Beide betreiben dieses theoretische Geschäft mit unterschiedlichen Intentionen. Nichtgläubige mögen Gottesbeweise für Versuche halten, sich argumentativ von der Existenz Gottes zu überzeugen. Gerade dazu taugen sie aber nicht, ja es ist ein völliges Mißverständnis des Wesens des religiösen Glaubens, wie Wittgenstein in den ›Vorlesungen über den religiösen Glauben‹ argumentiert hat, sich in diesem Sinne um Beweise des Glaubens zu bemühen (1971, 88–95). Religiöser Glaube ist nicht beweisbar wie ein mehr oder weniger wahrscheinlicher wissenschaftlicher Sachverhalt, sondern unerschütterlich. Er ist kein Glaube »an die Richtigkeit von Annahmen«, sondern etwas, das ein »ganzes Leben regelt« (88). Das muß nicht heißen, daß religiöser Glaube unbegründet wäre oder daß sich der Grund der Unerschütterlichkeit des Glaubens nicht nennen ließe. Wenn Gläubige Beweise formulieren, wollen sie gerade das tun. Das heißt, sie wollen das, was sie glauben, »analysieren und begründen« (1977, 161). Mit einem lutherischen Dogmatiker des 19. Jahrhunderts formuliert: Argumente für die Existenz Gottes können »nicht eigentlich Beweise heißen, sondern sie sind Begründungen unseres Gottesglaubens, sofern sie sein gutes Recht nachweisen« (Luthard, 1878, 98). Es geht ihnen nicht darum, die Überzeugung von Gottes Existenz zu erzeugen, sondern ihre Berechtigung aufzuweisen.

(3) *Glaubensgenese* vs. *Glaubensbegründung*: Genau diesen Gegensatz greift Wittgenstein auf, wenn er davon spricht, daß die Gottesbeweise Gläubiger den Glauben an Gott nicht produzieren, sondern zu klären und zu begründen suchen. Sollte ihnen ein solcher Beweis mißlingen, wäre damit zwar die Begründung, nicht aber ihr Glaube an Gott in Frage gestellt. Gläubige reagieren denn auch auf das Versagen der Gottesbeweise in der Regel nicht damit, daß sie ihren Glauben aufgeben, sondern daß sie sich um bessere

Begründungen ihres Glaubens bemühen. Es geht ihnen bei Begründungs-
versuchen dieser Art also nicht um die quaestio facti, sondern um die
quaestio iuris ihres Gottesglaubens, dessen Gültigkeit und Berechtigung
theoretische Reflexionen und Argumente erweisen sollen.

(4) *Glaube* vs. *Verstand*: Damit ist ein vierter Gegensatz angesprochen, der
fundamental zur Geschichte christlicher Gottesbeweise gehört: der Gegensatz zwischen Glaube und Verstand, fides und intellectus. Gottesbeweise
sind intellektuelle Bemühungen um Analyse und Begründung der Berechtigung eines vom Verstand verschiedenen Glaubens. Sie sind Ausdruck der
fides quaerens intellectum. Mißlingen sie, steht nicht die fides, sondern der
intellectus fidei in Gefahr. Die fides nämlich rechnet wie selbstverständlich
mit Gott: Für sie steht außer Frage, daß Gott existiert. Der intellectus fidei
soll, sofern er sich auf Gottes Existenz bezieht, erweisen, daß diese selbstverständliche Gewißheit der fides berechtigt ist. Und das wird so zu erreichen
gesucht, daß der Verstand den Glauben im Denken kritisch thematisiert,
um die selbstverständliche Glaubensgewißheit im intellectus fidei als be-
rechtigte Selbstverständlichkeit zu begreifen.

Nun muß diese Verstandesbemühung nicht, wie etwa Carl Daub
meinte, aus dem Zweifel entspringen, so daß der Zweifel die Voraussetzung
aller Gottesbeweise wäre (1841, 437 u.ö.). Sie kann auch, wie Anselms
Proslogion-Argument belegt, aus dem Glauben selbst entstehen, der sich
reflexiv seiner selbst zu vergewissern sucht. *Reflexive Selbstthematisierung des
Glaubens* und *kritische Selbstreflexion des* (glaubenden oder nichtglaubenden)
Subjekts sind beides wohl zu unterscheidende Ansatzpunkte von Gottesbe-
weisversuchen im allgemeinen und den seit Kant ontologisch genannten
Argumenten im besonderen. Sie können jeweils aus unterschiedlicher In-
tention und mit verschiedener Absicht, etwa zur Explikation, Korrektur,
Verteidigung, Begründung, Beseitigung von Zweifeln, zur spekulativen
Wissenserweiterung oder auch zur doxologischen Darstellung des Glaubens an Gott unternommen werden (Clayton, 1984, 769ff). In allen Fällen
wird dabei aber methodisch versucht, die verlorene oder vorhandene
Selbstverständlichkeit der Existenz Gottes *theoretisch*, und das heißt in Gestalt argumentativer, auf Begriff, Urteil und Schluß basierender Beweis-
muster zu *reproduzieren*. Sofern das für Gottesbeweise in all ihren religiösen,
theologischen und philosophischen Verwendungsweisen zutrifft, haben sie
ihren Ort zwischen dem, was noch nicht in Frage gestellt wird bzw. in
Frage gestellt wurde, und dem, was nicht mehr in Frage steht. Unter
methodischem Gesichtspunkt sind sie so *Paradigmen denkerischen Umgangs
mit dem Selbstverständlichen.* Als solche sind sie durch zwei Grundzüge ausgezeichnet:

(1) Ihr Problem besteht darin, *durch theoretische (und im Fall ontologischer
Argumente: selbstreflexive) Argumentation das dem Glauben Selbstverständliche
in eine Selbstverständlichkeit des Denkens zu transformieren*: Was dem Glauben

selbstverständlich ist, soll durch Aufweis seiner Rechtmäßigkeit auch dem Denken (der Glaubenden und der Nichtglaubenden) verständlich, ja – und das gilt besonders für die seit Kant ontologisch genannten Argumente – *selbst*verständlich werden.

(2) Ihr zur Lösung dieses Problems verwendetes Verfahren besteht darin, *die auf Begriff, Urteil und Schluß basierende Form argumentativen Beweisens zur theoretischen Darstellungsform des Selbstverständlichen im Denken zu machen*: Das dem Glauben Selbstverständliche soll in eine Selbstverständlichkeit des Denkens transformiert werden, indem es in argumentativer Form zur Darstellung gebracht wird, also in Gestalt eines theoretischen Gedankengangs, der von begrifflich bestimmten Prämissen ausgehend auf deduktivem, induktivem oder kumulativem Weg die Glaubens-Selbstverständlichkeiten als gültige oder doch plausible Schlußfolgerungen aus diesen Prämissen zu erweisen sucht.

Grundproblem dieses Unternehmens ist dann aber nicht nur die Gültigkeit und Stichhaltigkeit derartiger Argumentationsversuche, wie die gängige Diskussion um die Gottesbeweise weithin den Eindruck vermittelt. Grundproblem ist vielmehr, *ob die argumentative Beweisform überhaupt eine adäquate Darstellungsform des dem Glauben Selbstverständlichen im Denken ist*: Ist die gewählte theoretische Darstellungsform von Begriff, Urteil und Schluß überhaupt in der Lage, den intendierten intellectus fidei zu befördern oder zu bewirken? Können lebensweltliche Selbstverständlichkeiten in argumentativer Form überhaupt *als* Selbstverständlichkeiten theoretisch reproduziert und so gesichert oder wiedergewonnen werden, wie es die Gottesbeweise und vor allem das ontologische Argument im Blick auf die Glaubensselbstverständlichkeit Gottes zu leisten versuchen?

C Entselbstverständlichung des Selbstverständlichen

Dem Glauben ist selbstverständlich, daß Gott existiert. Doch angesichts der faktischen Strittigkeit seiner Existenz ist das alles andere als eine selbstverständliche Wahrheit. Sie als solche zu erweisen und damit das Recht dieser Glaubensselbstverständlichkeit nachzuweisen, ist das Ziel der Argumente für Gottes Existenz: Die dem Glauben selbstverständliche Existenz Gottes soll auch dem Denken als verständlich und damit jedem Denkenden als zu Recht vom Glauben für selbstverständlich gehalten erwiesen werden. Das Besondere ontologischer Argumente ist dabei, daß sie sich um die argumentative Verwandlung des Selbstverständlichen nicht nur in Verständliches, sondern in *Selbst*verständliches bemühen; und sie suchen das z.B. damit zu erreichen, daß sie (ausschließlich) mit diesem problematisierten Selbstverständlichen selbst argumentieren. Das im theoretischen Fragen unselbstverständlich Gewordene soll durch argumentative Verwendung seiner selbst nicht nur verständlich, sondern *selbst*verständlich werden, so daß nicht nur Verständlichkeit des nicht mehr Selbstverständlichen, sondern im Mitvollzug dieser Argumentation die Fraglosigkeit neuer Selbstverständlichkeit erzielt wird.

Genau das war jedenfalls die Pointe des von Anselm im Proslogion entfalteten unum argumentum (vgl. oben 51 ff): Für den Glauben ist selbstverständlich wahr, daß Gott *aliquid quo nihil maius cogitari possit* ist. Diese Wahrheit aber ist, wie der insipiens belegt, durchaus bezweifelbar. Eben deshalb kann es nur so als *selbst*verständlich (und nicht nur verständlich) wahr erwiesen werden, daß mit ihm selbst der Beweis für seine Wahrheit geführt wird, so daß es für das Denken im Blick auf den damit formulierten Glauben keine unverstandenen Selbstverständlichkeiten mehr gibt. Anselms Argument ist also keine selbstevidente Wahrheit, sondern ein durch sich selbst von seiner Wahrheit argumentativ überzeugendes (oder doch überzeugen wollendes) Denk-Instrument zur Erzeugung des scheinbar Unerzeugbaren: der das Fragen des Denkens beendenden Einsicht in die Selbstverständlichkeit und Wahrheit dessen, was der Glaube von Wesen und Existenz Gottes als selbstverständlich wahr bekennt.

Nun gilt vom Selbstverständlichen, was Aristoteles vom Sein sagte: Es wird vielfältig ausgesagt. Nennen wir doch nicht nur das selbstverständlich, was noch nicht in Frage gestellt ist, sondern auch das, was nicht mehr in Frage steht, und das, was vor allem Fragen und bei allem Fragen als Universum der Selbstverständlichkeiten immer schon in Anspruch genommen wird. Edmund Husserl hatte diesen zu jeder Zeit unerschöpflichen Vorrat des Vorhandenen und Vertrauten und eben darin Unbekannten und Unverstandenen als »Lebenswelt« bezeichnet. Die Lebenswelt ist das »Universum vorgegebener Selbstverständlichkeiten« (1954, 183), und zwar sowohl im Sinne der Vorgegebenheit dessen, wovon alles theoretische Bemühen je und je seinen Ausgang nimmt, als auch im Sinne der Mitgegebenheit all dessen, was jede theoretische Bemühung in ihrem eigenen Vollzug jeweils nichttheoretisiert und nichttheoretisierbar begleitet. In beiden Hinsichten ist die Lebenswelt das nicht frei gewählte und auch nicht frei wählbare, sondern nur theoretisch distanzierbare Universum der Selbstverständlichkeiten, an dem sich philosophische Reflexion abarbeitet. So ist es die Aufgabe des (phänomenologischen) Philosophen, konsequent an der »Auflösung der Selbstverständlichkeit« (187) zu arbeiten und »die universale Selbstverständlichkeit des Seins der Welt – für ihn das größte aller Rätsel – in eine Verständlichkeit zu verwandeln« (184). Eben das aber ist der Natur der Sache nach nur denkbar als ein philosophischer Dauerprozeß der »absoluten Universalität, in der es es keine ungefragten Fragen, keine unverstandenen Selbstverständlichkeiten geben darf« (269).

Den Effekt dieser permanenten theoretischen Transformation des Selbstverständlichen in Verständliches hat Hans Blumenberg (1963) präzis beschrieben: Diese »Theoretisierung treibt die Kontingenz der Lebenswelt heraus und macht sie zum akuten Anstoß der unserem Denken über die Welt spätestens am Ende der Antike aufbrechenden Frage, warum das Gegebene gerade so beschaffen ist, wie wir es vorfinden« (27 f). Indem sich die Lebenswelt als Universum von Selbstverständlichkeiten präsentiert, das weder frei gewählt wurde, noch sich frei wählen läßt, verdeckt sie ihre Kontingenz, d. h. ihren Charakter, immer auch anders sein zu können. Sie begegnet als Inbegriff dessen, was noch nicht in Frage gestellt ist, nicht mehr in Frage steht und bei allem Infragestellen immer schon in Anspruch genommen wird und vermittelt so den Anschein der Notwendigkeit, so und nicht anders sein zu können. Wird die Lebenswelt aber in distanzierender Deskription und theoretisierender Reflexion vom Standpunkt logischer Möglichkeit und Notwendigkeit aus betrachtet, wie es historisch seit dem Hochmittelalter in sich akzellerierender Weise geschehen ist, setzt ein Prozeß der »Entselbstverständlichung« (48) ein, der – und das ist nach Blumenberg der Prozeß der Neuzeit – zum Umschlagen »aller Selbstverständlichkeitscharaktere der Wirklichkeit in die Kontingenz« (46 f) führt.

Blumenbergs im Anschluß an Husserl entwickelte These vom Prozeß der »Entselbstverständlichung« aller lebensweltlichen Selbstverständlichkeiten in der Neuzeit nötigt zur Frage, ob sich dem theoretischen Zugriff distanzierender Reflexion wirklich *alle* Selbstverständlichkeiten als verkappte Kontingenzen erweisen müssen. Gilt das auch für die Selbstverständlichkeiten der religiösen Lebenswelt, insbesondere für die vom Glauben unterstellte Selbstverständlichkeit der Existenz Gottes, die das ontologische Argument theoretisch zu reproduzieren und damit vor dem Forum des Denkens als berechtigt zu erweisen sucht? Um diese Frage beantworten zu können, müssen wir uns Charakter und Problematik ontologischer Argumentationen genauer vergegenwärtigen.

II Das ontologische Argument und die Entselbstverständlichung Gottes

A Ontologische Antinomie

Es gibt viele ontologische Argumente. Sie alle zeichnen sich dadurch aus, daß sie Gottes Existenz bzw. Nichtexistenz nicht aus seinem Weltverhältnis folgern, sondern apriorisch aus dem Begriff seines Wesens erschließen: Durch Analyse des Gottesbegriffs wird zu zeigen versucht, daß ein diesen Begriff singulär instantiierendes Wesen notwendig existieren muß oder unmöglich existieren kann. So wird im positiven Fall argumentiert: Wer weiß, was Gott ist, der weiß, daß er ist, und wer Gottes Existenz bestreitet, der weiß nicht, wovon er spricht. Gottes Dasein gehört untrennbar zu seinem Wesen: Er ist (in platonischer Tradition) das *ens perfectissimum* oder *realissimum*, das denkbar realste und daher auch existierende Wesen, oder (in aristotelischer Tradition) das *ens necessarium*, das absolut notwendige Wesen, das nicht nicht existieren kann. Entsprechend wird im negativen Fall argumentiert: Wer weiß, was mit ›Gott‹ und mit ›Existenz‹ gemeint ist, der weiß, daß Gott nicht nur nicht existiert, sondern nicht existieren kann. Gottes Wesensbegriff macht es unmöglich, daß er existiert: Er ist ein *ens impossibile*, das nicht existieren kann.

Im Zentrum beider Gedankenlinien – und man sollte sie immer parallel bedenken, um sich nicht zu einseitigen Konsequenzen verleiten zu lassen – stehen die Modalbegriffe der Möglichkeit, Unmöglichkeit und Notwendigkeit. Auf sie konzentriert sich seit Findlay (1948), Hartshorne (1962; 1965), Malcolm (1960) und Plantinga (1974) auch die zeitgenössische Diskussion ontologischer Argumente. Die Grundform dieser Argumente läßt sich in folgenden beiden Argumentationstypen A und B fassen:

A. *Das positive ontologische Argument*
   (1) Entweder ist Gottes Existenz unmöglich oder notwendig ($\sim$MG v NG).
   (2) Gottes Existenz ist möglich (MG).
   (3) Gottes Existenz ist notwendig (NG).

B. *Das negative ontologische Argument*
   (4) Entweder ist Gottes Existenz unmöglich oder notwendig ($\sim$MG v NG).
   (5) Gottes Nichtexistenz ist möglich (M $\sim$ G).
   (6) Gottes Existenz ist unmöglich ($\sim$MG).

Beide Argumente, das läßt sich leicht zeigen, sind formal korrekt: Ihre Konklusion folgt nach gültigen Regeln aus ihren jeweiligen Prämissen. Das genügt freilich noch nicht, um von einem ontologischen *Beweis* der Existenz bzw. Nichtexistenz Gottes reden zu können. Es ist ein (wenn man so will) Meta-Theorem nicht nur von Gottesbeweisen, sondern von (deduktiven) Beweisen überhaupt, daß sie folgenden drei Gruppen von formalen (syntaktischen), alethischen (semantischen) und epistemischen (pragmatischen) Bedingungen genügen müssen (Mavrodes, 1970, 22ff.31ff):

– Sie müssen *korrekte Argumentationen* sein, d.h. ihre Konklusion muß nach den innerhalb eines bestimmten Systems geltenden Regeln so aus den Prämissen folgen, daß es unmöglich wäre, diese zu bejahen und jene ohne Selbstwiderspruch zu verneinen.

– Sie müssen darüberhinaus aber auch *gültige Argumentationen* sein, d.h. ihre Konklusion muß nicht nur korrekt aus ihren Prämissen folgen, sondern diese müssen auch wahr sein, wenn die Konklusion wahr sein soll.

– Doch auch formale Korrektheit und alethische Gültigkeit sind nur notwendige, nicht hinreichende Bedingungen dafür, daß eine Argumentation einen Beweis darstellt. Um das zu sein, muß sie auch eine *überzeu-*

gende Argumentation sein, d.h. ihre Adressaten müssen wissen, daß ihre Prämissen wahr sind oder davon doch überzeugt sein, jedenfalls überzeugter als von der Falschheit ihrer Konklusion (Prior, 1976, 56f).

Beweise, und also auch Gottesbeweise, sind damit pragmatische und Person-relative Argumentationen, die, wenn sie sich überhaupt führen lassen, nicht ein für allemal, sondern immer wieder zu führen sind. Sie überzeugen nicht zwangsläufig jeden, wenn sie einen oder einige überzeugen. Sie können freilich zu Recht überhaupt nur dann jemanden überzeugen, wenn sie wenigstens formal korrekt und alethisch gültig sind. Nun läßt sich zwar die formale Korrektheit deduktiver Argumentationen mit rein logischen Mitteln überprüfen, nicht aber ihre alethische Gültigkeit. Um die Wahrheit der zugrundegelegten Prämissen zu erweisen oder doch wenigstens plausibel bzw. wahrscheinlich zu machen, müssen wir über die Strukturregeln der Logik hinausgehen und zu nichtlogischen Mitteln greifen. Genau das aber wirft bei Gottesbeweisen, und ganz besonders bei ontologischen Gottesbeweisen, fundamentale Schwierigkeiten auf. Denn wie läßt sich zeigen, daß die Prämissen von A bzw. B wahr oder doch wahrscheinlicher sind als ihr Gegenteil? Und wie läßt sich das zeigen, ohne über die verwendeten Begriffe hinauszugehen, also den Rahmen des ontologischen Arguments zu überschreiten?

Betrachten wir zunächst die zweiten Prämissen (2) und (5) von A und B. Alle neueren Versionen des ontologischen Arguments von Hartshorne über Malcolm bis zu Plantinga sind durch zwei Züge gekennzeichnet: Einerseits gehen sie von der Annahme (2) aus, daß es möglich ist, daß Gott existiert. Andererseits argumentieren sie explizit oder implizit im Rahmen des Modalsystems S5, das keine irreduziblen iterierten Modalitäten zuläßt, so daß das, was möglicherweise notwendig ist, notwendig, und das, was notwendigerweise möglich ist, möglich ist. Aus der Möglichkeit von Gottes Existenz kann dementsprechend gefolgert werden, daß es unmöglich ist, daß Gott nicht existiert und daher notwendig, daß er existiert. Nun haben Plantinga (1974), Mackie (1982) und andere (Bucher 1985; vgl. oben 202ff) darauf aufmerksam gemacht, daß eine ganz entsprechende Argumentation auch von der gegenteiligen Prämisse (5) aus geführt werden kann, derzufolge es möglich ist, daß Gott nicht existiert. Aus der Möglichkeit von Gottes Nichtexistenz kann dann gefolgert werden, daß es nicht notwendig ist, daß er existiert und daher unmöglich, daß er existiert. Die entscheidende Frage ist damit, was dafür spricht, eher die Prämisse (2) ›Gottes Existenz ist möglich‹ als (5) ›Gottes Nichtexistenz ist möglich‹ (oder umgekehrt) für wahr zu halten und der Argumentation zugrunde zu legen.

Für beide Prämissen muß gelten, daß sie nicht selbstwidersprüchlich sind, der verwendete Gottesbegriff also keinen logischen Selbstwiderspruch impliziert. Einen solchen Aufweis der Widerspruchslosigkeit des zugrundegelegten Gottesbegriffs hatte Leibniz (1704) zur Vervollständigung von

Descartes' ontologischem Argument gefordert und in seinen Nouveaux Essais (IV, X) in Form eines Kompatibilitätsbeweises der göttlichen Eigenschaften auch zu geben versucht. Denn in der Tat wäre es ja der effektivste Aufweis der Unmöglichkeit eines Gottesbeweises, wenn sich bereits der in Anspruch genommene Gottesbegriff als inkohärent erweisen ließe (Kenny, 1979). Mit gutem Grund gründet deshalb auch Plantinga (1974) sein Argument auf einen solchen Beweis der Widerspruchslosigkeit für (2), allerdings mit der Zuspitzung, daß er die logische Widerspruchslosigkeit des verwendeten Gottesbegriffs für eine nicht nur notwendige, sondern hinreichende Bedingung einer erfolgreichen ontologischen Argumentation für Gottes Existenz versteht. So bestimmt er Gott als Wesen maximaler Größe, definiert diese Eigenschaft als ›maximal excellence in every possible world‹ und zeigt, daß diese Eigenschaft exemplifiziert sein kann, also eine mögliche Welt existiert, in der sie exemplifiziert ist. Wenn sie aber überhaupt exemplifiziert sein kann, dann muß sie in jeder möglichen Welt und damit auch in der wirklichen Welt exemplifiziert sein. Denn sie könnte ja nicht nicht exemplifiziert sein, wenn sie exemplifiziert wäre. Was aber in einer möglichen Welt unmöglich ist, ist in allen möglichen Welten, also auch der wirklichen, unmöglich. Kann es den so bestimmten Gott also geben, dann muß es ihn geben, in dieser und jeder anderen möglichen Welt.

Plantingas Argument ist im Rahmen des von ihm benützten Modalsystems formal korrekt. Dennoch erzielt er allenfalls einen Teilerfolg. Mit dem gleichen Recht kann nämlich von der Prämisse (5) aus im gleichen System für die gegenteilige Konklusion argumentiert werden. Läßt sich von der logischen Nichtwidersprüchlichkeit des Gottesbegriffs der maximalen Größe auf die Möglichkeit seiner Exemplifizierung in einer möglichen Welt und damit auf die Notwendigkeit seiner Exemplifizierung in dieser und jeder anderen möglichen Welt schließen, dann gilt das ganz entsprechend auch für seine Negation, den Begriff der nichtmaximalen Größe. Ist der eine Begriff logisch widerspruchsfrei, dann ist es auch der andere, und kann und muß der eine exemplifiziert werden, dann gilt das auch für den anderen. Die beiden logisch widerspruchsfreien Prämissen ›Maximal greatness is possibly exemplified‹ und ›No-maximality is possibly exemplified‹ (219) führen damit im Rahmen von Plantingas Argumentationsmuster in eine *ontologische Antinomie*: Gottes notwendige Existenz und Gottes notwendige Nichtexistenz kann mit ihnen gleichermaßen erwiesen werden.

Beides kann offensichtlich nicht zusammen wahr sein. Plantinga und Mackie notieren das ausdrücklich, ziehen daraus aber unterschiedliche Schlüsse. Für Plantinga heißt das, daß eines der beiden Argumente gültig ist und das andere nicht (219), und da sich für beide dieselben Gründe geltend machen lassen, nämlich die logische Möglichkeit der Wahrheit ihrer Prämissen, hält er es zumindest für rational gerechtfertigt, für das positive

Argument A zu optieren. Mit dem gleichen Recht könnte man sich aber auch für die Wahl des negativen Arguments B entscheiden. Die theistische und atheistische Option scheinen damit gleichermaßen rational zu sein. Genau dagegen verwahrt sich Mackie, indem er beiden Optionen die Rationalität bestreitet. Ihm zufolge ist es rational nicht gerechtfertigt, für A oder für B zu optieren, solange wir, obwohl wir für beide dieselben Gründe haben, nicht beide vertreten können, ohne in die ontologische Antinomie zu geraten (1982, 59). Statt uns je nach theistischem bzw. atheistischem Vorurteil für einen der beiden Typen des ontologischen Arguments zu entscheiden, müssen wir uns rationalerweise jeder Option in dieser Sache enthalten.

Doch es gibt noch eine dritte Möglichkeit neben vorurteilsgesteuerter Option und skeptischer Urteilsenthaltung. Angesichts der konstatierten ontologischen Antinomie sind die Voraussetzungen kritisch zu prüfen, unter denen sie überhaupt erst zustande kommt. Zu diesen gehört aber vor allem, daß es sich um modale ontologische Argumente handelt, die einem gemeinsamen Argumentationsmuster folgen: Weil das Unmögliche durch das Mögliche negiert wird, alles Mögliche aber entweder kontingent oder notwendig ist, suchen sie unter Ausschluß der Kontingenz die Notwendigkeit der Existenz bzw. der Nichtexistenz Gottes aufzuweisen und eben dadurch die Unmöglichkeit seiner Existenz bzw. Nichtexistenz abzuweisen. Angelpunkt ihrer Argumentation ist dementsprechend die Alternative zwischen Unmöglichkeit und Notwendigkeit der Existenz Gottes. Gerade daraus aber resultiert die ontologische Antinomie, insofern ausgehend von der Möglichkeit der Existenz bzw. der Nichtexistenz Gottes gezeigt wird, daß er im einen Fall als notwendig existierendes, im anderen als notwendig nichtexistierendes Wesen gedacht werden muß.

Doch muß er so gedacht werden? Daß es möglich ist, daß er existiert, und daß es möglich ist, daß er nicht existiert, führt nur dann in eine ontologische Antinomie, wenn von der Alternative zwischen der Unmöglichkeit und Notwendigkeit Gottes ausgegangen wird. Es schlösse sich nicht mehr aus, wenn Gott als kontingent existierendes Wesen gedacht würde, das, wenn es ist, sein kann, aber nicht sein muß. Denn kontingent ist ein Wesen genau dann, wenn es möglich ist, daß es ist und daß es nicht ist. Was also hindert, Gott als kontingentes Wesen zu denken? Oder umgekehrt gefragt: Was nötigt, Gott als notwendiges Wesen zu denken und damit von der Alternative von Notwendigkeit oder Unmöglichkeit auszugehen, die A und B gemeinsam als erste Prämisse zugrundeliegt?

Diese Frage wird in der Regel mit dem Verweis auf die Funktion ontologischer Argumente in der Ontotheologie der Neuzeit (B) und die religiöse Adäquatheit des Gedankens Gottes als eines notwendigen Wesens (C) beantwortet. Beide Antworten sind genauer zu betrachten.

B Ontologisches Dilemma

Wie Dieter Henrich (1960) und Jan Rohls (1987) ausführlich gezeigt haben, markiert das ontologische Argument in der neuzeitlichen Philosophie den Versuch, das wachsende Kontingenzbewußtsein der Moderne in einem nicht kontingenten, sondern notwendigen Grund zu fundieren. Gott wird als der zureichende Grund der Welt gedacht, der die Frage beantwortet, warum überhaupt etwas ist und nicht vielmehr nichts. Und da dieser Grund nicht zureichend wäre, wenn er selbst von Gnaden eines anderen wäre und sich nicht als causa sui sich selbst verdankte, wird er als absolut notwendiges Wesen gedacht. Die Zusammengehörigkeit dieser beiden Argumentationsschritte manifestiert sich in der charakteristischen Verknüpfung des ontologischen und des kosmologischen Arguments. Die kontingente Faktizität dieser Welt bzw. – wie bei den neuerdings favorisierten apriorischen Versionen des kosmologischen Arguments – die Existenz einer kontingenten Welt überhaupt erfordern Gott als notwendigen Letztgrund ihrer Existenz und Intelligibilität; und dieser Letztgrund wäre weder notwendig noch zureichend zur Fundierung der Welt, wenn er sich selbst irgendetwas anderem verdankte als sich selbst. Das ontologische Argument expliziert den Gottesgedanken daher als den Gedanken eines Wesens, bei dem eine Differenz von Wesen und Existenz nicht einmal konsistent gedacht werden kann, so daß in ihm, und ihm allein, die für alles außer Gott charakteristische ontologische Differenz zwischen Wassein und Daßsein aufgehoben ist (Henrich, 1960, 263f).

Es ist die zentrale Pointe aller Kritik des ontologischen Arguments in seinen verschiedenen neuzeitlichen Versionen, daß sich die ontologische Differenz zwischen Wassein und Daßsein auch im Blick auf Gott nicht aufheben läßt. Kann die Indifferenz von Wesen und Dasein aber auch im Gottesgedanken nicht gedacht werden, ergibt sich im Blick auf Gott ein *ontologisches Dilemma*: Entweder läßt sich Gott dann überhaupt nicht denken, oder er läßt sich zwar denken, aber nur so, daß zwischen ihm und der Welt nicht mehr klar zu unterscheiden ist. Angesichts dieses Dilemmas hat die Kritik neuzeitlicher Ontotheologie drei Hauptrichtungen eingeschlagen:

(1) Entweder sucht sie die *Unmöglichkeit der Ontotheologie* aufzuweisen: Gott kann als absolut notwendiges Wesen konsistent überhaupt nicht gedacht werden.

(2) Oder sie behauptet die *Irrelevanz der Ontotheologie*: Gott kann zwar konsistent als absolut notwendiges Wesen gedacht werden, aber dieser Gedanke ist kosmologisch irrelevant.

(3) Oder sie plädiert für eine *kosmologische Transformation der Ontotheologie*: Gott ist nicht als absolut, sondern nur als relativ notwendiges Wesen zu denken.

Ich erläutere die drei Positionen in der gebotenen Kürze.

(1) *Unmöglichkeit der Ontotheologie*: Gott kann überhaupt nicht gedacht werden. Um wirklich Gott und nicht etwas anderes zu denken, müßte er als absolut notwendiges Wesen gedacht werden, das nicht nicht existieren kann. Im logischen Verständnis von Notwendigkeit ist der Gedanke eines solchen Wesens aber inkonsistent, wie Hume (1779, Teil 9), Kant (KdrV, B 620ff), Findlay (1948) oder Penelhum (1971, 45f) gezeigt haben, so daß ein so verstandener Gott zu denken unmöglich ist. Die Welt und ihre Einheit sind daher anders als im Bezug auf Gott zu denken und zu begründen. Und das heißt: Der Zusammenbruch der Ontotheologie resultiert in einer prinzipiellen *Verweltlichung der Welt*.

(2) *Irrelevanz der Ontotheologie*: Gott kann gedacht werden, und zwar als absolut notwendiges Wesen, da sich dieser Gedanke nach Descartes, Spinoza, Hegel, Swinburne (1977, Teil III; 1979, 92ff) oder Ward (1982, 24ff) in einem anderen als dem logischen Sinn von Notwendigkeit als kohärent erweisen läßt: ›Gott existiert‹ ist wahr, wenn Gott existiert; es ist notwendig wahr, wenn es keine mögliche Welt gibt, in der Gott nicht existiert; und wenn gezeigt werden kann, daß dies möglich ist, ist der Begriff eines absolut notwendigen Wesens kohärent und nicht inkonsistent. Der so gedachte Gott aber ist theologisch und philosophisch irrelevant, da er nicht dazu taugt, die Welt in ihrer Kontingenz zu begründen: Kontingentes kann nur durch Kontingentes begründet werden, und aus Notwendigem kann nur Notwendiges folgen (Swinburne 1977, 263ff; 1979, 76f). Das aber heißt: Die Kohärenz des ontotheologischen Gottesgedankens ist eine notwendige, nicht hinreichende Voraussetzung zur denkerischen Bewältigung der Kontingenz unserer Welt.

(3) *Kosmologische Transformation der Ontotheologie*: Gott kann gedacht werden, aber nur kosmologisch als Letztgrund der Welt und damit als relativ und nicht absolut notwendiges Wesen. Angesichts der Welt ist es notwendig, daß Gott existiert, da nichts Grund seiner selbst sein kann und der zureichende Grund der kontingenten Wirklichkeit der Welt Gott ist. Doch (1) daß es angesichts der Welt notwendig ist, daß Gott existiert, heißt nicht, daß Gott notwendig existiert: Kosmologische Erfordernis ist etwas anderes als modale Notwendigkeit. Und (2) daß Gott als Grund der Welt gedacht werden muß, heißt nicht, wie schon Kant notierte (KdrV, B 641), daß nach dem Grund Gottes zu fragen unmöglich oder unnötig wäre. Schließlich (3): Kann Gott nur kosmologisch als Letztgrund der Welt gedacht werden, besteht eine prinzipielle Relativität von Gott und Welt, die beide nur im Zusammenhang und damit ontologisch im gleichen modalen Modus zu denken erlaubt.

Für eine kosmologische Transformation der Ontotheologie ergeben sich damit drei Möglichkeiten, von denen die ersten beiden in der klassischen Metaphysik der Neuzeit, die dritte dagegen in der neoklassischen Metaphysik unseres Jahrhunderts zu realisieren gesucht werden. So steht angesichts des Theorems der Relativität von Gott und Welt die klassische Metaphysik seit dem 17. Jahrhundert vor folgender Aporie: Ist Gott notwendig, dann ist auch die Welt notwendig, und ist die Welt nicht notwendig, dann ist es auch Gott nicht. Das heißt, entweder wird die Welt als notwendig vergöttlicht (Spinoza) oder Gott wird als kontingent verweltlicht (Swinburne). Die neoklassische Metaphysik von Hartshorne bis Ward hingegen versucht diese Aporie dadurch zu überwinden, daß sie die Differenz zwischen Notwendigkeit und Kontingenz in den Weltbegriff und damit auch in den Gottesbegriff hineinverlegt: Daß es diese Welt gibt, ist kontingent, aber daß es irgendeine Welt gibt, ist notwendig. Als Letztgrund von Welt überhaupt gedacht, ist Gott dementsprechend notwendig, als Letztgrund dieser Welt dagegen kontingent. Muß Gott aber im Blick auf alle möglichen Welten als notwendig gedacht werden, im Blick auf diese Welt dagegen als kontingent, und ist diese Welt eine der möglichen Welten, dann ist Gott damit beides zugleich in verschiedener Hinsicht: Der Gott-Welt-Komplex ist weder nur kontingent, noch nur notwendig, sondern, wenn auch in verschiedener Hinsicht, beides zugleich.

Die skizzierten Argumente resümieren paradigmatisch die Geschichte des ontologischen Arguments in der Neuzeit. Sie bestätigen zugleich Blumenbergs These vom Umschlagen aller Selbstverständlichkeiten der Wirklichkeit in die Kontingenz in den wesentlichen Grundzügen. Auch der Gottesgedanke vermag sich nicht uneingeschränkt der Transformation in die Kontingenz zu entziehen und wird entsprechend modifiziert. Dabei sind allerdings zwei gegenläufige Prozesse zu beobachten. Einerseits wirkt der Gottesgedanke zunächst als Motor der Entwicklung der neuzeitlichen Kontingenzerfahrung, andererseits wird er zunehmend selbst zu ihrem Gegenstand. So werden einerseits durch die Betonung der Selbstverständlichkeit Gottes und den Versuch ihrer argumentativen Reproduktion im ontologischen Argument die Selbstverständlichkeiten unserer Lebenswelt und ihrer Derivate wie Natur oder Geschichte als fragwürdig entlarvt. Nur Gott ist selbstverständlich, alles von Gott Verschiedene dagegen alles andere als selbstverständlich, nämlich prinzipiell problematisch und problematisierbar. Nur im Blick auf Gott, nicht im Blick auf die Welt gilt dementsprechend, daß er aus freien Stücken weder gewählt ist noch gewählt werden kann. Und nur im Blick auf die Welt und nicht im Blick auf Gott gilt umgekehrt, daß sie das Feld des Machbaren und Wählbaren, der Raum freier Entscheidungen und kontingenter Gestaltungen ist. Die im ontologischen Argument theoretisch dargestellte Erkenntnis der Notwendigkeit Gottes treibt so die Kontingenz der Welt heraus und wird zur Befreiung von den falschen Notwendigkeiten, die ihr als Natur und Geschichte aufgrund ihres Selbstverständlichkeitscharakters wie selbstverständlich unterstellt werden.

Andererseits war Gott im Horizont unserer Wirklichkeitserfahrung niemals schlicht selbstverständlich. Seine Selbstverständlichkeit mußte vielmehr gegen den Schein ihres Gegenteils ausdrücklich namhaft gemacht werden. Das geschah und geschieht auf den Wegen des Glaubens und des Denkens auf zwei wohl zu unterscheidenden Weisen: Der Glaube präsentiert Gottes Selbstverständlichkeit als *eschatologische Selbstverständlichkeit*, die sich kontrafaktisch gegen die Folie seiner faktischen Nichtselbstverständlichkeit zur Geltung bringt. Das Denken dagegen gibt sie als *ontologische Selbstverständlichkeit* aus, die der selbst nicht erfahrbare, sondern in, mit und unter aller Wirklichkeitserfahrung mitgesetzte Ermöglichungsgrund aller Erfahrung ist. Gottes Selbstverständlichkeit wird damit im ersten Fall als eschatologische Wahrheit gegen die faktische Wirklichkeit unserer Nichterfahrung Gottes gesetzt, im zweiten als ontologische Selbstverständlichkeit seiner ontischen Nichtselbstverständlichkeit kontrastiert. Entsprechend kommt sie im ersten Fall als das unserer Wirklichkeitserfahrung *Entgegengesetzte* in den Blick, im zweiten dagegen als das in unserer Wirklichkeitserfahrung *Mitgesetzte*. Beides sind nicht aufeinander reduzierbare Arten, die Selbstverständlichkeit Gottes zu denken. Die eine begreift sie im Rahmen des eschatologischen Grundgegensatzes von Alt und Neu, die andere im Rahmen des ontologischen Grundzusammenhangs von Einem und Vielem, Sein und Schein, Notwendigkeit und Möglichkeit. In beiden Fällen kann sie nicht unabhängig von diesem Rahmen in den Blick gefaßt und damit auch in theoretischer Reflexion nicht adäquat reproduziert werden, ohne daß ihre jeweils in bestimmter Weise gefaßte Differenz zur Nichtselbstverständlichkeit Gottes beachtet wird.

Genau das wurde in ontologischer Argumentation in der Regel versäumt, so daß diese und ihre argumentative Reproduktion der (so oder so verstandenen) Selbstverständlichkeit Gottes von Anfang an von theologischer und philosophischer Kritik begleitet war. Der Grundgedanke eines absolut notwendigen Wesens wird als inkohärent bestritten; die Argumentation für die Realität und Existenz eines solchen Wesens als inkonsequent; der Versuch, die vorgegebenen Selbstverständlichkeiten des Glaubens, der Welt oder Vernunft argumentativ zu reproduzieren und eben so angesichts einer kritischen Infragestellung wiederzugewinnen, als undurchführbar und verfehlt. Das Resultat dieser Kritik ist die seit Kant verbreitete Überzeugung, das ontologische Argument sei im kritischen Prozeß der Neuzeit gescheitert. Sofern das gilt, signalisiert dieses Scheitern nicht nur das theoretische Versagen eines reflexiven Konzepts ohne weitere Konsequenzen. Es resultiert vielmehr in einer ungeahnten Steigerung und Forcierung der Kontingenzerfahrung unserer Welt: Nicht nur die Welt ist nicht selbstverständlich, sondern auch Gott ist es nicht. Angesichts der Kontingenz unserer Welt ist er entweder überhaupt nicht oder, wenn er ist, selbst nur auf (zumindest auch) kontingente Weise.

Alle lebensweltlichen Selbstverständlichkeiten, auch die des Glaubens, scheinen sich damit im Zugriff theoretischer Vernunft in Kontingenzen aufzulösen: Notwendig erscheinen sie nur, solange man sie isoliert als solche unter Absehung von ihren faktischen oder möglichen Alternativen thematisiert. So abstrakt nur für sich können aber nicht nur sie, sondern immer auch die ihnen kontrastierenden Nichtselbstverständlichkeiten oder alternativen Selbstverständlichkeiten zum Thema gemacht werden, so daß sich – wie gezeigt – argumentativ nicht entscheidbare argumentative Antinomien ergeben. Diese lassen sich nicht dadurch vermeiden oder überwinden, daß man einseitig Position bezieht, sondern allein so, daß man den abstrakten Ausgangspunkt revidiert, dem sie sich verdanken. Das aber heißt – und darin liegt das Wahrheitsmoment von Hegels Auszeichnung der Negation als methodisches, erkenntnistheoretisches und ontologisches Grundprinzip –, daß lebensweltliche Selbstverständlichkeiten argumentativ nur dann sachgerecht thematisiert werden, wenn man sie weder isoliert je für sich in den Blick faßt, noch einfach zusammen mit anderen faktisch bestehenden Selbstverständlichkeiten unserer jeweiligen Lebenswelt, sondern konkret im Kontrastzusammenhang mit ihrer faktischen oder möglichen Nichtselbstverständlichkeit im Licht anderer Selbstverständlichkeiten. Überwunden wird eine abstrakt verkürzende Reflexion und theoretische Reproduktion lebensweltlicher Selbstverständlichkeiten jedenfalls nur in dem Maße, als diese nicht nur aus der jeweils eigenen Perspektive im Zusammenhang mit anderem faktisch Wirklichen begriffen werden, sondern in der Verknüpfung unterschiedlicher Perspektiven als nicht nur selbstverständliches, sondern aus anderer Sicht eben auch nichtselbstverständliches Moment eines Zusammenhangs von Wirklichem vor der Folie des Möglichen. Nur im Licht alternativer Möglichkeiten läßt sich das Selbstverständliche im Zusammenhang des Wirklichen adäquat begreifen.

Auch die angebliche Selbstverständlichkeit Gottes kann dementsprechend argumentativ nur unter Berücksichtigung ihrer kontrafaktischen Differenz zu Gottes faktischer Nichtselbstverständlichkeit begriffen werden. Sie ist theoretisch deshalb auch erst dann adäquat reproduziert, wenn sie als Einheit faktischer Nichtselbstverständlichkeit und kontrafaktischer Selbstverständlichkeit und damit als absolute Selbstverständlichkeit begriffen wird. Diese unterscheidet sich von aller unkritischen, bloß faktischen und an die eigene Perspektive gebundenen Selbstverständlichkeit dadurch, daß sie ihre eigene Nichtselbstverständlichkeit aus anderer Perspektive nicht ignoriert, sondern in ihrem relativen Recht anerkennt, sie als Differenz in sich begreift und sich gerade so gegenüber aller Nichtselbstverständlichkeit als immer noch größere Selbstverständlichkeit zur Geltung bringt. Gottes Selbstverständlichkeit argumentativ zu explizieren, heißt dann aber, deutlich zu machen,

- inwiefern mit Recht als nicht selbstverständlich behauptet wird, daß er so ist, daß ›Es ist möglich, daß Gott nicht existiert‹ plausibel wird;
- inwiefern mit Recht als selbstverständlich behauptet wird, daß er so ist, daß ›Es ist möglich, daß Gott existiert‹ plausibel wird;
- und inwiefern mit Recht der Behauptung seiner Selbstverständlichkeit gegenüber der seiner Nichtselbstverständlichkeit Priorität einzuräumen ist, insofern Gottes Selbstverständlichkeit nicht einfach im Gegensatz zu seiner Nichtselbstverständlichkeit steht, sondern darin ihre Pointe hat, daß Gott angesichts seiner Nichtselbstverständlichkeit in einer diese überbietenden Verständlichkeit sich selbst verständlich macht.

Es liegt auf der Hand, daß dies nur gelingen kann, wenn der Gedanke der Selbstverständlichkeit Gottes in entsprechender Weise gefaßt und präzisiert wird. Doch muß das so geschehen, wie es in ontologischen Argumentationen geschieht? Diese können, wie wir sahen, insgesamt als Versuche begriffen werden, die lebensweltliche Selbstverständlichkeit bzw. Nichtselbstverständlichkeit Gottes theoretisch zu reproduzieren. Und gerade die Selbstverständlichkeiten der religiösen Lebenswelt, so wird immer wieder behauptet, nötigte sie dazu, Gott als notwendiges Wesen oder überhaupt nicht zu denken. Auch diesem Argument ist genauer nachzugehen.

C Religiöse Adäquatheit

Vertreter ontologischer Argumentationen der Typen A und B begründen ihr Ausgehen von der Alternative von Gottes Notwendigkeit oder Unmöglichkeit meist, und in neuerer Zeit nahezu einhellig, mit dem Argument der *religiösen Adäquatheit*: Nur der Gedanke eines notwendigen (oder doch zumindest notwendigen und kontingenten) Wesens formuliert einen religiös adäquaten Gottesbegriff. Findlay (1955) begründete diese Behauptung, die sich entsprechend auch bei Vertretern klassischer und neoklassischer Metaphysik wie Hartshorne (1967b), Plantinga (1974) und vielen anderen findet, folgendermaßen: Da Gott in der Religion als Gegenstand der Verehrung fungiert, kennzeichnet das Wort ›Gott‹ in religiösem Kontext das »adequate object of religious attitudes« (1955, 48). Wird der so gekennzeichnete Gott gedacht, ist er dementsprechend als vollkommenstes Wesen zu begreifen. Denn »religious attitudes presume *superiority* in their objects«, da es »wholly anomalous« wäre, »to worship anything *limited* in any thinkable manner« (51). Diese religiöse Vollkommenheitsforderung gilt für alle Aspekte Gottes, für sein Wesen ebenso wie für seine Existenz: »the worthy object of our worship can never be a thing that merely *happens* to exist, nor one on which all other objects merely *happen* to depend« (52): Gott muß notwendig existieren. Gott ist auch nicht nur ausschließlich durch Vollkommenheiten (excellences) charakterisiert, er muß diese auch auf vollkommene Weise besitzen, also nicht nur »in some merely adventitious or contingent manner«, sondern notwendig. Wäre das anders, könnte nicht zwischen Gottesverehrung und Götzendienst unterschieden werden und »the utter self-abandonment peculiar to the religious frame of mind« würde sich auf die falschen, nämlich auf endliche und kontingente Gegenstände richten (53). Als adäquater Gegenstand religiöser Verehrung muß Gott daher als ens realissimum et necessarium gedacht werden.

Die philosophische Kritik an dieser Argumentation hat sich vor allem auf den Begriff Gottes als notwendigen Wesens konzentriert. Wie Findlay selbst zeigt, kann in dem von ihm gebrauchten logischen Sinn von Notwendigkeit Gott nur um den Preis eines fundamentalen Selbstwiderspruchs notwendig genannt werden, da diese Notwendigkeit eine Eigenschaft von Propositionen, nicht von Gegenständen oder Wesen ist. Muß Gott daher aus religiösen Gründen als notwendig existierendes Wesen gedacht werden und ist dieser Gedanke aus logischen Gründen als in sich widersprüchlich zu verwerfen, ist es nicht nur faktisch nicht der Fall, sondern prinzipiell unmöglich, daß Gott existiert. Doch Findlays Gleichsetzung von Notwendigkeit mit logischer Notwendigkeit ist problematisch und eine inadäquate Wiedergabe dessen, was die ontotheologische Tradition mit dem Gedanken Gottes als notwendigen Wesens auszudrücken suchte. Smart (1955), Brown (1969), Kenny (1962), Penelhum (1971), Hick (1968; 1979, 86f), Swinburne (1977; 1979) u.v.a.m. haben daher in unterschiedlicher Weise von der logischen eine faktische oder ontologische Notwendigkeit unterschieden, die nicht Propositionen, sondern nur Gegenständen zukommen kann und die als deren Nichtabhängigkeit von anderem zu explizieren ist. Daß Gott notwendig ist, heißt dann, daß er von nichts anderem abhängt, von ihm aber alles andere abhängt. Dieser Notwendigkeitsbegriff trifft, ohne einen Selbstwiderspruch zu erzeugen, auf Gott zu. Er taugt aber nicht für ontologische Argumentationen, die aus der Analyse des Gottesbegriffs die notwendige Existenz eines Wesens zu erschließen suchen, das diesem Begriff exklusiv entspricht. Daß Gott im Sinn der Nichtabhängigkeit von anderem notwendig ist, informiert über die Grammatik des Gottesbegriffs, nicht über Gott. Es besagt nicht, daß dieser nicht nicht existieren kann, sondern nur, daß er frei existiert, wenn er überhaupt existiert. Ist das der Fall, dann ist die Tatsache, daß er existiert, in logischem und metaphysischem Sinn ein kontingenter, kein notwendiger Sachverhalt: Gott ist nicht nur seinem Wesen nach nicht unmöglich, sondern er hätte auch, zusammen mit allem übrigen, nicht existieren können.

Dieses Ergebnis verschärft sich noch im Licht der theologischen Kritik am religiösen Adäquatheits-Argument. Mit Gottes Existenz wird in der Situation der Gottesverehrung in der Tat selbstverständlich gerechnet. Daß Gott in religiösem Kontext und im Vollzug der Gottesverehrung nicht als nichtexistierend gedacht werden kann, sagt aber weniger über Gott als vielmehr über die Situation der Gottesverehrung etwas aus: Es ist ein notwendiges pragmatisches Implikat dieser Aktivität, mit Gottes Existenz zu rechnen. Aber es folgt nicht, daß deshalb mit seiner notwendigen Existenz gerechnet werden müßte oder seine Existenz nicht in Frage gestellt werden könnte. Und ganz Entsprechendes gilt, wenn man im Sinne neuzeitlicher Ontotheologie die Denksituation überhaupt an die Stelle der Situation der Gottesverehrung setzt und argumentiert, daß man nicht denken kann, ohne (bewußt oder unbewußt) Gott mitzudenken, und Gott nicht bewußt denken und zugleich seine Existenz bestreiten kann: Selbst wenn es selbstverständlich wäre, daß zu denken und Gott als nichtexistierend zu denken ein Widerspruch ist, wäre das ein pragmatischer Widerspruch unseres *Denkens* Gottes und kein semantischer Widerspruch im *Gottes*gedanken, aus dem sich eine Nötigung ergäbe, Gott nicht nur notwendig als existierend, sondern als notwendig existierend denken oder gar seine notwendige Existenz behaupten zu müssen. Es ist eine grammatische Feststellung über den Gottesgedanken, daß es notwendig ist, Gott als existierend zu denken, wenn wirklich Gott gedacht werden soll. Daraus folgt aber nicht, daß Gott als notwendig existierend gedacht werden muß oder daß es notwendig ist, daß Gott existiert. Es folgt nur, daß nicht wirklich Gott gedacht sein kann, wenn seine Existenz bestritten wird. Doch das kennzeichnet zwar das notwendige Wesen unseres Denkens Gottes, aber nicht Gott als notwendiges Wesen, und es garantiert in keiner Weise, daß wer Gott denkt, wirklich etwas Wirkliches denkt.

Nicht Gott, wohl aber der Gottesgedanke eines notwendig existierenden Wesens erweist sich damit theologischem Denken, das sich als Reflexion von Inhalt und Vollzug der Gottesverehrung bzw. (umfassender) des Glaubenslebens überhaupt versteht, als prinzipiell problematisch. Gott, mit dem der Glaube wie selbstverständlich rechnet, ist im Sinne der von Findlay herausgestellten religiösen Vollkommenheitsforderung nicht deshalb adäquater Gegenstand religiöser Verehrung, weil er überhaupt nicht nicht existieren *kann*, sondern weil er existieren *will*, wenn er existiert, und zwar *für uns* existiert, da er nicht ohne uns sein will, wie der Glaube aufgrund der Geschichte Jesu Christi bekennt. Wenn der im Glauben bekannte und religiös verehrte Gott existiert, dann nicht, weil er gar nicht anders kann, sondern *weil er sein will.* Erst ein Gott, der ist, weil er sein will, ist Garant dafür, daß die Tatsache, daß er ist, einen Zweck und ein Ziel hat, weil sie eine *Intention* erfüllt: Gott will sein, weil er für uns etwas sein will, weil er – und das ist die Pointe der vom christlichen Glauben bekannten Offenbarung seines Wesens als Liebe in Kreuz und Auferstehung Jesu Christi – in Gemeinschaft mit uns leben will. Daß Gott ist, wie der Glaube selbstverständlich unterstellt, und nicht vielmehr nicht ist, ist deshalb keine logische oder ontologische Notwendigkeit, sondern eine (formal) in seiner freien Entscheidung und (material) in seiner Liebe zu uns gründende Wirklichkeit. Gott wird in religiösem Kontext nicht deshalb gepriesen und verehrt, weil er ontologisch überhaupt nicht nicht sein kann, sondern weil er ist und soteriologisch *für uns da ist*, obwohl er es nicht sein müßte. Entsprechend unterscheidet sich Gott nicht dadurch von Götzen, daß er ontologisch notwendig existiert, während diese auch nicht sein könnten, sondern dadurch, daß er im Unterschied zu diesen in der Lage ist, sich angesichts der mit dem Kreuz real gegebenen Möglichkeit seines Nichtseins frei für seine Existenz und sein Dasein für uns zu entscheiden. Im Unterschied zum Götzendienst richtet sich wahrer Gottesdienst deshalb auch nicht auf ein Wesen, das überhaupt nicht nicht sein kann, sondern auf ein Wesen, das aus eigener freier Entscheidung und nicht von Gnaden derer existiert, die es verehren.

Der religiös verehrte Gott muß dementsprechend als *absoluter Wille*, nicht als absolut notwendige Existenz konzeptualisiert werden, und seine in religiösem Kontext selbstverständlich in Anspruch genommene Existenz und Vollkommenheit ist seine *absolute Freiheit und Liebe*, keine absolute ontologische und schon gar keine logische Notwendigkeit. Daraus folgt nicht, daß Gott existiert oder gar notwendig existiert, sondern daß er, wenn er existiert, aus freien Stücken existiert. Existiert er tatsächlich, wie der Glaube selbstverständlich unterstellt, ist das weder logisch noch ontologisch notwendig, sondern ein ganz und gar kontingenter, in seinem Liebeswillen zu uns begründeter und in seinen Liebestaten in der Geschichte für uns manifest gewordener Sachverhalt.

Der von Vertretern des religiösen Adäquatheits-Arguments richtig beobachtete Sachverhalt, daß der Glaube wie selbstverständlich mit Gottes Wirklichkeit rechnet, wird durch den Gedanken eines absolut (oder absolut und relativ) notwendigen Wesens dann aber in irreführender und unangemessener Weise konzeptualisiert: Aufgrund einer spezifischen Geschichte mit der absoluten Freiheit und Liebe Gottes zu rechnen, ist etwas anderes, als die absolute Notwendigkeit seiner Existenz zu behaupten. Sofern sich ontologische Argumente wesentlich auf diesen Gedanken konzentrieren, manifestieren sie einen problematischen denkerischen Umgang mit der dem Glauben ganz unproblematischen Selbstverständlichkeit Gottes. Genau das ist in einem abschließenden Gedankengang zum Problem der im ontologischen Argument thematisierten Selbstverständlichkeit Gottes noch genauer zu belegen.

III Die vieldeutige Selbstverständlichkeit Gottes

A Vieldeutige Selbstverständlichkeit

Das Problem der Selbstverständlichkeit Gottes stand von Anfang an im Zentrum der Diskussion um das ontologische Argument, und seine unterschiedlichen Fassungen prägen die Geschichte der Ontotheologie bis in die Gegenwart. Vier divergierende und nicht immer klar unterschiedene Auffassungen von Gottes Selbstverständlichkeit haben dabei eine besondere Rolle gespielt. Ich beschränke mich auf einige Andeutungen.

Anselm (und deshalb gehört er eher zur Vorgeschichte des ontologischen Arguments) fragte nach dem *dem Glauben Selbstverständlichen* und versuchte das argumentativ auch dem Denken selbstverständlich zu machen. Doch schon Gaunilo verlagerte in seinem Gegenbeispiel von der verlorenen Insel den Akzent auf das (dem Denken) *Selbstverständliche*, und Thomas von Aquin verstand dies dann ausdrücklich im Sinn der aristotelischen Prinzipienlehre als Frage nach *dem aus sich und durch sich selbst Verständlichen* (per se notum). Dabei dachte er und die ganze mittelalterliche Diskussion im wesentlichen an Prinzipien, die mit unserem Vernunftwissen gesetzt und damit für jedermann evidente Wahrheiten sind. Im Spätmittelalter werden solche Prinzipien zunehmend transzendental und nicht mehr inhaltlich gefaßt. Sie werden also nicht mehr in bestimmten Inhalten, sondern im Akt unseres Denkens, Verstehens und Begreifens gesucht und – wie von Nikolaus von Kues – in der reflexiven Selbstthematisierung dieses Aktes als das in diesem mitgesetzte, ihn ermöglichende, damit alle Gegensätze des Denkens transzendierende und *in und mit allem Verstehen und Begreifen zum Zuge kommende Selbstverständliche* (conceptus absolutus) bestimmt. Doch erst die reformatorische Abwendung von der aristotelischen Theorietradition in der Theologie verstand das aus und durch sich Selbstverständliche nicht mehr im Sinn eines Prinzips, das per se notum ist, sondern einer Person, die sui ipsius interpres ist, die also *sich selbst verständlich macht*.

Die neuzeitliche Ontotheologie knüpfte mit Descartes an eine Synthese von (spät)mittelalterlicher Tradition und modifizierter Aufnahme Anselms an, insofern sie das aus und durch sich selbst Verständliche als das *dem Denken Selbstverständliche* zu erweisen suchte. Aufgrund der intentionalen Struktur des Denkens wird dieses dabei in doppelter Weise bestimmt. Dem Denken selbstverständlich ist einerseits das sich im Denken seiner selbst gewisse Subjekt, das denkend auch den Gottesgedanken clare et distincte erfaßt und damit zusammen mit sich auch Gottes gewiß wird. Andererseits ist es aber auch der Gedanke Gottes als ens necessarium als solcher, insofern bei diesem Wesen und Dasein so notwendig zusammengehören, daß ihn nichtexistierend zu denken unmöglich ist und ihn zu denken hinreicht, um zusammen mit der Existenz Gottes auch seiner eigenen Existenz als Denker gewiß zu werden. Die Selbstverständlichkeit von Selbstgewißheit und Gottesgewißheit wird damit in wechselseitiger Argumentation zu begründen gesucht. Nach dem Zusammenbruch dieses Versuchs im Gefolge der Kritik Humes und Kants versuchte Hegel einen Neuanfang, der sich nun aber bezeichnenderweise eher an das reformatorische Verständnis des Selbstverständlichen als das sich selbst verständlich Machende anschloß. In seinem Versuch, die verschiedenen Typen der Gottesbeweise verschiedenen Stufen der Religionsentwicklung zuzuordnen, weist er den ontologischen Beweis der Offenbarungsreligion zu als Ausdruck der Selbstoffenbarung Gottes.

Gott ist selbstverständlich, insofern er sich in seiner Offenbarung für sich selbst als verständlich erwiesen hat und in unserer denkenden Aneignung dieses Selbsterweises auch für uns selbstverständlich macht. Wie sich aber Gottes Selbstoffenbarung nur sub contrario unter dem Gegensatz der Negativität des Kreuzes ereignete, so kann auch der denkende Nach- und Mitvollzug dieses Ereignisses Gott adäquat nur als absolute Selbstverständlichkeit begreifen, die sich selbst dem Denken als Einheit des faktisch Nicht-Selbstverständlichen und des kontrafaktisch Selbstverständlichen verständlich macht: Nicht das dem Denken Selbstverständliche ist adäquater Ausgangspunkt ontologischer Argumentation, sondern das *sich dem Denken selbst als Einheit des Nicht-Selbstverständlichen und Selbstverständlichen verständlich machende Absolute.*

Ich vertiefe diese kurze Skizze wenigstens an einigen Punkten, indem ich mich auf die wichtigsten mittelalterlichen (B) und neuzeitlichen (C) Verständnismöglichkeiten der Selbstverständlichkeit Gottes konzentriere, die zu markant verschiedenen Ansätzen ontologischer Argumentation Anlaß gegeben haben, ehe ich mich abschließend (D) der spezifisch theologischen Alternative zuwende.

B Das Selbstverständliche im Denken des Mittelalters

Daß Gottes Sein (Deum esse) – und angesichts der Identität von Essenz und Existenz bei Gott damit auch sein Wesen – unkritisch als selbstverständlich (per se notum) ausgegeben werde, war Thomas von Aquins Hauptkritik an Anselms Proslogion-Argument (CG, I, 10f). Selbstverständlich, so meinte er, ist etwas entweder secundum se oder quoad nos, und während Gottes Sein zwar secundum se selbstverständlich ist, ist es das nicht quoad nos (S.th., I, q 2, a 1). Nun kann allerdings etwas auch secundum se nur selbstverständlich sein, sofern es *für jemanden* selbstverständlich ist, so daß die von Thomas betonte Differenz hinfällig zu werden droht (Prior, 1976, 57f). Doch im Anschluß an die Prinzipienlehre des aristotelischen Organon, derzufolge letzte Grundlage allen Beweisens Sätze sind, die nicht bewiesen werden können und müssen, sondern aus sich und durch sich selbst als wahr einsichtig sind, begründet er seine Differenzierung folgendermaßen: Selbstverständlich secundum se sei das, was sich als tautologische oder analytische Aussage formulieren lasse, in der Subjekt und Prädikat identisch seien oder das Prädikat im Subjekt impliziert sei, so daß ihre Wahrheit allein aus den verwendeten Begriffen als solchen verständlich werde. Das verlangt im konkreten Fall allerdings, daß der Wesensbegriff der verhandelten Sache bekannt ist, so daß entschieden werden kann, ob eine analytische oder tautologische Aussage im erforderlichen Sinn vorliegt. Genau hier liegt das Problem im Fall Gottes. Thomas bestreitet nicht, daß die Aussage ›Deus est‹ secundum se selbstverständlich ist, weil Gottes Wesen und Existenz identisch sind, so daß jeder, der weiß, was Gott ist, weiß, daß er ist. Aber nicht jeder weiß eben, was Gott ist. Sein Sein ist quoad nos ganz und gar nicht selbstverständlich, sondern bedarf des argumentativen Aufweises. Der kann nicht, wie es das ontologische Argument nach Meinung von Thomas versucht, vom Begriff des Wesens Gottes ausgehen, da wir dieses ohne übernatürliche Erleuchtung durch Gott nicht kennen können (S.th., I, q 12, a 4f), und die wird uns nicht schon in diesem Leben zuteil (S.th., I, q 12, a 11). Deduktive Argumente für seine Existenz, die vom Begriff seines Wesens bzw. der Realdefinition Gottes ausgehen müßten, kommen für uns daher nicht in Frage, sondern nur induktive Argumente, die von der Existenz einer Wirkung auf die Existenz ihrer Ursache schließen (S.th., I, q 2, a 2). Thomas hat sie in den quinque viae exemplarisch entfaltet, die von der Selbstverständlichkeit bestimmter Erfahrungsphänomene ausgehen und zu zeigen versuchen, daß diese die Annahme einer ersten Ursache erforderlich machen. *Gottes*beweise sind diese Wege freilich nur, insofern sie mit einer bestimmten Nominaldefinition Gottes operieren, derzufolge unter ›Gott‹ die ›prima omnium causa‹ verstanden wird (S.th., I, q 12, a 12). Jede der in den fünf Wegen erschlossenen ersten Ursachen wird dementsprechend ausdrücklich als das bezeichnet, was alle ›Gott‹ nennen. Selbstverständlich und von allen gewußt ist nach Thomas also nicht Gottes Existenz und Wesen, sondern allein die Bedeutung des Wortes ›Gott‹. Nicht was Gott ist, sondern was ›Gott‹ meint, ist die Selbstverständlichkeit, die Gottesbeweise im Ausgang von Selbstverständlichkeiten unserer Welterfahrung theoretisch einholen.

Damit hat sich im Übergang von Anselm zu Thomas zwischen Früh- und Hochmittelalter eine bemerkenswerte Verschiebung im theologischen Umgang mit dem Selbstverständlichen vollzogen. Anselms Proslogion-Argument konzentrierte sich auf diejenigen fundamentalen Selbstverständlichkeiten des Glaubens, die jeder Christ im Vollzug der Gottesverehrung bzw. des Gebets immer schon in Anspruch nimmt, nämlich daß Gott ist, wie wir glauben, und das ist, was wir glauben; und er gewinnt aus diesen Glaubens-Selbstverständlichkeiten eine Regel rechter Rede von Gott, die er argumentativ durch sich selbst als selbstverständlich und mit deren Hilfe er diese Selbstverständlichkeiten als berechtigt zu erweisen sucht: »credimus te esse aliquid quo nihil maius cogitari nequit« (Prosl. 2). Thomas kritisierte diese Formel als Ausdruck eines ganz und gar nicht selbstverständlichen Gottesverständnisses, das keineswegs alle teilten und das daher nicht in der von Anselm versuchten Weise zum argumentativen Selbsterweis der Selbstverständlichkeit von Gottes Existenz verwendet werden könnte (S.th., I, q 2, a 1, ad 2). An die Stelle der im Gebet von den Glaubenden voraus- und mitgesetzten Glaubens-Selbstverständlichkeit von Gottes Existenz und Wesen, die Anselms Argument thematisierte, setzen seine Argumentationsversuche zwei andere Selbstverständlichkeiten: einerseits die in aller Welterfahrung voraus- und mitgesetzte Erfahrungs-Selbstverständlichkeit von Wirkungszusammenhängen, die in Erstursachen gründen, und andererseits die allen kompetenten Sprechern evidente Sprach-Selbstverständlichkeit, daß mit ›Gott‹ die erste Ursache von allem bezeichnet wird. Selbstverständlichkeiten der Welterfahrung und des Sprachgebrauchs treten so an die Stelle der Selbstverständlichkeiten des Glaubens als Problemhorizont theologischer Argumentationen für Gottes Existenz.

Dieser Wechsel von der im Glauben voraus- und mitgesetzten Selbstverständlichkeit Gottes zu der in unserer Welterfahrung voraus- und mitgesetzten Selbstverständlichkeit von Erstursachen und dem in unserer Spracherfahrung gegebenem Verständnis von ›Gott‹ macht es theologischer Reflexion unmöglich, von der Selbstverständlichkeit von Gottes Existenz auszugehen, um diese dann sich selbst argumentativ als solche verständlich machen zu lassen: Der indirekte argumentative Aufweis der ganz und gar nicht selbstverständlichen Existenz Gottes auf der Basis weltlicher Selbstverständlichkeiten tritt so an die Stelle des direkten argumentativen Selbsterweises seiner für selbstverständlich gehaltenen Existenz. Statt ontologischer treten dementsprechend kosmologische Argumentationsmuster in den Vordergrund theologischer Reflexion.

Eine weitere wichtige Verlagerung im theologischen Umgang mit dem Selbstverständlichen erfolgt im Spätmittelalter. Nikolaus von Kues belegt sie exemplarisch. Die von ihm thematisierte Selbstverständlichkeit ist weder (wie bei Anselm) das, was in der Gebets-Aktivität des Glaubens voraus- und mitgesetzt ist, noch (wie bei Thomas) das, was in unserer Welterfahrung und unserem Sprachwissen voraus- und mitgesetzt ist, sondern das, was im Begreifen des Begreifens und damit im Zentrum unserer Denk-Aktivitäten voraus- und mitgesetzt ist. Dieses in allem Denken und Begreifen immer schon wie selbstverständlich Mitgedachte ist der absolute Begriff (conceptus absolutus), der über allem Bejahen und Verneinen steht, weil dieses ihn immer schon voraussetzt und in Anspruch nimmt (Idiota de Sapientia II: III, 460ff). Der absolute Begriff steht über dem Widerspruchsprinzip, so daß es in ihm zu einer coincidentia oppositorum und damit zur complicatio omnium alles Begreiflichen und Unbegreiflichen kommt. Wie bei Gott kann deshalb nicht einmal gedacht werden, daß er nicht ist (De docta ignoratia I, 6: I, 210ff). Nikolaus begreift diesen absoluten Begriff dementsprechend als den Begriff Gottes, der größer ist als alles, was begriffen werden könnte und daher nur indirekt als das Unbegreifbare begriffen werden kann. Dieser in allem Denken und Begreifen selbstverständlich mitgesetzte Grenz- und Grundbegriff ist der Gedanke eines alles Wirkliche und Mögliche umfassenden »possest« oder »Könnenist«, von dem gilt, daß es alles und nur das ist, was es sein kann (Trialogus de possest: II, 267–359).

Das mittelalterliche Denken hat damit drei fundamentale Typen von Selbstverständlichem zum Ausgang seines argumentativen Aufweises der Existenz Gottes genommen, die auch für die Folgezeit bestimmend bleiben. Sie alle zeichnen sich dadurch aus, daß sie Gott indirekt als (in je bestimmtem Zusammenhang) *Mit*gesetztes thematisieren, nicht aber direkt als den sich uns (in bestimmtem Zusammenhang) von und durch sich selbst *Setzenden* und Vergegenwärtigenden. So geht *Anselms Proslogion-Argument* von dem aus, was im Akt der Gottesverehrung des Glaubens selbstverständlich mit- und vorausgesetzt ist: daß Gott ist und wie er ist. Und er formuliert für diese Selbstverständlichkeiten eine Denk-Regel, die durch sich selbst verständlich zu machen erlaubt, daß sie wahr ist und daß der im Akt der Gottesverehrung nicht einmal als nichtexistierend denkbare Gott zu Recht als der verehrt wird, als den ihn der Glaube bekennt. Die *Argumente des Thomas* gehen von dem aus, was in den Selbstverständlichkeiten unserer Welterfahrung mitgesetzt und impliziert ist: daß überhaupt nichts wäre, wenn das nicht wäre, was alle ›Gott‹ nennen. Ohne Erstursache gäbe es keine Wirkungszusammenhänge und damit nichts, was wir erfahren könnten, und genau diese auf verschiedenen Wegen aufweisbare Erstursache meinen alle, wenn sie ›Gott‹ sagen. Die *Argumentation des Kusaners* schließlich geht von dem aus, was im Akt des Denkens und Begreifens selbstverständlich mit- und vorausgesetzt ist: daß nicht gedacht werden kann, ohne dabei immer schon das mitzudenken, was theologisch ›Gott‹ genannt wird. Wer denkt, kann im Akt des Denkens nicht umhin, sich auf ein absolut Größtes zu beziehen, das er nur in der Weise des Nichtbegreifens als das Unbegreifbare begreifen kann, und das ist Gott.

Für all diese Fälle gilt, daß die als selbstverständlich angesehene Notwendigkeit der Unterstellung von Gottes Existenz etwas anderes ist als die Unterstellung der notwendigen Existenz Gottes. Das wurde besonders im Fall ontologischer Argumentationsmuster nicht immer in der notwendigen Klarheit beachtet. Diese wurden bezeichnenderweise nur im reflektierenden Ausgang von den Selbstverständlichkeiten des Glaubens (daß und was geglaubt wird) und des Denkens (daß und was gedacht wird) ausgebildet, während die Reflexion von Erfahrungs-Selbstverständlichkeiten zur Ausbildung verschiedener kosmologischer Argumentationsmuster Anlaß gab.

C *Selbstverständlichkeit des Gedankens in der Neuzeit*

Für die neuzeitliche Ontotheologie wurde nun allerdings nicht die Beschäftigung mit den besonderen Selbstverständlichkeiten des Glaubens im Anschluß an Anselm, sondern der von Cusanus und dann vor allem von Descartes eingeschlagene Weg der Beschäftigung mit den allgemeinen

Selbstverständlichkeiten des Denkens bzw. (umfassender) des Bewußtseins maßgeblich. Dafür gibt es einen guten Grund: Dieser Ansatz ist so integrativ, daß er die übrigen Versuche in sich aufzunehmen vermag. Ich deute in Grundzügen an:

Wird Gott als *im Bewußtsein* voraus- und mitgesetzte Selbstverständlichkeit gedacht, dann kann diese aufgrund der intentionalen Struktur des Bewußtseins entweder im Bewußtsein *von etwas* (also einem bestimmten Bewußtseinsinhalt) oder im *Bewußtsein* von etwas (also dem Bewußtseinsakt) oder in beidem zugleich loziert sein. Ist sie über einen *Bewußtseinsinhalt* und damit ein bestimmtes Wissen gegeben, ergeben sich wiederum zwei Möglichkeiten. Entweder handelt es sich dabei um ein von jedermann besessenes Vernunftwissen oder um ein über Wahrnehmung oder Kommunikation erworbenes Erfahrungswissen. Im ersten Fall wird die Selbstverständlichkeit Gottes, wie bei Descartes (1641) in der dritten Meditation, als Selbstverständlichkeit der dem menschlichen Geist angeborenen Gottesidee eines ›Être souverainement parfait‹ expliziert, die noch klarer und deutlicher sei als selbst die Vorstellung meiner eigenen Existenz. Die Selbstverständlichkeit *Gottes* wird damit als Selbstverständlichkeit der Gottes*idee* dargelegt, die wahr sein müsse, weil sie die Idee eines höchst vollkommenen, a se existierenden Wesens sei, die ich nicht haben könnte, wenn sie von diesem selbst nicht verursacht wäre.

Wird diese Gewißheit brüchig und die so verstandene Selbstverständlichkeit Gottes damit fragwürdig, wie es infolge der empiristischen Kritik an der Lehre von den ideae innatae geschah, muß die im Bewußtsein gesuchte Selbstverständlichkeit Gottes aufgegeben oder im Rückgriff auf Erfahrungswissen belegt werden. Nun ist alles Erfahrungswissen entweder Wissen erster Ordnung (Wissen von etwas) oder Wissen zweiter Ordnung (Wissen vom Wissen), hat also entweder gegenständlichen oder reflexiven Charakter. Im Fall reflexiven Erfahrungswissens wird Gottes Selbstverständlichkeit nicht über einen bestimmten Bewußtseinsinhalt, sondern über die reflexiv thematisierbare Struktur des *Bewußtseinsakts* als solchen gesucht, also entweder transzendentalphilosophisch als notwendiges Strukturmoment von Erfahrbarem überhaupt, sofern es Bewußtseinsinhalt werden kann, bestimmt, oder subjektivitätstheoretisch als notwendig Mitgesetztes in dem alles gegenständliche Bewußtsein begleitenden Selbstbewußtsein des Erfahrungssubjekts. Entsprechend wird Gott entweder als selbstverständlich begriffen, insofern er die stets voraus- und mitgesetzte Bedingung der Möglichkeit der Einheit und Wahrheit unserer gegenständlichen Wirklichkeitserfahrung in der Differenz erfahrender und erfahrener Wirklichkeit ist, und in diesem Sinn (wie etwa bei Karl Rahner) als das in allem Erfahren immer (wenn auch unbestimmt und unbewußt) als Bedingung seiner Möglichkeit Miterfahrene bestimmt. Oder er wird (wie von Schleiermacher) als selbstverständlich mitgesetztes Vonwoher unseres empfänglichen und selbsttätigen Daseins bestimmt, das sich seiner schlechthinnigen Abhängigkeit bewußt werden kann, insofern es festzustellen vermag, daß es nicht von sich selbst, sondern von anderem konstituiert ist, und zwar von einem solchen anderen, das zugleich alles übrige konstituiert und von nichts von ihm Konstituierten konstituiert wird. Beide Explikationen von Gottes Selbstverständlichkeit, die diese als notwendiges Implikat eines jeden möglichen Bewußtseinsinhalts überhaupt oder eines jeden möglichen Bewußtseinsaktes zu bestimmen suchen, sind transzendentale bzw. subjektivitätstheoretische Versionen der Lehre von der Gottesidee als idea innata. Sie vermögen deshalb auch so wenig wie diese die Selbstverständlichkeit *Gottes*, sondern allenfalls die funktionale Unabweisbarkeit des Gottes*gedankens* darzulegen. In beiden Fällen kommt dieser aber nur als in und von anderem Mit- und Vorausgesetztes in den Blick, in dem dieses seine eigene Bedingtheit in einem absolut Unbedingten zu gründen sucht. Doch der so gedachte Gott ist immer, wie Falk Wagner (1986) gezeigt hat, von Gnaden der ihn denkenden Instanz, da auf diesem Wege zwar der Gedanke des absoluten Grundes, aber nicht dieser an sich selbst erfaßt werden kann. Es kommt allenfalls zum Aufweis der unabweisbaren Selbstverständlichkeit des Gottesgedankens, keinesfalls aber der Selbstverständlichkeit Gottes.

Die neuzeitlichen Versuche, Gott über das reflexive Erfahrungswissen als in Bewußtseinsinhalt oder Bewußtseinsakt notwendig mitgesetztes cogitabile zu bestimmen, sind Reaktionen auf die grundsätzlichen Probleme einer Bestimmung Gottes auf dem Weg gegenständlichen Erfahrungswissens. Gott ist kein Erfahrungsgegenstand unter anderen, so daß von ihm gegenständliches Erfahrungswissen zu haben unmöglich zu sein scheint: Wird er überhaupt über Erfahrung gewußt, dann kann er nur in und unter anderem Erfahrenen *miterfahren* sein, und das führt uns

– entweder wieder zurück in den Problemzusammenhang reflexiven Erfahrungswissens (insofern Gott als Strukturmoment von Erfahrung als solcher miterfahren wird);
– oder in den Bereich gegenständlicher Erfahrung überhaupt (insofern Gott als kosmologischer Letztgrund unserer gegenständlichen Erfahrungswirklichkeit miterfahren wird), wobei gerade nicht Gott, sondern unsere Wirklichkeitserfahrung das primäre Selbstverständliche ist;
– oder in den Bereich besonderer (religiöser) Erfahrungen (insofern Gott in solchen Erfahrungen in spezifischer Weise miterfahren wird bzw. als so miterfahren behauptet wird).

Nun ist alles besondere Erfahrungswissen, das wir im individuellen und sozialen Gedächtnis speichern, über eigene Wahrnehmung oder über Kommunikation mit anderen erworben (Dalferth, 1988, 47 ff). Doch unser auf Wahrnehmung basierendes Erfahrungswissen pflegt nicht die Selbstverständlichkeit, sondern im Gegenteil die faktische Nichtselbstverständlichkeit Gottes zu belegen. Und auch die Ausnahmesituationen, in denen

Menschen Gott in irgendeiner Weise wahrgenommen zu haben behaupten, etablieren nicht einfach seine Selbstverständlichkeit, sondern allenfalls die Nichtnotwendigkeit seiner verbreiteten Nichtselbstverständlichkeit. Das Problem verstärkt sich noch im Fall der Kommunikation. Zwar kann in Kommunikationsprozessen wie selbstverständlich von Gott geredet oder Gottes Existenz wie selbstverständlich unterstellt werden. Doch kommunikativ erworbenes Wissen ist aufgrund seiner Gebundenheit an konventionellen Zeichengebrauch prinzipiell problematisierbar, und zwar in noch stärkerem Maße als über Wahrnehmung erworbenes Wissen. So wenig daher besondere Wahrnehmungen der behaupteten Art ein gegenständliches Erfahrungswissen von Gott konstituieren, so wenig können sie als ein solches Wissen von Gott kommuniziert werden, da alles über Kommunikation vermittelte Erfahrungswissen unter Bedingungen kommuniziert und rezipiert wird, die Gottes Selbstverständlichkeit angesichts seiner faktischen Nichtselbstverständlichkeit nur kontrafaktisch zur Geltung zu bringen erlauben.

Wird nun alles Erfahrungswissen nur über Wahrnehmung oder Kommunikation erworben und kann weder über Wahrnehmung noch über Kommunikation ein selbstverständliches Wissen um Gott unter Absehung von seiner faktischen, durch Wahrnehmung und Kommunikation gleichfalls belegten Nichtselbstverständlichkeit erworben werden, dann läßt sich von einer Selbstverständlichkeit Gottes auf diesem Weg überhaupt nur insofern reden, als dieser *sich selbst für uns wahrnehmbar und kommunizierbar macht*. Selbstverständlich ist Gott nicht, weil er in allem Erfahren miterfahren ist, sondern weil er sich selbst zur Erfahrung bringt, wie der christliche Glaube bekennt. Er bringt sich zur Erfahrung, indem er sich uns in christologischer Vermittlung angesichts seiner faktischen Nichterfahrung wahrnehmbar macht. Denn er wird als Gott unter den Bedingungen unserer faktischen Erfahrungswirklichkeit für uns wahrnehmbar, insofern er selbst in und durch bestimmte Erfahrungsprozesse (Jesus Christus und die Evangeliumsverkündigung) mit uns kommuniziert und sich für uns identifiziert. Von einer Selbstverständlichkeit Gottes kann im Horizont gegenständlichen Erfahrungswissens damit nur im Sinne eines kommunikativen Sichselbst-verständlich-Machens Gottes im Modus der Offenbarung gesprochen werden, und das ist das im eigentlichen Sinne theologische Verständnis der Selbstverständlichkeit Gottes.

D Selbst–Verständlichkeit

Daß Gott nicht durch etwas von ihm Verschiedenes, sondern allein durch sich selbst erkennbar sei, ist eine alte theologische These. Das ontologische Argument sucht ihr zu genügen, indem es die Selbstverständlichkeit der Existenz Gottes aus seinem Begriff zu entfalten sucht. Reformatorische

Theologie versucht dasselbe im Ausgang nicht vom Gottesbegriff, sondern von Gott selbst. Dieser aber ist der Erfahrung des Glaubens zufolge nicht überall, sondern nur an einem ganz bestimmten Ort zugänglich: in seinem Wort, durch das er sich uns in der Person Jesu Christi als er selbst verständlich macht (sui ipsius interpres) und sein Wesen als Liebe offenbart. Will theologische Reflexion daher die vom Glauben in Anspruch genommene Selbstverständlichkeit Gottes entfalten, dann muß sie auf seine von der Schrift bezeugte und nach dem Zeugnis des Glaubens anhand der Evangeliumsverkündigung vom Geist immer wieder bestätigte Selbst-Kommunikation in Jesus Christus rekurrieren. Gottes sich-selbst-verständlich-machende Kommunikation in Jesus Christus und durch den Heiligen Geist anhand der Evangeliumsverkündigung ist der Sachverhalt, den theologische Reflexion zur Explikation der vom Glauben in Anspruch genommenen Selbstverständlichkeit Gottes theoretisch einzuholen und argumentativ zu rekonstruieren hat.

Soll das adäquat geschehen, hat die Rekonstruktion fundamentale Differenzmomente konstitutiv zu berücksichtigen. So belegt nicht nur unsere alltägliche Wirklichkeitserfahrung die faktische Nichtselbstverständlichkeit Gottes, sondern auch die vom Glauben bekannte Offenbarung Gottes in Jesus Christus ist keine simple Manifestation seiner Selbstverständlichkeit. Gott macht sich vielmehr in Jesus Christus und durch den Geist so selbst verständlich, daß er exklusives Subjekt seines Sich-selbst-verständlich-Machens bleibt und damit zugleich unter allen anderen Umständen seine Nichtselbstverständlichkeit wahrt: Er offenbart sich, indem er seine Selbst-Verständlichkeit so unter seiner Nichtselbstverständlichkeit verbirgt, daß jene dieser gegenüber immer wieder neu zur Geltung gebracht werden muß und nur durch ihn selbst zur Geltung gebracht werden kann. Daß Gott sich selbst offenbart, besagt also nicht, daß Gott selbstverständlich ist, sondern daß er sich immer wieder selbst verständlich macht.

Reformatorische Theologie suchte eben diesen Sachverhalt mit der These von Gottes Offenbarung sub contrario zum Ausdruck zu bringen. Gott ist nicht nur in unserer Erfahrungswirklichkeit ambivalent verborgen. Er ist auch in seiner Offenbarung nur unter einem präzisen Gegensatz zugänglich: Nur im Kreuz wird seine Herrlichkeit, nur im Tod seine Liebe erfahrbar. Luther folgerte daraus nicht nur, daß der Gottesbegriff selbst durch eine Differenzstruktur zwischen deus absconditus und deus revelatus zu bestimmen sei, sondern daß auch der Begriff des deus revelatus im Licht einer spezifischen Differenz gefaßt werden müsse: Er sagt kein bloßes Selbstverständlichsein Gottes aus, sondern ein Sich-selbst-verständlich-Machen Gottes in Kreuz und Auferstehung, das sich anhand der diese propagierenden Evangeliumsverkündigung durch seinen Geist je und je immer neu ereignet. Gott hat sich nicht in Jesus Christus ein für allemal in der Weise selbst verständlich gemacht, daß er nun im Blick auf dieses Ereignis für jeden selbstverständlich ist. Er bleibt vielmehr auch Herr seiner Selbstverständlichkeit, da er überhaupt nur dann selbstverständlich ist, wenn und insofern er sich über die Vergegenwärtigung des Christusereignisses in der Evangeliumsverkündigung immer wieder neu selbst verständlich macht, indem er deren Wahrheit durch seinen Geist verständlich werden läßt.

Wird Gottes Selbstverständlichkeit daher aufgrund seiner Offenbarung gedacht, und hat diese die Struktur einer bei größter Verborgenheit immer noch größeren, aber uns ganz und gar unverfügbaren Unverborgenheit, dann ist sie als sein bei größtem Nichtselbstverständlichsein immer noch größeres, weil ausschließlich von ihm selbst vollzogenes Sich-selbst-verständlich-Machen zu explizieren.

Christliche Theologie hat genau das in Gestalt der Trinitätslehre zu leisten versucht. Diese expliziert Gottes Selbstoffenbarung unter dem Gegenteil des menschlichen Lebens, Leidens und Sterbens Jesu Christi als ein in sich differenziertes Selbstinterpretationsgeschehen, das die Souveränität des Sich-selbst-verständlich-Machens Gottes dadurch wahrt, daß der Interpret, das Interpretandum und das Interpretament dieses Selbstinterpretationsgeschehens Gott selbst in personaler Differenziertheit von Vater, Sohn und Geist ist. Die Offenbarung ist so verstanden das als Selbstinterpretationsgeschehen von Vater, Sohn und Geist sich ereignende Sich-selbst-verständlich-Machen Gottes als Liebe unter dem Gegenteil des Kreuzes Jesu Christi, die Trinitätslehre dementsprechend die durch die Offenbarung als Selbstinterpretation Gottes ermöglichte Interpretation der Offenbarung als souveränes Sich-selbst-verständlich-Machen Gottes.

Die Trinitätslehre stellt damit funktional das exakte theologische Äquivalent zum philosophischen Explikationsversuch der Selbstverständlichkeit Gottes im ontologischen Argument dar. Sie rekonstruiert die Selbstverständlichkeit Gottes aber nicht im Ausgang vom Gottesbegriff als singuläre Indifferenz von Begriff und Wesen des ens realissimum et necessarium, sondern im Ausgang vom Ereignis des tripersonalen Sich-selbst-verständlich-Machens Gottes in Jesus Christus und durch den Heiligen Geist als singuläre, nur zugleich theologisch, christologisch und pneumatologisch zureichend entfaltbare Selbstmitteilung Gottes, in der sich der Vater durch den Sohn in der Kraft des Geistes als Gott für uns verständlich und zugänglich macht. Insofern die Trinitätslehre dabei wesentlich auf ein geschichtliches Ereignis Bezug nimmt, hat sie einen nicht aufhebbaren Kontingenzbezug. Der nötigt sie, ihre argumentative Rekonstruktion der Selbstverständlichkeit Gottes im Denken nicht nur ausschließlich oder vorzüglich in den theoretischen Modi von Begriff, Urteil und Schluß durchzuführen, sondern sich immer auch narrativer Darstellungsmittel zu bedienen, und zwar aus mindestens vier Gründen:

(1) Zum einen wird dadurch im Unterschied zur ontologischen Argumentation nicht der Schein logischer Notwendigkeit erzeugt, sondern der

kontingente, in konkreter geschichtlicher Erfahrung begründete Ausgangspunkt explizit zur Darstellung gebracht und nicht nur implizit durch
die Wahl der entsprechenden Prämissen der Argumentationstypen A und
B.

(2) Zum anderen gewinnt narrative Argumentation im Unterschied
zum begrifflichen Diskurs ihre Präzision und Überzeugungskraft nicht
durch den Ausschluß von Gegensätzen und Alternativen, sondern durch
deren imaginative Integration in einen vielschichtigen und vielsagenden
Textzusammenhang. Während sich begriffliches Denken in diskursivem
Nacheinander und alternativen Argumentationen bewegt, vermag narrati-
ves Darstellen seine Text-Welt durch das kopräsente Beieinander solcher
Gegensätze und ihre Kombination zu semantischen Kontrasten eines einheitlichen Sinnzusammenhangs zu strukturieren. Anders als ontologische
Argumentationen geht eine trinitarische Entfaltung des Gottesgedankens
daher nicht von der ontologischen Alternative der Notwendigkeit oder
Unmöglichkeit Gottes aus. Sie denkt Gottes Selbstverständlichkeit vielmehr aufgrund seiner Offenbarung in Jesus Christus als ein dynamisches
Geschehen zwischen Vater, Sohn und Geist, durch das sich Gott gegenüber
dem Schein seiner Nichtselbstverständlichkeit sub contrario selbst verständlich macht, und sie kombiniert diese auf die Kommunikation des Evangeliums und die Erfahrung des Glaubens gegründete, in sich differenzierte
Selbstverständlichkeit Gottes als kontrafaktische Wahrheit mit der faktischen Nichtselbstverständlichkeit Gottes, die unsere auf Wahrnehmung
gegründete Wirklichkeitserfahrung nahelegt, indem sie den trinitarisch differenzierten Gott in erkenntnistheoretischer Perspektive als deus absconditus und revelatus denkt. Damit vermag sie ein Dreifaches zu leisten und
eben so die oben formulierten Anforderungen zu erfüllen, die an eine
adäquate Explikation der Selbstverständlichkeit Gottes zu stellen sind:

– Zum einen kann sie aufgrund der in der Evangeliumsverkündigung
  kommunizierten Glaubenserfahrung der Selbstoffenbarung Gottes plausibel machen, inwiefern es möglich ist, daß Gott existiert.
– Zum anderen kann sie aufgrund unserer über Wahrnehmung erworbenen Wirklichkeitserfahrung der Abwesenheit und Nichtselbstverständlichkeit Gottes plausibel machen, inwiefern es möglich ist, daß er nicht
  existiert.
– Zum dritten schließlich kann sie aufgrund ihres dynamischen Verständ-
  nisses von Gottes souveränem Sich-selbst-verständlich-Machen unter
  dem und gegen jeden Gegensatz plausibel machen, daß Gottes faktische
  Nichtselbstverständlichkeit und kontrafaktische Selbstverständlichkeit
  nicht einfach als gleichermaßen plausible Alternativen nebeneinanderste-
  hen, sondern daß Gottes Sich-selbst-verständlich-Machen als Verbindung seiner faktischen Nichtselbstverständlichkeit mit seiner kontrafakti-

schen Selbstverständlichkeit ontologische und epistemologische Priorität zuzusprechen ist.

(3) Daraus folgt ein Drittes: Für trinitarisches Denken, das Gottes Selbstverständlichkeit in dieser Weise entfaltet, ist Gottes dynamische und sich selbst vergegenwärtigende Wirklichkeit ontotheologisch als notwendige Existenz, die mit seinem Wesen gegeben ist, nicht sachgemäß bestimmt. Daß Gott existiert, ist keine in allen möglichen Welten geltende Notwendigkeit, sondern eine Wirklichkeit, die sich als Aktivität Gottes einer Intention seines Willens verdankt und damit selbst teleologische Struktur besitzt. Gott existiert nicht einfach, er existiert zu einem bestimmten, von ihm selbst gesetzten Zweck, den er in seiner Selbstoffenbarung als Liebe verdeutlicht hat: Gott existiert, nicht weil er nicht nicht existieren kann, sondern weil er *für uns existieren will*. Er will in souveräner Freiheit sein, und zwar nicht allein, sondern in Gemeinschaft mit uns, und er will in souveräner Liebe so mit uns sein, daß wir unser Leben in geschöpflicher Freiheit unter Wahrung unserer Andersheit in Entsprechung zu seinem Liebeswillen gestalten können. Das Leben ist damit mehr als eine Selbstwiederholung des Absoluten durch die Differenz – es ist *offen für Neues*, sowohl bei Gott als auch bei uns.

(4) Schließlich noch ein Viertes: Die Pointe trinitarischer Rekonstruktion der vom Glauben unterstellten Selbstverständlichkeit Gottes ist aufgrund der geschilderten Züge nicht der begrifflich schlüssige Aufweis des Rechts und der Gültigkeit dieser selbstverständlichen Unterstellung. Im Unterschied zur theoretischen Intention ontologischer Argumentation hat trinitarische Darstellung vielmehr von vornherein ein praktisches Ziel: Sie weist in die Situation ein, in der Gott sich selbst verständlich macht, aber sie versucht nicht, dieses Selbst-verständlich-Machen selbst theoretisch zu leisten. Sie weiß, daß nicht nur die fides, sondern auch der intellectus fidei, nicht nur die Selbstoffenbarung Gottes, sondern auch ihr Evidentwerden im denkenden und lebenspraktischen Nachvollzug des schon Vollzogenen allein Gott selbst zu verdanken ist. Ihr Umgang mit Gottes Selbstverständlichkeit zielt deshalb nicht darauf, diese im Denken theoretisch überzeugend zu reproduzieren, sondern darauf, auch für das Denken unmißverständlich klarzustellen, wo, wie, unter welchen Bedingungen und als was Gott sich selbst verständlich gemacht hat und seiner Zusage und der Gewißheit des christlichen Glaubens zufolge auch weiterhin verständlich machen wird. Das tut der Strenge des Denkens, der Stringenz des Argumentierens, der Differenziertheit der Reflexion und der Klarheit der Darstellung keinen Abbruch, sondern macht nur deutlich, worin die Pointe eines theologisch adäquaten Umgangs mit der Selbstverständlichkeit Gottes besteht: in der argumentativen Einweisung in die Situation, in der Gott sich selbst verständlich macht.

Literatur

Arbeiten, die vor Luther erschienen sind, werden in der Regel mit abgekürztem Titel zitiert, Arbeiten, die vor Kant publiziert wurden, nach ihrem Erscheinungsjahr, alle übrigen Arbeiten in der Regel nach dem Erscheinungsjahr der verwendeten Auflage.

Adams, R. M., 1971, The Logical Structure of Anselm's Arguments, Philosophical Review 80, 1971, 28–54.

Aicher, O./Greindl, G./Vossenkuhl, W., 1986, Wilhelm von Ockham. Das Risiko modern zu denken, München.

Anselm von Canterbury, Opera omnia, Bd. I–VI, hg. v. F. S. Schmitt, Seckau/Rom/ Edinburgh 1938–1961 = Stuttgart-Bad Cannstatt 1968.

Aristoteles, Physica, hg. v. W. D. Ross, OCT, Oxford 1950.

– Metaphysica, hg. v. W. Jaeger, OCT, Oxford 1957.

– Ethica Nicomachea, hg. v. I. Bywater, OCT, Oxford 1984.

– Topica et Sophistici Elenchi, hg. v. W. D. Ross, OCT, Oxford 1970.

– Analytica Priora et Posteriora, hg. v. W. D. Ross, OCT, Oxford 1964.

– Ars Rhetorica, hg. v. W. D. Ross, OCT, Oxford 1959.

Augustinus, A., Contra Faustum Manichaeum Libri XXXIII, MPL 42, Paris 1845, 207–518.

Ayer, A. J., 1946, Language, Truth and Logic, 2. Aufl., London.

Barbour, I. G.,1972, Issues in Science and Religion, 3. Aufl., London.

– 1974, Myths, Models and Paradigms. The Nature of Scientific and Religious Language, London.

Barnes, J., 1972, The Ontological Argument, London.

Barth, K., Die Kirchliche Dogmatik, Bd. I–IV. Reg., Zürich 1932–1970.

– 1981, Fides quaerens intellectum. Anselms Beweis der Existenz Gottes im Zusammenhang seines theologischen Programms, hg. v. E. Jüngel/I.U.Dalferth, GA 13, Zürich.

Bekenntnisschriften der evangelisch-lutherischen Kirche, 10. Aufl., Göttingen 1986.

Berlinger, R., 1976, Zur Sprachmetaphysik des Anselm von Canterbury. Eine spekulative Explikation, Analecta Anselmiana 5, 1976, 99–112.

Bidney, D., 1936, The Problem of Substance in Spinoza and Whitehead, Philosophical Review 45, 1936, 574–592.

Blumenberg, H., 1963, Lebenswelt und Technisierung unter Aspekten der Phänomenologie, in: ders., Wirklichkeiten in denen wir leben. Aufsätze und Reden, Stuttgart 1986, 7–54.

Blyth, J. W., 1941, Whitehead's Theory of Knowledge, Millwood 1980.

Bolzano, B., 1981, Wissenschaftslehre, Bd. 2,2, 2. Aufl., Leipzig 1929–31 = Aalen.

Böhme, G., 1980, Whiteheads Abkehr von der Substanzmetaphysik, in: E. Wolf-Gazo (Hg.), Whitehead. Einführung in seine Kosmologie, Freiburg/ München, 45–53.

Braithwaite, R. B., 1974, Die Ansicht eines Empiristen über die Natur des religiösen Glaubens, in: Sprachlogik des Glaubens, hg. v. I. U. Dalferth, München, 167–189.

Braun, H., 1964, Gottes Existenz und meine Geschichtlichkeit im Neuen Testament. Eine Antwort an H. Gollwitzer, in: Zeit und Geschichte. Dankesgabe an Rudolf Bultmann zum 80. Geburtstag, Tübingen, 399–421.

– 1967a, Der Sinn der neutestamentlichen Christologie, in: Gesammelte Studien zum

Neuen Testament und seiner Umwelt, 2. Aufl., Tübingen, 243–282.
– 1967b, Die Problematik einer Theologie des Neuen Testaments, ebd., 325–341.
Brecher, R., 1974, ›Greateness‹ in Anselm's Ontological Argument, Philosophical Quarterly 24, 1974, 97–105.
Brechtken, J., 1975, Das Unum Argumentum des Anselm von Canterbury. Seine Idee und Geschichte und seine Bedeutung für die Gottesfrage von heute, Freiburger Zeitschrift für Philosophie und Theologie 22, 1975, 171–203.
Brown, P., 1969, St. Thomas' Doctrine of Necessary Being, in: A. Kenny (Hg.), Aquinas, London 1969, 157–174.
Bröcker, W., 1964, Aristoteles, 3. Aufl., Frankfurt.
Bucher, Th. G., 1985, Zur Entwicklung des ontologischen Beweises nach 1960, in: J. Möller (Hg.), Der Streit um den Gott der Philosophen. Anregungen und Antworten, Düsseldorf 1985, 113–139.
Bultmann, R., 1933, Welchen Sinn hat es, von Gott zu reden? (1925), in: ders., Glauben und Verstehen I, Tübingen.
Buren, P. van, 1968, The Secular Meaning of the Gospel Based on an Analysis of Language, London 1963 = Harmondsworth.
Burrell, D., 1973, Analogy and Philosophical Language, New Haven.
Campbell, R., 1976, From Belief to Understanding. A Study of Anselm's Proslogion Argument on the Existence of God, Canberra.
Carl, W., 1974, Existenz und Prädikation. Sprachanalytische Untersuchungen zu Existenz-Aussagen, München.
Cartwrigth, R. L., 1954, Ontology and the Theory of Meaning, Philosophy of Science 21, 1954, 316–355.
Centore, F. F., 1970, Whitehead's Conception of God, Philosophical Studies (Ireland) 19, 1970, 148–171.
Charlesworth, M. J., 1965, St. Anselm's Proslogion with a Reply on behalf of the Fool by Gaunilo and the Author's Reply to Gaunilo. Translated with an Introduction and Philosophical Commentary, Oxford.
Chemnitz, M., 1591, Loci theologici quibus Ph. Melanchthonis communes loci perspicue explicantur, vol. I–III, hg. v. P. Leysen, Francofordia.
Christian, W. A., 1959, An Interpretation of Whitehead's Metaphysics, New Haven.
– 1964, The Concept of God as a Derivative Notion, in: W. L. Reese/E. Freeman (Hgg.), The Hartshorne Festschrift, Process and Divinity,La Salle/Illinois.
Clayton, J., 1984, Gottesbeweise II/III: Systematisch/Religionsphilosophisch, Theologische Realenzyklopädie, Bd. 14, Berlin/New York, 724–784.
– 1985, Charles Hartshorne, in: Theologische Realenzyklopädie, Bd. 14, Berlin/New York, 464–469.
Cobb, J., 1965, A Christian Natural Theology, Philadelphia.
– 1971, The Whitehead Without God Debate: The Critique, Process Studies 1, 1971, 91–100.
Dalferth, I. U., 1980, Luther on the Experience of Faith, Heythrop Journal 21, 1980, 50–56
– 1981, Religiöse Rede von Gott, München.
– 1982, The Visible and the Invisible: Luther's Legacy of a theological Theology, in: S. W. Sykes (Hg.), England and Germany. Studies in Theological Diplomacy, Frankfurt, 15–44.
– 1984, Existenz Gottes und christlicher Glaube. Skizzen zu einer eschatologischen Ontologie, München.
– 1988, Theology and Philosophy, Oxford.
Dalferth, I. U./Jüngel, E., 1981, Person und Gottebenbildlichkeit, in: Christlicher Glaube in moderner Gesellschaft, hg. v. F. Böckle u.a., Bd. 24, Freiburg, 57–99.

246   *Literatur*

246 *Literatur*

Dangelmayr, S., 1975, Maximum und Cogitare bei Anselm und Cusanus. Zur Problematik des Proslogion-Arguments, Analecta Anselmiana 4,1, 1975, 203–210.

Daniels, A., 1909, Quellenbeiträge und Untersuchungen zur Geschichte der Gottesbeweise im dreizehnten Jahrhundert mit besonderer Berücksichtigung des Arguments im Proslogion des hl. Anselm, Münster.

Daub, C., 1838, Philosophische und theologische Vorlesungen, hg. v. Ph. K. Marheineke/Th. W. Dittenberger, Berlin 1841.

Descartes, R., 1641, Meditationen mit sämtlichen Einwänden und Erwiderungen, hg. v. A. Buchenau, Hamburg 1954.

Eadmer, 1979, The Life of St. Anselm, hg. v. R. W. Southern, 3. Aufl., Oxford.

Eaton, J. C., 1980, The Logic of Theism: An Analysis of the Thought of Austin Farrer, Lanham.

Ebel, J. C., 1981, Wort und Geist bei den Verfassern der Konkordienformel. Eine historisch-systematische Untersuchung, München.

Ebeling, G., 1971, Lutherstudien I, Tübingen.
– 1977, Lutherstudien II,1, Tübingen.
– 1982, Lutherstudien II,2, Tübingen.
– 1985, Lutherstudien III, Tübingen.

Elert, W., 1960, Der christliche Glaube. Grundlinien der Lutherischen Dogmatik, 5. Aufl., Hamburg.

Ely, S. L., 1942, The Religious Availability of Whitehead's God. A Critical Analysis, Madison.

Enchiridion symbolorum, 1965, Definitionum et Declarationum de Rebus Fidei et Morum., hg. v. H. Denzinger/A. Schönmetzer, Freiburg.

Enslin, H., 1969, Der ontologische Gottesbeweis bei Anselm von Canterbury und Karl Barth, Neue Zeitschrift für Systematische Theologie 11, 1969, 154–177.
– 1975, Die traditionelle Veränderung des ontologischen Arguments, Analecta Anselmiana, 4,1, 1975, 347–364.

Eslick, L. J., 1968, God in the Metaphysics of Whitehead, in: R. M. McInerny (Hg.), New Themes in Christian Philosophy, Notre Dame, 64–81.

Evans, G. R., 1978, Anselm and Talking about God, Oxford.

Farrer, A., 1943, Finite and Infinite. A Philosophical Essay, Glasgow.
– 1948, The Glass of Vision, London.
– 1964, Saving Belief. A Discussion of Essentials, London.
– 1967, Faith and Speculation. An Essay in Philosophical Theology containing the Deems Lectures for 1964, London.
– 1970, Review of the Doctrine of the Word and God in Action by Karl Barth, Theology 73, 1970, 541–551.
– 1972a, The Rational Grounds for Belief in God, in: ders., Reflective Faith. Essays in Philosophical Theology, hg. v. C. C. Conti, London, 7–23.
– 1972b, Poetic Truth, ebd., 24–38.
– 1972c, Faith and Reason, ebd., 48–63.
– 1972d, A Moral Argument for the Existence of God, ebd., 114–133.
– 1972e, The Prior Actuality of God, ebd., 178–191.
– 1972f, Causes, ebd., 200–217.
– 1972g, Study Notes, ebd., 219–225.

Feuerbach, L., 1959, Vorläufige Thesen zur Reform der Philosophie, Sämtliche Schriften, hg. v. W. Bolin/F. Jodl, Bd. 2, 2. Aufl., Stuttgart-Bad Cannstatt, 222–244.

Fichte, J. G., 1845a, Ueber den Grund unseres Glaubens an eine göttliche Weltregierung, Fichtes Werke, hg. v. J. H. Fichte, Bd. 5, Berlin 1971, 175–189.
– 1845b, Appellation an das Publikum, ebd., 191–238.

– 1845c, Rückerinnerungen, Antworten, Fragen, ebd., 335–373.

Findlay, J. N., 1955, Can God's Existence be Disproved?, in: A. Flew/A.MacIntyre (Hg.), New Essays in Philosophical Theology, 7. Aufl., London 1969, 47–56.

Flasch, K., 1970, Der philosophische Ansatz des Anselm von Canterbury im Monologium und sein Verhältnis zum augustinischen Neuplatonismus, Analecta Anselmiana 2, 1970, 1–43.

Flew, A., 1966, God and Philosophy, London.

Ford, L. S., 1968, Boethius and Whitehead on Time and Eternity, International Philosophical Quaterly 8, 1968, 38–67.

– 1973, The Non-Temporality of Whitehead's God, International Philosophical Quaterly 13, 1973, 347–376.

Frank, M., 1980, Das Sagbare und das Unsagbare. Studien zur neuesten französischen Hermeneutik und Texttheorie, Frankfurt.

Frege, G., 1961, Die Grundlagen der Arithmetik, Breslau 1848 = Darmstadt.

– 1969a, Dialog mit Pünjer über Existenz, in: ders., Nachgelassene Schriften, hg. v. H. Hermes u.a., Hamburg, 60–75.

– 1969b, Einleitung in die Logik, ebd., 201–212.

– 1969c, Über Begriff und Gegenstand, in: ders., Funktion, Begriff, Bedeutung. Fünf logische Studien, hg. v. G. Patzig, Göttingen, 66–80.

– 1976, Nachgelassene Schriften und Wissenschaftlicher Briefwechsel, Bd. II, Wissenschaftlicher Briefwechsel, hg. v. G. Gabriel u.a., Hamburg.

Gabriel, G., 1975, Fiktion und Wahrheit. Eine semantische Theorie der Literatur, Stuttgart-Bad Cannstatt.

– 1974, Gottesbeweis, ontologischer., in: Historisches Wörterbuch der Philosophie, Bd. 3, 833–835, Darmstadt.

Gatzemeier, M., 1975, Theologie als Wissenschaft, Bd. II: Wissenschafts- und Institutionenkritik, Stuttgart-Bad Cannstatt.

Geach, P., 1969, Form and Existence, in: ders., God and the Soul, London, 4–64.

– 1972, Assertion, in: ders., Logic Matters, Oxford, 254–269.

– 1980, Existenz, Handbuch wissenschaftstheoretischer Grundbegriffe, hg. v. J. Speck, Bd. 1 (A–F), Göttingen, 205f.

Gerhard, J., Loci Theologici, Bd. I–IX. Index, hg. v. E. Preuss, Berolini/Lipsiae 1863–85.

Geyer, H. G., 1968, Metaphysik als kritische Aufgabe der Theologie, in: Theologie zwischen Gestern und Morgen. Interpretationen und Anfragen zum Werk Karl Barths, hg. v. W. Dantine/K. Lüthi, München, 247–260.

Gibson, A.B., 1964, The Two Strands in Natural Theology, in: W. L. Reese/ E. Freeman (Hgg.), The Hartshorne Festschrift. Process and Divinity, La Salle/Illinois, 471–492.

Gilkey, L., 1959, Maker of Heaven and Earth: A Study of the Christian Doctrine of Creation, New York.

Gollwitzer, H., 1968, Die Existenz Gottes im Bekenntnis des Glaubens, 5. Aufl., München.

Gombocz, W. L., 1974, Über E! Zur Semantik des Existenzprädikates und des ontologischen Argumentes für Gottes Existenz von Anselm von Canterbury, Diss. Universität Graz, Wien.

– 1976, Zur Zwei-Argument-Hypothese bezüglich Anselm's Proslogion, Analecta Anselmiana 5, 1976, 85–98.

Gragg, A., 1973, Charles Hartshorne, Waco.

Grimm, G., 1977, Rezeptionsgeschichte. Grundlegung einer Theorie mit Analyse und Bibliographie, München.

Guillelmi de Ockham, s. Wilhelm von Ockham.

Gunton, C. E., 1978, Becoming and Being. The Doctrine of God in Charles Hartshorne and Karl Barth, Oxford.

Hall, E., 1930, Of What Use Are Whitehead's Eternal Objects, Journal of Philosophy 27, 1930, 29–44.

Harnack, Th., 1927, Luthers Theologie mit besonderer Beziehung auf seine Versöhnungs- und Erlösungslehre, Bd.1–2, München.

Hartshorne, Ch., 1941, Man's Vision of God and the Logic of Theism, 2. Aufl., Connecticut 1964.

– 1946, Ideal Knowledge Defines Reality: What was True in Idealism, Journal of Philosophy 43, 1946, 573–582.

– 1948, The Divine Relativity. A Social Conception of God, 2. Aufl., New Haven 1964.

– 1950, Whitehead's Metaphysics, in: V. Lowe/Ch. Hartshorne/A. H. Johnson, Whitehead and the Modern World, Science. Metaphysics and Civilisation. Three Essays on the Thought of Alfred North Whitehead, New York, 25–41.

– 1953, Reality as a Social Process. Studies in Metaphysics and Religion, New York 1971.

– 1962, The Logic of Perfection and Other Essays in Neoclassical Metaphysics, 3. Aufl., La Salle 1973.

– 1965, Anselm's Discovery. A Re-Examination of the Ontological Proof for God's Existence, La Salle.

– 1967a, The Dipolar Conception of Deity, Review of Metaphysics 21, 1967, 273–289.

– 1967b, A Natural Theology for our Time, 3. Aufl., La Salle 1981.

– 1968, What did Anselm discover?, in: J. Hick/A. McGill (Hgg.), The Many-Faced Argument: Recent Studies on the Ontological Argument for the Existence of God, London, 321–333.

– 1969, Whitehead in French Perspective: A Review Article, The Thomist 38, 1969, 573–581.

– 1970, Creative Synthesis and Philosophical Method, London.

– 1971, The Formally Possible Doctrines of God, in: Process Philosophy and Christian Thought, hg. v. D. Brown/R. E. James/G. Reeves, Indianapolis/New York, 188–214.

– 1972a, On Some Criticism of Whitehead's Philosophy, in: ders., Whitehead's Philosophy. Selected Essays, Lincoln, 21–39.

– 1972b, The Compound Individual, ebd., 41–61.

– 1972c, Whitehead's Idea of God, ebd., 63–97.

– 1972d, Is Whitehead's God the God of Religion?, ebd., 99–110.

– 1976, Aquinas to Whitehead: Seven Centuries of Metaphysics of Religion, Milwaukee.

– 1981, Whitehead in Historical Context, in: Ch. Hartshorne/C. Peden, Whitehead's View of Reality, New York, 1–24.

– 1984, Omnipotence and other Theological mistakes, New York.

Hartshorne, Ch./Reese, W. L. (Hgg.), 1953, Philosophers Speak of God. Readings in Philosophical Theology and Analysis of Theistic Ideas, Chicago.

Härle, W., 1982, Systematische Philosophie. Eine Einführung für Theologiestudenten, München.

Hebblethwaite, B. L., 1970, Austin Farrer's Concept of Divine Providence, Theology 73, 1970, 541–551.

– 1977, The Doctrine of the Incarnation in the Thought of Austin Farrer, New Fire.

– 1978, Providence and Divine Action, Religious Studies 14, 1978, 223–236.

Hendley, B., 1981, Anselm's Proslogion Argument, Miscellanea mediaevalia 13,2, 1981, 838–846.

Henrich, D., 1960, Der ontologische Gottesbeweis. Sein Problem und seine Geschichte in der Neuzeit, Tübingen

– 1979, »Identität« – Begriffe, Probleme, Grenzen, in: Poetik und Hermeneutik VIII: Identität, hg. v. O. Marquard/K. Stierle, München, 133–186.

Henry, D. P., 1964, The De Grammatico of St. Anselm. The Theory of Paronomy, Notre Dame.

– 1967, The Logic of Saint Anselm, Oxford.

– 1969, Proslogion Chapter III, Analecta Anselmiana 1, 1969, 101–105.

– 1972, Medieval Logic and Metaphysics. A Modern Introduction, London.

Hepburn, R. W., 1966, Christianity and Paradox. Critical Studies in Twentieth-Century Theology, 2. Aufl., London.

Herrera, R. A., 1972, St. Anselm's Proslogion: A Hermeneutical Task, Analecta Anselmiana 3, 1972, 141–145.

Herrmann, E., 1980, Die logische Stellung des ontologischen Gottesbeweises in Charles Hartshornes Prozeßtheologie und neoklassischer Physik, Lund.

Hick, J., 1968, A Critique of the ›Second Argument‹, in: J. Hick/A. C. McGill (Hgg.), The Many-Faced Argument. Recent Studies on the Ontological Argument for the Existence of God, London 1968, 341–356.

– 1979, Arguments for the Existence of God, London.

Höldl, L., 1978, Anselm von Canterbury, Theologische Realenzyklopädie, Bd. 2, Berlin/New York, 759–778.

Hogan, D. J., 1972, Whitehead's God. The Analogy of Actual Entity, New Scholasticism 46, 1972, 411–426.

Hollaz, D., 1707, Examen theologicum acroamaticum, Bd. I–II, Stargardae Pomeranorum = Darmstadt 1971.

Holz, H., 1984, Über den Begriff der Potentialität bei Aristoteles, Schelling und Whitehead, in: ders./E. Wolf-Gazo (Hgg.), Whitehead und der Prozeßbegriff. Beiträge zur Philosophie Alfred North Whiteheads auf dem Ersten Internationalen Whitehead-Symposion 1981, Freiburg/München, 404–423.

Holzley, H., 1968, Der ontologische Gottesbeweis. Bemerkungen zum Gottesbegriff in Philosophie und Theologie, Studia Philosophica Basel 28, 1968, 47–67.

Hooper, S. E., 1941, Whitehead's Philosophy: Actual Entities, Philosophy XVI, 1941, 285–305.

Hopkins, J., 1972, A Companion to the Study of St. Anselm, Minneapolis.

– 1976, Anselm's Debate with Gaunilo, Analecta Anselmiana 5, 1976, 25–53.

Hubbeling, H. G., 1970, Analytische Philosophie und Theologie, Zeitschrift für Theologie und Kirche 67, 1970, 98–127

– 1981, Einführung in die Religionsphilosophie, Göttingen.

Hume, D., 1779, Dialogues Concerning Natural Religion, hg. v. H. D. Aiken, London 1948.

Husserl, E., 1954, Die Krisis der europäischen Wissenschaften und die transzendentale Phänomenologie, hg. v. W. Biemel, Den Haag 1954.

Hutter, L.,1610, Compendium Locorum Theologicorum, hg. v. W. Trillhaas, Berlin 1961.

James, R. E., 1967, The Concrete God. A New Beginning for Theology. The Thought of Charles Hartshorne, Indianapolis.

Johnson, A. H., 1938, Criticism of D. Bidney's »Spinoza and Whitehead«, Philosophical Review 47, 1938, 410–414.

– 1959, Leibniz und Whitehead, Philosophy and Phenomenological Research 19, 1959, 285–305.

Johnson, H. J., 1978, The Ontological Argument and the Languages of ›Being‹, Miscellanea mediaevalia 13,2, 1978, 724–737.

Jung, W., 1980, Über Whitehead's Atomistik der Ereignisse, in: E. Wolf-Gazo (Hg.), Whitehead. Einführung in seine Kosmologie, Freiburg/München, 54–104.

Jüngel, E., 1978, Gott als Geheimnis der Welt. Zur Begründung der Theologie des Gekreuzigten im Streit zwischen Theismus und Atheismus, 3. Aufl., Tübingen.
- 1980, »Extra Christum nulla salus« – als Grundsatz natürlicher Theologie? Evangelische Erwägungen zur »Anonymität« des Christenmenschen, in: ders., Entsprechungen: Gott – Wahrheit – Mensch. Theologische Erörterungen, München, 178–192.
- 1989, Zur Lehre vom Bösen und von der Sünde, in: K. Aland/S. Meurer (Hgg.), Wissenschaft und Kirche. Festschrift für Eduard Lohse, Bielefeld, 177–188.
Kahn, C. H., 1973, The Verb »Be« in Ancient Greek, The Verb »Be« and its Synonyms, hg. v. W. M. Verhaar, Part 6, Dordrecht.
Kambartel, F., 1971, Theologisches, Zeitschrift für Evangelische Ethik 15, 1971, 309–311.
Kant, I., Gedanken von der wahren Schätzung der lebendigen Kräfte und Beurteilung der Beweise, derer sich Herr von Leibniz und andere Mechaniker in dieser Streitsache bedient haben, nebst einiger vorhergehender Betrachtungen, welche die Kraft der Körper überhaupt betreffen, AA I, 1–182.
- Der einzig mögliche Beweisgrund zu einer Demonstration des Daseyns Gottes, AA II, 63–164.
- Kritik der reinen Vernunft, AA III.
- Grundlegung zur Metaphysik der Sitten, AA IV, 385–464.
- Über das Mißlingen aller philosophischen Versuche in der Theodizee, AA VIII, 253–272.
Keller, A., 1974, Sein, Handbuch philosophischer Grundbegriffe, Bd. III, München, 1288–1304.
Kenny, A., 1962, Necessary Being, Sophia 1, 1962, 1–8.
- 1979, The God of the Philosophers, Oxford.
Kerlin, M. J., 1972, »Where God Comes In« for Alfred North Whitehead, Thomist 36, 1972, 98–116.
Kienzler, K., 1981, Glauben und Denken bei Anselm von Canterbury, Freiburg.
Knuuttila, S., 1980, Time and Modality in Scholasticism, in: ders., Reforging the Great Chain of Being: Studies of the History of Modal Theories, Reidel, 163–257.
- 1984, Modal Logic, in: N. Kretzmann/A. Kenny/J. Pinborg (Hgg.), The Cambridge History of Later Medieval Philosophy, 2. Aufl., Cambridge, 342–357.
Kohlenberger, H., 1972, Similitudo und Ratio. Überlegungen zur Methode bei Anselm von Canterbury, Münchener philosophische Forschungen 4, München.
- 1976, Konsequenzen und Inkonsequenzen der Trinitätslehre in Anselms Monologion, Analecta Anselmiana 5, 1976, 149–178.
Koyré, A., 1923, L'idee de Dieu dans la philosophie de Saint Anselme, Paris.
Kraus, E. M., 1979, The Metaphysics of Experience. A Companion to Whitehead's Process and Reality, New York.
Krings, H., 1986, Woher kommt die Moderne?, in: O. Aicher et al., Wilhelm von Ockham. Das Risiko modern zu denken, München, 18–25.
La Croix, R. R., 1972, Proslogion II und III. A Third Interpretation of Anselm's Argument, Leiden.
Lausberg, H., 1967, Elemente der literarischen Rhetorik, 3. Aufl., München.
Leclerc, I., 1953, Whitehead's Transformation of the Concept of Substance, Philosophical Quaterly 3, 1953, 225–243.
- 1958, Whitehead's Metaphysics. An Introductory Exposition, London.
- 1960, Being and Becoming in Whitehead's Philosophy, Kant-Studien 51, 1960, 427–437.
- 1964, Whitehead and the Theory of Form, in: W. L. Reese/E. Freeman (Hgg.), The Hartshorne Festschrift, Process and Divinity, La Salle/Illinois, 127–137.
- 1969, Whitehead and the Problem of God, Southern Journal of Philosophy 7, 1969, 447–455.

- 1972, The Nature of Physical Existence, London.
- 1984, Process and Order in Nature, in: H. Holz/E. Wolf-Gazo (Hgg.), Whitehead und der Prozeßbegriff. Beiträge zur Philosophie Alfred North Whiteheads auf dem ersten Internationalen Whitehead-Symposion 1981, Freiburg/München, 119–136.

Leibniz, G. W., 1686, Metaphysische Abhandlungen/Discours de Metaphysique, hg. v. H. Herring , 2. Aufl., Hamburg 1985.
- 1704, Nouveaux essais sur l'entendement humain, in: Philosophische Schriften von Gottfried Wilhelm Leibniz, hg. v. C. J. Gerhard, Bd. V, Berlin 1882, 41–509.
- 1710, Versuch in der Theodizee über die Güte Gottes, die Freiheit des Menschen und den Ursprung des Übels, übers. v. A. Buchenau, 4. Aufl., Hamburg 1968.
- 1714a, Vernunftprinzipien der Natur und der Gnade, hg. v. H. Herring, Hamburg 1960.
- 1714b, Monadologie, hg. v. H. Herring, Hamburg 1960.

Levi, A. W., 1964, Bergson or Whitehead?, in: W. L. Reese/E. Freeman (Hgg.), The Hartshorne Festschrift, Process and Divinity, La Salle/Illinois, 139–159.

Lichtigfield, A., 1971, Leibniz und Whitehead, in: Akten des Internationalen Leibniz-Kongreß 1966, Wiesbaden, 169–220.

Link, Chr., 1982, In welchem Sinne sind theologische Aussagen wahr?, Evangelische Theologie 42, 1982, 518–540.

Link, H., 1976, Rezeptionsforschung. Eine Einführung in Methoden und Probleme, Stuttgart/Berlin/Köln/Mainz.

Loemker, L. E., 1964, On Substance and Process in Leibniz, in: W. L. Reese/E. Freeman (Hgg.), The Hartshorne Festschrift, Process and Divinity, La Salle/Illinois, 403–425.

Lohse, B., 1958, Ratio und Fides. Eine Untersuchung über die Ratio in der Theologie Luthers, Göttingen.

Loomer, B. M., 1971, Ely on Whitehead's God (1944), in: D. Brown/R. E. James/S. Reeves (Hgg.), Process Philosophy and Christian Thought, Indianapolis/New York.

Lowe, V. A., 1949, The Influence of Bergson, James and Alexander on Whitehead, Journal of History of Ideas 10, 1949, 267–296.

Luthardt, Chr. E., 1878, Kompendium der Dogmatik, 5. Aufl., Leipzig.

Luther, M., Disputatio Heidelbergae habita, WA 1, 350–74.
- De assumptione Beatae Mariae Virginis, WA 4, 645–650.
- Operationes in Psalmos, WA 5.
- Das Magnificat verdeutscht und ausgelegt, WA 7, 538–604.
- Randbemerkungen Luthers zu Verschiedenem, WA 9, 1–115.
- An die Ratsherrn aller Stände deutsches Lands, dass sie christliche Schulen aufrichten und halten sollen, WA 15, 27–53.
- De servo arbitrio, WA 18, 551–787.
- Der Prophet Jona ausgelegt, WA 19, 169–251.
- Scholien zum 118. Psalm. Das schöne Confitemini. 1529 (1530), WA 31/I, 34–182.
- Predigten des Jahres 1531. Nr. 86, WA 34/II, 222–242.
- Die Disputation de iustificatione. WA 39/I, 78–126.
- Die Disputation contra missam privatam. WA 39/I, 134–173.
- Die Disputation de sententia: Verbum caro factum est. WA 39/II, 1–33.
- Die Disputation de divinitate et humanitate Christi. WA 39/II, 92–121.
- Die Promotionsdisputation von Hieronymus Kopp und Friedrich Bachofen. WA 39/II, 233–251.
- Promotionsdisputation von Theodor Fabricius und Stanislaus Rapagelanus, WA 39/II, 257–283.
- In Epistolam S. Pauli ad Galatas Commentarius ex praelectione D. Martini Lutheri collectus, WA 40/I.
- Enarratio Psalmi LI, WA 40/II, 313–470.

– Vorlesung über die Stufenpsalmen, WA 40/III, 1–475.
– Genesis-Vorlesung, WA 42–44.
– Auslegung des ersten und zweiten Kapitels Johannis in Predigten 1537 und 1538, WA 46, 538–789.
– Diui Pauli apostoli ad Romanos Epistola, WA 56.
– Tischreden aus den Jahren 1540–1544, WATR 5.
– Disputatio de homine, s. G. Ebeling 1977.
Lyons, J., 1968, Introduction to Theoretical Linguistics, Cambridge.
– 1975, Deixis as the Source of Reference, in: Formal Semantics of Natural Languages, hg. v. E. L. Keenan, Cambridge, 61–83.
– 1977, Semantics, Vol. 2, Cambridge.
Mackie, J. L., 1955, Evil and Omnipotence, Mind 64, 1955, 200–212.
– 1982, The Miracle of Theism. Arguments for and against the Existence of God, Oxford.
Madden, E. H./Hare, P. H., 1968, Evil and the Concept of God, New York.
Mahoney, J. P., 1974, Charles Hartshorne's Dipolar Conception of God, Grand Prairie.
Malcolm, N., 1960, Anselm's Ontological Arguments, Philosophical Review 69, 1960, 41–62.
Marten, R., 1972, Existieren, Wahrsein und Verstehen. Untersuchungen zur ontologischen Basis sprachlicher Verkündigung, Berlin/New York.
Mathew, G., 1944, Review of Finite and Infinite, Blackfriars 25, 1944, 33–34.
Matsuura, J., 1984, Zur Unterscheidung von deus revelatus und deus absconditus in »De servo arbitrio«, in: G. Hammer/K.-H. zur Mühlen, Lutheriana. Zum 500. Geburtstag Martin Luthers von den Mitarbeitern der Weimarer Ausgabe, Köln/Wien, 67–85.
Mavrodes, G. I., 1970, Belief in God. A Study in the Epistemology of Religion, New York.
McIntyre, J., 1959, Premises and Conclusions in the System of St. Anselm's Theology, Spicilegium Beccense 1, 1959, 95–101.
Mellor, D. H., 1973, Materialism and Phenomenal Qualities, Aristotelian Society Supplementary Volume XLVII, 107–119.
Menne, A., 1962, The Logical Analysis of Existence, in: Logico-Philosophical Studies, hg. v. A. Menne, Dordrecht, 88–96.
Messner, R. O., 1975, Zu Ch. Hartshornes Rettungsversuch des ontologischen Arguments, Analecta Anselmiana 4,1, 1975, 333–345.
Miller, B., 1974, Logically Simple Propositions, Analysis 34, 1974, 123–128.
– 1975, In Defense of the Predicate »Exists«, Mind 84, 1975, 338–354.
– 1982, Negative existential propositions, Analysis 42/4, 1982, 181–188.
Moltmann, J., 1980, Trinität und Reich Gottes. Zur Gotteslehre, München.
Moore, G. E., 1959, Is Existence a Predicate?, in: ders., Philosophical Papers, London, 115–126.
Morscher, E., 1974, Ist Existenz ein Prädikat? Historische Bemerkungen zu einer philosophischen Frage, Zeitschrift für philosophische Forschung 28, 1974, 120–132.
Moxley, D. J., 1934, The Conception of God in the Philosophy of Whitehead, in: Proceedings of the Aristotelian Society 34, 1933–34, 157–186.
Neville, R. C., 1968, God the Creator: On the Transcendence and Presence of God, Chicago.
Nikolaus von Kues, Philosophisch-theologische Schriften, hg. v. L. Gabriel, Bd. I–III, Wien 1964/1966/1967.
Nink, C., 1948, Philosophische Gotteslehre, München.
Nobo, J. L., 1974, Whitehead's Principle of Process, Process Studies 5, 1974, 275–284.
Ockham, s. Wilhelm.
Ott, L., 1981, Grundriß der katholischen Dogmatik, 10. Aufl., Freiburg.

253

Pailin, D. A., 1969, An Introductory Survey of Charles Hartshorne's Work on the Ontological Argument, Analecta Anselmiana 1, 1969, 195–221.
– 1984, God as Creator in a Whiteheadian Understanding, in: H. Holz/E. Wolf-Gazo (Hgg.), Whitehead und der Prozeßbegriff. Beiträge zur Philosophie Alfred North Whiteheads auf dem Ersten Internationalen Whitehead-Symposion 1981, Freiburg/München, 273–299.
Pannenberg, W., 1984, Atom, Duration, Form: Difficulties with Process Philosophy, Process Studies 14, 1984, 21–29.
Parmentier, A., 1968, La Philosophie de Whitehead et le probleme de Dieu, Paris.
Pears, D. F., 1972, Bertrand Russell and the British Tradition in Philosophy, 2. Aufl., London.
Pears, D. F./Thomson, J., 1967, Is Existence a Predicate?, in: Philosophical Logic, hg. v. P. F. Strawson, Oxford, 97–102.102–106.
Peckham, s. A. Daniels.
Peden, C., 1981, Whitehead's Philosophy: An Exposition, in: Ch. Hartshorne/C. Peden (Hgg.), Whitehead's View of Reality, New York, 25–106.
Penelhum, T., 1971, Religion and Rationality. An Introduction to the Philosophy of Religion, New York.
Peters, E. H., 1970, Hartshorne and Neoclassical Metaphysics. An Interpretation, Lincoln.
Pike, N., 1969, Omnipotence and God's Ability to Sin, American Philosophical Quaterly 6, 1969, 208–216.
Plantinga, A., 1974, The Nature of Necessity, Oxford.
Platon, Platonis Opera, vol. I–V, hg. v. J. Burnet, Oxford 1905–15.
Pols, E., 1967, Whitehead's Metaphysics. A Critical Examination of Process and Reality. Carbondale
Prior, A. N., 1976, On Some Proofs of the Existence of God, in: ders., Papers in Logic and Ethics, hg. v. P. T. Geach, A. J. P. Kenny, London 1976, 56–63.
Proudfoot, W., 1976, God and the Self. Three Types of Philosophy of Religion, Cranbury/New Jersey.
Quenstedt, J. A., 1685, Theologia Didactico-polemica I, hg. v. Luther Poellot, St. Louis 1986.
Quine, W. O., 1951, Mathematical Logic, 2. Aufl., Cambridge/Mass.
– 1960, Word and Object. New York/London.
– 1964, On what there is, in: ders., From a Logical Point of View. Logico-Philosophical Essays, 2. Aufl., Cambridge/Mass., 1–19.
– 1975, Existenz und Quantifikation, in: ders., Ontologische Relativität und andere Schriften, Stuttgart, 127–176.
Raeder, S., 1977, Grammatica Theologica. Studien zu Luthers Operationes in Psalmos, Tübingen.
Redmon, R. B., 1973, »Exists«, Mind 82, 1973, 56–72.
Reichenbach, H., 1966, Elements of Symbolic Logic, New York.
Rendtorff, T., 1984, Perspektiven einer Religionsgeschichte der Neuzeit, in: Troeltsch-Studien III, hg. v. H. Renz/F. W. Graf, Gütersloh 1984, 89–99.
Rohls, J., 1987, Theologie und Metaphysik. Der ontologische Gottesbeweis und seine Kritiker, Gütersloh 1987.
Russell, B., 1921, The Analysis of Mind, 10. Aufl., London 1971.
– 1970, Introduction to Mathematical Philosophy, 13. Aufl., London.
– 1971, The Philosophy of Logical Atomism, in: ders., Logic and Knowledge. Essays 1902–1950, hg. v. R. C. Marsh, London, 175–281.
Russell, B./Whitehead, A. N., 1927, Principia Mathematica, 2. Aufl., Cambridge.
Scheffler, I./Chomsky, N., 1959, What is said to be?, Proceedings of the Aristotelian Society 59, 1958/59, 71–82.

Schleiermacher, F. D. E., 1814/15, Dialektik (1814/15) Einleitung zur Dialektik (1833), hg. v. A. Arndt, Hamburg 1988.
– 1843, Die christliche Sitte nach den Grundsätzen der evangelischen Kirche im Zusammenhang dargestellt. Beilagen., hg. v. L. Jonas, Berlin.
Schmitt, F. S., 1932, Zur Chronologie der Werke des hl. Anselm von Canterbury, Revue benedictine de critique, d'histoire et de literature religieuses 44, 1932, 322–350.
– 1936, Ein neues unvollendetes Werk des Hl. Anselm von Canterbury, Beiträge zur Geschichte der Philosophie und Theologie des Mittelalters 33,3, 1936, 1–48.
– 1962, Einführung, in: ders. (Hg.), Anselm von Canterbury. Proslogion.
– 1969, Anselm und der Neuplatonismus, Analecta Anselmiana 1, 1969, 39–71.
– 1972, Der ontologische Gottesbeweis und Anselm, Analecta Anselmiana 3, 1972, 81–94.
Scholz, H., 1969, Der Anselmische Gottesbeweis, in: ders., Mathesis Universalis. Abhandlungen zur Philosophie als strenger Wissenschaft, hg. v. H. Hermes u.a., 2. Aufl., Darmstadt 1969, 62–74.
– 1981, Leitsätze zur Beurteilung des Anselmischen Arguments, in: Karl Barth, Fides quaerens intellectum. Anselms Beweis der Existenz Gottes im Zusammenhang seines theologischen Programms (1931), hg. v. E. Jüngel/I. U. Dalferth, GA 13, Zürich, 179–183.
Schwarz, R., 1966, Gott ist Mensch. Zur Lehre von der Person Christi bei den Ockhamisten und bei Luther, Zeitschrift für Theologie und Kirche 63, 1966, 289–351.
Sherburne, D. W., 1971a, The Whitehead Without God Debate: The Rejoinder, Process Studies 1, 1971, 101–113.
– 1971b, Whitehead Without God, in: D. Brown/R. E. James/G. Reeves (Hgg.), Process Philosophy and Christian Thought, Indianapolis/New York, 305–328.
Simon, J., 1980, Zum wissenschaftsphilosophischen Ort der Theologie, Zeitschrift für Theologie und Kirche 77, 1980, 435–452.
Sluga, H. D., 1980, Gottlob Frege, London.
Smart, J. J. C., 1955, The Existence of God, in: New Essays in Philosophical Theology, hg. v. A. Flew/A. MacIntyre, 7. Aufl., London 1969, 28–46.
Southern, R. W. (Hg.), s. Eadmer.
Söhngen, G., 1952a, Die Einheit der Theologie in Anselms Proslogion, in: ders., Die Einheit in der Theologie. Ges. Abhandlungen, Aufsätze, Vorträge, München 1952, 24–62.
– 1952b, Kants Kritk der Gottesbeweise in religiös-ethischer Sicht besonders von Anselms ontologischem Argument her, ebd., 24–62.
Specht, E. K., 1967, Sprache und Sein. Untersuchungen zur sprachanalytischen Grundlegung der Ontologie, Berlin.
Stahl, R.C., 1955, Bergson's Influence of Whitehead, The Personalist 36, 1955, 250–257.
Stevenson, L., 1976, On What Sorts of Thing There are, Mind 85, 1976, 503–521.
Stolz, A., 1934, »Vere esse« im Proslogion des hl. Anselm, Scholastik 9, 1934, 400–409.
– 1933, Zur Theologie Anselms im Proslogion, Catholica (Münster) 2, 1933, 1–24.
Swinburne, R., 1977, The Coherence of Theism, Oxford.
– 1979, The Existence of God, Oxford.
Tennant, F. R., 1930, Philosophical Theology, Vol. II: The Word, the Soul and God, Cambridge.
Thomas von Aquin, Summa theologica. Cura et studio Petri Caramello. Cum textu ex recensione Leonina, hg. v. P. Marietti, 20. Aufl., Torino 1932.
– In Duodecim Libros Metaphysicorum Aristotelis Expositio, Roma 1964.
– Quaestiones disputatae I, De Veritate, 10. Aufl., Roma 1964.
– Quaestiones disputatae II (1–276), De Potentia, 8. Aufl., Taurini/Romae 1949.
– Summa contra gentiles, hg.u. übers. v. K. Albert/P. Engelhardt, Darmstadt 1974ff.

Thomas, R., 1976, Anselms fides quaerens intellectum im Proslogion und Abaelards rationibus fides astruenda et defendenda im Dialogus inter Philosophum, Iudaeum et Christianum. Eine Vergleichserörterung, Analecta Anselmiana 5, 1976, 297–310.

Tillich, P., 1956/1958/1966, Systematische Theologie, Bd. 1–3, Stuttgart.

Torrance, T. F., 1968, The Ethical Implications of Anselm's De Veritate, Theologische Zeitschrift (Basel) 24, 1968, 309–319.

– 1971, The Place of Word and Truth in the Theological Inquiry according to St. Anselm, in: Studia mediaevalia et mariologica, hg. v. C. Balic, Rom, 1–28.

Trapp, R. W., 1976, Analytische Ontologie. Der Begriff der Existenz in Sprache und Logik, Frankfurt.

Tschauder, G., 1979, Existenzsätze. Eine textgrammatische Untersuchung vor dem Hintergrund bestimmter Positionen der modernen Sprachphilosophie, München.

Tugendhat, E., 1975, Existence in Space and Time, Neue Hefte für Philosophie 8, 1975, 14–33.

– 1976, Vorlesungen zur Einführung in die sprachanalytische Philosophie, Frankfurt.

– 1977, Die Seinsfrage und ihre sprachliche Grundlage, Philosophische Rundschau 24, 1977, 161–176.

– 1979, Selbstbewußtsein und Selbstbestimmung. Sprachanalytische Interpretationen, 4. Aufl., Frankfurt 1989.

Turner, V., 1944, Mr. Austin Farrer's Metaphysics of Theism, Theology 47, 1944, 99–104.

Van der Veken, J., 1984, Whitehead's God is not Whiteheadian Enough, in: H. Holz/ E. Wolf-Gazo (Hgg.), Whitehead und der Prozeßbegriff. Beiträge zur Philosophie Alfred North Whiteheads auf dem Ersten Internationalen Whitehead-Symposion 1981, Freiburg/München, 300–311.

Vignaux, P., 1959, Philosophy in the Middle Ages: An Introduction, New York.

Vollrath, E., 1972, Aristoteles: Das Problem der Substanz, in: J. Speck (Hg.), Grundprobleme der großen Philosophen. Philosophie des Altertums und des Mittelalters, Göttingen, 84–128.

Vuillemin, J., 1971a, Le Dieu d'Anselme et les apparences de la raison, Paris.

– 1971b, Id quo nihil maius cogitari potest. Über die innere Möglichkeit eines rationalen Gottesbegriffs, Archiv für Geschichte der Philosophie und Soziologie 53, 1971, 279–299.

Wagner, F., 1986, Was ist Religion? Studien zu ihrem Begriff und Thema in Geschichte und Gegenwart, Gütersloh.

Ward, K., 1982, Rational Theology and the Creativity of God, Oxford.

Warnach, V., 1962, Wort und Wirklichkeit bei Anselm von Canterbury, Salzburger Jahrbuch für Philosophie und Psychologie 516, 1961/62, 157–176.

Weideman, H., 1979, »Socrates est«/»There is no such thing as Pegasus«: Zur Logik singulärer Existenzaussagen nach Thomas von Aquin und W. van Orman Quine, Philosophisches Jahrbuch 86, 1979, 42–59.

– 1981, »Socrates est«: Zur Logik singulärer Existenzaussagen nach Thomas von Aquin, in: Miscellanea Mediaevalia, Bd. 13/2, Sprache und Erkenntnis im Mittelalter, Berlin/ New York, 73–758.

Welker, M., 1981, Universalität Gottes und Relativität der Welt, Neukirchen–Vluyn.

– 1985a, Alfred North Whitehead: Relativistische Kosmologie, in: J. Speck (Hg.), Grundprobleme großer Philosophen. Philosophie der Gegenwart I, 3. Aufl., Göttingen 1985, 269–312.

– 1985b, Die relativistische Kosmologie Whiteheads, Philosophische Rundschau 32, 1985, 134–155.

Whitehead, A. N., 1926, Religion in the Making, 3. Aufl., Cambridge 1927.

– 1968, Essays in Science and Philosophy, New York.

– 1971, Abenteuer der Ideen, Frankfurt.
– 1984a, Wissenschaft und moderne Welt, Frankfurt.
– 1984b, Prozeß und Realität, 2. Aufl., Frankfurt.
Wiehl, R., 1971, Einleitung in die Philosophie A. N. Whiteheads, in: A. N. Whitehead, Abenteuer der Ideen, Frankfurt 1971, 7–71.
Wiles, M., 1982, Faith and the Mystery of God, London.
Wilhelm von Ockham, Scriptum in librum primum sententiarum ordinatio Distinctiones 19–68, hg. v. G. I. Etzkorn/F. Kelley, Opera philosophica et theologica (I 1–6/II 1–10), II 4, St. Maria degli Angeli 1979.
Williams, B., 1979, Descartes. The Project of Pure Inquiry, 2. Aufl., Harmondsworth.
Williams, C. J. F., 1982, Reply to Miller, Analysis 42/4, 1982, 189f.
Wilson, M. P., 1982, Austin Farrer and the Paradox of Christology, Scottish Journal of Theology 35, 1982, 145–163.
Wittgenstein, L., 1971, Vorlesungen und Gespräche über Ästhetik, Psychologie und Religion, 2. Aufl., Göttingen.
– 1977, Vermischte Bemerkungen, Frankfurt.
Wölfel, E., 1981, Welt als Schöpfung. Zu den Fundamentalsätzen der christlichen Schöpfungslehre heute, München.
Wolleb, J., 1626, Compendium Theologicae Christianae, in: Reformed Dogmatics, J. Wollebius/G. Voetius/F. Turretin, hg. v. J. W. Beardslee, New York 1965.

Entstehungs- und Veröffentlichungsnachweise

1. **Existenz und Identifikation.** Erwägungen zum Problem der Existenz Gottes im Gespräch mit der Analytischen Philosophie
   Vortrag an der Universität-Gesamthochschule Wuppertal am 15. 2. 1981.
   Erstveröffentlichung: NZSTh 25, 1983, 178–202.

2. **Fides quaerens intellectum.** Theologie als Kunst der Argumentation in Anselms Proslogion
   Antrittsvorlesung an der Universität Tübingen am 19. 1. 1983.
   Erstveröffentlichung: ZThK 81, 1984, 54–105.

3. **Esse est operari.** Die antischolastischen Theologien Austin Farrers und Martin Luthers
   Vortrag auf der Third International Conference on the Thought of Austin Farrer, Oxford 23.-26. 3. 1983.
   Englisch: Modern Theology 1, 1985, 183–210. Deutsch unveröffentlicht.

4. **Gott und Sünde**
   Vortrag am Fachbereich Evangelische Theologie der Universität Frankfurt am 24. 4.1989.
   Erstveröffentlichung: NZSTh 33, 1991, 1–22.

5. **Die Theoretische Theologie der Prozeßphilosophie Whiteheads.** Ein Rekonstruktionsversuch
   Vortrag bei der Tagung der Deutsch-Skandinavischen Gesellschaft für Religionsphilosophie in der Evangelischen Akademie Hofgeismar vom 26.-28. 8. 1985.
   Erstveröffentlichung: W. Härle/E. Wölfel (Hgg.), Religion im Denken unserer Zeit, MThSt 21, 1986, 127–191.

6. **The One Who is Worshipped.** Erwägungen zu Charles Hartshornes Versuch, Gott zu denken
   Vortrag am Fachbereich Evangelische Theologie der Universität München am 7. 2. 1986.
   Erstveröffentlichung: ZThK 83, 1986, 484–506.

7. **Umgang mit dem Selbstverständlichen.** Anmerkungen zum ontologischen Argument.
   Vortrag beim Kolloquium ›Enrico Castelli‹ an der Universität Rom I ›La Sapienza‹ über den Ontologischen Gottesbeweis am 5. 1. 1990.
   Erstveröffentlichung: M. M. Olivetti (Hg.), L'argomento ontologico, AF 60, Padova 1990, 631–664.

Personenregister

Gollwitzer, H. 27
Gombocz, W.L. 35, 78
Gragg, A. 190
Grimm, G. 54
Gunton, C.E. 189, 201

Hall, E. 169
Hare, P.H. 188
Harnack, Th. 99
Hartshorne, Ch. 17, 75, 84, 86, 88, 133,
153, 172, 178, 183, 186, 189–212, 219f,
228
Härle, W. 78, 88, 208
Hebblethwaite, B.L. 96, 104, 123
Hegel, G.W.F. 6, 13, 17f, 224, 227, 232
Hendley, B. 70, 78, 89
Henrich, D. 37, 223
Henry, D.P. 69, 77, 83, 86, 88
Hepburn, R.W. 27, 113
Herrera, R.A. 62
Herrmann, E. 178, 200f
Hick, J. 229
Höldl, L. 57
Hogan, D.J. 183
Hollaz, D. 28, 142
Holz, H. 170
Holzley, H. 78
Homer 43
Hooper, S.E. 169
Hopkins, J. 74, 81, 85f
Hubbeling, H.G. 88
Hugo von Lyon 56
Hume, D. 180, 224, 232
Husserl, E. 166, 217f
Hutter, L. 28

James, R.E. 190
James, W. 163
Johnson, A.H. 165, 180, 183
Johnson, H.J. 85
Jung, W. 161
Jüngel, E. 6, 24, 43, 100, 108, 142

Kahn, C.H. 40
Kambartel, F. 28
Kant, I. 11, 32–36, 41, 52, 83, 105, 148f,
163, 171, 188, 213, 215f, 224, 232
Keller, A. 26
Kenny, A. 221, 229
Kerlin, M.J. 172
Kienzler, K. 52f, 55, 57, 60, 68, 71, 78,
81, 89f

Knuuttila, S. 137
Kodalle, K.-M. 6
Kohlenberger, H. 62f
Koyré, A. 53
Kraus, E.M. 183
Krings, H. 147

La Croix, R.R. 56, 71, 75, 88
Lanfranc 56
Lausberg, H. 79
Leclerc, I. 153, 165, 169, 180, 183
Leibniz, G.W. 171, 176f, 180, 200, 220
Levi, A.W. 177
Lichtigfield, A. 180
Link, Chr. 65
Link, H. 54
Locke, J. 37
Loemker, L.E. 171
Lønning, P. 12
Lohse, B. 97f
Loomer, B.M. 186
Lowe, V.A. 163
Luthardt, Chr.E. 214
Luther, M. 95–128, 137–139, 142, 145,
149f
Lyons, J. 40

Mackie, J.L. 30, 178, 220–222
Madden, E.H. 188
Mahoney, J.P. 184, 199, 201
Malcolm, N. 86, 88, 219f
Marten, R. 26
Mathew, G. 95
Matsuura, J. 137
Mavrodes, G.I. 219
McIntyre, J. 53
Melanchthon, Ph. 142
Mellor, D.H. 28
Menne, A. 24
Messner, R.O. 88
Miller, B. 31, 33, 37, 40
Moltmann, J. 108
Moore, G.E. 32
Morscher, E. 34
Moxley, D.J. 181

Neville, R.C. 183
Newton, I. 37
Nietzsche, Fr. 3
Nikolaus von Kues 192, 232, 235f
Nink, C. 78
Nobo, J.L. 162

Sachregister

(angefertigt von Philipp Stoellger)

264   *Sachregister*

Eberhard Jüngel

Gott als Geheimnis der Welt

Zur Begründung der Theologie des Gekreuzigten
im Streit zwischen Theismus und Atheismus

Das Buch enthält historische, systematische und exegetische Untersuchungen zur Möglichkeit christlicher Theologie zwischen Theismus und Atheismus. In der Identität von Gott und Liebe und in der Unterscheidung von Glaube und Liebe nimmt der Verfasser die dem Atheismus standhaltende Möglichkeit wahr, Gott als Geheimnis der Welt und das Menschsein des Menschen so zu denken, daß wir aus Habenden Seiende werden.

»Dieses Buch ist eine der bedeutendsten theologischen Erscheinungen der letzten Jahre im deutschen Sprachraum. . . . Hier wird eine ›mehr als notwendige‹ Aufgabe der Theologie, eben das von innen und außen der Dogmatik oft so verschüttete Thema Gott glaubwürdig freizulegen, besonders gründlich in Angriff genommen. . . . Wir haben Grund, für Jüngels Werk dankbar zu sein . . .«
Jan M. Lochman in *Theologische Zeitschrift*, 35. Jg. (1979)

6., durchgesehene Auflage 1992. XVIII, 564 Seiten. Broschur und Leinen.

J.C.B. Mohr (Paul Siebeck) Tübingen

Jan Rohls

Geschichte der Ethik

Jan Rohls stellt die Entwürfe der theologischen und philosophischen Ethik in ihrer geschichtlichen Abfolge dar. Ausgehend von der Erkenntnis, daß eine Ethik immer positiv oder negativ auf die Gesellschaft ihrer Entstehungszeit bezogen ist, werden die ethischen Konzeptionen in ihrem religiösen, sozialen und politischen Kontext behandelt.

Der Bezug der Ethik auf die Gesellschaft ist nicht nur im Begriff des Ethos, der Sitte und Gewohnheit, impliziert, von dem der Terminus ›Ethik‹ sich herleitet. Er findet seinen Ausdruck auch in der ersten Darstellung der Ethik als einer Teildisziplin der Philosophie. Denn für Aristoteles umfaßt die Ethik nicht nur die Lehre von den menschlichen Tugenden, sondern darüber hinaus auch die Ökonomie und Politik. An diesem Verständnis von Ethik orientiert sich diese Darstellung ihrer Geschichte.

1991. XI, 553 Seiten. Broschur und Leinen.

J.C.B. Mohr (Paul Siebeck) Tübingen